A PRÁTICA DA PSICOLOGIA NA ESCOLA:

introduzindo a abordagem cognitivo-comportamental

A+B=C
A+B=C
A+B=C
A+B=C
A+B=C

DÉBORA C. FAVA

ORGANIZADORA

A PRÁTICA DA PSICOLOGIA NA ESCOLA:

introduzindo a abordagem cognitivo-comportamental

Artesã

A Prática da psicologia na escola: introduzindo a abordagem cognitivo-comportamental

2ª edição

COORDENAÇÃO EDITORIAL
Karol Oliveira

DIREÇÃO DE ARTE
Tiago Rabello

REVISÃO
Bethânia Nazareth Cunha M. Lomanto
Ilvece Herberson de Castro Cunha

CAPA
Karol Oliveira

PROJETO GRÁFICO E DIAGRAMAÇÃO
Conrado Esteves

F272 Fava, Débora C.

A prática da psicologia na escola : introduzindo a abordagem cognitivo-comportamental / Débora C. Fava . – Belo Horizonte : Ed. Artesã, 2020.

416 p. ; 23 cm.

ISBN: 978-65-86140-37-8

1. Psicologia escolar. 2. Psicologia educacional. 3. Psicólogos escolares. I. Título.

CDU 159.9:37

Catalogação: Aline M. Sima CRB-6/2645

IMPRESSO NO BRASIL
Printed in Brazil

ARTESÃ EDITORA LTDA.
Site: www.artesaeditora.com.br
E-mail: contato@artesaeditora.com.br
Belo Horizonte/MG

Este livro tem como objetivo principal contribuir com informações teóricas e principalmente práticas da atuação do psicólogo nas escolas, colaborando para um melhor desenvolvimento socioemocional de crianças e adolescentes e melhor atuação do professor. Dentro dessa perspectiva, o livro conta com o embasamento da abordagem cognitivo-comportamental (ACC) na intervenção e prevenção de problemas em saúde mental. Os capítulos seguem uma ordem conforme o desenvolvimento infantil e o contexto escolar. Dessa forma, cada assunto prevê a inserção da ACC em diversos campos de atuação do psicólogo escolar e dos educadores nas escolas.

O público-alvo do livro são estudantes e profissionais das áreas da psicologia escolar e educacional, psicologia do desenvolvimento, terapia cognitiva, educação e pedagogia. Pode ser utilizado como livro texto de diversas disciplinas dos cursos de graduação em Psicologia e Pedagogia.

A+B=C
A+B=C
A+B=C
A+B=C
A+B=C

Sumário

Apresentação

A ideia de organizar este livro surgiu a partir dos meus estudos sobre treinamentos de professores para o manejo de comportamento disfuncional em sala de aula, ao qual venho-me dedicando desde 2007. Nesse ínterim, percebi o vão que existia na literatura. Embora as terapias cognitivo-comportamentais na infância estivessem cada vez mais presentes nas publicações científicas e livros, a atuação do psicólogo escolar ainda não estava sendo contemplada por textos e artigos com embasamento cognitivo-comportamental.

Esta obra comtempla diversas demandas e possíveis atuações do psicólogo escolar no contexto educacional e também ajuda o psicólogo clínico que atende a esses alunos. A obra está dividida em 15 capítulos, que perpassam pela ideia geral da abordagem cognitivo-comportamental na escola, relação família – contexto educacional e aborda também pontos importantes do desenvolvimento, como os aspectos cognitivos, socioemocionais e sexual. Os autores desses capítulos trazem informações teóricas sobre os assuntos e relacionam a prática da equipe escolar nessas demandas. Temas como autoestima, impacto social, ansiedade frente ao final do período escolar, bullying e suas variações são abordados em diferentes capítulos, buscando auxiliar o leitor no entendimento e na aquisição de ferramentas que possam ajudá-lo em sua atuação prática.

Ainda, uma parte deste livro busca definir e exemplificar as possíveis intervenções sobre as principais psicopatologias e de que forma elas se apresentam no contexto educacional. Para complementar esse assunto, muito importante e frequentemente referido pelas escolas, outro capítulo prevê como as medicações podem atingir o público infantil, esclarecendo e desmistificando questões acerca das medicações psiquiátricas. Outra parte do livro apresenta alguns programas de intervenção na escola. Programas que se preocupam com o bem-estar do aluno e o melhor desenvolvimento socioemocional. Por fim, não poderia deixar de fora uma parte da obra que busca atender as especificidades do professor. Afinal, aquele de quem tanto exigimos que seja um exímio cuidador, também carece de cuidados.

Este livro não tem a pretensão de esgotar todos os assuntos e as possíveis atuações do psicólogo nesse contexto. Pelo contrário, pode ser um motivador para novos autores e obras e engradecer a produção nacional sobre o assunto. Para a confecção desses capítulos, foram convidados profissionais renomados em cada tema. A ideia de unir prática com teoria exigiu profissionais experientes e atuantes em cada assunto, dos quais eu tenho imenso orgulho em terem participado desta obra, garantindo uma ótima e relevante leitura.

Prefácio

A terapia cognitiva comportamental (TCC) no ambiente escolar é um desenvolvimento emergente e extremamente importante no cuidado da saúde mental das crianças. As escolas são o local de trabalho das crianças, suas comunidades sociais e seus ambientes de recreação. São esses os contextos nos quais as crianças constroem habilidades acadêmicas, sociais e emocionais que idealmente perduram durante toda a vida. Consequentemente, o exercício da TCC em escolas é uma excelente estratégia clínica.

Nos Estados Unidos, programas de terapia cognitivo-comportamental baseados em escolas mostram-se consideráveis. Mais recentemente, o Beck Community Initiative realizou um trabalho pioneiro ao levar a TCC às escolas (Creed Reisweber & Beck, 2011; Creed, Waltman, Frankel, & Willistron, 2016). A TCC nas escolas melhora o acesso a crianças em risco e reduz o estigma relacionado aos cuidados de saúde mental. Por fim, a TCC forma a base para a tão necessária prevenção e programação de intervenção precoce.

Ao organizar e escrever este empolgante texto, Débora Fava distingue-se como líder ao levar a TCC às escolas no Brasil. Ela possui uma sólida experiência em TCC e usufrui de uma excelente reputação como habilidosa psicóloga cognitivo- comportamental. Os leitores certamente se beneficiarão com suas visões e recomendações.

É um privilégio profissional e um prazer pessoal escrever o prefácio deste valioso trabalho. Desejo que este texto impulsione a TCC cada vez mais no Brasil e no mundo. Encorajo a todos os que lerem seu conteúdo a utilizarem inteiramente o material, aplicando-o de forma significativa aos problemas infantis.

Robert D. Friedberg, Ph.D., ABPP, ACT
Professor, Palo Alto University.

Referências:

Creed, T.A., Reisweber, J., & Beck, A.T. (2011). *Cognitive therapy for adolescents in school settings.* New York: Guilford.

Creed, T.A., Waltman, S.H., Frankel, S.A., & Williston, M.A. (2016). School-based cognitive behavioral therapy: Current status and alternative approaches. *Current Psychiatry Reviews*, 12, 53-64.

CAPÍTULO 1

Contribuições da abordagem cognitivo-comportamental para a atuação do psicólogo e professor nas escolas

Débora C. Fava
Renata Martins

A terapia cognitiva, ou cognitivo-comportamental (TC/TCC) tem-se tornado cada vez mais difundida em diversos contextos e cada vez mais seus fundamentos estão norteando práticas e intervenções, principalmente em escolas. O recente aumento na preocupação voltada para o desenvolvimento que vai além do pedagógico, tem sido bastante abraçado pelas estratégias e princípios da terapia cognitiva infantil (Mennuti, Freeman & Christner, 2006).

A TCC é uma abordagem de terapia bastante eficaz nos principais problemas em saúde mental infantil (Freedberg & McClure, 2002, Kendal, 2000). Recentemente, desenrola um importante papel na prevenção de problemas psicológicos e no desenvolvimento de habilidades cognitivas, sociais e emocionais que, por sua vez, são fatores protetivos de transtornos mentais e outros problemas. Este capítulo busca introduzir o leitor sobre a entrada da abordagem cognitivo-comportamental (ACC) nos settings escolares, trazendo informações práticas e relevantes na rotina de sala de aula entre professor, aluno e equipe escolar.

Psicologia escolar

O psicólogo escolar ou o psicólogo que atua na prestação de consultorias a escolas, necessita ser um profissional consciente do contexto da psicologia escolar no Brasil. Ele é complexo e vem sofrendo mudanças e constantes evoluções em suas características teóricas e práticas, tanto no âmbito da própria prática de psicologia escolar, quanto nos aspectos históricos e políticos (Barbosa & Marinho-Araújo, 2010; Souza, 2009).

No cenário brasileiro, a psicologia escolar herda contribuições francesas e americanas principalmente. As suas primeiras maiores contribuições consistem em intervenções psicológicas junto a alunos com necessidades especiais, desenvolvimento de instrumentos de avaliação de inteligência e de maturidade para leitura e escrita, por exemplo. Esse enfoque psicométrico do século XX passou a favorecer a ideia classificatória de alunos e uma prática de exclusão dos que não estavam aptos para o mesmo contexto. Nos anos de 1970, houve um marco da história educacional brasileira em que a lei 5.692/71 expandiu a escolaridade, tornando-a obrigatória e gratuita. A partir disso, o contexto escolar, que antes era predominantemente privado e seletivo, passou a contar com uma maior heterogeneidade de alunos em seus papéis culturais, sociais e individuais. Dessa forma, os professores passaram a receber diferentes alunos, com diferentes necessidades, o que levou a um aumento das queixas escolares e maior preocupação em atender essa demanda (Barbosa & Marinho-Araújo, 2010).

> Este capítulo não pretende esgotar a revisão sobre os aspectos históricos e políticos relevantes para o conhecimento do psicólogo que pretende atuar nas escolas. Nem mesmo esgota a discussão sobre as políticas públicas de educação que norteiam as práticas diárias dos professores e agentes escolares. Dessa forma, sugere-se aprofundamento dessas questões em outras referências, enquanto este texto busca expor, principalmente, a aplicabilidade geral da abordagem cognitivo-comportamental nas escolas.

A Psicologia Escolar vem provocando reflexões diversas em relação ao papel e a atuação do psicólogo dentro das instituições de ensino. Durante muito tempo, o papel do psicólogo escolar se limitou à avaliação de crianças, atribuindo rótulos e classificações de acordo com os padrões e ideais vigentes em cada época (Carvalho & Souza, 2012).

Como mencionado anteriormente, o psicólogo avaliava o aluno com problemas e então gerava uma intervenção clínica para alcançar a cura do problema ou a exclusão e redirecionamento daquele aluno. Portanto, algumas críticas surgem, considerando que o psicólogo escolar não estaria apto para atuar nas intervenções específicas e de promoção de saúde dentro do contexto escolar. Assim, restava ao psicólogo escolar encaminhar o aluno para um clínico a fim de resolver o problema, transferindo-o para outro profissional. Consolidam-se então diversas críticas quanto à atuação deste profissional na escola, principalmente quando sua perspectiva privilegia "o aluno problema" e as situações conflituosas que emergem em sala de aula.

A psicologia escolar percorreu um vasto caminho durante décadas, para aprimorar seu formato de promoção de saúde, prevenção e intervenção dentro das escolas na atualidade. A área está em ascensão e vem ganhando maior expressividade também no campo da pesquisa, mas requer mudanças em alguns aspectos, como promover maior esclarecimento sobre a atuação prática do profissional (Oakland, 2012; Oliveira, Cantalice, Joly & Santos, 2006).

A partir das últimas décadas, observou-se uma maior discussão acerca do papel do psicólogo escolar. Surge a necessidade de esse profissional ser empoderado de maior liberdade ao se desvincular como membro dependente da diligência institucional. Só assim estaria possibilitado ao psicólogo atuar em uma visão macro da escola, ou seja, poder compreender a escola não só como o aluno que tem problema, mas como uma instituição (em todas as suas partes), que se relaciona com um aluno. Desse modo, essa visão bidirecional das relações do contexto escolar, permite considerar maior atuação do profissional, uma vez que as relações professor-aluno, professor-equipe escolar, família-aluno, família-escola, podem ser elucidadas por meio da abordagem cognitiva comportamental.

O Conselho Federal de Psicologia (CFP) propõe as atribuições do psicólogo no sentido de identificar e avaliar as possíveis variáveis que possam intervir no bem-estar do ambiente escolar, para aplicação de estratégias e conhecimentos psicológicos em nível de prevenção e intervenção. Em 2019 foi aprovada a LEI No 13.935, que dispõe sobre a prestação de serviços de psicologia e de serviço social nas redes públicas de educação básica. Considerando que a presença desses serviços torna-se obrigatória, cabe ressaltar quais são as atribuições dos psicólogos(as) escolares:

1. Participar da elaboração dos projetos pedagógicos, planos e estratégias, a partir de conhecimentos em psicologia do desenvolvimento e aprendizagem, na perspectiva da promoção da aprendizagem de todos os alunos, com suas características peculiares;
2. Participar da elaboração de políticas públicas;

3. Contribuir com a promoção dos processos de aprendizagem, buscando, juntamente com as equipes pedagógicas, garantir o direito a inclusão de todas as crianças e adolescentes;

4. Orientar nos casos de dificuldades nos processos de escolarização;

5. Realizar avaliação psicológica a partir das necessidades específicas identificadas no processo educativo;

6. Orientar as equipes educacionais na promoção de ações que auxiiem na integração família, educando, escola e nas ações necessárias à superação de estigmas que comprometam o desempenho escolar dos educandos;

7. Propor e contribuir na formação continuada de professores e profissionais da educação, que se realiza nas atividades coletivas de cada escola, na perspectiva de constante reflexão sobre as práticas docentes;

8. Contribuir com programas e projetos desenvolvidos na escola;

9. Atuar nas ações e projetos de enfrentamento dos preconceitos e da violência na escola;

10. Propor articulação intersetorial no território, visando à integralidade de atendimento ao município, o apoio às unidades educacionais e o fortalecimento da Rede de Proteção Social;

11. Promover ações voltadas à escolarização do público alvo da educação especial;

12. Propor e participar de atividades formativas destinadas à comunidade escolar sobre temas relevantes da sua área de atuação;

13. Participar da elaboração de projetos de educação e orientação profissional;

14. Promover ações de acessibilidade;

15. Propor ações, juntamente com os professores, pedagogos, alunos e pais, funcionários técnico-administrativos e serviços gerais, e a sociedade de forma ampla, visando melhorias nas condições de ensino, considerando a estrutura física das escolas, o desenvolvimento da prática docente, a qualidade do ensino, entre outras condições objetivas que permeiam o ensinar e o aprender.

O texto da tabela foi retirado da Cartilha de *Orientações para regulamentação da Lei 13.935, de 2019 (CFP, 2020)*

De acordo com as atribuições do psicólogo escolar propostas pelo CFP, abre-se um leque de possibilidades de atuação dentro da escola. No que diz respeito à atuação para práticas de intervenção e prevenção no contexto escolar, o psicólogo pode lançar mão dos recursos da ACC para abraçar essas demandas. Nesse ínterim, a mesma abordagem passou a se preocupar com as competências do profissional da educação e da psicologia escolar, na medida em que eles são fundamentais na coadjuvação do trabalho clínico terapêutico, na promoção de saúde mental e diversas habilidades, e na prevenção de problemas socioemocionais e de aprendizagem.

A abordagem comportamental e cognitiva na escola

Apesar de alguns estudos sobre intervenções escolares baseados na terapia cognitiva já terem sido implementados fora do Brasil, esse ainda é um tema em desenvolvimento e muito recente (Creed Reisweber, & Beck, 2011; Creed, Waltman, Frankel, & Willistron, 2016).

A ACC tem como seu princípio básico o entendimento de que as pessoas têm particulares interpretações acerca de si mesmas, dos outros e do futuro. Essas interpretações influenciam a maneira como elas se sentem e agem sobre os fatos do dia a dia. Assim, essa abordagem integra as noções de relação que há dentro de um contexto tão complexo quanto a escola. Ou seja, a forma como os pais pensam sobre a escola, os alunos sobre os professores, os professores sobre a equipe, está relacionada com a forma como as partes atuam umas com as outras. Essas ações podem estar calcadas em uma interpretação mais ou menos distorcida da realidade, ou a realidade pode estar mais ou menos prejudicada conforme a visão de cada parte. Partindo do princípio que o modelo cognitivo entende que os pensamentos são passíveis de serem monitorados e alterados, e que os alterando é possível modificar sentimentos e comportamentos (interações), a ACC transforma-se em um importante baú de ferramentas úteis dentro das escolas.

Intervenções da TCC nos ambientes escolares

Depois de fazer uma análise do problema, embasada na visão cognitivo-comportamental, muitas técnicas e estratégias psicoterápicas da TCC podem ser adaptadas para serem implementadas em grupo e em diversas demandas do *setting* escolar. A adaptação escolar, a ansiedade de desempenho frente a provas ou apresentação de trabalhos, o relacionamento entre colegas, problemas de comportamento, a aceitação de colegas com necessidades especiais e outras diferenças, bem como a promoção de um bom desenvolvimento socioemocional são exemplos de demandas que podem ser atendidas dentro da perspectiva da psicologia escolar baseada na ACC.

Dessa forma, esse texto irá abordar as principais técnicas em terapia cognitiva que podem ser adaptadas para o contexto das escolas. Na tabela 1, a seguir, são apresentadas e descritas algumas técnicas e, posteriormente, serão apresentados exemplos de possíveis intervenções em ambientes escolares.

Tabela 1 – Exemplos de estratégias e técnicas psicoterápicas que podem ser utilizadas na escola

Técnicas / Estratégias da TCC	Descrição
Psicoeducação	Essa técnica tem por objetivo instruir o paciente sobre o seu diagnóstico e tratamento, sobre o modelo cognitivo e sobre as emoções. Esse processo colaborativo e informativo favorece o processo de mudança (Friedberg, McClure & Garcia, 2011), pois é caracterizado pela aquisição de habilidades, onde são ensinados conceitos e informações relacionadas aos aspectos dos problemas mentais bem como do funcionamento psicológico. Em crianças, é muito comum a psicoeducação das emoções. De forma lúdica e divertida, o alvo é tornar claro para a criança por que ela sente determinadas emoções, como por exemplo, a raiva e como pode aprender a lidar com elas de forma assertiva. (Friedberg & McClure, 2004/2008). Muitos alunos têm algum tipo de diagnóstico psicológico, apresentando diversos sintomas e comportamentos disfuncionais. À medida que o professor e a turma possam ser psicoeducados sobre o problema em questão, evita-se uma série de problemas comuns aos ambientes escolares, como bullying, manejo deficitário, e dificuldades nas interações sociais.

Psicoeducação (*continuação*)	Para facilitar a intervenção, a terapia cognitiva lança mão de materiais de apoio. Portanto, o psicólogo escolar pode fazer uso de cartazes ilustrativos, filmes, textos e livros psicoeducativos que podem ser abordados tanto em grandes como em pequenos grupos. Por fim, é importante selecionar que tipo de informações o psicólogo poderá fornecer em relação a cada aluno, qual finalidade e de que modo, para que a confidencialidade de seu trabalho seja resguardada naquilo que for importante manter em sigilo (Bunge, Gomar & Mandil, 2012). Por exemplo, se um aluno apresenta Transtorno do Espectro Autista **(ver capítulo 8)**, aspectos gerais do problema e formas de interações saudáveis podem ser trabalhadas na psicoeducação, enquanto informações pessoais e familiares devem ser resguardadas.
Dessensibilização Sistemática	É uma intervenção que envolve estratégias de relaxamento, com o objetivo de confrontar os estímulos geradores de ansiedade (Freedberg, McClure& Garcia, 2011). No primeiro momento, é importante eleger hierarquias da ansiedade e medos, através de informações obtidas pela criança ou adolescente. Os grupos de estímulos geradores do sintoma são isolados e organizados de forma hierárquica, sendo classificados de acordo com a intensidade. No caso de crianças, é importante selecionar uma hierarquia com menor variabilidade, para que elas possam se beneficiar da técnica utilizada, como de 0 a 10, por exemplo. Assim que a hierarquia estiver estabelecida, a criança é orientada a aprender a relaxar. Uma das formas é imaginar uma cena agradável para o paciente, que ele seja capaz de voltar à mesma cena sempre que precisar se sentir seguro e acalmado. A técnica em si consiste em pequenas exposições do paciente à situação ou objeto que causa medo ou ansiedade. Seguindo os passos pré-estabelecidos na hierarquia, evocam-se situações em que o medo e a

Dessensibilização Sistemática (*continuação*)	ansiedade estejam presentes e verifica-se o grau de ansiedade em relação à exposição, podendo retomar a cena agradável, caso a ansiedade mostre-se acentuada. Além disso, o manejo da ansiedade pode ser promovido pelo terapeuta via incentivos ao paciente, exercícios de respiração e outros que visem à diminuição da ansiedade. Ao passo que se uma situação não é mais ansiogênica, o paciente é convidado a enfrentar a próxima situação da sua lista de hierarquia (Friedberg & McClure, 2004/2008).
Treino de Habilidades Sociais – THS	As habilidades sociais são consideradas um conjunto de comportamentos sociais que quando emitidos em determinado contexto, apresentam uma grande probabilidade de gerar resultados positivos (Petersen& Wainer,2011). Vários conteúdos podem ser trabalhados a partir dessa técnica, como novas formas de fazer amigos, aprender a pedir ajuda, treinamento de empatia, entre outros (Friedberg & McClure, 2004/2008). Além de contribuir para relacionamentos mais harmoniosos, a aquisição das habilidades sociais também é considerada como fator preventivo em relação a comportamentos de isolamento social e outros problemas de interação entre pares, favorecendo também as habilidades acadêmicas (Petersen & Wainer, 2011). As habilidades sociais podem ser transmitidas às crianças através de instruções diretas e modelação. A psicoedução geralmente acompanha esse processo, com o objetivo de esclarecer a habilidade a ser ensinada. No entanto, a prática gradual facilita a aprendizagem. O terapeuta treina com a criança em consultório e depois em ambientes da vida do paciente. Habilidades como adequar o olhar, o tom de voz, iniciar e manter uma conversa, postura corporal são passos do THS. O uso de ludicidade na sessão auxilia o processo de aprendizagem e torna mais tranquilo o treinamento (Fava & Melo, 2014). É importante que a criança receba um *feedback* em relação ao treino da habilidade que está sendo trabalhada, para que possa observar e corrigir os comportamentos considerados inadequado e manter o desenvolvimento adequado da habilidade (Friedberg & McClure, 2004/2008).

Técnicas de Relaxamento	As técnicas de relaxamento propõem a autorregulação e autocontrole, evitando níveis altos de emoção que possam interferir na continuidade e sucesso das intervenções (Golfried & Davison, 1976). Pode ser aplicado em relação a diversos problemas e situações, como por exemplo, no caso de ansiedade e da raiva (Friedberg & McClure, 2004). **Relaxamento Progressivo** – é uma estratégia de relaxamento utilizada para auxiliar as crianças a contraírem e relaxar o corpo, sendo orientadas no sentido de tensionar cada grupo muscular (mãos, pernas, testa, etc) para depois relaxar, aumentando a consciência corporal e proporcionando a identificação das áreas afetadas pelo estresse (Stallard, 2010). Geralmente as crianças são instruídas a permanecerem tensionadas durante cinco a oito segundos, para depois liberarem o grupo muscular tensionado completamente e relaxarem, trabalhado um grupo muscular de cada vez, indo de uma extremidade do corpo até a outra (Freedberg, McClure & Garcia, 2011). É importante oferecer algumas diretrizes e instruções bem claras para as crianças, principalmente as menores, para que possam entender o processo e participarem de forma mais efetiva, como por exemplo: "suas pernas devem estar bem moles a ponto de não conseguirem se mexer". Ao final da técnica, a criança é estimulada a praticar o exercício em casa, sendo informada em relação à importância da prática para o aprimoramento dessa habilidade (Stallard, 2010). **Respiração Diafragmática** – (ou respiração controlada) – é um método que auxilia as crianças a retomar o controle do corpo através do treino da respiração (Stallard, 2010). Essa técnica funciona melhor com crianças, quando utilizada de forma criativa, com o objetivo de melhorar a motivação (Friedberg, McClure & Garcia, 2011). A criança é instruída a puxar o ar lentamente e a segurá-lo por um tempo, soltando de forma gradual. Através da utilização de metáforas, pode-se combinar com o treino da respiração, visualização

Técnicas de Relaxamento (*continuação*)	(imagem mental da situação) ou situações reais, como por exemplo, solicitar às crianças que assoprem bolhas de sabão, de forma que elas não estourem. Para isso, será necessário que ela mantenha um controle em relação à respiração, caso contrário, não será bem sucedida em relação à experiência de assoprar bolhas (Stallard, 2010). O exercício é realizado em várias sequências até que a criança se sinta mais relaxada.
Treinamento de Pais	A ideia geral dessa estratégia psicoterápica é auxiliar os pais e cuidadores a manejar o comportamento disfuncional por meio de práticas assertivas e não coercitivas (Barkley, 1997; Fava, 2016; Kazdin, 2005). Apesar de os programas de TP terem sido testados e validados para populações clínicas, ou seja, crianças que tinham o diagnóstico de algum transtorno externalizante (como o TDAH ou problemas de comportamento, ver capitulo 8), os autores dos programas reconhecem que os problemas de comportamento podem ser tratados antes de atingirem um limiar clínico (Kazdin, 2005; Sanders, 2005). Dessa forma, o TP pode ser usado como uma medida preventiva, além de "remediadora, como é considerado enquanto orientação para manejo de contingências de crianças que estão apresentando problemas significativos no comportamento. O primeiro passo para o TP, enquanto intervenção de modificação de comportamento (não preventivo), é realizar uma avaliação de fatores preditores e/ou mantenedores dos comportamentos indesejados no contexto. Para isso, o TP conta com o a base da "análise do comportamento" e do "controle de contingências" (Skinner & Holland, 1975; Sugai *et al.*, 2000), tornando possível identificar os processos de manejo comportamental e investigar dificuldades pessoais de cada parte. Durante essa fase inicial de avaliação, é imprescindível investigar a reação da criança a cada intervenção e o padrão comportamental dela com diferentes pessoas (Fava & Melo, 2014).

Treinamento de Pais (*continuação*)	Após a avaliação, diferentes etapas constituem os programas de TP (Fava & Melo, 2014). Dentre elas, estão intensificar a qualidade de interação pais-filho(a); aumentar obediência por meio de pedidos simples seguidos de reforço; diminuir o comportamento perturbador; iniciar sistema de economia de fichas; iniciar a fase de punições; revisão dos possíveis problemas encontrados nas técnicas sobre manejo de comportamento; sessões de apoio e, por fim, revisar e discutir os problemas e soluções encontradas com a finalidade de generalizar aprendizados e poder prevenir novos problemas (Fava, 2016). Conceitos fundamentais no TP incluem o reforçamento positivo, a extinção de comportamento e os diferentes tipos de punição para os comportamentos ruins. De acordo com o modelo comportamental (Sanders, 2005) o **reforço positivo** consiste em aumentar a frequência, intensidade e magnitude de um comportamento bom. Para isso, toda vez que o comportamento desejado ocorrer, ele é reforçado por meio da inserção de um estímulo social ou material, como um elogio, um carinho ou um presente. Em contrapartida, a **punição**, que consiste em uma estratégia que tem como objetivo diminuir a frequência, intensidade e magnitude de comportamentos indesejáveis. Ela pode ser considerada 'positiva', quando envolve um xingamento ou castigo, e 'negativa', quando evolve a privação de um brinquedo ou a perda de algo que estava planejado, como um passeio ou festa, por exemplo. Outra técnica bastante popularizada é o ***Time out***. Essa técnica de punição do mau comportamento é conhecida popularmente como "cadeira do pensamento", "castigo" ou "canto chato". A técnica, quando bem executada, deve envolver alguns passos (Clark, 2009). Em primeiro lugar, a criança deve saber o que e esperado dela e ter sido ensinada para tal comportamento. Em caso de não cumprimento de uma regra ou desobediência, a criança recebe um aviso sobre o que é esperado que ela faça e sobre a consequência,

Treinamento de Pais (*continuação*)	caso não faça. Nos segundo deslize, a criança é levada ao *time out* (espaço neutro da casa, sem brinquedos ou distratores) e passa alguns minutos privada de qualquer tarefa agradável. Cuidados como não demonstrar ironias, ou excesso de emoção negativa para com as crianças, bem como não ceder ao choro, são importantes para o sucesso da técnica (Fava & Melo, 2014). Por fim, a saída do *time out* deve envolver tranquilidade e reforço das combinações feitas com a criança. Outra forma de time out utilizada com crianças menores é colocar os brinquedos no "canto chato" em vez da criança. Isso pode ocorrer em situações em que a criança agride um colega, lançando uma peça ou jogando para longe como numa atitude desafiadora. A **extinção** é utilizada também na tentativa de diminuir a frequência ou a intensidade de comportamentos indesejáveis. No entanto, consiste na ausência de atenção (reforço) direcionada a determinado comportamento. É indicada para comportamentos não agressivos, manhas ou deboches. A técnica envolve aviso sobre a regra esperada e, caso o comportamento persista, o adulto poderá avisá-la de que não lhe dará atenção. Assim, evita-se contato ocular, físico e qualquer tipo de interação com a criança até que o comportamento cesse. Cessado, a interação deve ocorrer normalmente.
Economia de Fichas	A técnica está baseada no condicionamento operante de Skinner (1975), que é o reforçamento para aumentar a frequência de comportamentos bons (alvos). Esse reforçamento feito através de fichas que devem ser trocadas por algo interessante para a criança, como um prêmio ou incentivo por ter-se comportado bem. No caso de crianças pequenas, diversas são as formas lúdicas de apresentação. Utilizam-se cartazes para a exposição dos comportamentos esperados e matérias como uma caixa decorada ou cofre onde são depositadas fichas (em formas de estrelas, bolinhas coloridas, etc.), ou por adesivos colados ao lado de cada figura ilustrando o comportamento-alvo, método preferencial para crianças pequenas.

Economia de Fichas (*continuação*)	O principal objetivo do uso da economia de fichas não é acumular pontos e trocar por premiações. Esse é o meio. O objetivo é que as crianças percebam que o bom comportamento gera recompensas sociais imediatas. Por isso, os alunos precisam ser incentivados a fazer essas relações, como por exemplo, perceber que quando tratam seus amigos com respeito, todos parecem gostar mais dele e a professora o elogia. A técnica, utilizada em grupo ou individual, pode durar semanas ou meses e pode ser interrompida quando os reforçadores sociais estiverem sendo utilizados com mais frequência, ou seja, impulsionando os comportamentos desejados mais do que os prêmios (Fava, 2014).

Dica para utilização das técnicas no ambiente escolar:

Comunicar sempre à coordenação pedagógica sobre a intervenção a ser realizada e orientar o professor responsável pelos alunos, previamente, sobre o procedimento que será utilizado e os objetivos que se pretendem alcançar.

Intervenções cognitivo-comportamentais em ambientes escolares

1. Adaptação Escolar

Muitas crianças, principalmente as novatas na escola, podem perceber o ambiente escolar como gerador de estímulos ansiosos. Lidar com situações novas, pode causar medo e ansiedade, predispondo o aluno a comportamentos evitativos, como por exemplo, dificuldades de entrar e permanecer na escola ou em sala de aula, dificultando a adaptação do aluno ao novo ambiente.

Esses medos podem estar relacionados a críticas ou provocações de colegas, falta de conhecimento do espaço físico como um todo (para que a criança consiga se localizar dentro da instituição), medo do professor, medo de não se adequar ao sistema escolar e ao método de ensino, medo de não fazer novas amizades, etc.

A timidez ou inibição comportamental, também é um fator relacionado ao desenvolvimento da ansiedade na infância, que pode dificultar o processo de adaptação escolar. "O fator do temperamento que talvez tenha atraído mais interesse é a inibição no comportamento: uma tendência a apresentar temores e retraimento quando confrontado com eventos ou situações novas ou que não são familiares" (Stallard, 2010, p. 15).

Entretanto, para que essas crianças sejam encorajadas a enfrentar esses estímulos ameaçadores, a dessensibilização sistemática torna-se uma importante ferramenta de intervenção comportamental, favorecendo, nesse, o processo de adaptação do aluno e minimizando os sintomas de ansiedade. A seguir, um exemplo ilustrativo de intervenção em dificuldades de adaptação, através da utilização da dessensibilização sistemática:

> Uma aluna de sete anos, em seu primeiro dia na escola nova, não queria se separar da mãe. A professora realizou algumas tentativas para inseri-la em sala de aula, mas sem sucesso. Ela permaneceu do lado de fora, reclamando de dores no estômago e dor de cabeça. Apresentava sinais de vergonha e choro e quando encorajada a se aproximar dos colegas, resistia ainda mais, apresentando temores relacionados à sua entrada e permanência em sala de aula. O psicólogo foi então acionado e após um contato inicial com a aluna, orientou-a a elaborar uma lista de medos e ansiedades em relação ao estímulo temido e organizá-la hierarquicamente, classificando o item menos perturbador em primeiro lugar até chegar ao item que mais incomodava a criança. Foi ensinado um exercício de controle da respiração para que a aluna retomasse o controle do seu corpo e começasse a colocar a intervenção em prática. O primeiro item da lista da criança foi *"me imaginar entrando em sala de aula e participando das atividades"*. O psicológico pôde observar suas manifestações de ansiedade, associando as técnicas de relaxamento e ensaios mentais, a fim de regular os sintomas e preparar a criança para entrar em cena no ambiente real, e partir para os próximos itens. Cada item foi registrado em sequência para que ficasse mais fácil a visualização dos avanços na hierarquia (via ilustração X), de acordo com a superação dos medos pela criança em cada etapa. O segundo passo foi encorajar a criança a enfrentar a escala de forma gradativa. Para isso, foi permitido à aluna assistir ao primeiro horário de aula do lado de fora da sala, em uma cadeira bem próxima à porta, com o combinado de tentar entrar no segundo horário. Embora tenha resistido ao combinado a princípio, conseguiu cumprir a meta, sendo permitido sair da sala quando se sentisse muito ansiosa, para que retomasse a técnica de relaxamento. No segundo dia, a aluna recusou-se a entrar novamente. Nesse caso, o plano de ação foi passado ao professor,

que progressivamente conduziu o caso com acompanhamento esporádico do psicólogo. Permitiu-se novamente que a aluna se sentasse do lado de fora no primeiro horário, e, como ela já sabia o combinado, no segundo dia não resistiu em entrar para a sala no segundo horário. Esse processo persistiu durante uma semana, sendo que a cada dia ela conseguia avançar em um ou dois itens da escala de medos. Aos poucos, a aluna se sentiu mais segura em relação a suas tentativas de enfrentamento e a cada avanço na escala, era reforçada com elogio do professor e até mesmo dos colegas. Na segunda semana, a aluna já conseguiu avançar os dez itens e entrar tranquilamente em sala de aula.

Esse trabalho também pode ser realizado com alunos da própria escola, os chamados veteranos, quando apresentarem dificuldades em situações adaptativas, demonstrando sinais de impotência para resolver conflitos e sentindo-se vulneráveis em relação à falta de controle sobre os acontecimentos (Oliveira & Sisto, 2012). Essas dificuldades podem estar relacionadas a mudanças na transição de ciclos escolares, quando o aluno passa a pertencer a um espaço físico diferente dentro da mesma escola, à mudança de turma e professores, ou até mesmo conflitos externos à escola. Cada caso é avaliado separadamente e, a partir da dificuldade do aluno, um plano de ação é elaborado, podendo-se utilizar a dessensibilização sistemática em conjunto com outras técnicas, caso seja necessário, como treino de habilidades sociais, por exemplo, se forem observadas dificuldades relacionadas a alguma habilidade específica que esteja dificultando o processo de adaptação do aluno.

2. Promoção e Intervenção de melhora nos relacionamentos interpessoais

Para lidar de maneira mais efetiva em diversas situações do contexto social, é necessário que a criança possua um amplo repertório de habilidades, que contribuam para relacionamentos saudáveis com seus pares e demais pessoas, aumentando a probabilidade de estímulos reforçadores (Petersen & Wainer, 2011).

Algumas crianças não conseguem reagir diante de determinadas situações interpessoais, por não possuírem habilidades sociais necessárias para assumirem uma postura frente a alguns desafios do ambiente social, enquanto outras querem apenas melhorar suas interações com os pares (Friedberg, McClure & Garcia, 2011). Levando em consideração essas demandas e tendo a escola como um ambiente social, as habilidades sociais podem ser reconhecidas como facilitadoras no processo escolar, podendo ter um papel importante na prevenção de problemas de comportamentos e suas consequências posteriores (Petersen & Wainer, 2011).

Os pais e professores são os principais agentes de socialização e do processo de aprendizagem de habilidades sociais na infância, servindo como modelos, ao estabelecerem relações educativas com as crianças (Petersen & Wainer, 2011). Nesse caso, o treino de habilidades sociais pode tornar-se uma intervenção eficaz em relação à aquisição de habilidades que favoreçam o desempenho da criança na escola, facilitando a prevenção de comportamentos indesejáveis. A escola também favorece o trabalho em grupo, o que permite a prática *in vivo* dessas habilidades (Friedberg & McClure, 2004). No caso de crianças menores, podem-se utilizar fantoches ou bonecos para encenar alguns comportamentos assertivos relacionados às habilidades que pretendem ensinar.

Seguem dois exemplos práticos de como se trabalhar com relacionamentos interpessoais através do treino de habilidades sociais na escola:

1- Uma criança se sente indefesa diante de um colega que "implica" com ela em sala de aula e não sabe que estratégia utilizar para lidar com a situação. Nesse caso, algumas habilidades foram ensinadas e treinadas via setor de psicologia, como por exemplo, ignorar e afastar-se da situação (Friedberg & McClure, 2004), enquanto outros componentes cognitivos foram trabalhados paralelamente, no sentido de fazer a criança refletir sobre o que o outro falou sobre ela e o quanto aquilo era realmente verdade. Primeiramente a criança foi instruída e treinada através de simulações do problema real, sendo o professor orientado no sentido de observar o comportamento do aluno em sala de aula e relatar os avanços e dificuldades apresentadas semanalmente ao psicólogo escolar. A criança continuou sendo acompanhada pelo psicólogo, sendo observada pelo professor diariamente em sala, por um período de quatro semanas. Os colegas de sala também foram orientados através de duas palestras educativas, abordando o tema "relações interpessoais na escola", ministradas em conjunto com o professor, com a finalidade de instruir os alunos em relação às habilidades sociais necessárias para manter bons relacionamentos no ambiente escolar. Ao final desse período, o aluno foi avaliado pelo setor de psicologia, verificando-se que, com o treino dessas habilidades, ficou bem mais fácil perceber o quanto essa criança estava acreditando no que o colega dizia sobre ela, e o quanto a crença que ela tinha a respeito disso estava interferindo em seu comportamento de se sentir indefesa, possibilitando ao aluno observar e identificar situações e estratégias mais assertivas em relação à situação apresentada.

2- Outra criança alimentava sentimentos de raiva e ansiedade ao tentar utilizar a mesma estratégia, de ignorar e afastar-se da situação, mas continuava sentindo-se ameaçada em relação a críticas de colegas. Nesse caso, outra habilidade foi escolhida, como aprender a comunicar situações-problemas com responsáveis, na tentativa de buscar outras formas de solucionar o problema, procurando um adulto responsável na escola que pudesse auxiliá-lo nesse processo. Dessa forma, esse aluno aprendeu que a habilidade de pedir ajuda, pode ser útil em diversas situações quando não estiver conseguindo resolver o problema sozinho.

3. Dificuldade com ansiedade de desempenho

Estudos mostram que níveis altos de ansiedade se constituem em um dos fatores preditivos em relação ao baixo desempenho escolar, comprometendo a capacidade de recordar conteúdos, a forma de perceber a tarefa e até mesmo afetando o relacionamento com colegas e professores (Oliveira & Sisto, 2002). Algumas crianças apresentam medo significativo de se exporem socialmente, principalmente quando seu desempenho está sendo avaliado, apresentando temores de serem envergonhados ou de se sentirem embaraçarem frente aos outros (Stallard, 2010). Nesse caso, a apresentação de trabalhos e a realização de provas podem se constituir em fatores geradores de estímulos ansiosos, causando extremo desconforto no aluno.

Por meio das intervenções cognitivo-comportamentais, torna-se possível minimizar esses sintomas de ansiedade, favorecendo o desempenho escolar. É interessante trabalharmos primeiramente com a psicoeducação em relação aos sintomas de ansiedade identificados, esclarecendo ao aluno, como o processo de ansiedade funciona em relação ao nosso corpo e cognição, apresentando estratégias de controle do comportamento ansioso utilizando o treino de relaxamento.

A seguir, está a ilustração da aplicação das técnicas de relaxamento na escola, mostrando como elas podem ser efetivas no controle da ansiedade, tanto de forma individual, quanto em grupo.

1- Uma criança, do quarto ano do ensino fundamental, mostrava-se muito ansiosa em relação às provas na escola, e toda vez que tinha avaliação, sentia-se mal e acabava encontrando uma "desculpa" para não realizá-las. A criança foi encaminhada para o setor de psicologia da escola, e verificou-se que havia sido diagnosticada com Transtorno de Ansiedade Generalizada (TAG) e já fazia uso de medicação. Mesmo assim, a criança apresentava muita dificuldade em controlar os sintomas de ansiedade e não acreditava ser capaz de enfrentar a situação temida. Ao ser atendida pelo psicólogo escolar, passou pelo processo de psicoeducação, no qual foi trabalhada também a questão da autoconfiança de forma lúdica e posteriormente, foi introduzida a técnica de controle e treino da respiração. Após uma semana, retornou ao setor de psicologia e relatou sentir-se um pouco mais tranquila para a realização das provas. A criança percebeu que a partir de outros recursos, como o controle da respiração, por exemplo, seria possível se obter o controle dos sintomas da ansiedade, em conjunto com a medicação. É importante ressaltar que a criança foi orientada a manter o treino de relaxamento em casa, sendo monitorada pelos pais, após orientação pelo psicólogo escolar.

2- Em uma sala de aula do quinto ano do ensino fundamental de uma escola particular, onde muitos alunos estavam demonstrando sinais de ansiedade em relação à apresentação de trabalhos, chegando a apresentarem comportamentos de esquiva em relação à postura de permanecerem na frente da classe e se apresentarem para os colegas. Foi proposto um trabalho de relaxamento em grupo, em que o professor em conjunto com o psicólogo escolar, foi instruído a realizar com essa turma o treino da respiração e logo depois, treino de relaxamento progressivo. Após a experiência, tiveram oportunidade de relatar os sentimentos em relação à aplicação das técnicas, tendo sido esclarecido sobre a importância do treino em casa também. O professor ficou encarregado de rever a técnica, proporcionando outros momentos de relaxamento em grupo e novas oportunidades de relatarem a experiência. Aos poucos, foram percebendo que poderiam controlar a ansiedade através desse procedimento e começaram a se beneficiar dele em sala de aula, o que foi percebido através dos relatos dos alunos. As apresentações de trabalhos pareciam menos temidas e aos poucos perceberam que muitos medos não eram reais e tinham a liberdade de conversar sobre isso em grupo, o que favoreceu uma percepção geral da turma em relação à minimização dos sintomas de ansiedade frente a essa tarefa.

Orientações aos professores também podem ser muito úteis, no sentindo de promover um ambiente mais adequado à realização de provas ou à apresentação de trabalhos como, por exemplo:

- dizer ao aluno "não se preocupe" (quando ele errar), "você está aqui para aprender";
- elogiar e estimular as competências do aluno em relação ao desempenho e esforço realizado;
- não pressionar o aluno quanto ao tempo da prova, avisando quantos minutos faltam para o término da atividade;
- não mencionar a prova como sendo de difícil resolução, podendo gerar no aluno sentimentos de ameaça, o que pode contribuir para o aumento da ansiedade.

4. Promoção de entendimento e aceitação do outro

Uma população de sala de aula pode variar entre 20 e 40 alunos mais comumente. As pré-escolas e apenas algumas escolas podem ter turmas pequenas de 8 a 20 crianças. Considerando a maioria, entre 40 alunos, a chance de ter algumas crianças diferentes da maioria é grande. Por exemplo, em uma escola de classe econômica favorecida, a grande maioria é branca, rica, e bem vestida. Uma minoria é negra, desfavorecida economicamente (bolsistas ou filhos de funcionários), alguma criança pode ser obesa e alguma criança mais velha poderá ser homossexual. Além dessas características, uma minoria pode ser "especial". Popularmente, considera-se uma criança especial aquela que tem algum problema psicológico/neurológico, atraso desenvolvimental, ou deficiência física significativa. Cadeirantes, sindrômicos, autistas, deficientes intelectuais, ou que apresentem alguma deformidade física podem sofrer com a diferença. Esse tópico não irá abordar especificamente o *bullying*, que está aprofundado no texto do **capítulo 7** em sua forma virtual, por meio da internet.

Antes que o problema da não aceitação ou rejeição de um colega aconteça, a escola pode lançar mão de estratégias como a psicoeducação. Nesse contexto, dois passos são fundamentais: atender e preparar a equipe e atender e preparar os colegas.

Psicoeducação a Equipe Escolar	Psicoeducação aos colegas
Ao receber um aluno com Síndrome de Down, Trantorno de Tourette, ou um deficiente físico, por exemplo, a equipe deve estar preparada para atendê-lo e lidar com as consequências da interação com os demais alunos. O professor que se forma em sua faculdade não tem em seu currículo uma disciplina que ensine-o sobre a psicopatologia dos seus alunos. Por isso, o psicólogo escolar pode oferecer as informações necessárias para o entendimento do problema do aluno, bem como as habilidades necessárias para que a inter-relação entre professor e aluno ocorra de modo favorável à aprendizagem e desenvolvimento dele. Aspectos como características do transtorno/problema, comportamentos comuns derivados do problema, potenciais riscos na interação podem ser abordados em uma intervenção inicial com a equipe. Posteriormente, auxiliar os professores a desenvolverem estratégias e habilidades para lidar com o aluno e seus déficits (seja social, intelectual ou comportamental) é fundamental para promover um bom ambiente para o aluno em questão e seus demais colegas. O professor irá fazer a leitura do ambiente, a análise do problema e poderá intervir de maneira mais assertiva conforme a situação. Saber usar corretamente os conceitos de reforço, punição, extinção, evitar novos problemas e aumentar as chances de bom comportamento é necessário para que o professor desenrole um bom papel de educador.	As crianças podem dizer e fazer coisas que são extremamente prejudiciais a outros. Isso não significa que ela seja uma criança maldosa ou perversa, no entanto, ela pode ser ingênua para entender o problema do outro e imatura demais para conseguir ser empática. O conhecimento sobre o problema do colega pode ser suprido pela psicoeducação no instante em que o psicólogo escolar auxilia os alunos a saberem sobre o que significa e como funciona aquele aluno diferente que está chegando. A imaturidade para ser empático e entender a situação do outro pela perspectiva do outro também poderá ser suprida. Nesse sentido, a escola pode atuar com uma intervenção de treino de empatia e psicoeducação das emoções. Em pequenos grupos, o psicólogo poderá trabalhar a expressão e gerenciamento emocional, bem como a empatia. Dizer para o aluno que agrediu ou debochou de um colega especial/diferente "não faça assim, ele não entende" ou "não seja assim, ele é especial", não costuma ser suficiente, e pode ainda, gerar maior desconforto na relação entre os colegas. Da mesma forma, os pais de todos os alunos podem ser comunicados e, até mesmo por um comunicado escrito, serem psicoeducados sobre o problema em questão e sugerindo formas de abordar os questionamentos que seus filhos poderão fazer em casa. De qualquer modo, a ética e o sigilo de informações pessoais ou confidenciais que apenas o psicólogo escolar ou direção saibam, devem ser resguardados.

5. Educação socioemocional

A crescente heterogeneidade assistida em sala de aula, considerando alunos de diferentes culturas, classes sociais, estrangeiros, dificuldades cognitivas e psicológicas, tem representado maior preocupação de pais e professores (Barbosa & Marinho-Araújo, 2010; Kauffman, 1997). Nesse sentido, muitos desses alunos exigem uma estratégia diferenciada de aproximação com pares e de relacionamento com o professor. Além disso, diversas crianças em uma sala de aula apresentam algum nível de sintomas que podem ser prejudiciais ao desenvolvimento socioemocional, como ansiedade, depressão, dificuldade de expressão emocional, entre outros, podendo apresentar maior prejuízo nas interações. As intervenções baseadas na ACC podem diminuir a probabilidade de essas crianças desenvolverem transtornos mentais e necessitarem de ajuda em settings clínicos de atenção à saúde mental (Manassis, 2009).

As habilidades socioemocionais são aquelas que possibilitam uma criança estabelecer relacionamentos saudáveis com seus colegas e com adultos. Esse conjunto de habilidades permite à criança lidar bem com as dificuldades do dia a dia, controlar os impulsos, regular emoções negativas com maior assertividade, e tornarem-se motivadas para alcançar objetivos (Duda, Dunlap, Fox, Lentini & Clarke, 2004; Thompson, 2002). Os alunos que estão aptos a reconhecer limites e a identificar-se reciprocamente com seus pares estão construindo um bom e saudável desenvolvimento socioemocional. Conseguem, portanto, exercer a adequada dinâmica emocional para suportar as frustrações e evitar um repertório comportamental que não favoreça o bom relacionamento interpessoal e a aprendizagem de modo geral (Fava, 2014).

Técnicas oriundas da TCC podem ser aliadas dos professores e psicólogos escolares e incorporadas no dia a dia ou em projetos específicos. O automonitoramento, a resolução de problemas sociais, e a psicoeducação sobre emoções e formas de expressão daquelas, suprem grande parte dessa necessidade.

O automonitoramento consiste em ensinar a criança a identificar quando ela está, por exemplo, insatisfeita ou chateada com algo que ocorreu com ela mesma e seus colegas. Dá a oportunidade de a criança poder reconhecer sua raiva, seu desapontamento, seu ciúme, antes que reaja de forma negativa. Os professores podem auxiliar nessa identificação de forma precoce, ao observar as diferentes reações da criança. Um aluno que permanece quieto por mais tempo que o de costume e deixa de interagir com o grupo, pode estar se isolando para evitar uma explosão de raiva, no entanto, nem sempre esse comportamento evitativo é saudável. O professor que puder observar isso logo de início pode ajudar o aluno a resolver o problema de forma mais assertiva, auxiliando com estratégias para o seu melhor desempenho social. Dentro dessa perspectiva de o adulto ser um coadjuvante no auxílio dos problemas sociais da infância (Fava & Melo, 2014), a criança pode ser convidada a pensar sobre a perspectiva do colega e, dessa forma, desenvolver melhor suas habilidades de empatia com os outros.

6. Problemas de comportamento

Para dar conta das dificuldades comportamentais significativas de alguns alunos, autores enfatizaram a importância da Análise Funcional do Comportamento e do *Positive BehaviorSuport* (PBS), na livre tradução Apoio/Suporte Comportamental Positivo (Suggai *et. al*, 2000). A análise do comportamento é um processo sistemático de identificação de comportamentos problemáticos e dos eventos que podem estar associados à ocorrência ou não desses comportamentos e de seus fatores mantenedores, aumentando a eficiência das práticas de PBS. Esse, baseia-se nos estudos de Skinner (1975) em que o comportamento e o ambiente não podem ser vistos separadamente. O PBS não é uma teoria nova, mas um termo geral que se refere à aplicação de intervenções e sistemas comportamentais positivos para alcançar a mudança de comportamento socialmente importante (Meyer & Evans, 1989). Com o passar do tempo, ele começou a ser aplicado com sucesso em uma gama ampla de estudantes que não só aqueles com graves problemas de comportamento e atualmente, as estratégias de disciplina estão ligadas também às estratégias de apoio emocional (Fava, 2014; Suggai *et al.*, 2000).

É possível diferenciar alguns níveis para intervenção dentro do ambiente escolar direcionada aos alunos. De acordo com a Pirâmide de Ensino (Fox, Dunlap, Hemmeter, Joseph & Strein, 2003), existem quatro níveis nos quais o objetivo principal é a preparação de pais e professores para proporcionar às crianças um melhor desenvolvimento socioemocional e lidar com problemas de comportamento.

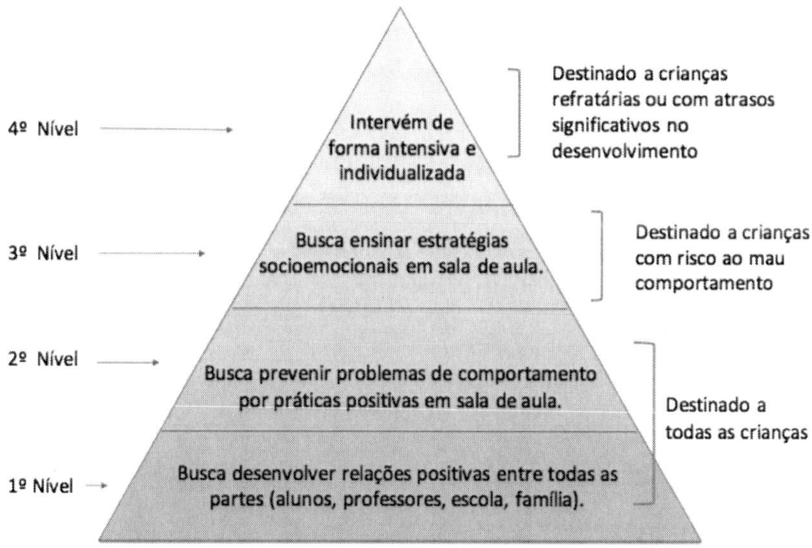

O primeiro nível prevê que **bons relacionamentos proporcionados pelos professores são a peça chave para um ensino eficaz e de orientação para o bom desenvolvimento social, emocional e comportamental.** Os adultos têm considerável influência sobre o comportamento das crianças e é no contexto dessas relações que as crianças desenvolvem autoconceito positivo e confiança que ajudam a reduzir a ocorrência de um padrão comportamental disfuncional. Os esforços em investir na construção de uma relação segura é, provavelmente, menor do que o necessário para a implementação de estratégias mais complexas voltadas para remediar as consequências de prévias relações não positivas (Fava, 2014).

O segundo nível enfatiza a importância do ambiente físico da sala de aula, a interação adulto-criança e algumas práticas para trabalhar o comportamento desafiante. O nível seguinte compreende o treinamento sobre a educação emocional; e no quarto nível está a proposta de uma aproximação individualizada e personalizada com as crianças refratárias que, mesmo com práticas positivas de ensino e relacionamento interpessoal, ainda apresentam problemas significativos no comportamento (Fox, Dunlap, Hemmeter, Joseph & Strein, 2003).

Para dar conta de problemas de comportamento comum em sala de aula, é fundamental pensar na qualidade de interação do adulto com a criança. Além da importância do emprego de estratégias de apoio comportamental positivo, o professor precisa estar certo de que seu padrão interacional é saudável. Nesse sentido, Baurind (1996), considera que é necessário levar em consideração duas dimensões de cuidado com a criança que são fundamentais na interação com elas: a responsividade e a exigência.

Responsividade	Conceitos importantes compreendidos pela dimensão "Responsividade"	Exigência
É a capacidade do adulto em dar suporte à criança, e diz respeito ao quanto o adulto é capaz de ter atitudes compreensivas. É exercida por meio do apoio emocional e da comunicação bi-direcional (adulto-criança, criança-adulto)	**Carinho:** expressão emocional de apreço, de amor, que se apresenta como um interesse genuíno no bem estar da criança (Belsky, Sligo, Jaffee, Woodward, & Silva, 2005). **Conhecimento acerca do desenvolvimento infantil:** por meio de cursos na área da psicologia e educação, leituras e presença em palestras é possível suprir essa necessidade (Patterson, Mockford, & Stewart-Brown, 2005). Dessa forma, o adulto pode ter expectativas mais realísticas sobre o comportamento e desempenho da criança em diferentes idades. **Interação entre pares:** crianças são participantes ativos de qualquer inter-relação, no entanto, sabem que os adultos têm uma grande responsabilidade (Maccoby, & Martin, 1983). Os professores com apropriadas práticas educativas têm mais sucesso em conseguir um bom manejo do comportamento infantil. **Estilo de Comunicação:** professores responsivos usam a comunicação aberta e direta. Passam mensagens de forma firme e gentil e são validantes (apoio emocional). As crianças tendem a aceitar melhor esse estilo de comunicação porque não está baseada no estilo autoritário. Essa forma positiva de comunicação, proporciona à criança uma visão de si mesma como competente e merecedora de de respeito.	É a capacidade do adulto em estabelecer limites adequados nas crianças. Compreende adequada observação, comunicação não impositiva e firme, reforçamento positivo e formas de punição adequadas para cada situação-problema.

Os professores que conseguem desempenhar um alto nível de exigência e responsividade são considerados professores assertivos. Considerando o contexto pré-escolar, Fava (2014), descreveu dez passos para um programa de treinamento de professores que engloba tanto os conhecimento para uma melhor interação com as crianças, como estratégias práticas oriundas da ACC, relevantes para o manejo de contingências nos ambientes pré-escolares e melhor desenvolvimento socioemocional dos alunos.

Nesse mesmo sentido, para atender à solução dos problemas de comportamento, a escola também pode ser atuante no treinamento de pais (TP). O TP é uma estratégia psicoterápica baseada em evidências que têm muitas contribuições da abordagem comportamental e cognitiva (Barkley, 1997; Kazdin, 2005; Marinho, Caballo & Simon, 2005; McMahon, 1999; Pinheiro, Haase, Del Prette, Amarante & Del Prette, 2006; Sanders, 2005). A tabela 2, a seguir, é adaptada de Fava & Melo (2014) e descreve os principais tópicos que são abordados nos principais programas de treinamentos de pais e propõe formas de o psicólogo escolar e equipe abordarem o tema nas escolas.

Tabela 2 – Tópicos abordados em programas de treino de pais.

Passo 1	Avaliação e entrevista com pais ou cuidadores	Pode ser utilizada uma entrevista semiestruturada para definir em um primeiro momento se o grupo será homogêneo (idade, problema de comportamento e estrutura familiar). A ideia é que cada grupo de pais a serem orientados seja o mais homogêneo possível, para que haja maior qualidade e aprofundamento em cada encontro. Questões podem ser distribuídas em folhas para que possam ser entregues ao responsável sobre a divisão dos grupos.
Passo 2	Intensificar a qualidade de interação pais-filho.	Iniciando o conteúdo propriamente dito, trabalha-se com a importância da introdução do tempo especial (tempo para a família passar junto com atenção voltada para a criança) e incentivar os pais ao uso do reforçamento positivo.

Passo 3	Aumentar aceitação e obediência, por meio de pedidos simples seguidos de reforço.	Orientar os pais a darem ordens curtas, claras e assertivas. O treinador pode ensinar os pais as habilidades necessárias para tais condutas e treinar no grupo por meio de role-play, que são pequenas encenações para aprendizagem de uma nova habilidade.
Passo 4	Diminuir o comportamento perturbador.	Utilizar reforços (elogios) e prevenir situações desagradáveis. Usar pistas e sinais para que os pais possam ter menos problemas nas passagens de uma atividade "agradável" para uma atividade "obrigatória", como banho, comer, etc.
Passo 5	Iniciar sistema de economia de fichas (apresentado na tabela 1)	O sistema de fichas pode ser adaptado para cada idade, utilizando diferentes caixas, cofres, e sistemas de contagens, como bolinhas, números ou cores que valem mais ou menos pontos para trocar por comportamentos. A economia de fichas pode ser utilizada tanto em casa sob supervisão dos pais, quanto na escola, em grupo sob supervisão dos professores. Para a aplicação da economia de fichas, é sempre fundamental um psicólogo capacitado para a supervisão técnica.
Passo 6	Iniciar a fase de punições	Retirar pontos do sistema de fichas pelo mau comportamento e introdução do *time out*. O *time out* está descrito na primeira tabela deste texto.
Passo 7	Revisão dos possíveis problemas encontrados no cumprimento das tarefas da economia de fichas e no *time out*.	Sanar dúvidas e utilizar tempo do encontro para dividi-las entre os participantes do grupo e para discuti-las, buscando soluções mais funcionais.

Passo 8	Melhorar comportamento em público.	Estabelecer regras fora de casa e incentivar o cumprimento. Combinar as estratégias de punições e/ou extinção para as regras não cumpridas.
Passo 9	Antecipação de problemas	Auxiliar a prever e prevenir futuros problemas de comportamento.
Passo 10	Revisão e discussão dos problemas e soluções encontrados.	O grupo pode fazer um fechamento, trazendo os principais tópicos e aprendizagens para reforço delas.

Considerações finais

Como mencionado inicialmente, a escola é coadjuvante importante no trabalho do psicólogo clínico. Além das mudanças históricas, políticas e de atuação prática do psicólogo na área da psicologia escolar, a consolidação do trabalho clínico infantil em TCC, aproximou das instituições educacionais a necessidade de uma diferente atuação do psicólogo escolar e dos professores. Nos últimos anos, autores se preocuparam em desenvolver programas e intervenções cognitivo-comportamentais para atender as demandas do público escolar e pré-escolar nas instituições educativas.

Após anos de prática nas escolas, o **FA**cilitando o con**V**ívio com **A**lunos: um programa integrativo para professores (**FAVA**), foi validado proporcionando a psicologia escolar mais uma ferramenta de apoio à formação de professores. O programa tem como objetivo instruir os professores quanto ao modelo cognitivo e trazer da clínica para a escola o módulo essencial de automonitoramento. A partir da regulação emocional e comportamental proporcionadas pela possibilidade de autoconsciência e modificação ou aceitação dos pensamentos, os professores estarão mais aptos a atuarem assertivamente com seus alunos, utilizando das ferramentas da aprendizagem socioemocional e da modificação de comportamento (Fava, Andretta, & Marin, submetido).

Ao longo deste livro, será possível observar como a psicologia escolar pode assumir uma visão dentro dos fundamentos da ACC e propor formas mais atuantes e práticas de intervir e promover melhor desenvolvimento do aluno e melhor qualidade dos ambientes escolares.

O objetivo deste capítulo foi:

- Situar o leitor acerca da importância da redefinição do papel do psicólogo escolar.
- Apresentar a ACC como uma abordagem aplicável em settings educacionais.
- Expor, de forma prática, alguns exemplos de como utilizar a ACC nas demandas escolares.

Referências

Barbosa, R., M. & Araújo, C., M., M. (2010). Psicologia escolar no Brasil: considerações e reflexões históricas. Estudos de Psicologia(Campinas), 27(3), 393-402.

Barkley, R. A., (1997). Defiant children: A clinician's manual for assessment and parent training (2nd. ed.). New York: Guilford.

Beck, A. T. (Ed.). (1979). *Cognitive therapy of depression*. New York: The Guilford press.

Bunge, E., Gomar, M. & Mandil, J. (2012). Terapia Cognitiva com crianças e adolescentes: aportes técnicos. São Paulo: Casa do Psicólogo, 2 ed.

Carvalho, I. S. C, & Souza, M. V. M. (2012). A representação social de alunos de escolas da rede particular de ensino acerca do papel do psicólogo escolar. *Trabalhos em linguística aplicada*. [online], 51 (1), 235-244.Andrada (2005)

Conselho Federal de Psicologia (Brasil). (2020). *A(o) psicóloga(o) e a(o) assistente social na rede pública de educação básica: orientações para regulamentação da lei número 13.935, de 2019*. CFP: Brasília. ISBN: 978-65-86540-22-2 Disponível em: https://abrapee.wordpress.com/lei-no13-935/

Clark, L. (2009). SOS Ajuda para pais: um guia prático para lidar com problemas de comportamento comuns do dia a dia (3ed). Rio de Janeiro: EditoraCognitiva.

Creed, T. A., Reisweber, J., & Beck, A. T. (2011). *Cognitive therapy for adolescents in school settings*. New York: Guilford.

Creed, T. A., Waltman, S.H., Frankel, S. A., & Williston, M. A. (2016). School-based cognitive behavioral therapy: Current status and alternative approaches. *Current Psychiatry Reviews*, 12, 53-64.

de Andrada, E. G. C. (2005). Novos paradigmas na prática do psicólogo escolar. *Psicologia: Reflexão e Crítica, 18*(2), 196-199.

Duda, M. A., Dunlap, G., Fox, L., Lentini, R., & Clarke, S. (2004). An Experimental Evaluation of Positive Behavior Support in a Community Preschool Program. *Topics in Early Childhood Special Education,* 24, 143-155.

Fava, D. C. (2014). Terapia cognitivo-comportamental no contexto pré--escolar. Em: Melo, W. V. (org). Estratégias Psicoterápicas e a terceira onda em terapia cognitiva. Novo Hamburgo: Sinopsys.

Fava, D. C. (2016). A terapia cognitiva na primeira infância. In Federação Brasileira de Terapias Cognitivas, Neufeld, C. B., Falcone, E. M. O. & Rangé, B. P. (Orgs.). PROCOGNITIVA Programa de Atualização em Terapia Cognitivo-Comportamental: Ciclo 3. (pp. no prelo). Porto Alegre: Artmed Panamericana. (Sistema de Educação Continuada a Distância, v. 3).

Fava, D.C. & Melo, W. V. (2014). *A terapia cognitiva para crianças de 0 a 6 anos.* In: Melo, W. V (org). Estratégias psicoterápicas e a terceira onda em terapia cognitiva. Novo Hamburgo: Synopsis.

Fava, D. C., Andretta, I., & Marin, A.H., (submetido). Programa trans-teórico para professores e o impacto no comportamento dos alunos e na autoeficácia docente: ensaio clínico randomizado. *Revista Psicologia Escolar e Educacional.*

Fox, L., Dunlap, G., Hemmeter, M. L., Joseph, G. E., & Strain, P. S. (2003). The teaching pyramid: A model for supporting social competence and preventing challenging behavior in young children. *Young Children*, 58(4), 48-52.

Friedberg, R. D. & McLure, J. M. (2004/2008).*A prática clínica de terapia cognitiva com crianças e adolescentes.* Porto Alegre: Artmed.

Friedberg, R. D., McLure, J. M. & Garcia, J. H. (2011). Técnicas de terapia cognitiva para crianças e adolescentes: ferramentas para aprimorar a prática. Porto Alegre: Artemed.

Goldfried, M. R, & Davison, G. C. (1976). Clinical behavior therapy. New York: Holt, Rinehart, & Winston.

Kauffman, J. (1997). Characteristics of emotional and behavior disorders of children and youth (6th ed.). Columbus, OH: Merrill.

Kazdin, A. E. (2005). Parent Management Training. Treatment for oppositional, aggressive, and antisocial behavior I children and adolescents. New York: Oxford University Press.

Kendall, P. C. Guiding theory for therapy with children and adolescents. In: Kendall, P. C. *Child & adolescent therapy*: cognitive-behavioral Procedures. Guilford Press, New York, 2000a.

Knell, S. M. & Dasari, M. (2010). Cognitive-behavioral play therapy for preschoolers: integrating play and cognitive-behavioral interventions. In: Schaefer, C. (org). Play therapy for preschool children. Washington: American Psychological Association.

Manassis, K. (2009). Cognitive behavioral therapy with children. A guide for the community practitioner. New York: Routledge.

Marinho, M. L., Caballo, V. E., & Simon, M. A. (2005). Um programa estruturado para o treinamento de pais. *Manual de psicologia clínica infantil e do adolescente: transtornos específicos*, 417-443.;

McMahon, R. J. (1999). Treinamento de pais. In V. E. Caballo (Ed.), Manual de técnicas de terapia e modificação do comportamento (pp. 399-422). São Paulo, SP: Santos.

Mennuti, R. B., Freeman, A., &Christner, R. W. (2006). Cognitive-behavioral interventions in educational settings: a handbook for practice. New York: Routledge.

Meyer, L. H., & Evans, I. M. (1989). Nonaversive intervention for behavior problems: A manual for home and community. Baltimore: Brookes.

Neufeld, C. B. (2015). Terapia Cognitivo-Comportamental em Grupo para Crianças e Adolescentes. Porto Alegre: Artmed.

Oakland, T. (2012). Psicologia escolar no Brasil: passado, presente e futuro. *Psicologia: Teoria e Pesquisa, 5*(2), 191-201.

Oliveira, K. L., Cantalice, L. M. D., Joly, M. C. R. A., & Santos, A. A. A. D. (2006). Produção científica de 10 anos da revista Psicologia Escolar e Educacional (1996/2005). *Psicologia Escolar e Educacional, 10*(2), 283-292.

Oliveira, S. M. da S. S., & Sisto, F. F. (2002). Estudo para uma escala de ansiedade escolar para crianças. Psicologia Escolar e Educacional. 6 (1), 57-66.

Petersen, C. S. & Wainer R. (2011). Terapias cognitivo-comportamentais para crianças e adolescentes. Porto Alegre: Artmed.

Pinheiro, M. I. S., Haase, V. G., Del Prette, A., Amarante, C. L. D., & Del Prette, Z. A. P. (2006). Treinamento de habilidades sociais educativas para pais de crianças com problemas de comportamento. *Psicologia: reflexão e crítica, 19*(3), 407-414.

Sanders, M. R. (2005) *Uma estratégia de intervenção comportamental familiar em níveis múltiplos para a prevenção e tratamento de problemas de comportamento infantil.* In Caballo, V.E. &Simón, M. A. Manual de Psicologia Clínica infantil e do adolescente. Transtornos Específicos. São Paulo: Ed. Santos.

Skinner, B. F. (1975). *Contingências de reforço: uma análise teórica*. Coleção Os Pensadores, 51.

Skinner, B. F., & Holland, J. G. (1975). A análise do comportamento. *Ciências e Comportamento Humano, 3*.

Souza, Marilene Proença Rebello de. (2009). Psicologia Escolar e Educacional em busca de novas perspectivas. *Psicologia Escolar e Educacional, 13*(1), 179-182.).

Stallard, Paul (2010). Ansiedade: terapia cognitivo-comportamental para crianças e jovens. Porto Alegre: Artmed.

Sugai, G., Horner, R. H., Dunlap, G., Hieneman, M., Lewis, T. J., Nelson, C. M., Scott, T., Liaupsin, C., Sailor, W., Turnbull, A. P., Turnbull III,. H. R., Wickham, D., Wilcox, B., & Ruef, M. (2000). Applying Positive Behavior Support and Functional Behavioral Assessments in Schools.*Journal of Positive Behavior Interventions*, 2(3), 131-143.

Thompson, R. A. (2002). The Roots of School Readiness in Social and Emotional Development. Em:Set for succes: building a strong foundation for school readiness based on the social-emotional development of young children.*The Kauffmanearlyeducationexchange 1 (1)*, 8-29.

A partir daqui a sua leitura estará percorrendo por diversos contextos que se apresentam nas escolas. No entanto, este livro não suprime todas as possibilidades de intervenção nessa temática. Os capítulos direcionam o psicólogo e o educador a fim de que se abram para uma nova forma de atuar como agentes promotores do bom desenvolvimento infantil e agentes preventivos de problemas em saúde mental na infância e adolescência.

Espero que tenha uma ótima leitura!

Débora C. Fava

A+B=C
A+B=C
A+B=C
A+B=C
A+B=C

CAPÍTULO 2

A fronteira da educação entre família e escola

Edna Maria Marturano
Luciana Rizo
Luciana Carla S. Elias
Débora C. Fava

A família e a escola são poderosas aliadas na promoção do desenvolvimento da criança. A parcela de contribuição da escola está associada mais especificamente à apropriação do conhecimento culturalmente organizado (Dessen & Polonia, 2007). No entanto, nas últimas décadas, as mudanças sociais e a consequente redefinição de políticas públicas para a infância vêm ampliando a exposição da criança ao ambiente escolar e à função educativa da escola, uma vez que ela vai à escola cada vez mais cedo. Com a universalização do acesso à educação infantil, a partir dos quatro anos de idade os pequenos brasileiros gastarão na escola, em contato com educadores e companheiros da mesma idade, pelo menos a quarta parte do tempo que passam acordados, e isso em fase de acelerado desenvolvimento psicobiológico (Marturano, 2015).

Este capítulo busca trazer ao leitor informações sobre a importância de definição do papel da escola e da família na aprendizagem das crianças, estabelecer parceria entre as partes da fronteira e propor ideias práticas, baseadas em princípios da TCC infantil e de intervenções escolares nesse mesmo contexto

A propósito das funções educativas da escola e da família na cena contemporânea, Oliveira e Marinho-Araújo (2010) assinalam que "a primeira tem a função de favorecer a aprendizagem dos conhecimentos construídos socialmente em determinado momento histórico, de ampliar as possibilidades de convivência social e, ainda, de legitimar uma ordem social, enquanto a segunda tem a tarefa de promover a socialização das crianças, incluindo o aprendizado de padrões comportamentais, atitudes e valores aceitos pela sociedade" (p. 101). Acrescentam que as duas instituições compartilham a tarefa de preparar as crianças e adolescentes para a inserção crítica, participativa e produtiva na sociedade. Um desafio tremendo no século em curso, que vê o mundo em acelerado processo de mudanças.

Como estabelecer, nesse cenário, a fronteira da educação entre a família e a escola? Já não se sustenta a concepção de influências separadas, vigente na primeira metade do Século XX, que atribuía à família o desenvolvimento social de seus filhos e à escola a educação formal (Conners & Epstein, 1995). Hoje, é generalizado o reconhecimento de que, a par com o aprendizado de habilidades de leitura, escrita e cálculo, conhecimento do mundo e imersão em diferentes linguagens, na escola, a criança se depara com o grande desafio da convivência além das fronteiras do ambiente familiar, o que torna a escola um contexto privilegiado de socialização em grupo, com importantes implicações educativas (Farmer, Lines & Hamm, 2011). Em contrapartida, a família tem sido chamada à participação mais ativa na vida escolar das crianças, com base em evidências de que os estudantes se saem melhor em seu trabalho escolar, têm atitudes mais positivas para com a escola e desenvolvem melhor autoconceito acadêmico se eles contam com pais que são atentos, bem informados, encorajadores e envolvidos em relação à vida escolar dos filhos (Conners & Epstein, 1995; Gardinal-Pizato, 2010).

Cabe ainda considerar o alargamento do conceito de educação na sociedade contemporânea. Segundo a Convenção das Nações Unidas sobre os Direitos da Criança, realizada em 1989, a educação deverá ser dirigida ao desenvolvimento da personalidade e dos talentos da criança, preparando-a para uma vida adulta ativa, com base no respeito pelos direitos humanos básicos e pelos valores da própria criança e dos outros. Assim explicitado, o escopo da educação adiciona à agenda educativa, a par com metas tradicionalmente reconhecidas, a formação do caráter (Tough, 2012).

Parcerias na fronteira

Neste capítulo, a questão da fronteira da educação entre escola e família é examinada em uma perspectiva sistêmica, que admite influências múltiplas e interdependentes de ambientes diversos sobre o desenvolvimento da pessoa. Segundo essa visão, o estudo do desenvolvimento deve levar em conta os processos de troca ou transação, que ocorrem dentro e entre os sistemas constituídos pelo indivíduo, seus cuidadores e os contextos em que ele se desenvolve, como a família e a escola (Bronfenbrenner & Morris, 1998). A definição de responsabilidades pela educação da criança, sob essa perspectiva, é concebida em termos de parceria.

Sendo a criança a razão de ser das parcerias família-escola, a parcela que cabe a cada um dos dois contextos na partilha de responsabilidades pela sua educação pode ser delimitada em função do relevo das influências que cada qual exerce sobre o desenvolvimento infantil. A pesquisa científica tem mostrado que, conforme a criança atravessa os anos da educação infantil e do ensino fundamental, os dois contextos operam de forma diferencial, cambiante e complementar sobre seu desenvolvimento (Marturano, 2008; 2013). Desse modo, a antiga concepção de influências separadas, em que cabia à família promover o desenvolvimento social e à escola, a educação formal, pode ser substituída, figurativamente, por uma visão de protagonismo, em que **família e escola assumem alternadamente o papel principal e o de coadjuvante na promoção de competências para a vida em sociedade, dependendo do momento da trajetória de vida da criança em combinação com a tarefa de desenvolvimento que está sendo considerada.**

A noção de tarefa de desenvolvimento remete a um conjunto de demandas relacionadas a um determinado período da vida, em um dado contexto sociocultural, que devem ser cumpridas pelo indivíduo para um desenvolvimento saudável (Masten & Coatsworth, 1998). O conceito fornece critérios para desfechos de desenvolvimento nos diferentes estágios do ciclo vital, pressupondo efeitos cumulativos, no sentido de que o grau de sucesso na resolução das tarefas de um estágio capacita o indivíduo em maior ou menor grau para os desafios do estágio subsequente. Nos anos da educação infantil, a principal tarefa de desenvolvimento está relacionada à autorregulação das emoções e do comportamento, ao passo que no ensino fundamental, o desempenho escolar, a capacidade de se dar bem com os companheiros e a adesão às regras da sociedade para comportamento moral e conduta pró-social são as tarefas mais proeminentes a desafiarem as crianças. (Masten & Coatsworth, 1998).

Entendendo-se que o meio social não só define as tarefas e estabelece critérios de competência, mas também deve dar apoio ao indivíduo para cumpri-las, a ação educativa implica então em um investimento deliberado e intencional dos agentes socializadores em práticas que a pesquisa e a experiência apontam como facilitadoras do sucesso da criança no enfrentamento dos desafios inerentes ao desenvolvimento – as ditas tarefas. Na parceria família-escola, transcendendo os conteúdos curriculares, responsabilidades educativas podem ser delimitadas com base nesse critério.

Delimitando responsabilidades

A família tem papel proeminente no desenvolvimento da autorregulação, principal tarefa dos anos da educação infantil. A estabilidade do ambiente familiar não só é relevante em todo o percurso de vida da criança, mas também fundamental para a tarefa de desenvolvimento do período pré-escolar, centrada na autorregulação da emoção e do comportamento. A estabilidade pode ser apreciada em pelo menos três aspectos da vida familiar: no clima emocional, nas rotinas e rituais e nas práticas educativas (Marturano, 2013).

Um clima emocional positivo na família se caracteriza por processos interpessoais com elevada coesão, resolução construtiva dos conflitos, ausência de hostilidade e uma relação afetiva apoiadora para com a criança. Essas características favorecem o desenvolvimento, pela criança, de um senso de permanência e estabilidade de sua base afetiva (Boyce, 1985). Rotinas e rituais da família são padrões de atividade que se repetem, suscitando na criança sentimentos de previsibilidade, controle e segurança. Tais rituais e rotinas se expressam em reuniões regulares da família (por exemplo, almoçarem todos juntos aos domingos), horários definidos para algumas atividades diárias (por exemplo, hora de jantar e de ir dormir), pequenas incumbências da criança (por exemplo, guardar seus brinquedos) e rituais associados a determinados momentos (por exemplo, um beijo de boa-noite na hora de dormir). Também são importantes as práticas educativas proativas, em que os pais estabelecem e cumprem consistentemente certas regras e limites, oferecendo explicação clara do comportamento esperado e das consequências para a violação da regra. Essas práticas podem facilitar o ajustamento da criança ao ambiente escolar, visto que, quando os pais estabelecem regras regularmente, a criança compreende melhor o sistema de normas vigente na escola (Marturano, 2013).

Coadjuvando à família, a escola de educação infantil pode, por sua vez, favorecer a conquista da autorregulação por meio de arranjos intencionais no dia a dia. Além das rotinas que demarcam as atividades e das regras que balizam a convivência, a mediação das atividades individuais e em grupo pelo professor pode ser capitalizada para dar suporte às crianças nessa direção (Bodrova & Leong, 2007).

Nos anos do ensino fundamental, a escola sobressai como principal fonte das demandas de desenvolvimento, assumindo assim, de acordo com a perspectiva de tarefa de desenvolvimento, a maior parcela de responsabilidade no suporte à criança para o cumprimento das tarefas típicas do estágio. Isso envolve não somente o domínio de conteúdos e habilidades acadêmicas previstos no currículo formal, mas também o processo de socialização para a vida na comunidade.

Cabe aqui assinalar o papel do professor nesse processo. Como aponta Bierman (2011), **o professor do primeiro ciclo do ensino fundamental, assim como o da educação infantil, está em posição privilegiada para ajudar diretamente as crianças a reduzirem a agressão, gostarem da escola, ganharem reputação favorável entre os pares e se relacionarem positivamente.** Ele fará isso por diversos meios: no relacionamento amistoso e respeitoso com os alunos, na disponibilidade para apoio emocional, na forma proativa e assertiva de colocar limites e no modo de gerenciar e organizar as atividades da turma. Assim, o professor exerce sua influência quer diretamente, nas interações face a face, quer indiretamente, no manejo da turma. Por suas atitudes, práticas de ensino e estratégias disciplinares, ele intervém efetivamente nos relacionamentos entre seus alunos (Bierman, 2011). Já foi demonstrado, por exemplo, que os alunos do ensino fundamental mostram taxas menores de agressão quando seus professores prestam mais suporte emocional e adotam práticas mais efetivas de manejo da turma (Farmer, Lines & Hamm, 2011). Também tem sido observado na literatura que o professor pode, deliberadamente, promover comportamentos pró-sociais e melhorar a convivência entre os alunos, por meio de intervenção formativa, visando ao desenvolvimento de habilidades sociais, controle do estresse e sensibilização para os valores humanos básicos (Borges & Marturano, 2012; Elias & Marturano, no prelo).

Qual seria, então, o papel da família? Além da retaguarda educativa no ensino de atitudes, comportamentos, crenças, costumes e habilidades valorizadas pelo grupo familiar (CONNERS & EPSTEIN, 1995), os pais e a família desempenham um importante papel coadjuvante no apoio à criança para o cumprimento das tarefas de desenvolvimento implicadas na escolarização. **Eles podem direcionar positivamente o aprendizado escolar, a motivação da criança para os estudos e o desenvolvimento de competências interpessoais que garantem um bom relacionamento com professores e colegas**, por meio de práticas facilmente implementáveis, que implicam na canalização de recursos disponíveis para metas de suporte ao desenvolvimento dos filhos (MARTURANO, 2008). Organização e rotina da casa, apoio à criança nas atividades escolares, disponibilidade para interação, potencialização das oportunidades cotidianas de aprendizado são alguns exemplos. O leitor encontrará um detalhamento dessas e de outras possibilidades em Parreira e Marturano (2012).

Por meio do seu envolvimento ativo, os pais oferecem o suporte emocional essencial ao desenvolvimento de um senso de competência, importante ingrediente do desenvolvimento pessoal e acadêmico. Além disso, proporcionam também recursos mais concretos, como, por exemplo, um local apropriado para fazer a lição de casa. Exemplos simples da vida quotidiana ilustram o envolvimento dos pais: ler para a criança menor e ouvir sua leitura quando ela solicita; promover e compartilhar atividades de lazer no final de semana; assistir à TV junto com a criança e estimular a conversação sobre o que é visto; dar supervisão e sugestões relativas ao trabalho escolar; perguntar sobre a escola; e, no caso das crianças maiores, que já têm mais independência para ir e vir, monitorar suas saídas e suas companhias (MARTURANO, 2008).

Nesse elenco de atividades, cabe destacar o compartilhamento de atividades de lazer e recreação entre pais e filhos, consistentemente associado a melhores resultados de desempenho e ajustamento escolar. Quando os pais proporcionam aos seus filhos uma diversidade de experiências sociais e culturais enriquecedoras, as crianças obtêm melhores resultados escolares e são avaliadas pelos professores como mais centradas na tarefa e mais bem ajustadas ao longo de todo o ensino fundamental (MARTURANO, 2008).

Em suma, o clima emocional, as interações pais-filhos, as regras e as rotinas são importantes para a realização escolar no ensino fundamental. Os pais que são afetuosos e controladores, sem serem restritivos demais; que dão explicações para justificar as regras que governam a vida quotidiana da família; que animam a criança a ser independente e responsável; que estabelecem uma estrutura minimamente organizada de tempo e espaço para balizar o dia a dia, contribuem para melhor desempenho, maior autorregulação e melhor ajustamento na escola.

Entrelaçamentos

O exposto até aqui sobre atribuições educativas da família e da escola foi tratado como possibilidades isoladas. Como integrar tantas possiblidades em uma efetiva parceria a serviço do desenvolvimento saudável das crianças? Conners e Epstein (1995) descrevem um modelo de parceria família-escola que na prática, pressupõe um comprometimento de longo prazo, respeito mútuo, envolvimento das famílias e dos educadores em um amplo espectro de atividades e o compartilhamento de responsabilidades no planejamento e na tomada de decisões. Segundo essas autoras, os elementos chaves para que essa parceria seja bem sucedida são a comunicação de duas vias, o foco na melhora do aprendizado em casa e na escola, o apoio mútuo entre pais e professores e a tomada de decisões conjuntas.

Entre os elementos apontados, a comunicação em duas vias merece particular atenção. Em pesquisas brasileiras, os pais entrevistados se percebem mais como ouvintes que como interlocutores, configurando comunicação de mão única ou no mínimo assimétrica (Marcondes & Sigolo, 2012; Ribeiro & Andrade, 2006). Na mesma direção e como um corolário da assimetria na comunicação, também a tomada de decisões conjuntas estaria pouco presente nas relações família-escola dentro da cultura brasileira (Marcondes & Sigolo, 2012). Contribuem para acentuar as dificuldades, as expectativas divergentes não explicitadas na relação, bem como crenças distorcidas sobre a atuação do outro, decorrentes da ausência de troca de informação pertinente, correta, completa e precisa de parte a parte (Oliveira & Marinho-Araujo, 2010). Isso posto, é no contexto dessa realidade, que se pode pensar em parcerias na região fronteiriça onde as responsabilidades educativas da família e da escola se superpõem.

A parceria entre família e escola, para ser efetiva, deve partir da real possibilidade de comunicação clara, precisa e sem preconceitos de ambas as partes. A escola tem sido vista como a principal responsável por construir essa relação de forma harmoniosa (Conners & Epstein, 1995; Oliveira & Marinho-Araujo, 2010). Os profissionais da educação interessados em promovê-la encontrarão importante suporte na abordagem cognitivo-comportamental por várias razões. Em primeiro lugar, o profissional com formação cognitivo-comportamental é alguém familiarizado, na sua prática, com a construção de parcerias, "...em que se promove uma forma de trabalhar aberta e colaborativa" (Stallard, 2007, p. 19, grifo nosso). Em segundo lugar, faz parte do *métier* desse profissional o trabalho para o reconhecimento e a explicitação de expectativas, um pré-requisito para a interlocução entre as duas instituições – família e escola. Em terceiro lugar, o manejo de distorções cognitivas, especialidade da abordagem, é fundamental para a desconstrução de ideias preconcebidas da família em relação à escola, dos pais em relação aos professores e vice-versa. Podem-se também mencionar as técnicas motivacionais e a exploração conjunta de soluções alternativas para os problemas, como recursos da abordagem cognitivo-comportamental a serem mobilizados na pavimentação de uma via de mão dupla para a comunicação entre pais e professores, família e escola.

A comunicação de duas vias e o trabalho colaborativo são da mesma essência de um trabalho capaz estabelecer uma parceria construtiva na fronteira da educação entre família e escola, em lugar da trincheira vez ou outra identificada nesse território pela lente dos pesquisadores. Não há, nem poderia haver, prescrições de procedimentos, uma vez que se trata de um processo autorregulado, caracterizado por acomodações e ajustes contínuos que são dependentes de inúmeros fatores circunstanciais. Assim, em cada escola, o caminho para essa realização será traçado pela comunidade escolar, entendida como o conjunto de atores formado por alunos, mães, pais, professores e equipe técnica da escola. Como diretrizes gerais, cabe lembrar os quesitos mencionados por Conners e Epstein (1995): comprometimento de longo prazo, respeito mútuo, envolvimento das famílias e dos educadores em um amplo espectro de atividades e o compartilhamento de responsabilidades no planejamento e na tomada de decisões.

O que fazer?

Ao observar o significado de fronteira, surge a definição de linha que demarca, separa ou distingue uma coisa de outra (Ferreira, 1988).

Aqui, no entanto, trabalhamos não só com a noção de demarcação de espaços, mas, também, com a ideia de local por onde se transita, se dialoga e acontecem trocas que enriquecem cada uma das partes, mesmo conscientes de serem espaços distintos.

É fato que a escola tem influência fundamental na formação da criança por meio das relações com os pares, professores e equipe. Sabemos que um bom desenvolvimento socioemocional na escola depende de uma boa base construída no seio familiar, capacitação da escola para oferecer suporte aos alunos e nutrir seu desenvolvimento para além das questões acadêmicas (Papalia, Olds & Feldman, 2001). A interação da criança com seu ambiente colabora para o desenvolvimento de suas habilidades sociais e, desde o início de sua vida, depende da qualidade dessa interação (Del Prette & Del Prette, 2005). No primeiro momento, a construção do repertório de suas interações com o outro acontece nas relações com a família. Ao frequentar a escola, a criança se depara com situações mais complexas, e, assim, as demandas de relacionamento exigem um aumento do seu repertório de Habilidades Sociais/Emocionais (Del Prette& Del Prette, 2001; Papalia, Olds & Feldman, 2001).

Por sua vez, esse repertório trabalhado na escola pode ser generalizado para suas relações sociais em outros ambientes e no próprio lar. Na interação social, lidamos com diversos afetos e, por isso, ouvimos hoje, sobre a importância do desenvolvimento socioemocional nas escolas (Fava, 2014, Petersen & Wainer, 2011). Como podemos perceber, acontece uma retroalimentação: as experiências socioemocionais construídas na família influenciam o desenvolvimento da criança na escola e esse interfere nos relacionamentos familiares e na comunidade.

As crianças, assim como os adultos, segundo a teoria da aprendizagem social, aprendem comportamentos sociais pela observação e imitação de modelos (Bandura, 1977). A família é fonte rica para estimulação delas, que precisam compreender os códigos familiares por meio de brincadeiras e da observação dos comportamentos dos seus membros sobre regras e limites (Caballo, 1999). É esperado que a criança, ao chegar à escola, tenha um repertório comportamental construído com sua família a ser elaborado na interação com o novo ambiente.

A grande questão é que os dois principais ambientes frequentados pela criança têm sua grande importância na estimulação infantil, mas, quando não se comunicam, podem inibir o desenvolvimento dela.

Imagine duas situações fictícias paralelas:

a) Você tem, em seu lar, a construção dos valores, comportamentos adequados, regras, limites e resolve viajar para outro país. Imagine se, ao atravessar a fronteira, você deixasse de lado seus valores, regras, limites e passasse a viver como 'um sem lei'. Quais poderiam ser as consequências?

b) Você não possui valores desenvolvidos, seus comportamentos são desregrados e sem limites. Então, você resolve viajar para outro país. Imagine, ao atravessar a fronteira, como você lidaria com as regras do Serviço de Estrangeiros daquele país, como lidaria com os moradores daquele local?

Podemos perceber que ter valores, comportamentos adequados, regras e limites são importantes para convivência e, praticar nos ambientes frequentados é fundamental. Uma vez que a casa e a escola são os principais ambientes frequentados pela criança, o trabalho de equipe (família e escola) no desenvolvimento e fortalecimento da criança como cidadã é um importante objetivo.

Quanto mais a família se sentir ativa no processo de desenvolvimento da criança em trabalho colaborativo com a escola, melhor será o seu empenho em promover o desenvolvimento dos infantes em casa. Em contrapartida, a escola, percebendo que não está sozinha no processo de educação da criança, mas que conta com a parceria da família, tem a motivação fortalecida. Aqui, serão discutidas ideias a fim de instrumentalizar a escola no desenvolvimento de suas crianças e no diálogo com os pais, fortalecendo o trabalho de equipe no qual cada instituição (família e escola) tem seu papel fundamental.

Estabelecendo sintonia entre casa e escola

A **interação positiva** entre pais/responsáveis e escola é a melhor maneira de construir esse diálogo, estabelecendo o trabalho de equipe que delineará o papel de cada parte na educação da criança (Barkley, 1997).

É adequado que no início do ano letivo e na volta das férias de meio do ano, seja realizada a "assembleia de regras da classe", na qual a professora ouve as regras sugeridas pelos alunos e compõe o quadro de regras da classe, juntando as sugestões razoáveis a algumas outras fundamentais para o bom funcionamento. A fim de estabelecer as regras que regem a fronteira casa-escola, é interessante que, na reunião inicial e também no retorno das férias de julho, a "assembleia de regras casa-escola" seja discutida com os pais, para que fique claro o papel de cada instituição e a importância da colaboração entre elas de maneira não aversiva ou impositiva.

O primeiro passo para estabelecer o diálogo por meio dessa fronteira visa estabelecer uma linguagem comum entre os dois espaços fundamentais para a criança: Casa e Escola. Estabelecer uma sintonia na forma de lidar com os comportamentos é uma forma de ajudar a criança a se desenvolver com consciência do que é um comportamento adequado, sem interferência de comandos que se chocam. Quando a escola e a família apresentam padrões de resposta diferentes ao comportamento da criança, pode gerar uma não percepção do comportamento adequado e a criança aumentar a frequência do comportamento inadequado por não compreender qual o padrão comportamental é o melhor a ser seguido (Moreira & Medeiros, 2007). Esse processo de aumentar ou diminuir a frequência do comportamento da criança está alicerçado nas bases do condicionamento operante, descrito no capítulo 1 desta obra. Portanto, uma forma de **interação positiva** e fluida se faz necessária entre a escola e os pais.

O **diálogo** entre escola e família se estabelece, principalmente, nos encontros entre pais e professores. De maneira geral, os pais se reúnem com os professores para a devolução de relatórios ou em alguma situação-problema. A proposta é que os docentes colecionem observações positivas sobre cada aluno e conte para os pais sobre os feitos dos filhos em vários momentos de encontro. Assim, as reuniões com os professores se tornam menos aversivas e a aproximação dos pais à escola tem grande probabilidade de aumentar. Além da observação dos professores das características positivas de seus alunos, um outro conceito a ser trabalhado com os pais é o de **atenção positiva** (Clark, 2009). Observar o outro, valorizando os seus aspectos positivos em situações simples, como por exemplo, uma criança colocar, espontaneamente ou com apenas um pedido, o brinquedo no lugar, é algo muito positivo; emprestar um brinquedo; fazer um carinho no colega, no irmão, pai/mãe, cuidador. As atitudes simples do dia a dia que podem ser consideradas adequadas, merecem a atenção dos pais e professores, não sendo consideradas apenas como mera obrigação. A atenção positiva somada ao reconhecimento podem contribuir para uma visão mais positiva delas, podendo gerar um clima mais agradável e relações mais construtivas. À medida que a visão sobre cada criança se flexibiliza, ou seja, não apenas são salientados os problemas da criança (em casa ou na escola), são ressaltadas as **potencialidades** que direcionam para um bom desenvolvimento.

Quando o professor estabelece uma visão mais positiva do aluno, este se sente mais motivado em colaborar para seu desenvolvimento, acreditando mais em seu sucesso. Afinal, a criança tem algo identificável e positivo a ser nutrido, que servirá de apoio para seu desenvolvimento. Ao perceber o aluno como "criança problema" o professor tende a dar menos atenção a ele (Nunes & Cunha, 1999; Rizo, 2005).

Como fazer?

A seguir, este capítulo descreve ideias a serem desenvolvidas com a família para que a fronteira da educação entre família e escola possa ser mais bem definida e, principalmente, que possam unir as duas partes para um mesmo objetivo: o bom desenvolvimento das crianças.

A ideia da abordagem cognitivo-comportamental que pode ser aplicada à escola tem uma visão grupal e preocupa-se com a visão que uma parte tem da outra, considerando suas distorções cognitivas e vieses. Assim, as intervenções propostas a seguir estão considerando a aproximação da família e da escola, objetivando, além de suas especificidades, uma relação mais saudável, próxima e longe de distorções que podem prejudicá-las. A terapia cognitivo-comportamental na infância, tem um caráter lúdico, prático e voltado para a solução de problemas (Fava & Melo, 2014). Para isso, as técnicas na clínica são aplicadas para se obter um bom resultado por meio de ensinar novas habilidades, estimular bons comportamentos e maneiras mais positivas e funcionais de se perceber as situações. Pensando nisso, os psicólogos escolares podem atuar de forma mais prática, adaptando e trazendo para o setting escolar essas mesmas qualidades da TCC infantil.

O *ELOGIO QUE CONSTRÓI* é mais do que uma interjeição positiva: "Muito bem!" É importante descrever o que a criança fez e está sendo elogiada, para que ela saiba o que fez e possa repetir no futuro.

Assim, se ela colocou o brinquedo no lugar, pode ser elogiada com: "Muito bem! Gosto quando você guarda os brinquedos!" (Barkley,1997). Além do elogio, outras formas de reforçamento social podem ser empregadas, como um sorriso, um carinho ou um sinal afirmativo com as mãos. A escola e a família precisam apontar para a criança o que é esperado dela e o melhor caminho é perceber algo que ela tenha feito de bom e elogiar de forma construtiva.

A ideia é que não seja necessário esperar pela reunião de devolução do relatório para falar coisas boas que a criança tenha feito na escola. É importante levar aos pais que os acontecimentos positivos são tão dignos de ser comunicados com tanta urgência quanto os problemas do cotidiano. Ainda considerando os princípios da atenção positiva, esta é uma mudança de perspectiva para professores e pais: atentar para os momentos de comportamento adequado e não só perceber os inadequados. Ao oferecer um elogio em um momento de comportamento adequado da criança, é possível prevenir um comportamento inadequado, pois o sentimento agradável do elogio (genuíno) pode afastar a criança de uma cadeia de comportamentos que levaria a um distúrbio em sala de aula. Está aqui o maior ganho do elogio: a prevenção. Por exemplo, uma criança que brinca calmamente com seu brinquedo antes de pegar, sem permissão, o brinquedo do colega, se ela fosse elogiada por estar brincando calmamente, talvez não direcionasse seu comportamento para "roubar" o da outra criança. Da mesma forma, isso funciona em casa, com irmãos, ou em outros locais em que situações sociais ocorram.

Os pais se referem que, muitas vezes, percebem as reuniões individuais como aversivas, pois sabem que terão como tema algo não muito positivo sobre seu filho (a). Os seres humanos, de maneira geral, têm dificuldades em receber críticas (Del Prette & Del Prette, 2001) e a reunião individual é vista como momento em que o filho e a educação serão criticados, como uma forma de **punição**.

ESTRATÉGIAS QUE PRECISAMOS FORTALECER é uma proposta de momento de uma reunião entre pais e mestres em que se discutirão as possíveis soluções para os problemas de comportamentos, (respeitando o sigilo ético), construindo soluções para o grupo, discutindo o que a escola precisa que seja mais desenvolvido em casa e oferecendo dicas de manejo de comportamento para todos (uma série de estratégias de manejo são encontradas em Clark, 2009, Fava, 2014 e Rizo, 2005).

No encerramento, visando ao aprimoramento da iniciativa da escola, os pais podem ser convidados a fazerem um feedback por escrito. Nesse tipo de reunião, o psicólogo escolar e os professores podem trabalhar as habilidades de relação entre alunos e pais, bem como alunos e professores, a resolução de problemas sociais e a promoção de um clima favorável à aprendizagem, à medida que são propostos manejos mais eficientes de comportamentos disfuncionais.

Além disso, para encontros com foco na resolução de situações-problema devido a comportamentos inadequados, a equipe pedagógica pode construir um convite simples e diferenciado (lembrando convite de festa infantil) para que o pai perceba a importância de estar presente naquele encontro. Um convite acolhedor e pedindo ajuda para soluções e não avisando que acontecem problemas:

> "Convidamos ______________________________ para colaborar conosco no projeto *'AMIGOS BRINCAM DE BOLA E NÃO SE EMBOLAM'*. Os professores e as crianças contam com sua ajuda para fazer esse trabalho crescer!".

Dessa forma, pais e escola podem 'afinar os discursos', à medida que propõem, de maneira diferenciada, a participação dos pais. Esse pode ser um projeto da instituição educacional para lidar com brigas nos ambientes escolares. E assim, se os pais são convidados em grupos e não individualmente, (o que pode se tornar intimidador) é potencializada a prevenção de futuros problemas, visto que eles e, consequentemente, as crianças, adquirem nova visão do brincar e se relacionar. Tratar dos acontecimentos em grupo é importante para evitar a estigmatização de uma criança ou determinado grupo da classe. Ao pedir ajuda para lidar com a questão, a escola mostra que o responsável não está isento dos acontecimentos no ambiente escolar e que a sua colaboração é importante para que os professores possam ser mais atuantes da promoção de bem-estar aos alunos.

TRAZENDO AMBIENTES ESCOLARES PARA CASA favorece o conforto da criança com alguma referência da sua casa no ambiente da escola. Em crianças pequenas, que ainda utilizam a "chamadinha" como recurso pedagógico, os pais podem participar ativamente. Uma proposta é que cada uma tenha seu nome escrito pelos pais/responsáveis com um desenho simples ou colagem ao lado. Essa técnica pode aumentar a atenção na hora da chamadinha, fazer menção à família, tornando o clima mais tranquilo e conhecido, além de nutrir a autoestima da criança que percebe como importante a referência ao seu nome/pessoa. Aos pais/responsáveis, mostra-se a importância daquele papel no dia a dia da criança e representa um elemento de vinculação dentro de sala de aula. Ao mesmo tempo, a professora pode fazer essa "placa de papel" com o nome de cada aluno para ser colocada no 'cantinho de leitura' de sua casa. Assim, temos um estímulo discriminativo da escola em casa (pode funcionar para associar os dois ambientes e diminuir possíveis respostas aversivas à escola).

RECANTO DA LEITURA é um espaço criado em casa para estimular que família e criança desenvolvam o hábito da leitura, proporcionando habilidades cognitivas e pedagógicas, facilitando o cumprimento dessas na escola. Nesse sentido, é apresentada a necessidade de a criança ter um local não só para os estudos, como temas de casa e trabalhos curriculares em casa, como também um ambiente associando lazer e leitura. Livros de diferentes temáticas podem ser incluídos nessa "biblioteca caseira" que não deve ocupar muito espaço em casa.

Participação de projetos na escola

A participação dos pais nos projetos da escola (que têm início desde a pré-escola) tais como projeto de ciências, matemática, gincanas, entre outros, é uma oportunidade de os pais participarem ativamente dos conteúdos escolares. Mais ideias são apresentadas a seguir:

FEIRA DE VALORES: a escola/turma pode oferecer uma feira de valores em que pequenos grupos para apresentarem valores pessoais, morais e éticos, bem como emoções e formas de gerenciá-las. Os pais podem ser convidados a serem os monitores e ajudantes dos grupos nos quais seus filhos não fazem parte. Assim, pais se relacionam com outros pais e outras crianças, estimulando uma convivência sadia e voltada para o aprendizado de aspectos socioemocionais importantes.]

CUIDADOS COM MEU ESPAÇO: neste projeto, a ideia central é estimular pais e filhos a adquirirem maiores comprometimentos e empatia com o ambiente escolar e tudo que está agregado a ele (trabalho dos professores e funcionários). Os alunos podem contribuir fazendo cartazes para sensibilizar a comunidade a doar material para os cuidados necessários; a escola e os alunos podem convidar os pais a participarem do mutirão de reforma; a escola pode estar aberta para auxílio dos pais na preparação de festas e eventos; entre outros. Nesse sentido, com a escola cuidada a partir de uma participação ativa das famílias, seja ela uma grande reforma ou a construção de um jardim ou horta, a motivação dos alunos para passar muitas horas naquele ambiente deve aumentar. Além disso, a criança pode aprender a importância da valorização do grupo e não apenas do crescimento individual.

EMPRESTAR (OU DOAR) O BRINQUEDO É LEGAL consiste em convidar os pais para uma assembleia de ideias, fazendo uma psicoeducação sobre o problema, apresentando soluções e pedindo sugestões e voluntários para colaborarem no projeto (auxílio nas estratégias de marketing, como por exemplo, breve filmes amadores de pais estimulando seus próprios filhos para a doação de brinquedos, expostos nos corredores e entrada das escolas). Os pais que se sentem parte do projeto, logo, vão trabalhar a questão em casa e os filhos poderão aumentar o nível de motivação para essa prática. Além disso, as crianças podem se divertir assistindo aos seus pais e pais dos seus colegas por alguns segundos nas televisões e /ou monitores da escola.

BRINCAR & APRENDER tem o objetivo de que os pais levem para casa jogos ou atividades que têm como objetivo a diversão da família e sedimentação de atividades escolares. Cabe ao responsável fazer um breve relatório da atividade em folha estruturada fornecida pela escola, especificando como se sentiram ao realizar tal tarefa. Podem ainda, registar por fotos e imprimir ou anexar na folha. O jogo ou atividade pode ser proposto para alunos de todas as idades e definidas conforme necessidade ou sugestão da equipe escolar. O objetivo principal dessa ideia é levar maior comunicação entre família e escola por meio de um tema de casa diferenciado, envolvente e divertido.

Exemplos de atividades são: estimular os pais a ensinar os filhos com recursos do dia a dia na compreensão de fração com partes do pão; entender História, brincando de Sr. Rei e Sra. Rainha, etc.; aprimorar a Geografia com um mapa desenhando nos locais onde já visitaram (seja o bairro, cidade, país ou mundo), rascunhado em uma folha de papel pardo; enfim, utilizar recursos que tornam a atividade divertida, aumentando a possibilidade de memorização e aprendizado por parte da criança.

É realidade que muitos pais não comparecem à escola para as atividades em grupo, mas é importante motivá-los para essa participação, sem expor a criança. Uma boa forma de incentivá-los é mostrar como eles são importantes para o grupo e, principalmente, para seu filho. Ao perceberem a falta de um responsável, enviar um comunicado ressaltando que foi sentida a ausência deles e de suas contribuições, alertando-os para o desejo de contar com sua presença que é importante para todo o grupo e para seu filho. Em alguns casos, pais/mães são impossibilitados de comparecer e não têm quem os substitua, principalmente em caso de doença física ou mental, ou trabalhos que exijam demais deles. Sugere-se aqui, uma atenção especial em visitar esse responsável, conversar sobre o relacionamento com a criança e, se necessário, colaborar para um sistema de suporte que melhore a qualidade de vida da criança e da família. Vale lembrar que esses tipos de problemas familiares, em especial as doenças, podem gerar estresse, ansiedade, depressão, dentre outros psíquicos que, com certeza, levarão a um comprometimento acadêmico do aluno (Halpern & Figueiras, 2004).

Como atitude preventiva às faltas nos encontros de grupos de pais, pode-se no ato da inscrição, pedir que eles preencham um formulário simples: "Por favor, indique aqui seus horários disponíveis para encontros em grupo de pais e professores (por favor, caso haja alguma mudança em sua disponibilidade, comunique à professora)". A equipe escolar organizará os grupos nos horários de maior prevalência de disponibilidade e também pode marcar horários alternativos para atender a todos. Caso algum pai/mãe não tenha horário disponível, o serviço de psicologia precisará trabalhar com esse(a) responsável o papel fundamental dele(a) na Educação da criança: levantar quais são os motivos da inflexibilidade de horários para participar na escola, a necessidade de disponibilizar tempo para a criança em casa e, se preciso, sugerir um acompanhamento psicoterápico para a família.

Considerações Finais

A fronteira que divide os dois espaços de suma importância para o desenvolvimento infantil, é mais que uma linha que delimita ou separa esses ambientes. O diálogo a ser estabelecido entre as partes, as trocas, a participação ativa da família e escola podem modificar o futuro de uma criança. Cada vez mais, os pais precisam ser parceiros no processo de educação de seus filhos, participando não apenas no momento da cobrança das notas, mas na aquisição do conhecimento. Ao mesmo tempo, a escola deve estar mais atenta às necessidades atuais e estabelecer um papel mais ativo em questões que vão além do pedagógico. Proporcionar envolvimento entre escola e família, ajudar na solução de problemas e na promoção de um bom desenvolvimento para as crianças, não são tarefas que devam ser deixadas para quando o caso chegar aos consultórios de psicologia.

Referências

Bandura, A. (1977). *Social learningtheory.*EnglewoodCliffs, New Jersey: Prentice-Hall.

Barkley, R. A. (1997). *Defiant Children: A Clinician's manual for assessment and parent training.* New York: Guilford Press.

Bierman, K. L. (2011). The promise and potential of studying the "invisible hand" of teacher influence on peer relations and student outcomes: A commentary. *Journal of Applied Developmental Psychology, 32*, 297–303.

Bodrova, E. & Leong, D. J. (2007). *Tools of the Mind. The Vygotskian Approach to Early Childhood Education.* 2nd ed., Upper Sadle River, NJ, Pearson.

Borges, D. S. C. & Marturano, E. M. (2012). *Alfabetização em valores humanos. Um método para o ensino de habilidades sociais.* São Paulo, Summus.

Boyce, W. T. (1985). Social Support, Family Relations and Children. In S. Cohen & S.L. Syme (Orgs.). *Social Support and Health.* (pp. 151–173). Orlando: Academic Press.

Bronfenbrenner, U., & Morris, P. (1998). The Ecology of Developmental Processes. In W. Damon & R. M. Lerner (Orgs.), *Handbook of child psychology*: Vol. 1. Theoretical models of human development (pp. 993 – 1028). Nova York: Wiley.

Caballo, V.E.(1999). *Manual de Técnicas de Terapias e Modificação Comportamental.* São Paulo: Livraria Santos Editora.

Clark, L. (2009). SOS ajuda para pais: um guia prático para lidar com problemas de comportamento no dia a dia. Rio de Janeiro: Editora Cognitiva.

Conners, L. J. & Epstein, J. L. (1995). Parent and school partnerships. In M. H. Bornstein (Org.). *Handbook of Parenting. V. 4. Applied and Practical Parenting* (pp. 437-458). Mahwah, NJ: Lawrence Erlbaum.

Del Prette, A., & Del Prette, Z. A. P. (2001). *Psicologia das relações interpessoais: vivências para o trabalho em grupo.* Petrópolis, RJ: Vozes.

Del Prette, Z. A. P., & Del Prette, A. (2005). *Psicologia das habilidades sociais na infância: teoria e prática.* Petrópolis, RJ: Vozes

Dessen, M. A. & Polonia, A. C. (2007). A família e a escola como contextos de desenvolvimento humano. *Paidéia, 17*(36), 21-32.

Elias, L. C.S. & Marturano, E. M. (no prelo). Promovendo habilidades de solução de problemas interpessoais em crianças. *Interação em Psicologia.*

Fava, D.C. (2014). *A terapia cognitiva no contexto pré-escolar.* In: Melo, W. V (org). Estratégias psicoterápicas e a terceira onda em terapia cognitiva. Porto Alegre: Synopsis.

Fava, D.C. & Melo, W. V. (2014). *A terapia cognitiva para crianças de 0 a 6 anos.* In: Melo, W. V (org). Estratégias psicoterápicas e a terceira onda em terapia cognitiva. Porto Alegre: Synopsis.

Farmer, T.W., Lines, M. M., & Hamm, J. V. (2011). Revealing the invisible hand: The role of teachers in children's peer experiences. *Journal of Applied Developmental Psychology, 32*, 287–296.

Ferreira, A.B.H (1988). Dicionário Aurélio Básico da Língua Portuguesa. Rio de Janeiro: Nova Fronteira.

Friedberg, R. D. e McClure, J.M. (2004). *A Prática Clínica de Terapia Cognitiva com Crianças e Adolescentes.* Porto Alegre: Artmed.

Gardinal-Pizato, E. C. (2010). *Um estudo longitudinal de trajetórias de desempenho escolar.* Tese (Doutorado em Ciências). Curso de Pós-Graduação em Psicologia – Faculdade de Filosofia, Ciências e Letras de Ribeirão Preto da USP, Ribeirão Preto.

Halpern, R. & Figueiras, A. C. M.(2004). Influências ambientais na saúde mental da criança. *Jornal de Pediatria* – Vol. 80, (2), 104-109

Marcondes, K. H. & Sigolo, S. R. L. (2012). Communication and involvement: what are the possibilities of interconnection between family-school? *Paidéia, 22*(51), 91-99.

Marturano, E. M. (2008). A criança, a família e a aprendizagem escolar. In C. A. Funayama (Org.). *Problemas de aprendizagem: enfoque interdisciplinar* (pp. 77-94). 3a ed., Campinas, SP: Alinea.

Marturano, E. M. (2013). A criança, a família, a escola e a transição para o ensino fundamental. In E. C. Konkiewitz (org.). *Aprendizagem, comportamento e emoções na infância e na adolescência – uma visão transdisciplinar* (pp. 47-69). Dourados-MS: Ed. UFGD.

Marturano, E. M. (2015). Papel do professor no processo de ensino e aprendizagem. Sua participação na formação integral do indivíduo. *Anais da Semana de Pedagogia*. Ribeirão Preto, SP: Centro Universitário Barão de Mauá. (CD-ROM)

Masten, A. S., & Coatsworth, J. D. (1998). The development of competence in favorable and unfavorable environments: Lessons from research on successful children. *American Psychologist*, *53*, 205-220.

Moreira, M. B. & Medeiros, C. A. (2007). *Princípios Básicos de Análise do Comportamento*. Porto Alegre: Artmed.

Nunes Sobrinho, F.P. &Cunha, A. C. B. (orgs.). (1999). *Dos problemas disciplinares aos distúrbios de conduta: práticas e reflexões*. Rio de Janeiro: Dunya – Qualitymark.

Oliveira, C. B. E & Marinho-Araujo, C. M. (2010). A relação família-escola: intersecções e desafios. *Estudos de Psicologia*, Campinas, *27*(1), 99-108.

Papalia, D. E., Olds, S.W., Feldman, R.D (2001) *Humandevelopment*. New York:The McGraw-Hill Companies, Inc.

Parreira, V. L. C. & Marturano, E. M. (2012). *Como ajudar seu filho na escola*. São Paulo, Mundo Mirim.

Petersen, C. S. & Wainer R. (2011) *Terapias cognitivo-comportamentais para crianças e adolescentes: ciência e arte*. Porto Alegre: Artmed.

Ribeiro, D. F. & Andrade, A. S. (2006). A assimetria na relação entre família e escola pública. *Paidéia*, *16*(35), 385-394.

Rizo, L. (2005). *Programa de Estratégias para Professores de Crianças Desatentas, Hiperativas/Impulsivas*. Dissertação (Mestrado em Psicologia). Curso de Pós-Graduação em Psicologia – Instituto de Psicologia da UFRJ, Rio de Janeiro.

Skinner, B. F. (1976). About Behaviorism. New York: Vintage Books

Stallard, P. (2007). *Guia do terapeuta para os bons pensamentos – bons sentimentos*. Tradução M. A. V. Veronese. Porto Alegre, Artmed.

Tough, P. (2014). *Uma questão de caráter*. Trad. C. Marques. Rio de Janeiro: Intrínseca.

CAPÍTULO 3

Desenvolvimento Infantil: aspectos cognitivos e socioemocionais

Angela Donato Oliva

Desenvolvimento infantil e alguns conceitos das terapias cognitivo-comportamentais

O objetivo deste capítulo é oferecer ao leitor um panorama teórico-conceitual mostrando que teorias do desenvolvimento e a abordagem cognitivo-comportamental dialogam e apresentam visões muitas vezes convergentes. Os itens aqui elaborados indicarão conceitos da vertente cognitivo-comportamental e teorias do desenvolvimento que, quando concatenados, podem se reverter em intervenções e práticas promotoras de bem-estar. Espera-se que seja uma leitura valiosa e contribua para a formação sólida de profissionais e pesquisadores que trabalham nas áreas de saúde e educação infantil em geral.

Desenvolvimento inicial: uma trajetória de descobertas para pais e filhos

Trata-se de um truísmo que o nascimento de uma criança acarreta importantes modificações na vida dos pais. Quem passou pela experiência sabe o quanto as necessidades dos bebês se impõem à rotina dos cuidadores. A preocupação dos pais, em geral, é a de que os bebês cresçam dentro das melhores expectativas de desenvolvimento humano. Assim, tendem a utilizar as características físicas como parâmetros para avaliar se os neonatos são saudáveis. No entanto, a dimensão psíquica não pode e não deve ser descurada.

O desenvolvimento humano inicial: o que importa para sermos isso que somos?

A psicologia do desenvolvimento busca compreender as mudanças que ocorrem nos indivíduos durante seu ciclo de vida. Os papéis de pai e mãe são antigos, mas não parece que tenhamos um claro entendimento teórico sobre a função que cada um deles desempenha no processo do desenvolvimento infantil, pois há inúmeros contextos de e muitas variações na composição familiar. No mundo moderno, as pessoas dispõem de cada vez menos tempo para se dedicarem a cuidar de um bebê até que ele ganhe relativa independência. Os bebês humanos precisam ser cuidados por vários anos e muitas mulheres e homens não querem ou não podem deixar de trabalhar para, quase exclusivamente, se dedicarem ao cuidado dos filhos. O que é necessário estar presente no processo de criação? Não há fórmula ideal para criar uma criança. Em alguns casos, as tarefas de cuidado acabam sendo realizadas por instituições, profissionais ou parentes próximos. Nem sempre as crianças são criadas por pai e mãe; há crianças que são adotadas em algum momento do seu ciclo de vida; bebês são criados em comunidades, com diversos cuidadores nem sempre aparentados; há os que recebem cuidados exclusivos das mães, etc. Enfim, cada família, em sua própria cultura, encontra uma maneira de solucionar o problema de como criar os filhos. A questão que se coloca é o quanto as práticas de cuidado infantil se assemelham e o quanto elas se diferenciam, considerando tanto os aspectos históricos em uma mesma cultura quanto os variados contextos e grupos sociais. O que parece ser essencial nesse processo?

As práticas de cuidado culturais ajudam a orientar os cuidadores sobre o que fazer em muitas situações (DeLoache & Gottlieb, 2010; Harkness & Super, 1995), mas não são iguais nos diferentes grupos sociais e também podem mudar ao longo do tempo. Em sociedades urbanas e ocidentais, busca-se descobrir o que poderia contribuir para ajudar os pais a criarem seus filhos, mas as dúvidas permanecem. Bebês precisam ter um quarto para se habituarem a dormir sozinhos o quanto antes, ou seria melhor deixá-los próximos dos pais? Os bebês devem assistir a programas de TV especialmente feitos para eles? Quais os brinquedos que devem ser oferecidos para os bebês? Como os pais devem brincar com os bebês e com que frequência? O que se pode ou não fazer quando um bebê com menos de seis meses chora à noite – ensiná-lo a se acalmar sozinho e não atendê-lo prontamente, ou pegá-lo imediatamente no colo, oferecendo-lhe conforto e proximidade sempre que chorar? Os pais devem seguir os conselhos dos membros mais experientes da família para cuidar das crianças, ou se basearem apenas nas orientações dos profissionais da área de saúde? Houve uma época em que estudos sugeriam que o leite em pó poderia substituir o aleitamento materno. Hoje, se sabe que o melhor para os bebês, como pensavam as pessoas mais experientes, é a amamentação exclusiva até pelo menos os seis primeiros meses de vida. O desenvolvimento é um intrincado sistema e o afeto é o que não pode faltar nesse processo. Ser amado é condição necessária para nos tornarmos seres felizes – os ambientes são apenas um palco e podem mudar.

Por que cuidamos dos bebês?

Estudos das neurociências indicam que acontecem mudanças no cérebro das mulheres que se tornam mães. Parece haver uma série de reações bioquímicas que preparam a mãe para cuidar do seu filho e protegê-lo. É comum elas experimentarem ansiedade e terem constantemente pensamentos que as deixam em dúvida sobre a saúde, bem-estar e saciedade do bebê. A amígdala cerebral das mães aumenta de atividade nas semanas que antecedem o nascimento e as que sucedem o parto, e está por trás dos pensamentos de preocupação com o recém-nascido que motivam o comportamento de cuidado por parte delas (Barrett, 2012).

Os bebês dependem dos adultos para sobreviver. Apesar de existirem diferenças na maneira pela qual eles são cuidados, há uma característica que parece estar presente em todas as culturas: a vinculação que se estabelece entre bebê e um cuidador principal, que muitas vezes é a mãe. Esse vínculo se dá em duas direções. O bebê nasce preparado para estabelecer vínculo com o outro, dando sinais de que se acalma quando percebe a presença de alguém e quando recebe aconchego; ele apresenta um repertório de comportamentos que facilitam a proximidade do adulto (chora, busca olhar para o rosto). O cuidador, por sua vez, mostra-se preparado (biológica e/ou socialmente) para enxergar o bebê como um ser gracioso e para responder aos sinais desse, aconchegando-o, alimentando-o e protegendo-o (Barrett, 2012; Hrdy, 2005; Keller, 2013). É possível considerar que os comportamentos de cuidar dos filhos sejam universais, embora possam se expressar de diversas maneiras.

A mente humana não se apresenta evidentemente completa no momento do nascimento. Muito do que é potencial ainda virará realidade. É óbvio que leva tempo para que se formem ou se revelem suas outras características, habilidades, potencialidades; sem falar das possíveis dificuldades que surgem nas diferentes etapas do ciclo de vida.

A sincronia entre cuidadores e bebês pode ser pensada teoricamente, mas sabemos que na prática, as interações ocorrem em diversos contextos de desenvolvimento e envolvem muitos fatores. A cultura, o temperamento do bebê, responsividade do cuidador e os relacionamentos com as pessoas vão interferir no desenvolvimento da criança.

Diagnóstico e tratamento dos transtornos infantis

No que respeita especificamente ao desenvolvimento, a quinta edição do *Manual Diagnóstico e Estatístico de Transtornos Mentais* (5ª ed.; *DSM-5; American Psychiatric Association*, 2014) foi organizada levando em conta: a) diagnósticos advindos da prática clínica e do campo de pesquisas e; b) considerações sobre o desenvolvimento entendido como ciclo vital. Em relação a este último, a apresentação dos transtornos no DSM-5 reflete o ciclo vital, indicando forte sintonia com uma teoria do desenvolvimento. Uma parte da organização do DSM-5 se baseia nos transtornos de grupos internalizantes (emocionais e somáticos, por exemplo, transtornos de humor depressivo, de ansiedade e bipolar) e externalizantes (a exemplo do comportamento antissocial, transtornos de conduta, transtornos relacionados a substâncias e controle de impulsos). Ambas as tendências, internalizantes e externalizantes, constituem importante foco de pesquisas em psicopatologia da infância e serão brevemente aqui consideradas no tópico referente à personalidade.

Há diferentes tipos de transtornos mentais, mas a literatura recente das neurociências e das abordagens cognitivo-comportamentais indica que quando tratados adequadamente na infância o prognóstico é bom, devido à facilitação proporcionada pela plasticidade cerebral das crianças às intervenções. Isso mostra a importância de se realizar um bom diagnóstico para que a intervenção apropriada seja aplicada. A abordagem cognitivo-comportamental, sempre comprometida com resultados baseados em pesquisas empíricas, considera que investigações sobre os transtornos infantis podem ser fundamentais para a prevenção, tratamento e entendimento dos fatores que contribuem para o aparecimento dos quadros patológicos.

Os transtornos do neurodesenvolvimento, como os do espectro autista, por exemplo, são difíceis de ser diagnosticados antes dos 18 meses, em virtude de os comportamentos indicativos desses quadros – comportamentos repetitivos, comunicação e socialização prejudicadas – poderem ser facilmente confundidos como dificuldades inerentes ao florescimento dessas habilidades. Rogers *et al.* (2014) realizaram um estudo-piloto com sete bebês entre seis e quinze meses de idade, que apresentavam pontuação na escala de autismo. Os bebês foram submetidos a tratamento de 12 sessões, com duração de uma hora cada uma, com os pais. Estes receberam instruções sobre como atuar nos momentos de interação com os filhos em atividades diárias, a fim de que aumentasse a atenção da criança, a comunicação, o jogo e envolvimento social. As crianças que receberam essa intervenção apresentaram sintomas de autismo significativamente mais baixos do que as crianças do grupo de controle que não receberam a terapia. O estudo aponta para a possibilidade de melhora nos quadros de autismo quando a intervenção é realizada precocemente.

O Transtorno do Déficit de Atenção e Hiperatividade (TDAH), também incluído no âmbito do neurodesenvolvimento, é caracterizado por desatenção, desorganização e/ou hiperatividade-impulsividade, e manifesta-se durante os primeiros anos escolares. De acordo com o DSM-5, a prevalência é de que, na maioria das culturas, ocorra com cerca de 5% das crianças. Assim como ele, outros transtornos do neurodesenvolvimento são identificados no período escolar e os pais, professores e psicólogos escolares devem estar atentos aos comportamentos apresentados pela criança que demandam cuidado e tratamento, ao invés de punição. O **capítulo 8** abordará mais profundamente cada transtorno e suas implicações no dia a dia escolar.

Como alguns dos conceitos e práticas da terapia cognitivo-comportamental podem estar relacionados com fases do desenvolvimento infantil?

A terapia cognitivo-comportamental utiliza no âmbito comportamental princípios do condicionamento para modificar comportamentos e treinar habilidades sociais, e no âmbito cognitivo, busca reestruturar pensamentos disfuncionais, favorecendo uma visão em maior conformidade com os fatos e eventos do mundo. Esses princípios podem ser aplicados em crianças escolares e pré-escolares, de maneira lúdica, e os resultados terapêuticos são bastante satisfatórios (FAVA, 2016; FAVA & MELO, 2014). As crianças aprendem a fazer diariamente registros de automonitoramento comportamental, cognitivo e emocional e a usar técnicas que ajudam no enfrentamento de suas dificuldades, identificando ideias memórias e pensamentos que as prejudicam. Exercícios de respiração, relaxamento e práticas de *mindfulness* são indicados nas sessões terapêuticas para as crianças.

A abordagem cognitivo-comportamental apresenta uma orientação teórica de resolução de problemas, lida diretamente com aspectos cognitivos que impactam o processamento de informação do grupo social, incorporando domínio emocional, situa problemas com o ambiente familiar de criação, enfatizando intervenções baseadas no desempenho (KENDALL & KHANNA, 2009). As crianças que utilizam técnicas de solução de problemas aprendem a reconhecer e descrever um problema e são incentivadas pelo terapeuta (que em uma abordagem integrada, inclui pais e educadores) a indicarem estratégias de resolução realistas.

Adotar uma orientação terapêutica de resolução de problemas é uma técnica bastante utilizada com crianças e adolescentes em quadros, por exemplo, de ansiedade, pois se aproxima das nossas experiências rotineiras. Reconhecer um problema e solucioná-lo é um ingrediente fundamental na adaptação dos seres humanos ao longo do ciclo de vida (KENDALL & KHANNA, 2009). As pessoas diferem, em alguma medida, em suas respectivas capacidades de resolver problemas que surgem em suas vidas. A solução de problemas envolve um trabalho sobre o foco de atenção da criança ou adolescente realizando uma análise, por assim dizer, bem realista da situação. As perguntas devem dar indicação dos objetivos almejados e do que precisa ser modificado de modo detalhado e claro (SHAPIRO, FRIEDBERG & BARDENSTEIN, 2006). Fava, (2014), sugere cinco passos para a solução de problemas sociais na infância mediado pelo professor: definir o conflito, estimular a criança a participar da solução, trabalhar em conjunto para gerar soluções, prever as consequências das ideias levantadas e avaliar o processo.

Ensinar ou incentivar crianças e adolescentes a reconhecer um problema e a gerar soluções possíveis é um bom começo em termos de estratégia terapêutica cognitivo-comportamental, mas não é a única técnica. Tampouco se aplica a todos os quadros clínicos. Treino de habilidades sociais, manejo da raiva, são técnicas que melhor se aplicam a outros transtornos, como os disruptivos, do controle de impulsos e da conduta (**ver capítulo 8**). No tratamento de fobias, a exposição a uma situação temida é realizada gradativa e repetidamente ao mesmo tempo em que são oferecidos recursos para a prevenção da resposta de ansiedade.

O desenvolvimento da personalidade e a interação entre aspectos inatos do temperamento e influências ambientais

a) O que é personalidade?

Compreender a personalidade está longe de ser tarefa fácil. Os teóricos divergem a respeito de se é um conjunto de características herdadas ou se é dependente das influências socioculturais. Em geral, define-se personalidade como um conjunto complexo de respostas emocionais, pensamentos e comportamentos de uma pessoa, características essas que se mantêm relativamente estáveis ao longo do tempo e em variados contextos.

Nos últimos vinte anos, muitos psicólogos da personalidade consideraram razoável a ideia de que cinco traços poderiam ser usados para descrever a personalidade – os *Big Five* – em virtude de algumas evidências sobre a existência desses fatores, tanto em adultos quanto em crianças, em variadas culturas. Esses cinco grandes traços são: neuroticismo (tendência para agir com ansiedade ou equilíbrio emocional), abertura para experiência, extroversão, conscienciosidade (ou realização) e cordialidade (ou socialização). Há também evidências de que os traços de personalidade apresentam componente genético que explicaria entre 40 e 60% da variância dos traços de personalidade, mesmo em gêmeos monozigóticos criados separadamente (Plomin & Caspi, 1999).

b) O que é temperamento?

Os bebês apresentam desde cedo um temperamento que pode ser definido como a tendência biológica de sentir ou de agir de determinada forma, criando a base da personalidade. As experiências de vida de cada pessoa, a maneira como ela é tratada pelos pais, a ambiência histórico-cultural no qual ela nasce e cresce, as condições materiais de sobrevivência, todos esses pontos interagem e certamente contribuem para a estruturação da personalidade, mas o temperamento seria a estrutura menos afetada por esses fatores. O nível de atividade, a sociabilidade e a emocionalidade seriam os principais estilos de temperamento subjacentes à personalidade. Quando observamos bebês entre nove e quinze meses aproximadamente, podemos distinguir que, de um modo geral, alguns são cautelosos, tímidos, retraídos, cuidadosos e menos atirados a realizar atividades. Outros são mais agitados, se movimentam o tempo todo, são frenéticos, não param quietos, não são retraídos, interagem com estranhos e se mostram menos tímidos Schwartz *et al.* (2003). Os traços biológicos interagem com a estrutura ambiental e a criação atuando sobre o nível de atividade da criança, inibindo ou estimulando essa característica. O mesmo acontecerá com a sociabilidade e a emocionalidade. Os contextos culturais dão diretrizes sobre como se deve ou não expressar as emoções nas diferentes situações e como devemos interagir socialmente.

c) Qual a função da personalidade?

Em termos evolutivos, pode-se considerar que a personalidade, sendo um traço útil para a sobrevivência e reprodução, teria sido selecionada. Por exemplo, ser cooperativo parece ser uma característica valorosa para o grupo social. Dependendo do contexto, ser competitivo também. Esses traços, assim como outros, não precisam estar todos presentes em um mesmo indivíduo. Tampouco há uma proporção ideal da intensidade com que deveriam se manifestar nas pessoas. As características de personalidade são idiossincrásicas, distribuem-se diferenciadamente entre os membros de um grupo e essa diversificação parece contribuir para a coesão social, possibilitando estratégias de interação diferentes para os variados contextos (Buss & Greiling, 1999). Em termos evolucionistas, cada indivíduo exibiria uma combinação única de características de personalidade e cada um, a seu modo, contribuiria para o fortalecimento e manutenção do grupo ao qual pertence.

d) A personalidade de um bebê não mudará ao longo do desenvolvimento? O que fala mais alto: temperamento ou ambiente?

Se voltarmos a pensar nas diferenças que observamos nos bebês, como os pais e cuidadores lidam com os filhos mais agitados e os mais tímidos? Será que um bebê inibido será um jovem ou adulto tímido, reservado, pouco comunicativo? O estudo de Schwartz *et al.* (2003) sugere que há uma tendência de as crianças conservarem suas características básicas. Eles constataram uma maior atividade do sistema límbico em indivíduos inibidos, e esse padrão, em geral, se mantém ao longo do desenvolvimento. O sistema límbico está relacionado às emoções e é possível que medo e timidez – emoções negativas típicas de fatores internalizantes – estejam sendo processados desde muito cedo e esse funcionamento tenderia a se manter na vida adulta.

Pais e educadores podem atuar na prevenção de transtornos?

E o que devem fazer os pais quando o seu bebê é tímido? Embora não se tenha uma receita para educarmos os filhos, o estudo de Schwartz *et al.* (2003) sugeriu que os pais de crianças inibidas, que relataram ter evitado o contato social para não estressá-las, acentuaram o traço de timidez delas ao longo do desenvolvimento. A socialização de um bebê tímido, ao que parece, deve ser estimulada, sempre e de maneira suave, com a participação e proximidade dos pais ou cuidadores. Sabendo ser a intensidade de humor depressivo e de ansiedade que caracterizará transtornos do grupo internalizante, considera-se que pais e educadores cumprem papel de não estimular tais emoções apresentadas pelos bebês e de tratá-las com a naturalidade devida aos contextos em que surgem. Não se trata de eliminá-las nem de acentuá-las.

E o que os pais devem fazer quando seus bebês são agitados, destemidos e não param quietos? Às vezes, os pais na tentativa de frear essa impulsividade, falam alto e usam uma estratégia de força para contê-los. Kochanska e Aksan (2006) ressalta a importância de os pais não agirem dessa forma, mas sim promoverem um vínculo de apego extremamente afetuoso. A explicação para o comportamento impetuoso do bebê ocorre devido a um baixo nível da consciência (e do controle dos impulsos) naquele momento. Em geral, esses bebês desde muito cedo, não são apenas destemidos, mas são propensos a manifestar raiva quando impedidos de realizarem algo. Os pais devem ser sensíveis e aprender a dar, afetuosamente, limites para eles. Quando os bebês são submetidos a uma disciplina agressiva, apresentam uma probabilidade maior de aos 18 meses serem menos cooperativos (Kochanska & Aksan, 2006).

Em tese, o bebê inibido e tímido tende a socializar-se facilmente, não apresenta maiores problemas de disciplina (obedece mais as regras impostas pelos adultos), demonstra sinais de consciência, e seu temperamento tímido pode ser mantido na idade adulta. A estratégia sugerida para os pais e cuidadores seria a de estarem presentes e, ao mesmo tempo, buscassem favorecer a exposição dessas crianças a situações e a adultos não familiares, de maneira suave e sistemática.

Os bebês destemidos, por outro lado, apresentam um nível mais baixo de consciência e tendem a apresentar problemas de disciplina quando estão no momento de aprender regras sociais. Os pais e cuidadores deveriam evitar punições severas e precisariam estabelecer um vínculo de apego afetuoso e tranquilo.

Promover a socialização deve ser a meta de pais e educadores, sempre considerando o temperamento dos bebês e sabendo das dificuldades e variações que serão enfrentadas na realidade. A recomendação para os profissionais que trabalham com bebês em creches é aprender a reconhecer as diferenças entre os bebês e agir afetuosamente de modo a atenuar características que, em maior intensidade, possam causar danos ao desenvolvimento.

Estudos oferecem evidências consistentes de que comportamentos agressivos, impulsividade e oposição, observados em crianças no período pré-escolar, se mantêm na vida adulta e, em alguns, casos configuram transtornos externalizantes (Crick *et al.*, 2006; Pihlakoski *et al.*, 2006). Muitas vezes, os pais e professores não se dão conta de que as crianças precisam de ajuda para superar problemas de natureza psíquica; e não raro, vem à tona o preconceito quando está em questão o transtorno mental. A agressividade persistente na infância pode se transformar em um transtorno e isso justifica a importância de, quando se constata que essa característica não é adaptativa às circunstâncias nem faz parte do ciclo do desenvolvimento, deve-se buscar alguma intervenção clínica para que se promova a saúde da criança (Pihlakoski *et al.*, 2006).

Cabe ressaltar que a definição de transtorno mental está relacionada aos valores e normas culturais e familiares em determinado momento histórico. Um diagnóstico deve considerar se os sintomas e os comportamentos de um indivíduo indicam dificuldade de adaptação aos contextos sociais e familiares específicos. As normas, valores e práticas culturais podem mudar ao longo do tempo e por isso os critérios de diagnóstico devem ser revistos periodicamente. Por exemplo, em culturas mais coletivistas os valores familiares sobrepõem-se aos de autonomia individual (Triandis, 1995) e esse discernimento precisa estar na mente dos profissionais. A cultura pode aumentar a vulnerabilidade das pessoas a alguns transtornos e afetar seu curso e tratamento.

A família é um fator de proteção no desenvolvimento infantil, especialmente se os pais forem sensíveis, cuidadosos, atentos e ajudarem a criar um ambiente bem estruturado para a criança. O estudo de Cia e Barham (2009) indicou que o maior engajamento e envolvimento paterno diminui a probabilidade de hiperatividade e de problemas decorrentes do grupo externalizante em crianças da idade escolar. A ideia de que o envolvimento dos pais ajudaria na regulação do comportamento agressivo dos filhos é endossada por Gomes, Crepaldi e Bigras (2013), entre outros.

Aspectos gerais sobre o desenvolvimento físico, motor e cognitivo de crianças pré-escolares e escolares

a) O que acontece quando a criança não é mais um bebê?

Até os três anos de idade, ocorrem visíveis transformações comportamentais, físicas e motoras: as crianças já não dependem dos cuidadores para andar e agem com relativa autonomia em muitas tarefas. Podem correr, dançar, pular, recortar, dar laços, colorir, desenhar, comer sozinhas, etc. Nessa época, começa a aparecer a lateralidade ou dominância manual e passam a usar mais uma mão do que a outra em atividades motoras.

Em termos cognitivos, são capazes de articular informações ambientais e de responder a elas de maneira organizada e planejada. Dominam a linguagem, uma ferramenta simbólica poderosa, articulam ideias ao longo do tempo, fazem planos e resolvem problemas. Aos poucos, começam a empregar regras nas brincadeiras, mas ainda vão aprender muito mais coisas e aprimorar bastante essas habilidades recém-adquiridas. Muitas frequentam a pré-escola, e os educadores devem ser orientados para estimulá-las a desenvolverem comportamentos pró-sociais em situações diversas, de modo a aprimorarem as habilidades sociais e a empatia.

Entre quatro e cinco anos, em geral, são capazes de "ler a mente" alheia, antecipando como o outro poderá raciocinar e avaliar uma situação. Ou seja, quando constatam uma discrepância entre a própria informação e a dos outros, conseguem inferir como estes irão pensar. Essa capacidade de compreensão da perspectiva do outro é conhecida como "teoria da mente" e indica que a criança não é tão egocêntrica quanto Piaget julgava. Essa habilidade está na base da empatia e constitui-se como fundamental para o convívio social. Em termos do desenvolvimento neural, a sociabilidade infantil é possibilitada pelo desenvolvimento dos lobos frontais. Estes permitem, além do raciocínio, o planejamento das ações e o controle dos impulsos (Belsky, 2007).

Aproximadamente a partir dos sete ou oito anos até a adolescência, irão ocorrer diversas mudanças físicas nos meninos e meninas, decorrentes de um conjunto complexo de alterações hormonais, com consequências para o desenvolvimento cognitivo e emocional. O amadurecimento sexual marca uma modificação na autoimagem corporal. Surgem as insatisfações com o próprio corpo e, em nossa cultura, a necessidade de serem aceitos pelos pares. As brincadeiras infantis passam a dar lugar a namoros, atividades sociais não supervisionadas pelos pais e surgem as primeiras preocupações com a carreira profissional.

b) Qual o papel dos pais e educadores com as crianças pré-escolares em relação ao desenvolvimento?

No período pré-escolar, as crianças terão dificuldades de lembrar sozinhas de tarefas diárias, e os pais e professores podem ajudá-las nisso. **A abordagem cognitivo-comportamental sugere a estruturação do dia a dia da criança, no sentido de organizar uma agenda que contemple quantidades equilibradas em cada idade de obrigações, de lazer e de descanso. As crianças precisam de apoio e ajuda dos mais experientes para aprenderem a dividir o tempo de modo a executarem as suas tarefas**, o que contribuirá para aumentar nelas o sentido de autoeficácia. Ainda nessa etapa, não se pode também esperar que sozinhas tenham maior controle sobre seus impulsos. Elas terão dificuldade de obedecer a uma ordem que as proíbam de fazer algo que desejam muito, como por exemplo, não mexer em um boneco pelo qual se sentem atraídas; do mesmo modo, dificilmente conseguirão guardar um segredo. A abordagem cognitivo-comportamental pode ajudar pais e educadores a entender que o autocontrole está despontando nessa época e que algumas crianças vão apresentar mais dificuldades do que outras. Pais e educadores devem saber dessas limitações para que não cobrem das crianças aquilo que ainda não podem fazer sozinhas. Nesse sentido, buscar atitudes de interação assertiva com as crianças em sala de aula, e utilizar estratégias e intervenções positivas para o manejo dos comportamentos, são fundamentais para o bom desenvolvimento socioemocional das crianças e auxilia na aprendizagem e no estabelecimento de limites de forma saudável (Fava, 2014).

Na idade escolar, por volta dos 6 anos, a criança tem facilidade de se distrair. Ambientes com TVs, brinquedos e outros equipamentos que concorram para distraí-la não beneficiam a aprendizagem. A abordagem cognitivo-comportamental ressalta que **cabe aos pais e professores criarem um ambiente com poucos estímulos, que favoreça a concentração em uma atividade**. Assim, a criança aprende a manter o foco de atenção na tarefa a ser executada e deve ser encorajada a realizar todas as etapas até a sua finalização. Nessa etapa do desenvolvimento, a criança precisa de uma rotina bem estruturada, de modo que execute suas obrigações em momentos específicos do dia e favorecendo o estabelecimento de rotinas. Os pais podem, por exemplo, indicar com certa flexibilidade qual o horário em que elas devem fazer a lição de casa, tomar banho, fazer as refeições, despertar e ir dormir. Pais e educadores devem ensinar as crianças a guardar os objetos nos devidos lugares após terem sido utilizados. Devem, na medida do possível, basear os aspectos disciplinares no reforço de comportamentos positivos da criança. Por exemplo, quando estão aprendendo a escrever, é mais eficaz ressaltar e elogiar os acertos do que assinalar os erros da criança. São rotinas simples para um adulto, mas que fazem muita diferença para a organização física e psíquica da criança.

A etapa escolar é marcada por importantes mudanças no desenvolvimento. É também quando ficam nítidos alguns transtornos, como os de oposição desafiante, da conduta e o TDAH. Para a terapia cognitivo-comportamental, **o treinamento dos pais e educadores é crucial para a eficácia do tratamento desses transtornos infantis, visto que um dos objetivos do tratamento é modificar o comportamento da criança, alterando a forma como os pais lidam com ela**. Intervenções terapêuticas ou psicoeducacionais que buscam ampliar o repertório de condutas assertivas e pró-sociais das crianças, que apresentam comportamentos disfuncionais, capacitam os pais como coterapeutas e apresentam bons resultados empíricos (Lobo, Flach & Andretta, 2011). Os professores podem ser ensinados a treinarem com as crianças comportamentos empáticos e outras habilidades sociais.

c) Contribuições de Piaget e Vygotsky na compreensão do desenvolvimento cognitivo

Piaget e Vygotsky dedicaram grande parte de suas obras ao estudo das características do pensamento das crianças em idade pré-escolar e escolar. Nesse período do desenvolvimento, são construídas as bases da autoconsciência e os caminhos para nos relacionarmos com os outros socialmente. Além de ter utilizado o conceito de estágios para ajudar a agrupar características típicas de uma etapa, Piaget concebeu o processo de desenvolvimento infantil como mudanças no plano psíquico. Tais mudanças são construídas por intermédio da ação da criança sobre os objetos, propiciando a assimilação de parte das consequências provocadas por essa ação e a acomodação das novas informações às estruturas anteriores. A noção de desequilíbrio das estruturas parece impulsionar o desenvolvimento dos esquemas e estruturas cognitivas de compreensão do mundo físico.

Vygotsky, por sua vez, caracterizou o desenvolvimento como as modificações das estruturas mentais, mas que são construídas por intermédio das interações sociais. Para isso, elaborou o conceito de Zona de Desenvolvimento Proximal com base no qual enfatiza que a constituição das estruturas de desenvolvimento cognitivo só é possível pela mediação do outro. Destacou aprendizagem de caráter cooperativo, não a individual.

Piaget e Vygotsky, assim como outros teóricos do desenvolvimento, deixaram em segundo plano o desenvolvimento emocional, limitando-se a estudar os processos cognitivos. Contudo, a mente envolve, além das cognições, as emoções. O desenvolvimento emocional é uma parte importante do funcionamento mental, que precisa ser entendido como um complexo conjunto de sistemas integrados que se influenciam mutuamente.

Desenvolvimento emocional e socioemocional: as bases da teoria do apego

a) Teoria do Apego

Nos anos 1930, o etólogo Konrad Lorenz descreveu a existência de um tipo de vinculação observado em algumas aves: o *imprinting* (estampagem). Esse fenômeno ocorre algumas horas após o nascimento e mostra a propensão dos filhotes a seguirem a mãe ou um objeto grande que se move diante deles. John Bowlby, um psicanalista influenciado pela etologia, considerou a possibilidade de existir um processo de vinculação semelhante nos humanos.

A "teoria do Apego" se refere à dinâmica dos relacionamentos, à vinculação ou laço afetivo-emocional que se estabelece entre cuidador(es) e bebê, contribuindo para a experiência de segurança e de conforto deste último (Bowlby, 1969/2002). Ao incluir a dimensão afetiva na compreensão do desenvolvimento, contribuiu para a interação entre aspectos biológicos e sociais que se apresentam nesse processo.

Em sua parte biológica, destaca-se a forte propensão de o bebê humano buscar proximidade com as pessoas. Essa necessidade concatena-se e interage inteiramente com a dimensão social, construindo aspectos da personalidade que irão se refletir por todo o ciclo de vida. O bebê precisa do outro para se desenvolver, requer afago, afeto, aconchego e, complementarmente, apresenta características (os chamados *kindchenschema* descritos a seguir) que levam os adultos a buscar cuidar dele. Pode-se, então, supor que exista uma dupla propensão nesse processo. O bebê mostra tendência a responder aos adultos e a eles se vincular; os adultos, por sua vez, exibem inclinação a responder aos sinais do bebê vinculando-se a ele de forma tal a oferecer-lhe todo o tipo de cuidado indispensável à sua sobrevivência, alimentando-o e protegendo-o. Isso contribui para o bem-estar e o desenvolvimento infantil.

Lorenz descreveu *kindchenschema* ou "esquemas de aspectos infantis", que seriam as propensões dos adultos a se sensibilizarem por um conjunto de características dos bebês – filhotes de qualquer espécie são percebidos como graciosos ou "fofos" e atraem a atenção. Tais características seriam a cabeça maior em proporção ao resto do corpo, bochechas e olhos grandes sendo estes implantados um pouco mais para baixo da face, mão e pernas arredondados e menores em proporção ao corpo. Em termos evolutivos, os bebês humanos dependem dos outros para sobreviver. Nascem responsivos e são percebidos como graciosos pelos adultos. Estas são condições que favorecem a vinculação, o cuidado e a proteção do bebê.

Harlow (1959) propôs um estudo para investigar qual aspecto seria mais importante para a formação do vínculo: se o alimento ou o aconchego materno. O resultado indicou que filhotes de macacos *rhesus* ficavam mais tempo em contato com a mãe de pelúcia do que com a mãe de arame que tinha uma mamadeira com leite. Estudos posteriores indicaram que quando os filhotes eram expostos a situações de incerteza, eles recorriam à mãe de pelúcia, ou buscando olhar para ela ou se protegendo em seu pelo ou diminuindo a exploração no ambiente quando ela estava ausente (Van der Horst, Le Roy & Van der Veer, 2008; Vicedo, 2010). A alimentação supre uma necessidade fisiológica, mas a proximidade é que favorece a vinculação, em outras palavras, o aconchego tem papel fundamental para o desenvolvimento do bem-estar e da segurança emocional em primatas, e que o alimento apenas não provê esses aspectos (Bowlby, 1969/2002). A privação do aconchego, seja ele materno ou de outro cuidador, mostrou que os animais ficavam arredios, apresentavam problemas de interação com os seus pares, não exploravam o ambiente, exibiam isolamento social e, na vida adulta, tornavam-se mal cuidadores (Cole & Cole, 2003; Harlow, 1959).

A vinculação foi selecionada, porque apresenta função de sobrevivência na proteção dos filhotes contra predadores e também coespecíficos, visto que estes são os que mais cometem abusos ou mesmo infanticídio (Alexandre, Nadanovsky, Moraes & Reichenheim, 2010; Hrdy, 2005). O vínculo se estabelece nos primeiros meses de vida. Quando começam a engatinhar, por exemplo, os bebês se afastam dos cuidadores, mas a ansiedade de separação tem função de deflagrar a busca pela base segura, representada pelas figuras de apego (Ainsworth, 1979). O estilo de apego se forma a partir da interação de características que abrangem a personalidade e o temperamento da criança (Belsky & Rovine, 1987), a relação dos cuidadores com esta (Ainsworth, 1979) e as influências culturais específicas (Keller, 2013).

Bowlby trabalhou inicialmente com a categoria de apego inseguro ou desorganizado. Posteriormente, Ainsworth propôs estilos de apego, baseando-se em estudos realizados em Uganda – que descreviam relações observadas em díades de mãe e criança constatando que essas crianças manifestavam ansiedade de separação mais cedo do que as americanas – e em pesquisas conduzidas em Baltimore.

Ainsworth (1979) apresentou um sistema de classificação de apego baseado nos comportamentos exibidos por bebês de um ano, em condição manipulada e denominada de "situação estranha" e na qual eram ativados diferentes níveis de intensidade. A palavra "estranha" significa "não familiar" e o medo dessas situações ocorre próximo a essa idade. A estrutura básica dos episódios tem a seguinte configuração: a mãe entra com o bebê em uma sala onde estão alguns brinquedos no chão; depois de um tempo entra um estranho, mas na presença da mãe. Em seguida a mãe sai do ambiente, permanecendo apenas a pessoa desconhecida com a criança e os brinquedos.

Os estilos de apego foram identificados a partir das reações da criança nesses episódios que manipularam a entrada na sala de uma pessoa estranha a ela e o retorno da mãe após ter se ausentado por alguns instantes.

Ainsworth e colaboradores (Ainsworth, 1979) encontraram presença ou ausência de angústia de separação e este foi o critério básico utilizado por eles para categorizar as diferenças comportamentais das crianças observadas em três amplos grupos: o seguro, o inseguro evitativo e o inseguro ambivalente/resistente. As crianças identificadas com o apego seguro não ficam o tempo todo próximas das mães, mostram perturbação ou angústia mínima nos episódios de separação e quase não choram. As crianças do grupo do apego inseguro evitativo demonstram forte interesse de ficar o tempo todo próximas das mães, mostram-se zangadas e não se reaproximam facilmente nas situações após a separação; o comportamento de exploração do ambiente apresenta-se limitado na situação estranha e não iniciam ativamente comportamentos de interação. As crianças do grupo do apego inseguro ambivalente/resistente buscam ficar próximas das mães quando juntas no mesmo ambiente e ficam angustiadas na separação, mas manifestam interesse na aproximação com as mães em situações de reunião/encontro após a separação.

Em linhas gerais, quando a criança apresenta padrão seguro de apego, ela se mostra capaz de brincar com os brinquedos e com o adulto desconhecido na presença da mãe; pode ou não chorar na ausência dessa, mas facilmente se acalma quando a mãe retorna após um período ausente. No padrão de apego ansioso evitativo, a criança parece ficar indiferente tanto com a presença quanto com a ausência da mãe; tende a chorar quando esta sai, acalma-se quando é consolada pelo estranho e mostra indiferença quando a mãe retorna. No padrão de apego ansioso resistente, a criança fica sempre perto da mãe, mostra-se insegura, chora quando a mãe sai e não se acalma facilmente com o seu retorno (Ainsworth, 1979).

A hipótese subjacente é que a criança com vínculo seguro tenha alcançado um nível de coragem que lhe permite "arriscar-se" (afastando-se um pouco dos cuidadores) para explorar o mundo. Ela está disposta a desafiar a insegurança em uma situação nova porque sabe que pode contar com seus pais, que eles estão disponíveis, são responsivos, irão protegê-la e confortá-la. Se algo nessa exploração der errado, a criança pode voltar para sua base segura. No entanto, se o apego com os pais for inseguro, ela não irá ousar se afastar da base segura, pois não confia que os pais estarão ali disponíveis para confortá-la se for necessário.

Para Bowlby (1969/2002) existe uma tensão entre duas forças que existem na criança: sentir o acolhimento daquilo que lhe é familiar e atender a curiosidade pelo novo, enfrentando a ansiedade que isso acarreta. Deve-se lembrar, contudo, que o comportamento de apego pode ser muito influenciado pela situação, pela idade da criança, por fatores de personalidade delas e dos pais.

b) O papel desempenhado pelas emoções no entendimento do comportamento humano

O apego infantil faz parte de uma complexa engrenagem que envolve outros sistemas, cuja finalidade é possibilitar o pleno desenvolvimento humano. Sroufe, (2005) salienta que as respostas afetivas coordenam-se com desenvolvimentos em outros domínios, tais como os que têm lugar nos planos cognitivo e social, além de outros sistemas de desenvolvimento.

As respostas afetivas têm função adaptativa. Elas comunicam a vontade de interagir com o outro e responder às necessidades alheias; promovem envolvimento e proximidade com as pessoas, ocasionando bem-estar; favorecem a empatia e comportamentos pró-sociais em geral. Todas essas características são fundamentais para vivermos harmoniosamente em grupos sociais. Além disso, são elas que servem de base para encorajar a criança a participar em situações sociais novas. A capacidade de se engajar em atividades novas no ambiente é crucial no desenvolvimento (Sroufe, 2005).

As emoções que se manifestam em contextos específicos, em geral, se relacionam com as leituras e interpretações que podem ser feitas a partir das crenças construídas ao longo da história de vida de cada indivíduo. No desenvolvimento inicial, no entanto, as emoções têm uma base filogenética, mas a regulação do afeto depende de um aprendizado no qual os cuidadores têm papel fundamental.

O curso de desenvolvimento emocional pode ser sucintamente descrito como um movimento que parte de uma regulação diádica para uma autorregulação da emoção (Sroufe, 2005). Uma relação segura de cuidado com a criança promove a autorregulação, que é a base de trocas afetivas ao longo de toda a infância. (Sroufe, 2005). Para Bowlby (1969/2002) o desenvolvimento emocional infantil prossegue de uma vinculação para autonomia e individualização. Para ele, um apego estável com o cuidador é uma necessidade básica emocional que precede e promove a independência da criança. De acordo com Bowlby, a criança que desenvolve um apego seguro com seus pais ou cuidadores é aquela que provavelmente irá chorar na ausência deles, mas desenvolverá mais facilmente autoconfiança, resiliência e menor ansiedade de separação com o tempo. **A incapacidade de construir relações emocionais profundas traz consequências nos relacionamentos futuros.**

c) A Teoria do Apego e a influência sobre a Terapia do Esquema

A terapia do esquema de Jeffery Young (Young, Klosko, & Weishaar, 2003) é uma abordagem que integra elementos e conceitos de distintos modelos teóricos, e uma dessas influências é proveniente da teoria do apego. O próprio Young reconheceu que a terapia do esquema recebeu um significante impacto da teoria do apego, especialmente no esquema de Abandono, que está presente no transtorno de personalidade *borderline*. O apego seguro (que inclui segurança, estabilidade, acolhimento e aceitação) é uma das cinco necessidades emocionais básicas e está na origem dos esquemas (Young, Klosko, & Weishaar, 2003). Pessoas com esquemas no domínio de Desconexão e Rejeição não são capazes de formar um vínculo seguro e satisfatório com os outros. Eles acreditam que suas necessidades de estabilidade, segurança, acolhimento, amor e pertencimento não serão atendidos. Pacientes com problemas no domínio de Desconexão e Rejeição podem apresentar os seguintes esquemas: Instabilidade ou Abandono (figuras de apego na família de origem são instáveis); Desconfiança e Abuso (figuras de apego na família de origem são abusivas); Privação Emocional (figuras de apego na família de origem são frias); Defectividade e Vergonha (história de rejeição com figuras de apego na família de origem); Isolamento Social ou Alienação (figuras de apego na família de origem vivem isoladas ou fora do mundo social). Em termos do desenvolvimento, um esquema mal adaptativo representa uma ameaça para uma criança e o não suprimento de uma de suas necessidades emocionais básicas de proteção, acolhimento e segurança.

O conceito de apego desenvolvido por Bowlby, como já foi dito, se inspirou na etologia e na psicanálise. O ponto principal dessa teoria é o de que temos uma propensão para estabelecermos vínculos estáveis com nossos cuidadores. Em termos empíricos, os padrões de resposta por parte das crianças quando eram afastadas das mães (ou dos cuidadores) deixam claro que é a partir dessa base segura que a criança explora o mundo, o que mostra a importância da sensibilidade materna para o desenvolvimento infantil. Young (Young, Klosko, & Weishaar, 2003) incorporou essa noção de a mãe como base segura para a criança no conceito de reparação parental limitada, que funciona em parte como aquilo que combate o esquema de Abandono. O terapeuta se transforma na base segura emocional do paciente, proporcionando aquilo que nunca teve.

d) O desenvolvimento socioemocional e o comportamento pró-social e agressivo

A regulação das emoções é a habilidade de manejar nossos sentimentos. Harter (1999) fez investigações sobre como as crianças se percebem e pensam sobre si mesmas; como se avaliam em comparação com outras, como é a sua autoestima, ou seja, qual a tendência de se sentirem bem ou mal em relação a si mesmas.

As crianças podem ter um estilo de personalidade com tendências externalizantes, o que as leva a agir de acordo com emoções e impulsos imediatos. Comportamentos agressivos, condutas não construtivas, geram problemas de relacionamentos ocasionados por brigas ou ordens dadas de forma autoritária. Em geral, essas crianças relatam elevada autoestima mesmo em situações problemáticas envolvendo seus pares e educadores. Elas não percebem que há algo de errado consigo mesmas e apresentam grande dificuldade de regulação das emoções. Por se tratar de uma distorção, se não receberem ajuda, não mudarão seu padrão de comportamento e grandes são as chances de acumularem fracassos em suas trajetórias de vida.

Em um sentido oposto, crianças que apresentam um estilo de personalidade internalizante, frequentemente são inundadas por forte ansiedade, que as inibem socialmente. Em geral, mostram-se com medo e são tímidas. São muito autocríticas e tendem a avaliar seus feitos como falhas. Sentem-se impotentes para mudar o rumo de suas vidas e a certeza do fracasso faz com que fiquem paralisadas, não tentam agir e assumem uma postura de desistir antes mesmo de tentar.

Em ambos os casos, mas por razões diferentes, essas crianças vão consolidando em suas vidas um padrão de comportamento de fracasso. As que apresentam tendência externalizante não acham necessário melhorar seu comportamento porque não enxergam suas dificuldades; as de tendência internalizante assumem que são incompetentes e seria inútil trabalhar para aprimorarem-se.

e) Qual o papel do psicólogo?

Em termos de intervenção, os psicólogos escolares podem elaborar programas que favoreçam a promoção de autoestima menos distorcida, possibilitando que as crianças possam ter uma visão mais "realista" dos eventos que fizeram parte de sua trajetória de vida. Não é fácil reconstruir a história de uma pessoa. Um ponto de partida é conhecer as capacidades e limitações das crianças. Depois se deve encorajá-las a superar suas dificuldades e a avaliar realisticamente seus feitos, aumentando sua autoeficácia. Os profissionais não podem elogiar sem que haja correspondência com as realizações das crianças. Isso pode ter efeito deletério sobre aquelas que apresentam tendências externalizantes.

O papel do psicólogo escolar é ajudar o professor a identificar o nível real da habilidade de uma criança em determinada matéria. Em seguida, pode contribuir na montagem de um plano de ensino que se ajuste ao que a criança conhece. Os conteúdos devem ser apresentados aos poucos e somente depois de o educador se certificar de que a matéria anterior foi bem assimilada pela criança. O professor deve ser guiado a agir de maneira carinhosa, incentivando os avanços e apoiando a criança em cada etapa. **Com as orientações do psicólogo, o professor diminui**

os sentimentos de impotência, desesperança e elevada autocrítica em crianças com tendências, por exemplo, internalizantes.

f) Qual o papel dos pais e professores?

Harter (1999) destaca o papel das figuras de apego, pois são nelas que as crianças encontrarão a base segura para explorar o mundo de maneira realista, superar dificuldades e aprimorar as aprendizagens. Muitas vezes, as crianças avaliam seu desempenho de maneira ruim. Comparam, por exemplo, o desenho que fizeram com o de um adulto e passam a se ver como incapazes ou inferiores. Pais e profissionais precisam ajudá-las a aceitar o processo de aprendizagem; que qualquer pessoa de início não apresenta destreza, que a disciplina e o empenho é que tornam melhores cada um de nós. A ideia é tentar reestruturar a cognição infantil de "eu não sou capaz" para "se me esforçar posso conseguir, assim como os demais". Essas tendências podem ser valorizadas ou depreciadas nas diferentes culturas e também são moduladas pelos estilos parentais

Técnicas e atividades para desenvolver habilidades cognitivas/emocionais/socioemocionais que os professores podem utilizar com os alunos

Como educadores e psicólogos escolares podem atuar nesse campo?

a) Dinâmicas em grupo costumam ser eficazes e bastante profícuas com crianças escolares. Aumentam a coesão grupal, diminuem problemas de relacionamento e treinam habilidades sociais (Neufeld, Daolio & Longhini, 2015). O trabalho que professores podem fazer com seus alunos é uma adaptação de técnicas que terapeutas utilizam em terapias de grupo para aumentar a coesão dos membros, para promover a psicoeducação e treinar habilidades sociais. Os educadores podem realizar um encontro semanal, dar um nome para essa dinâmica, com a finalidade de permitir um maior entrosamento das crianças. Serão dadas algumas sugestões de dinâmicas que podem ser realizadas entre seis a dez encontros pelos professores com duração de uma hora. É importante o professor ter a sensibilidade de avaliar se as crianças estão participando de maneira motivada. Se ao final a avaliação for positiva, esses encontros podem ser realizados em maior número.

b) Dinâmica para os professores

Para iniciar a dinâmica, a proposta é que todos se sentem em uma roda. O professor segura um novelo de barbante, diz o seu nome, idade, duas coisas que gosta de fazer, segura a ponta do barbante e joga o novelo para uma criança, fazendo uma "ligação" entre ele e a criança com o barbante. Esta pega o novelo, diz seu nome, idade, duas coisas que gosta de fazer, segura o barbante e arremessa o novelo para outra criança e assim sucessivamente (Neufeld, Daolio & Longhini, 2015). Depois de todos terem se apresentado, os fios de barbante estarão conectando uns aos outros, formando uma espécie de "teia". Esse traçado, que em geral fica muito bonito, deve ser destacado pelo professor, mostrando como o resultado de uma tarefa do grupo é algo que se consegue porque cada criança cumpriu uma função. O professor deve ressaltar que coisas bonitas e legais podem ser conquistadas pelo grupo se todos fizerem sua parte. Ele deve encorajar a imaginação das crianças, pedindo que cada uma diga com o que o desenho se parece, se ela se lembra de alguma história que queira contar. Depois, o professor avalia o resultado dessa dinâmica, pedindo que as crianças falem sobre trabalhos individuais e trabalhos coletivos. Ao final, a teia vai ser desenrolada, começando pela última criança que recebeu o novelo. Ela vai em direção daquela que havia arremessado o barbante e deve se lembrar das coisas que sua antecessora dissera.

Em outro encontro, o professor pode escrever cartões com uma situação-problema e que demandem habilidades sociais. Alguns exemplos: a) O que você faria se estivesse sozinho e encontrasse uma carteira no pátio da escola? b) O que você faria para ajudar um colega que está sofrendo *bullying*? c) O que você faria para ajudar um colega a melhorar nos estudos? As crianças também podem dar sugestões de situações. Todos se sentam em uma roda. No meio da roda fica a caixa com os cartões (deve haver pelo menos um cartão para cada aluno). Um aluno se dirige ao centro da roda, sorteia um cartão, lê a situação-problema e gira uma garrafa pet vazia que está no meio da roda. Quando ela parar, a criança "apontada" é que vai responder. Para cada resposta, o professor deve trabalhar alternativas, incentivando as crianças a discutirem o que foi apresentado e a darem novas soluções quando possível.

As três reuniões seguintes podem envolver um jogo; afinal, brincadeira é uma coisa séria e precisa ser trabalhada em grupo. Uma primeira proposta é a de jogos que envolvam cooperação em grupos; são os que preferencialmente devem ser estimulados. São desafios coletivos e há diversos tipos, como por exemplo, a solução de um quebra-cabeça do tipo Tangram, composto por sete peças. O professor deve disponibilizar um Tangram para cada criança, mas a solução é do grupo. Esse material é de confecção fácil, pode ser feito em cartolina colorida pelos próprios membros do grupo. No final, se o desafio for resolvido, todos ganham um bônus, que pode ser acumulado e posteriormente trocado por alguma coisa, aliando um procedimento de economia de fichas a essa dinâmica.

Outra proposta de jogo é o que depende de regras. Pode ser um jogo de cartas que envolva todos do grupo ou qualquer outro jogo que precise de regras para funcionar. Nesse caso, há vencedores e perdedores, e é importante trabalhar esse aspecto, mostrando que há situações em que fatores do acaso podem contribuir para um resultado. De modo análogo, se deve ressaltar que podem ser desenvolvidas estratégias mais eficazes para solucionar um problema. Ao final, deve-se conversar sobre a questão de ficar contente ou triste com o resultado, buscando mostrar como essas reações fazem parte de nosso repertório e devem se apresentar dentro de limites, buscando formas equilibradas de expressá-las, aprendendo a aceitar as perdas e a desenvolver a humildade.

Outra atividade de jogo envolve o trabalho com as emoções. Cartões virados nos quais está escrita uma emoção são colocados na roda. As crianças sentam em cima dos cartões. Depois, por sorteio, cada uma pega seu cartão, lê a emoção e escolhe: ou conta uma história que apresente a emoção sorteada ou faz uma mímica para as demais acertarem a emoção.

Os professores podem ainda confeccionar, juntamente com as crianças, cartões vermelhos, que servem para sinalizar que o colega está sendo agressivo; cartões amarelos, indicativos de que está sendo mais ou menos rude; e cartões verdes, que mostram que o colega está sendo gentil. Esse é um trabalho de psicoeducação, adaptado de intervenção em grupo (Neufeld, Daolio & Longhini, 2015).

Alguns encontros podem ser destinados a exercícios de respiração com as crianças, juntamente com práticas de *mindfulness* e exercícios de psicologia positiva, com a narrativa de uma história que encerra uma lição moral e discussão sobre isso. Estudos indicam que essas práticas associadas com a psicoeducação devem ser aplicadas preventivamente e diminuem a ocorrência de *bullying* (Lisboa & Pureza, 2015).

Considerações finais

A ideia deste capítulo foi apresentar conceitos da psicologia do desenvolvimento, indicando desdobramentos teóricos, intervenções clínicas embasadas e a criação de técnicas que podem ser aplicadas em escolas. O desenvolvimento é entendido como um sistema complexo e integrado, no qual cada etapa depende das experiências anteriores e, ao mesmo tempo, mantém-se uma base que confere uma identidade a esse processo ao longo de uma vida. Foi destacado o papel que pais e educadores têm em diferentes etapas do desenvolvimento e como a abordagem cognitivo-comportamental pode contribuir para o aprimoramento e para a atuação de profissionais e de estudantes que trabalham em escolas e em áreas da saúde mental.

Referências

Ainsworth, M. (1979). Infant—Mother Attachment. *American Psychologist, 34* (10), 932-937.

Alexandre, G. C., Nadanovsky, P., Moraes, C. L., & Reichenheim, M. (2010).The presence of a stepfather and child physical abuse, as reported by a sample of Brazilian mothers in Rio de Janeiro. *Child Abuse & Neglect, 34* (12), 959–966.

American Psychiatric Association. (2014). *Manual Diagnóstico e Estatístico de Transtornos Mentais: 5ª ed. DSM-5.* Porto Alegre: Artmed.

Barrett, J., Wonch, K.E., Gonzalez, A., Ali, N., Steiner, M., Hall, G. B., & Fleming, A. S. (2012). Maternal affect and quality of parenting experiences are related to amygdala response to infant faces. *Soc. Neurosci.*, 7 (3), 252-68. doi: 10.1080/17470919.2011.609907.

Belsky, J. (2007). *Desenvolvimento Humano: Experienciando o Ciclo de Vida.* Porto Alegre: Artmed.

Belsky, J., & Rovine, M. (1987). Temperament and attachment security in the Strange Situation: An empirical reapprochement. *Child Development, 58*, 787-795.

Bowlby, J. (1969/2002). *Apego e Perda: Apego.* vol. 1. 3ª ed. São Paulo: Martins Fontes.

Buss, D. M., & Greiling, H. (1999). Adaptive individual differences. *Journal of Personality, 67*, 209–243.

Cia, F., & Barham, E. J. (2009). O envolvimento paterno e o desenvolvimento social de crianças iniciando as atividades escolares. *Psicologia em Estudo,* 14 (1),67-74. doi:10.1590/S1413737220090000100009

Cole, M., & Cole, S. (2003). *O desenvolvimento da criança e do adolescente.* 4ª ed. Porto Alegre: Artmed.

Crick, N. S., Ostrov, J. M., Burr, J. E., Cullerton-Sen, C., Jansen-Yeh, E. & Ralston, P. (2006). A longitudinal study of relational and physical aggression in preschool. *Journal of Applied Development Psychology, 27* (3), 254-268. doi:10.1016/j.appdev.2006.02.006

DeLoache, J., & Gottlieb, A. (2010). *A world of babies: imagined child care guides for seven societies.* Cambridge: Cambridge University Press.

Fava, D. C. (2014). Terapia cognitivo-comportamental no contexto pré--escolar. Em: Melo, W. V. (org). Estratégias Psicoterápicas e a terceira onda em terapia cognitiva. Novo Hamburgo: Sinopsys.

Fava, D. C. (2016). A terapia cognitiva na primeira infância. In Federação Brasileira de Terapias Cognitivas, Neufeld, C. B., Falcone, E. M. O. & Rangé, B. P. (Orgs.). PROCOGNITIVA Programa de Atualização em Terapia Cognitivo-Comportamental: Ciclo 3. (pp. no prelo). Porto Alegre: Artmed Panamericana. (Sistema de Educação Continuada a Distância, v. 3).

Fava, D.C. & Melo, W. V. (2014). *A terapia cognitiva para crianças de 0 a 6 anos.* In: Melo, W. V (org). Estratégias psicoterápicas e a terceira onda em terapia cognitiva. Novo Hamburgo: Synopsis.

Gomes, L. B., Crepaldi, M. A., & Bigras, M. (2013). O engajamento paterno como fator de regulação da agressividade em pré-escolares. *Paidéia, 23* (54), 21-29. doi:http://dx.doi.org/10.1590/1982-43272354201304

Harkness, S., & Supper, C. (1995). *Parents' Cultural Belief Systems: Their Origins, Expressions and Consequences.* New York: Guilford Press.

Harlow, H. F. (1959).The Nature of Love. *American Psychologist, 13*, 673-685.

Harter, S. (1999). *The Construction of the Self.* New York: Guilford Press.

Hrdy, S. B. (2005). On why it takes a village. In R Burgess e K. MacDonald (Eds.), *Evolutionary Perspectives on Human Development* (pp. 167-187), Thausand Oaks, California: SAGE Publications.

Keller, H. (2013).Attachment and Culture. *Journal of Cross-Cultural Psychology, 44* (2), 175–194.

Kendall, P., & Khanna, M. (2009). Exploring the role of parent training in the treatment of childhood anxiety.*Journal of Consulting and Clinical Psychology,* 77 (5), 981-986.

Kochanska, G., & Aksan, N. (2006). Children's Conscience and Self-Regulation. *Journal of Personality, 74* (6), 1587-1617.

Lisboa, C. S. M., & Pureza, J. R. (2015). Terapia Cognitivo-Comportamental em Grupo para Crianças e Adolescentes Envolvidos no Processo de Bullying. In C. B. Neufeld (Ed.). *Terapia Cognitivo-Comportamental em Grupo para Crianças e Adolescentes*, (pp. 242-253), Porto Alegre: Artmed.

Lobo, B. O., Flach., K., & Andretta, I. (2011). Treinamento de Pais na Terapia Cognitivo-Comportamental para Crianças com Transtornos Externalizantes. *Psicologia em Pesquisa, 5* (2), 126-134. Recuperado em 09 de janeiro de 2016, de http://pepsic.bvsalud.org/scielo.php?script=sci_arttext&pid=S1982-12472011000200005&lng=pt&tlng=pt.

Neufeld, C. B., Daolio, C. C., & Longhini, L. Z. (2015). Desafios da Terapia Cognitivo-Comportamental em Grupo com Crianças e Adolescentes. In C. B. Neufeld (Ed.), *Terapia Cognitivo-Comportamental em Grupo para Crianças e Adolescentes* (pp. 17-34). Porto Alegre: Artmed.

Pihlakoski, L., Sourander, A., Aromaa, M., Rautava, P., Helenius, H., & Sillanpaa, M. (2006). The continuity of psychopathology from early childhood to preadolescence: A prospective cohort study of 3-12 year-old children. *European Child & Adolescent Psychiatry, 15* (7), 409- 417. doi:10.1007/s00787-006-0548-1

Plomin, R., & Caspi, A. (1999). Behavioral genetics and personality. In L. A. Pervin & O. P. John (Eds.), *Handbook of personality: Theory and research* (2nd ed.) (pp. 251- 276). New York, NY, US: The Guilford Press.

Rogers, S. J., Vismara, L., Wagner, A. L., McCormick, C., Young, G., & Ozonoff, S. (2014). Autism Treatment in the First Year of Life: A Pilot Study of Infant Start, a Parent-Implemented Intervention for Symptomatic Infants. *Journal of Autism and Developmental Disorders, 44* (12), 2981-2995.

Schwartz, C. E., Wright, C. I., Shin, L. M., Kagan, J., Whalen, P. J., McMullin, K. G., & Rauch, S. L. (2003). Differential amygdalar response to novel versus newly familiar neutral faces: a functional MRI probe developed for studying inhibited temperament. *Biol Psychiatry, 53* (10), 854-862.

Shapiro, J. P., Friedberg, R., & Bardenstein, K. K. (2006). *Child and Adolescent Therapy: Science and Art*. New York: John Wiley & Sons.

Sroufe, L. A. (2005). Attachment and development: A prospective, longitudinal study from birth to adulthood. *Attachment & Human Development*, 7 (4), 349 – 367.

Harkness, S., & Supper, C. (1995). *Parents' Cultural Belief Systems: Their Origins, Expressions and Consequences.* New York: Guilford Press.

Triandis, H. C. (1995). Individualism and Collectivism. Boulder, CO: Westview Press.

Van der Horst, F. C. P., LeRoy, H. A., & Van der Veer, R. (2008). "When strangers meet": John Bowlby and Harry Harlow on attachment behavior. *Integrative Psychological & Behavioral Science, 42* (4), 370-388.

Vicedo, M. (2010). The evolution of Harry Harlow: from the nature to the nurture of love. *History of Psychiatry, 21* (2), 1–16.

Young, J. E., Klosko, J.,S., & Weishaar, M., E. (2003). *Schema therapy: A practitioner's guide.* New York: Guilford Press.

CAPÍTULO 4

Desenvolvimento sexual e a abordagem cognitivo-comportamental nas demandas escolares

Priscila Lawrenz
Elder Cerqueira-Santos
Luísa Fernanda Habigzang

Este capítulo tem como objetivo abordar o desenvolvimento sexual em crianças e adolescentes e apresentar conceitos centrais dessa temática. Além disso, visa discutir como a sexualidade emerge no contexto escolar e necessita ser um eixo transversal de intervenções. Por fim, pretende-se apresentar como psicólogos podem utilizar-se do referencial cognitivo-comportamental para compor planos de intervenção com foco em temáticas relacionadas à sexualidade nas escolas.

É menino ou menina?

O filme belga "Minha Vida em Cor de Rosa", conta a história inspirada em um caso real de um menino que queria ser menina. O drama aborda conflitos familiares e sociais que envolvem tal fato e coloca os personagens em dilemas que vão além do desejo do menino retratado. Trata-se de uma verdadeira reflexão sobre gênero, que poucas vezes acontece em instituições como família e escola. Histórias semelhantes acontecem diariamente na vida real. Com alguns ajustes, conflitos e dilemas podem acontecer no desenvolvimento sexual das crianças. Mudanças sociais e culturais recentes têm gerado certo impacto nessa questão, com destaque para o papel da mulher e do homem na sociedade e os debates públicos sobre as práticas e identidades sexuais.

O desenvolvimento da sexualidade humana é um processo contínuo, que, muitas vezes, inicia mesmo antes de nascer. As expectativas sociais sobre sexo e gênero, somadas aos aspectos biológicos que definem a anatomia sexual, são bases fortes para as definições pelas quais as crianças passarão. A pergunta "*É menino ou menina?*", é um ótimo exemplo de como tais expectativas colaboram na produção de um ambiente para o desenvolvimento da sexualidade. Apesar disso, muitos ainda consideram a sexualidade como algo que se adquire "naturalmente", como um curso previsível no ciclo vital. Em geral, tal suposição se ancora em uma visão puramente biológica de desenvolvimento, com pouco espaço para aspectos sociocontextuais.

Diversas teorias psicológicas abordam aspectos do desenvolvimento sexual (Papalia & Feldman, 2013). A proposta mais bem recebida é a da interação multicausal dos elementos que compõem a sexualidade humana. São eles: sexo biológico, papel sexual, identidade de gênero e orientação sexual.

A ideia de binarismo sexual, ou disformismo sexual é relativamente recente na história. Configura-se a partir da segunda metade do século XVIII, quando a ciência se preocupa em traçar diferenças biológicas e esquadrinhar os corpos de homens e mulheres, justificando e naturalizando suas práticas e condutas pelas diferenças fisiológicas (Bento, 2008). É a partir desse momento que começam a ser definidos os parâmetros do que seria considerado normal ou patológico para a sexualidade humana. Até esse ponto, a ideia de isomorfismo, ou seja, de que existiria somente um corpo, perdurava. O binarismo sexual foi chave fundamental para entender a noção de sexo biológico, mas também marca a ideia de gênero que perdura até os dias atuais. Até o século XVIII, a mulher era entendida como uma incompletude do homem, visto que seu aparato genital é interno. Justificava-se isso pela incapacidade ou fraqueza de não conseguir colocar para fora seu órgão sexual. O homem era percebido como viril, caloroso, forte, enquanto a mulher era considerada frígida, fria, fraca (Laqueur, 2001). Assim, o binarismo sexual nasce "para indicar diferentes habilidades sociais, talentos ou aptidões; para justificar os lugares sociais, as possibilidades e os destinos 'próprios' de cada gênero" (Louro, 2003, p. 49).

A ideia de gênero tornou-se um constructo útil, pois possibilita a percepção de novos discursos que diferenciam o corpo e a sexualidade, discutindo o paradigma binário de variação do masculino ao feminino. Ou seja, na relação entre gênero e sexo, entende-se que "todos os corpos são generificados desde o começo da sua existência social, o que significa que não há corpo natural que preexista à sua inscrição cultural" (Salih, 2013, p. 89). Ou seja, há uma inscrição sobre o que é ser menino ou menina, homem ou mulher. O gênero inclui diversos aspectos e, principalmente, uma categoria analítica, política e social, distinta da sexualidade atrelada com concepções de orientação e identidades sexuais.

A orientação sexual, por sua vez, pode ser pensada como elemento da identidade sexual, a qual é composta por uma conjuntura de fatores e perpassada por questões biológicas, identitárias, papéis sociais, desejos e comportamento sexual (Ceará & Dalgalarrondo, 2009). Parte-se do pressuposto de que, para além de uma opção, os indivíduos estão inseridos em contextos objetivos, subjetivos, fisiológicos, inatos e hereditários que irão, a partir de um sistema identitário, possibilitar a estruturação de atrações, fantasias, desejos eróticos e sexuais. Orientação sexual, portanto, envolve relações, emoções, que podem ser vividas em relação ao sexo oposto, ao mesmo sexo e/ou por ambos os sexos (APA, 2008).

No sistema cultural dominante, impera o desejo pela adequação de sexo, gênero, identidade e orientação, que parte, como regra, de pressupostos heterossexistas e machistas. Assim, abre-se pouco espaço para o reconhecimento da diversidade sexual e anulam-se possibilidades de desenvolvimento fora da norma de gênero compulsória, limitando a sexualidade a um modo único e restrito que pode gerar sofrimento e não aceitação em várias crianças e adolescentes. Ao se debater tal tema para crianças pré-púberes, toma especial contorno a manifestação do gênero que, como já citado, ocorre desde muito cedo e não depende de definições sobre orientação sexual. Em geral, crianças são educadas num modelo macho *versus* fêmea que segue *scripts* pré-definidos. Como lidar, então, com aqueles que não seguem essas determinações? Como as crianças manifestam sua sexualidade na escola e como os profissionais estão lidando com tais aspectos? Multiplicam-se os casos de preconceito e violências baseadas em normas de gênero que diminuem e oprimem mulheres ou que recusam a diversidade de manifestações da sexualidade.

Conforme afirma Louro (2000), parece que o corpo ficou fora da escola. Segundo a autora, no dualismo corpo *versus* mente, "os professores e professoras entram na sala de aula como se apenas a mente estivesse presente" (p. 60), como se as crianças fossem descorporificadas. Na verdade, o que Louro aponta é para a dificuldade que profissionais ainda enfrentam de pensar aspectos cognitivos do desenvolvimento em sintonia com as vivências que as crianças fazem do seu próprio corpo. "Na concepção de muitos, o corpo é "dado" ao nascer; ele é um legado que carrega "naturalmente" certas características, que traz uma determinada forma, que possui algumas "marcas" distintivas" (Louro, 2000, p. 61).

Tendo colocado que o desenvolvimento do gênero na infância está atrelado a um aspecto sociocultural, é de fundamental importância entender a socialização de crianças para papéis de gênero. Parte-se da premissa de que as diferenças e semelhanças nas performances comportamentais sobre o que esperam para machos e fêmeas vai muito além da bipolaridade de sexos, mas está em um contínuo que adquire contornos ao longo da vida do indivíduo.

Estudos clássicos em Psicologia do Desenvolvimento relatam estereotipia de gênero muito cedo no ciclo vital e em diversas culturas (Lordelo, 1995). Estudos etológicos clássicos, por exemplo, observaram que crianças pré-escolares em situações naturais apresentam comportamentos estereotipados e segregam estilos de brincadeiras a partir de critérios de gênero (Eibl-Eibesfeldt, 1989; Harris, 1999; Maccoby, 1988). Apesar de tal constatação parecer de origem "natural", um dado revelador é que os mesmos estudiosos observaram que as diferenças se intensificam com os anos de escolarização, o que leva a crer que a socialização deve ter um papel fundamental na manutenção de tais padrões.

Uma hipótese importante para a Psicologia do Desenvolvimento é resumida por Carli e Bukatko (2000), que apontam para a existência de um componente ontogenético que aparece logo cedo na infância e persiste ao longo do tempo, sendo reforçado mais ou menos a depender de aspectos culturais. Ou seja, as crianças reproduzem e transmitem regras culturais sobre gênero de forma consideravelmente rígida. Para Carvalho e Pedrosa (2002), os primeiros anos escolares parecem amplificar a estereotipia de gênero em crianças, a partir de uma experimentação social que o ambiente grupal proporciona. Ambientes sociais das crianças tornam-se regulatórios de comportamentos que são apresentados pelas próprias crianças ou pelo menos sua maioria (Cerqueira-Santos, 2015; Cerqueira-Santos & Bourne, 2016).

Dessa forma, a escola se destaca como um dos principais ambientes de socialização de crianças e interação criança-criança. Do ponto de vista teórico, ainda é prematuro entender as origens dos elementos da sexualidade, especialmente gênero e orientação sexual, mas é fundamental investigar como as crianças estão se desenvolvendo e qual o papel do ambiente de interação nas diversas possibilidades desenvolvimentais. Como já destacado, as recentes mudanças culturais geram impacto na forma como crianças entendem a si próprias como meninos e meninas. Longe de buscar avaliar o valor positivo ou negativo de tal impacto, procura-se analisar possibilidades de intervenção nesse novo contexto para proporcionar ambientes saudáveis de desenvolvimento nos quais a diversidade possa ser compreendida.

Desenvolvimento do comportamento sexual de crianças e adolescentes

O desenvolvimento de comportamentos sexuais de crianças e adolescentes é um tema pouco pesquisado empiricamente. Sanderson (2005) sugere comportamentos sexuais típicos observáveis em crianças, de acordo com a etapa desenvolvimental. Segundo a autora, crianças em idade pré-escolar (0 a 4 anos) apresentam grande curiosidade sobre o corpo humano e fazem muitas brincadeiras que envolvem a exploração do próprio corpo. Nos primeiros dois anos, observam-se brincadeiras solitárias que se baseiam em experiências sensoriais agradáveis, que tendem a aumentar pelo prazer gerado. As brincadeiras características são a autoexploração e automanipulação dos genitais. O bebê descobre acidentalmente que certas partes do corpo geram sensações agradáveis quando tocadas. Essa autoestimulação pode ocorrer durante a troca de fraldas ou no banho, por exemplo, e representa um comportamento que gera conforto, redução de tensão e prazer físico. Entre os 2 e 4 anos, as brincadeiras se modificam e as atividades relacionadas ao uso do banheiro exercem fascínio. As crianças nessa etapa apresentam maior tendência a brincar com pares e surgem as brincadeiras sociossexuais, caracterizadas por descobertas sobre diferenças e semelhanças anatômicas entre sexos. Essas brincadeiras incluem mostrar, examinar e esconder partes íntimas do próprio corpo e espiar os genitais de outras crianças. Brincadeiras de "casinha", "papai e mamãe" e "de médico" são típicas da idade (Sanderson, 2005).

Entre os 5 e 12 anos, as brincadeiras sexuais tornam-se esporádicas. Comportamentos de automanipulação são menos aleatórios e mais intencionais. As crianças descobrem formas criativas de se masturbar e podem compartilhar essas descobertas com os pares. Nessa fase, aumenta a curiosidade sobre como os bebês são feitos, de onde vêm. São comuns reações de constrangimento diante de cenas de beijo na televisão ou filmes. Podem demonstrar sensações ambivalentes de nojo e curiosidade ao presenciar trocas de beijos e abraços entre adultos. Próximo à puberdade surge maior desejo de privacidade. Também é comum contar piadas com conteúdo sexual, mesmo sem ter completa compreensão do que significam. Podem iniciar os "namoros" que consistem em andar de mãos dadas e beijar. O final dessa etapa desenvolvimental é caracterizado por maior interesse por assuntos relacionados à sexualidade e pelas mudanças no próprio corpo decorrentes da puberdade. As oportunidades de experimentação com colegas se tornam mais frequentes, marcadas por períodos de inibição e desinibição. As brincadeiras típicas dessa fase consistem em expor as nádegas para outras pessoas e o jogo da verdade (Sanderson, 2005).

Na adolescência o comportamento sexual torna-se mais semelhante ao do adulto. Os hormônios influenciam mudanças físicas e também emocionais. É comum que adolescentes se masturbem mais. Também é um comportamento típico observar os pares em banheiros ou vestiários, comparando o tamanho de genitais e outras partes íntimas como seios. Entre meninos são comuns brincadeiras que envolvem competições para saber quem ejacula antes e mais longe. Surge um maior interesse por romances. A atração pelo sexo oposto ou pelo mesmo sexo torna-se evidente e paixões por ídolos adultos são típicas. Surgem experimentações sexuais entre pares que incluem beijos, abraços, carícias e toques em genitais. Nessa etapa é comum que ocorra a primeira relação sexual consensual entre pares (Sanderson, 2005).

Conhecer comportamentos sexuais típicos de crianças e adolescentes é fundamental para pais e professores. Tal conhecimento pode facilitar a identificação de possíveis abusos sexuais, por exemplo. Crianças e adolescentes estimuladas sexualmente de forma abusiva tendem a apresentar comportamentos sexuais atípicos para a etapa desenvolvimental. Tais comportamentos podem incluir masturbação pública recorrente, conhecimento sobre atividades sexuais adultas incompatíveis com o que crianças tendem a observar (por exemplo, simulação de sexo oral e anal), submeter de forma não consensual crianças menores a interações sexuais e relatar gosto ou textura de sêmen. Quando esses comportamentos estiverem presentes, deve-se investigar se alguém em estágio psicossexual mais avançado que a criança ou adolescente esteja submetendo-a a abusos sexuais (Habigzang, Salvador-Silva, &Koller, 2013).

Professores são fundamentais na identificação de casos de abusos sexuais, uma vez que passam muito tempo com as crianças e desenvolvem com essas vínculos de afeto e de confiança. **É comum que as crianças revelem aos professores interações sexuais inapropriadas às quais são submetidas.**

Frente à revelação de situações envolvendo abuso sexual ou qualquer outra forma de maus-tratos, a instituição escolar deve (1) demonstrar credibilidade no relato da criança, (2) pedir a ela que indique um responsável de sua confiança para ser chamado e comunicado sobre a violência, e (3) notificar o caso às autoridades competentes. Deve-se acolher a criança ou adolescente com postura empática e respeito.

A revelação do abuso sexual pode minimizar ou potencializar o impacto dessa experiência para o desenvolvimento infantil. É um momento muito delicado para a criança e representa a quebra de um segredo, muitas vezes familiar (Habigzang, Hatzenberger, & Koller, 2013). No Brasil, o Estatuto da Criança e do Adolescente (Brasil, 1990) determina que todos os casos de suspeita ou confirmação de maus-tratos contra crianças e adolescentes, incluindo qualquer forma de abuso sexual, devem ser obrigatoriamente notificados ao Conselho Tutelar (Art. 13) para que medidas protetivas sejam adotadas. Além disso, a lei ainda determina "*deixar o médico, professor ou responsável por estabelecimento de atenção à saúde e de ensino fundamental, pré-escola e creche de comunicar os casos de que tenham conhecimento, envolvendo suspeita ou confirmação de maus-tratos contra criança e adolescente – multa de 3 a 20 salários mínimos, aplicando o dobro em caso de reincidência*" (Art 245, Brasil, 1990). Dessa forma, as escolas devem notificar todo caso de suspeita ou confirmação de maus-tratos.

Sexualidade na escola

A escola, local de convívio de crianças, jovens e adultos, constitui-se como um espaço privilegiado para que temas relacionados à sexualidade sejam abordados (Meira, Queiroz, Oliveira, Moraes, & Oliveira, 2006; Moura, Pacheco, Dietrich & Zanella, 2011). A sexualidade invade a escola por meio das brincadeiras, das piadas, das paródias inventadas e repetidas, das inscrições nas carteiras e por muitos outros meios (Meira *et al.*, 2006). Além do conhecimento de Língua Portuguesa, Matemática, História, Geografia, entre outras disciplinas obrigatórias, cabe à escola abordar temas relacionados à ética, saúde, meio ambiente, pluralidade cultural, trabalho, consumo e orientação sexual. Por se tratarem de problemáticas atuais e urgentes, a abordagem em sala de aula exige adaptações de acordo com as características de cada escola (Moura *et al.*, 2011).

Dentre os assuntos que emergem no espaço escolar, a sexualidade ocupa posição de destaque. De acordo com os Parâmetros Curriculares Nacionais (PCN), referencial a partir do qual o sistema de ensino fundamental está organizado no Brasil, a escola deve tratar essa temática como algo fundamental na vida das pessoas, uma questão ampla e polêmica, marcada pela história, pela cultura e pela evolução social. O trabalho com foco na sexualidade deve considerar as emoções e noções sobre o tema trazidas pelos alunos, oriundas da família e de suas vivências. Além disso, deve possibilitar reflexões e debates que assegurem a construção da autonomia, a capacidade de discernimento e escolha quanto ao exercício da própria sexualidade. A educação sexual no âmbito escolar é concebida como um tema transversal, ou seja, como uma temática que deve perpassar as disciplinas ministradas nas escolas (Brasil, 1997).

A sexualidade não se reduz à prática sexual. A saúde reprodutiva, relações interpessoais, afetividade, imagem corporal, autoestima, orientação sexual e identidade de gênero integram o desenvolvimento sexual. Desde o nascimento, os indivíduos são expostos de maneira informal a processos de educação sexual que englobam ações diretas e indiretas exercidas por diferentes pessoas e instituições. A escola interfere na construção da sexualidade dos alunos e possui o compromisso claro com o desenvolvimento de projetos que incluam as dimensões fisiológicas, sociológicas e psicológicas da sexualidade (Meira *et al.*, 2006). "**Se as escolas não tratarem da questão sexual estarão transmitindo aos alunos a noção de que o assunto é mesmo um tabu sobre o qual não se pode falar de maneira séria e livre**" (Meira *et al.*, 2006, p.5).

O papel da escola é ampliar o conhecimento dos indivíduos em direção à diversidade de valores que existem na sociedade (Meira *et al.*, 2006).

O acesso a informações atualizadas do ponto de vista científico, discussão de tabus, preconceitos, mensagens dos meios de comunicação, da própria família e da sociedade, asseguram ao aluno condições para que ele desenvolva atitudes coerentes com valores pessoais e sociais (Moura *et al.*, 2011). Pelo fato de a temática da sexualidade estar envolta por preconceitos e proibições, é necessário o máximo de cuidado para não incorrer no erro de reafirmar valores absolutos de saudável ou desviante, certo ou errado, desenvolvendo um trabalho de cunho prescritivo e normalizador que desconsidere o indivíduo na expressão de sua subjetividade (Meira *et al.*, 2006).

Apesar de assegurada a importância de abordar os temas relativos à sexualidade nas escolas, na prática, esse trabalho tem ficado relegado às aulas de ciências e a profissionais que não recebem formação adequada sobre o assunto (Moura *et al.*, 2011). Para que educadores possam trabalhar com o tema da sexualidade, necessitam de capacitação sistemática e contínua. Cada professor acaba fazendo o que pode, tentando responder às demandas que surgem de acordo com sua experiência pessoal e com sua disponibilidade. No entanto, seu repertório, em geral, é composto por informações adquiridas em breves cursos, palestras ou leituras realizadas por interesse próprio, que, apesar de contarem com boas intenções, nem sempre levam a uma orientação adequada (Beiras, Tagliamento, & Toneli, 2005). Além dos educadores, outros profissionais, como pedagogos, assistentes sociais, médicos e psicólogos atuam nas escolas e são responsáveis por trabalhar temas acerca de sexualidade com crianças e adolescentes (Antunes, 2008).

Psicologia escolar e intervenções com foco na sexualidade

Durante muito tempo, a atuação do psicólogo no contexto escolar ficou restrita à utilização de instrumentos para avaliar as capacidades dos alunos, identificar problemas de aprendizagem, conduta e personalidade (Andrada, 2005 Correia, Lima, & Araújo, 2001; Freire & Aires, 2012). Contudo, atualmente, verifica-se que a atuação dos psicólogos e o papel que podem desempenhar no contexto escolar vêm sendo ampliados e redefinidos (Fava, 2014).

As evidências de efetividade da abordagem cognitivo-comportamental e a aplicação de seus princípios e técnicas com crianças e adolescentes na clínica estão bem documentadas na literatura. Tais princípios e técnicas podem ser adaptados para outros contextos de desenvolvimento de crianças e adolescentes, como por exemplo, a escola. A adaptação da abordagem cognitivo-comportamental para o contexto escolar é possível devido a características intrínsecas de suas intervenções. O foco na resolução de problemas, em perspectiva breve e orientada para o presente, viabiliza que a TCC seja útil para psicólogos que atuam em escolas. A formulação de problemas e as técnicas cognitivas e comportamentais podem ser empregadas para compreender fenômenos escolares específicos, desenvolver estratégias de prevenção e mediação de conflitos. Além disso, pode contribuir para identificação de aspectos desenvolvimentais atípicos de crianças e adolescentes para realizar encaminhamentos para avaliação e tratamento quando necessário (Fava, 2014).

Dentre as possibilidades de aplicação da TCC nas escolas, a modalidade em grupo costuma ser recomendada, já que possibilita a participação de um maior número de alunos. Grupos em TCC (**mais sobre Grupos no capítulo 13**) são flexíveis às demandas do dia a dia da escola, ao mesmo tempo que produzem efeitos positivos nos alunos envolvidos (Paternostro, Sullivan, Behar, Berlyant, & Friedberg, 2014). A literatura atual apoia a utilização de grupos de TCC em contextos escolares para reduzir sintomas de ansiedade e depressão, bem como comportamentos agressivos (Gillham *et al.*, 2012; Kavanagh *et al.*, 2009; Ruffolo & Fischer, 2009). Quando se trata de intervenções com foco em temáticas relacionadas à sexualidade, a maioria dos programas objetiva reduzir índices de gravidez na adolescência, bem como de doenças sexualmente transmissíveis (DST's) (Ethier *et al.*, 2006; Gavin, Catalano, David-Ferdon, Gloppen, & Markham, 2010; Kirby, Laris, & Rolleri, 2007; Robin *et al.*, 2004).

Kirby, Laris e Rolleri (2007) realizaram uma revisão de 83 estudos baseados em programas de educação sexual em diferentes países do mundo. O objetivo foi investigar os efeitos dos programas para redução de comportamentos sexuais de risco, gravidez, transmissão de HIV e outras doenças sexualmente transmissíveis. A Teoria da Aprendizagem Social e a Teoria Social Cognitiva formavam a base teórica de mais da metade (54%) dos programas. Quase todas as intervenções (90%) incluíam pelo menos duas atividades interativas delineadas para envolver os jovens e ajudá-los a personalizar as informações (p. ex., *role-playing* e simulações que aplicavam lições para as suas vidas). Um aspecto que variou entre os programas foi a duração dos programas. Enquanto a média foi de 12 horas, o tempo variou de menos de uma hora a 48 horas. Em torno de dois terços dos programas eram organizados entre duas a quinze sessões. Dentre os 83 estudos revisados, dois terços (65%) tiveram impacto significativamente positivo em, pelo menos, um dos comportamentos sexuais avaliados (gravidez, transmissão de HIV e outras DST's).

Intervenção: psicoeducação

Intervenções psicoeducativas (**ver mais em capítulo 1**) sobre gravidez, transmissão de HIV e outras DST's são fundamentais no contexto escolar. Devem respeitar a etapa desenvolvimental, utilizando-se de recursos lúdicos, como contar histórias, debater filmes, criar jogos interativos entre crianças para esclarecer dúvidas e romper mitos ou conhecimentos equivocados. Contudo, intervenções com foco na sexualidade não devem limitar-se à psicoeducação. Questões como prevenção de violência em função de orientação sexual, flexibilização de estereótipos de gênero para promover igualdade, expressão de emoções e percepções sobre imagem corporal e autoestima são relevantes e devem compor planos de intervenção nas escolas. Assim, os psicólogos escolares podem atuar sugerindo pequenos grupos por turma ou trabalhando com cada turma. Os encontros podem ser realizados conforme a necessidade ou pré-definidos, como por exemplo, três ou quatro vezes durante o ano letivo. Algumas técnicas cognitivas e comportamentais podem ser úteis nesse contexto.

Intervenção: prevenção de violência.

A prevenção de violência em função de orientação sexual pode ser trabalhada por meio de ensaios comportamentais (Otero, 2004), nos quais crianças e adolescentes desenvolvam estratégias protetivas e habilidades sociais para expressarem diferenças de forma assertiva. Além disso, a descoberta guiada (Leahy, 2006) pode ser uma ferramenta cognitiva útil para desconstruir estigmas e preconceitos que contribuem para atos de violência envolvendo a orientação sexual. Crianças e adolescentes devem compreender a diversidade sexual e aprender a respeitar e conviver com diferenças. A intervenção de caráter preventivo e educativo pode ser proposta, caracterizando-se por ensaios de teatro e expressão em um trabalho conjunto com o psicólogo escolar e professores das áreas das artes e criatividade.

Intervenção: flexibilização deestereótipos

A flexibilização de estereótipos de gênero também é um recurso para prevenção de violência de gênero. Crianças e adolescentes tendem a apresentar compreensões rígidas sobre papéis e características femininas e masculinas. A técnica da rotulação pode ser utilizada para identificar pensamentos sobre o que é ser menina e o que é ser menino. Pensamentos distorcidos e rígidos podem ser facilmente identificados (Teixeira, 2004). Assim, pode-se colocar de um lado de um painel as características atribuídas às meninas e do outro aquelas atribuídas aos meninos. Após a etapa de rotulação é sugerido criar um *continuum* no qual as crianças sejam convidadas a construir uma coluna intermediária no painel e escrever as características que são dos seres humanos. O passo seguinte é utilizar rótulos que antes eram apenas de meninas ou de meninos e identificar que são na realidade características de seres humanos, independentemente de gênero. Pensamentos distorcidos podem ser flexibilizados por meio da investigação de evidências que apoiam e refutam tais pensamentos. Atividades como essa podem ser úteis para promover maior igualdade de gênero.

Intervenção: percepção da imagem corporal e autoestima

A expressão de emoções e percepções sobre imagem corporal e autoestima pode ser fundamental em um período de intensas transformações físicas e emocionais como na infância e adolescência. A psicoeducação sobre emoções (**mais no capítulo 1 e 2**) pode ser o recurso utilizado, e crianças e adolescentes podem aprender a reconhecer, nomear e identificar a intensidade de diferentes estados emocionais. Oficinas de expressão corporal envolvendo brincadeiras, tais como estátua, espelho e imitação de movimentos dos outros, são úteis para promover maior bem-estar com o próprio corpo. Discutir com as crianças e adolescentes diferenças e qualidades identificadas em si e nos outros pode contribuir para melhorar a autoestima e reduzir ocorrência de *bullying* (**mais sobre *bullying* no capítulo 7**).

Considerações finais

A sexualidade é um tema amplo que deve ser compreendido a partir de seus componentes biológicos, sociais e histórico-contextuais. O desenvolvimento sexual é um aspecto significativo na infância e adolescência e emerge nos contextos nos quais crianças e adolescentes interagem. A escola é um contexto desenvolvimental fundamental e precisa estar preparada para abordar questões referentes à sexualidade. É papel da escola promover espaços educativos para o debate sobre diferenças de gênero, de orientação sexual e comportamentos sexuais de risco e de proteção, por exemplo. A psicologia desempenha papel central no desenvolvimento de planos de trabalho sobre sexualidade nas escolas e técnicas cognitivas e comportamentais podem ser úteis para intervenções preventivas e psicoeducativas.

Referências

American Psychological Association [APA]. (2008) Answers to your questions: For a better understanding of sexual orientation and homosexuality. Washington, DC: Author. Retrieved from: http://www.apa.org/topics/lgbt/orientation.aspx

Andrada, E. G. C. (2005). Novos paradigmas na prática do psicólogo escolar. *Psicologia: Reflexão e Crítica, 18*(2), 196-199. doi: 10.1590/S0102-79722005000200007

Antunes, M. A. M. (2008). Psicologia escolar e educacional: História, compromissos e perspectivas. *Psicologia Escolar e Educacional, 12*(2), 469-475. doi: 10.1590/S1413-85572008000200020

Beiras, A., Tagliamento, G., &Toneli, M. J. F. (2005). Crenças, valores e visões: Trabalhando as dificuldades relacionadas à sexualidade e gênero no contexto escolar. *Aletheia, 21*, 69-78. Retrieved from: http://pepsic.bvsalud.org/scielo.php?script=sci_ arttext&pid=S1413-03942005000100007

Bento, B. A. de M. (2008) *O que é transexualidade*. São Paulo: Brasiliense.

Brasil. Secretaria de Educação Fundamental. (1997). Parâmetros curriculares nacionais:Introdução aos parâmetros curriculares nacionais. Brasília: MEC/SEF.

Carli, L. L., &Bukatko, D. (2000). Gender, communication, and social influence. A developmental perspective. In T. Eckes& H. M. Trautner (Eds.). The Developmental Social Psychology of Gender (PP. 295-331). Mahwah, NJ: Lawrence Erlbaum Associates.

Carvalho, A. M. A., & Pedrosa, M. I. (2002). Cultura no grupo de brinquedo. *Estudos de Psicologia,* 7(1), 181-188.

Ceará, A. D. T., &Dalgalarrondo, P. (2010). Transtornos mentais, qualidade de vida e identidade em homossexuais na maturidade e velhice. *Revista de Psiquiatria Clínica, 37*(3), 118-123.doi: 10.1590/S0101-60832010000300005

Cerqueira-Santos, E., &Bourne, J. (2016). Papéis de Gênero nas brincadeiras de faz-de-conta de crianças adotadas por casais do mesmo sexo. PSICO-USF (no prelo).

Correia, M. F. B., Lima, A. P. B., & Araújo, C. R. (2001). As contribuições da psicologia cognitiva e a atuação do psicólogo no contexto escolar. *Psicologia: Reflexão e Crítica, 14*(3), 553-561. Retrievedfrom: http://www.redalyc.org/ articulo.oa?id=18814310

Eibl-Eibesfeldt, I. (1989). *Human Ethology.* New York: Aldine de Gruyter.

Ethier, K. A., Kershaw, T. S., Lewis, J. B., Milan, S., Niccolai, L. M., &Ickovics, J. R. (2006). Self-esteem, emotional distress and sexual behavior among adolescent females: Inter-relationships and temporal effects. *Journal of Adolescent Health, 38*, 268-274. doi: 10.1016/j.jadohealth.2004.12.010

Fava, D. C. (2014). Terapia cognitiva no contexto pré-escolar. In W. V. Melo (Org.), *Estratégias psicoterápicas e a terceira onda em terapia cognitiva* (pp. 529-563). Novo Hamburgo: Sinopsys.

Fischer, P. H., Masia-Warner, C., & Klein, R. G. (2004). Skills for social and academic success: A school-based intervention for social anxiety disorder in adolescents. *Clinical Child and Family Psychology Review,* 7(4), 241-249. Retrieved from: http://eric.ed.gov/?id=EJ732221

Freire, A. N., & Aires, J. S. (2012). A contribuição da psicologia escolar na prevenção e no enfrentamento do *Bullying. Revista Semestral da Associação Brasileira de Psicologia Escolar e Educacional, 16*(1), 55-60. Retrievend from: 10.1590/S1413-8557201200 0100006

Gavin, L. E., Catalano, R. F., David-Ferdon, C., Gloppen, K. M., & Markham, C. M. (2010). A review of positive youth development programs that promote adolescent sexual and reproductive health. Journal of Adolescent Health, 46, 75-91. doi: 10.1016/j.jadohealth.2009.11.215

Gillham, J. E., Reivich, K. J., Brunwasser, S. M., Freres, D. R., Chajon, N. D., Kash-MacDonald, V. M., ... Seligman, M. E. (2012). Evaluation of a group cognitive-behavioral depression prevention program for youth adolescentes: A randomized effectiveness trial. *JournalofClinicalChild&Ado-lescentPsychology, 41*(5), 621-639. doi: 10.1080/15374416.2012.706517

Habigzang, L. F.,Hatzenberger, R.,&Koller, S. H. (2013). Rede de apoio e proteção: Encaminhamentos necessários frente à identificação de violência contra crianças e adolescentes. In M. Poletto, A. P. L. de Souza, & S. H. Koller (Eds.), *Direitos humanos, prevenção à violência contra crianças e adolescentes e mediação de conflitos: Manual de capacitação para educadores* (pp. 218-229). Porto Alegre: Ideograf.

Habigzang, L. F., Salvador-Silva, R., &Koller, S. H. (2013). Violência sexual contra crianças e adolescentes: definições, mitos e indicadores. In M. Poletto, A. P. L. de Souza, & S. H. Koller (Eds.), *Direitos humanos, prevenção à violência contra crianças e adolescentes e mediação de conflitos: Manual de capacitação para educadores* (pp. 190-204). Porto Alegre: Ideograf.

Harris, J. (1999). *Diga-me com quem anda...* Rio de Janeiro: Objetiva.

Kavanagh, J., Oliver, S., Lorenc, T., Caird, J., Tucker, H., Harden, A., ... Oakley, A. (2009). School-based cognitive-behavioral interventions: A systematic review of effects and inequalities. *Health Sociology Review, 18*(11), 61-78. Retrieved from: http://eppi.ioe.ac.uk/cms/Default.aspx?tabid=2418

Kirby, D. B., Laris, B. A., &Rolleri, L. A. (2007). Sex and HIV education programs: Their impact on sexual behaviors of young people throught the world. *JournalofAdolescent Health, 40*, 206-217. doi: 10.1016/j.jadohealth.2006.11.143

Laquer, T. (2001). *Inventando o sexo: corpo e gênero dos gregos a Freud.* Rio de Janeiro: RelumeDumará.

Leahy, R. L. (2006). *Técnicas de terapia cognitiva: Manual do terapeuta.* Porto Alegre: Artmed.

Lordelo, E. (1995). Ambiente de desenvolvimento humano: Uma análise a partir do contexto creche. Tese de Doutorado não-publicada, Instituto de Psicologia, Universidade de São Paulo. São Paulo, SP.

Louro, G. L. (2000). Corpo, escola e identidade. *Educação e Realidade, 25*(2), 59-76.

Louro, G. L. (2003) Currículo, gênero e sexualidade: o "normal", o "diferente" e o "excêntrico". In: Louro, G. L.; Neckel, J. F.; Goellner, S V. (Orgs.). *Corpo, gênero e sexualidade: Um debate contemporâneo na educação.* Rio de Janeiro: Vozes, pp. 9-27.

Maccoby, E. (1988). Gender as a social category. *Developmental Psychology, 24*, 755-765. doi: 10.1037/0012-1649.24.6.755

Meira, M. E. M., Queiroz, A. B., Oliveira, I. A., Moraes, R. Q., & Oliveira, T. H. (2006). Psicologia escolar, desenvolvimento humano e sexualidade: Projetos de orientação sexual em instituições educacionais. *Revista Ciência em Extensão, 2*(2). Retrievedfrom: http://ojs.unesp.br/index.php/revista_proex/article/view/199

Moura, A. F. M., Pacheco, A. P., Dietrich, C. F., & Zanella, A. V. (2011). Possíveis contribuições da psicologia para a educação sexual em contexto escolar. *Psicologia Argumento, 29*(67), 437-446.

Otero, V. R. L. (2004). Ensaio comportamental. In C. N. de Abreu & H. J. Guilhardi (Eds.), *Terapia comportamental e cognitivo-comportamental: Práticas clínicas* (pp. 205-214). São Paulo: Rocca.

Papalia, D. E., & Feldman, R. D. (2013). *Desenvolvimento Humano*. Porto Alegre: AMGH Editora Ltda.

Paternostro, J., Sullivan, P. J., Behar, S. M., Berlyant, M. J., & Friedberg, R. D. (2015). Terapia cognitivo-comportamental em grupo em escolas. In C. B. Neufeld (Org.).*Terapia cognitivo-comportamental em grupo para crianças e adolescentes* (pp. 72-87). Porto Alegre: Artmed.

Robin, L., Dittus, P., Whitaker, D., Crosby, R., Ethier, K., Mezoff, J., …,& Pappas-Deluca, K. (2004). Behavioral interventions to reduce incidence of HIV, STD, and pregnancy among adolescents: A decade in review. *Journal of Adolescent Health, 34*, 3-26. doi: 10.1016/S1054-139X(03)00244-1

Rose, K., Hawes, D. J., & Hunt, C. J. (2014). Randomized controlled trial of a friendship skills intervention on adolescent depressive symptoms. *Journal of Consulting and Clinical Psychology, 82*(3), 510-520. doi: 10.1037/a0035827

Ruffolo, M. C., & Fischer, D. (2009). Using na evidence-based CBT group intervention model for adolescents with depressive symptoms: Lessons learned from a school-based adaptation. *Child & Family Social Work, 14*(2), 189-197. doi: 10.1111/j.1365-2206.2009.00623.x

Salih, S. (2013). *Judith Butler e a Teoria Queer*. Belo Horizonte:Autêntica-Editora.

Sanderson, C. (2005). *Abuso sexual emcrianças: Fortalecendopais e professores para protegercrianças de abusossexuais*. São Paulo: M. Books.

Teixeira, M. C. T. V. (2004). Rotulação das distorções cognitivas. In C. N. de Abreu & H. J. Guilhardi (Eds.), *Terapia comportamental e cognitivo-comportamental: Práticas clínicas* (pp. 300-310). São Paulo: Rocca.

CAPÍTULO 5

Entrada na escola e o impacto social

Carmem Beatriz Neufeld
Jaqueline Pereira Dias-Corrêa
Edna Marturano

A entrada da criança na escola constitui um processo repleto de desafios e representa a saída da segurança familiar para a conquista de um mundo novo (Balaban, 1988). É um período permeado por emoções diversas, tais como: medo, ansiedade e insegurança para todos os envolvidos – professores, pais e, em particular, a criança. Do ponto de vista cognitivo, as crianças de dois ou três anos já estão preparadas para ingressarem na escola (Bee, 2003). Nessa faixa etária, elas já compreendem que a mãe sai, mas volta, diminuindo assim a ansiedade da separação. Além disso, elas já são capazes de realizar associações entre fatos, realizando combinados com os pais e compreendendo a ausência deles em alguns períodos. Dessa forma, exploram novas situações não assustadoras e não estressantes sem aparente angústia (Bee, 2003).

No entanto, a adaptação escolar é complexa. De acordo com Helmsen, Koglin e Petermann (2012), na pré-escola, os educandos enfrentam situações desafiadoras que impactam o desenvolvimento, tais como: integração aos grupos de pares, seguir regras, tolerar a separação dos pais e lidar com a frustração e decepção. Diante disso, não basta possuírem um desenvolvimento cognitivo adequado, visto que outros fatores, também, influenciam a adaptação escolar. Segundo Balaban (1988), a criança, ao ingressar na escola, possui uma série de expectativas, construída a partir de suas próprias experiências. Sendo assim, ela pode sentir-se pouco à vontade quando percebe que o professor não age como a mãe, o pai ou avós, precisando de tempo para colocar esse adulto dentro do seu esquema intelectual de trabalho.

Nessa perspectiva, os comportamentos iniciais manifestos em sala de aula são diversos: há crianças que se adaptam facilmente à rotina, mostrando interesse às atividades escolares, crianças desconfiadas e quietas, crianças com dificuldade de adaptação, demonstrando irritação e impulsividade e há ainda, aquelas que inicialmente se adaptam com tranquilidade, porém após algumas semanas, começam a chorar ou chamar pela mãe, o que caracteriza reação atrasada (Balaban, 1988). Ciente dessa diversidade comportamental, o educador precisa estar preparado para lidar com todas as crianças e facilitar a adaptação e o desenvolvimento integral delas (Guzzo *et al.*, 2010).

O início da vida escolar impacta, portanto, o desenvolvimento emocional e social, uma vez que sentimentos diversos farão parte desse momento ímpar e repertórios sociais serão refinados e desenvolvidos.

Desenvolvimento social

O repertório social infantil é influenciado diretamente pela família, primeiro agente socializador na vida da criança. É no seu interior que haverá os primeiros contatos interpessoais e as primeiras orientações para uma vida social externa. Sendo assim, a quantidade de relações sociais e a maneira como os pais conduzem tais relações, impactam o desenvolvimento infantil (Kostelnick, Gregory, Soderman & Whiren, 2015). Marturano e Loureiro (2003) apontam que a emissão do comportamento social está relacionada com o modo como a pessoa percebe e interpreta os eventos. Dessa maneira, o comportamento é influenciado pelas experiências passadas e atuais e o significado pessoal atribuído a essa experiência.

Ao ingressar na escola, a criança possui um repertório social limitado, diretamente relacionado às experiências familiares e à falta de exposição aos desafios da convivência (Mayeux & Cillessen, 2003). À medida que suas experiências com o grupo de colegas se tornam mais frequentes e complexas, elas aprendem novas respostas às situações sociais. As primeiras experiências de socialização são, portanto, fundamentais para a aprendizagem de normas de convivência e ampliação dos comportamentos sociais (Fenning, Bake & Juvonen, 2011).

A entrada na escola caracteriza-se por uma atualização e reprodução do contexto sociocultural ampliado (Borges, 2007; Marturano &

Loureiro, 2003). Segundo Borges e Marturano (2009), o desenvolvimento infantil no meio escolar pode ser concebido em uma perspectiva dinâmica e transacional; a criança chega até à escola com um repertório prévio de habilidades que pode ser aprimorado e refinado por meio de interações cotidianas saudáveis. Kostelnick *et al.* (2015) ressaltam que os relacionamentos sociais proporcionam laços de amizade e estímulo, proporcionando o senso de pertencimento ao grupo, conhecimento de si e de como o mundo funciona. Brincar com os amigos requer certa constância dos desejos e sentimentos alheios, bem como certa capacidade de modular as próprias emoções. Tais habilidades de conhecimento e de controle surgem nos anos pré-escolares, sendo uma fase de grande importância ao desenvolvimento infantil (Bee, 2003).

Kostelnick *et al.* (2015) ressaltam que a aprendizagem social é um processo gradual, além de variar entre as crianças da mesma faixa etária. Com base nesse princípio, encontram-se crianças com repertórios sociais mais elaborados e outras com repertórios mais simples. Tais variações não remetem a melhor ou pior, bom ou ruim, são simplesmente diferenças comuns ao desenvolvimento. Ao longo da pré-escola, os educandos exploram ideais sociais, experimentam várias estratégias e buscam indicações sobre o que funciona e o que não funciona no mundo social (Dias, 2012). Nessa perspectiva, têm-se crianças mais adaptadas ao meio escolar e aquelas menos adaptadas, necessitando de um apoio maior de um adulto capacitado.

Del Prette e Del Prette (2005) ressaltam que crianças mais adaptadas à escola são aquelas mais participativas e mais propensas a aprendizagens efetivas. Segundo os autores em questão, os comportamentos adaptativos incluem: cooperação, independência para realizar tarefas, autocuidado (higiene, saúde e segurança), bom rendimento acadêmico e estratégia de enfrentamento diante de situações de estresse e frustração. As crianças que se comportam de maneira positiva e apoiadora, não punitiva e não agressiva em relação a quase todas as outras, são consideradas populares e adequadas socialmente. Além disso, o processo de ensino-aprendizagem torna-se de qualidade, se um clima adequado de convivência em sala de aula, marcado por comportamentos adequados socialmente, predominar nesse contexto (Borges & Marturano, 2009; Kostelnick *et al.*, 2015; Thomas *et al.*, 2011).

No entanto, sabe-se que os comportamentos desadaptativos, dificuldade de relacionamento e comportamentos agressivos, também podem estar presentes em sala de aula (Borges & Marturano, 2009; Rodrigues, Dias & Freitas, 2010). De acordo com Achenbach e Edelbrock (1979), esses comportamentos incluem tanto os externalizantes, evidenciados por agressividade, agitação, impulsividade, características antissociais e desafiantes, quanto os internalizantes, marcados por queixas somáticas, depressão e ansiedade. Ambos são caracterizados por dificuldades interpessoais; podem trazer consequências desfavoráveis ao desenvolvimento e se associarem a transtornos psicológicos (Cia & Barham, 2009; Del Prette & Del Prette, 2005; Kostelnick *et al.*, 2015; Rodrigues, Dias & Freitas, 2010).

A experiência escolar adversa influencia a trajetória de desenvolvimento em três mecanismos: limitação do repertório social, dificuldades em acessar recursos para enfrentar os desafios da convivência; enfraquecimento da reserva de resiliência[1], influência negativa na formação da autoestima, podendo levar ao insucesso escolar e reduzindo as chances de desenvolver a resiliência frente às adversidades; aumento da vulnerabilidade, maior sensibilidade a fatores de risco presentes no ambiente (Marturano & Loureiro, 2003).

Contudo, problemas de comportamento identificados nos primeiros anos escolares têm sido associados a diferentes trajetórias de desenvolvimento (Bolsoni-Silva, Marturano & Freiria, 2009; Cia & Barham, 2009). Kostelnick *et al.* (2015) acrescentam que padrões negativos de comportamento não estão tão arraigados, sendo passíveis de mudanças. Marturano e Loureiro (2003) relatam que o processo inicial de escolarização, pelo seu impacto, pode ser considerado um momento sensível a diversas trajetórias infantis. Nessa perspectiva, faz-se necessário atentar a tais comportamentos e minimizá-los no decorrer do desenvolvimento escolar.

O contexto de sala de aula desempenha, então, um importante papel no desenvolvimento social infantil, podendo influenciar as crianças tanto para o desempenho de comportamentos desadaptativos, se houver predominância de agressividade e hostilidade, quanto adaptativos, se o clima for positivo. Como assinalam Thomas *et al.* (2011), um clima adequado em sala de aula favorece o desenvolvimento da competência social e a redução de

[1] De acordo com Yunes (2003) resiliência refere-se à capacidade humana de superação frente às adversidades.

comportamentos agressivos. Os autores ressaltam ainda que, muitas vezes, nas classes em que as crianças manifestam mais comportamentos desadaptativos, os professores apresentam maiores dificuldades em manejar o comportamento infantil e manter o controle da sala de aula, além de essas atitudes infantis influenciarem facilmente os demais colegas da classe. Assim, uma atuação positiva dos professores para uma interação saudável, que seja promotora de bem-estar e apoio emocional, bem como de estabelecimento de limites, é essencial para o clima positivo da sala de aula infantil (Fava, 2014).

A fim de esclarecer as informações acima referidas, criou-se um esquema em que se observa o resultado do predomínio de comportamentos adaptativos e desadaptativos em sala de aula.

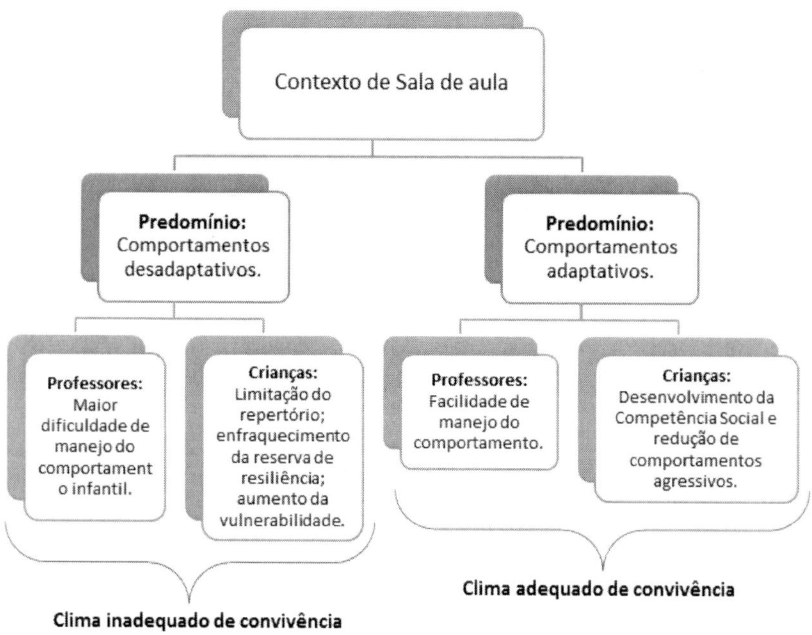

São inúmeros os fatores que contribuem para um ambiente escolar saudável. A adaptação da criança à escola relaciona-se com o tipo de interação que ela estabelece com aqueles de seu convívio. Sendo assim, dentre os desafios da convivência infantil, encontram-se, ainda, os de natureza interpessoal, notadamente o de ajustar-se às expectativas e demandas do outro se mostrando socialmente competente (Borges, 2007).

De acordo com Kostelnick *et al.* (2015), as categorias de comportamento associadas à competência social são: valores sociais, identidade pessoal, inteligência emocional, habilidades interpessoais, autocontrole, planejamento, organização e tomada de decisão e competência cultural. A competência social pode ser considerada um indicador do ajustamento psicossocial e apresenta um sentido avaliativo que leva em conta a coerência e a funcionalidade do desempenho social (Cia & Barham, 2009; Del Prette & Del Prette, 2005; Elias & Marturano, 2014).

A criança capaz de articular pensamentos, emoções e comportamentos em relação às próprias intenções e ao contexto social, pode ser considerada competente socialmente (Elias & Marturano, 2014). A competência social compreende, portanto, as habilidades comportamentais, cognitivas e afetivas que contribuem para a adaptação em diversos contextos (Kostelnicket *et al.*, 2015). Para uma criança tornar-se competente socialmente é importante que seus processos mentais organizem e regulem as dimensões cognitivas, emocionais e comportamentais da experiência individual (Elias & Marturano, 2014; Rahill & Teglasi, 2003). Já o desempenho social refere-se a qualquer tipo de comportamento emitido em interações sociais, podem ser tanto aqueles que favorecem o indivíduo, quanto aqueles que interferem na qualidade da interação (Del Prette & Del Prette, 2005).

Segundo Del Prette e Del Prette (2005), um repertório elaborado e refinado de habilidades sociais contribui para a competência social, o que favorece um relacionamento satisfatório e produtivo com as demais pessoas. Além disso, as habilidades sociais favorecem a ampliação do repertório comportamental, contribuindo para trajetórias satisfatórias de desenvolvimento e inibindo possíveis problemas advindos de comportamentos não adaptativos (Bolsoni-Silva, Marturano & Freiria, 2009; Kostelnick *et al.*, 2015).

Del Prette e Del Prette (2005) propõem um sistema de sete classes de habilidades sociais que são complementares entre si: autocontrole e expressividade emocional, civilidade, empatia, assertividade, fazer amizades, solução de problemas interpessoais e habilidades sociais acadêmicas. Os autores em questão ainda ressaltam que tais habilidades são situacionais, culturais e estão relacionadas a valores, normas e regras de uma cultura. Dessa forma, comportamentos que favorecem a competência social em uma situação, podem não contribuir em outra. Kostelnick *et al.* (2015)

apontam que comportamentos considerados como socialmente competentes em determinada cultura, podem não ser considerados como tal em outras culturas.

Marturano e Loureiro (2003) salientam que as crianças que apresentam um repertório elaborado de habilidades sociais e desenvolvimento socioemocional satisfatório, possuem, também, maior persistência em atividades acadêmicas, menos medo de errar, melhor relacionamento interpessoal, mais confiança em suas potencialidades e mais responsabilidade quanto a seus sucessos e fracassos. No entanto, possuir um repertório de habilidades sociais é condição necessária, mas não suficiente para um desempenho socialmente competente, já que é preciso coerência entre autocontrole, recursos emocionais, comportamentos, pensamentos e sentimentos (Bolsoni-Silva *et. al.*, 2006; Del Prette & Del Prette, 2005). Assim, uma criança pode apresentar um repertório de habilidades sociais e apresentar um desempenho social insatisfatório.

O desenvolvimento dos comportamentos sociais adequados relaciona-se com o desenvolvimento da cognição social infantil. Segundo Bee (2003), a cognição social denomina o pensar sobre as pessoas, sobre o que elas fazem ou deveriam fazer e sobre como elas se sentem. O desenvolvimento da cognição social reflete ou baseia-se no desenvolvimento cognitivo geral. Nessa perspectiva, as crianças pequenas, ao emitirem julgamento sobre o outro, tiram conclusões por meio de suas observações, ao passo que as mais velhas já são capazes de realizar inferências. (Bee, 2003). O aprimoramento da cognição social relaciona-se à compreensão infantil acerca das emoções, pensamentos, crenças, desejos, intenções delas mesmas e de outras pessoas. Sendo assim, a criança ao ingressar na escola está em processo de desenvolvimento de sua cognição social, sendo os professores profissionais necessários para a promoção do desenvolvimento.

A escola, por ser um espaço de convivência diária, que estabelece regras de convívio social e de fácil acesso, é um ambiente potencial para ensino e refinamento do comportamento social infantil (Del Prette & Del Prette, 2005; Borges, 2007). Além disso, o Referencial Curricular Nacional para a Educação Infantil (Brasil, 1998) ressalta que é função social da escola capacitar a criança para sua inserção na sociedade. De acordo com Zins, Elias e Greenberg (2003), a escola funciona como um meio de favorecer o aprendizado social, tornando os educandos mais responsáveis, solidários, capazes de tomar decisões e resolver problemas de forma saudável.

Nessa perspectiva, os psicólogos escolares devem impactar o sistema educativo com ações que favoreçam o ajustamento infantil. Segundo Guzzo (2003), intervenções psicossociais que têm como objetivo instrumentalizar as crianças para lidarem com as demandas exigidas pela sociedade, promover o bem-estar e a qualidade de vida, devem fazer parte do currículo escolar. Além disso, esses profissionais devem se ater, também, à formação dos professores e orientações aos pais, facilitando informações, ensino de estratégias mais coerentes e eficazes ao desenvolvimento infantil.

O papel do professor no desenvolvimento social infantil

Os professores são figuras de suma importância no desenvolvimento social da criança, pois são eles que deverão acolher, respeitar, promover, ensinar e refinar os comportamentos infantis (Kostelnick *et. al.*, 2015; Rodrigues & Tavares, 2009). Para tanto, faz-se necessário ao professor integrar a criança ao ambiente escolar, organizar sua atuação, estabelecendo uma relação afetiva, de confiança, amizade e cooperação, implementar uma rotina diária que permita a construção gradativa das noções dos acontecimentos, dentro do tempo e do espaço, transmitindo segurança e fomentando a independência do aluno (Balaban, 1988). Kostelnick *et. al.* (2015) ressaltam, ainda, que os comportamentos sociais infantis são afetados por elementos do ambiente como cor, luz, materiais, disposição da sala, sons e rotinas.

O educador exerce, então, grande influência na formação infantil (Fava, 2014). Nunes (2009) ressalta que uma criança que se desenvolve acreditando que é um sujeito merecedor de valor e respeito, tem sua capacidade produtiva e criativa estimulada, sendo capaz de adaptar-se melhor às situações novas, torna-se mais coerente e ponderada em suas escolhas, mais aberta e receptiva ao diálogo e acata melhor os limites. Além disso, **as crianças que crescem cientes de que seus erros serão tolerados e seus esforços apoiados e encorajados, estão mais abertas a adquirerem novos aprendizados, tais como: aprender a esperar, expressar emoções com palavras e tratar os outros com gentileza** (Kostelnick *et. al.*, 2015).

O educador deve se dedicar diariamente a atividades que fortaleçam a autoestima dos alunos, para que assim eles possam desenvolver adequadamente a autonomia, autoimagem e autoconceito, componentes essenciais para a autovalorização como pessoa e inspirar nas demais o respeito e admiração (Marturano & Loureuro, 2003; Nunes, 2009). Faz-se necessário, ainda, ao educador infantil reconhecer que cada criança desenvolve e aprimora seus comportamentos sociais em seu tempo (Kostelnick *et. al.*, 2015). Nessa perspectiva, o professor deve estar sempre atento, incentivando e acompanhando o desenvolvimento de cada aluno.

Dessa maneira, o psicólogo escolar deve orientar e acompanhar o professor, atuando ambos como parceiros em prol de um mesmo objetivo: promover o desenvolvimento infantil saúdavel. Além de favorecer a adaptação da criança à escola, o professor deve atuar contribuindo para a promoção de comportamentos sociais adaptativos e interações saudáveis entre pares. Kostelnick *et. al.* (2015) apontam que o desenvolvimento social infantil requer o apoio de adultos capacitados. Os autores em questão afirmam que um profissional que trabalha com crianças deve apresentar: conhecimento especializado, estudo de teorias e pesquisas; competência demonstrada, comprovação de habilidades por meio de certificados e atuação prática; padrões de prática, condução adequada das atividades, levando a um resultado satisfatório; educação permanente, constante estudo e adotar um código de ética, conhecimento dos valores profissionais e normas de conduta.

Nessa perspectiva, os psicólogos escolares devem se munir de ferramentas que auxiliem a prática docente. Para tanto, conhecer programas de intervenção implementados em escolas, bem como adaptar todo conhecimento psicológico à realidade escolar, são de grande valia para sua atuação profissional.

Encontram-se na literatura diversos programas úteis à promoção do desenvolvimento social infantil. Tem-se o programa "Eu posso resolver problemas" (Shure, 2006) que visa à promoção de habilidades de Resolução de Problemas Interpessoais (HRPI). O programa caracteriza-se por 83 lições, inicialmente desenvolvidas para serem aplicadas em sala de aula, visando ensinar aos alunos "como" pensar e não "o que" pensar. As lições são divididas em habilidades prévias de resolução de problemas e habilidades para resolução de problemas. Os objetivos das lições iniciais que focalizam as habilidades prévias de resolução de problemas são: reconhecer e identificar sentimentos em si e nos outros, considerar o ponto de vista dos outros e aprender a sequenciar eventos. As lições que trabalham especificamente com as habilidades para a resolução de problemas objetivam levar a criança a pensar em soluções alternativas para um mesmo problema, bem como avaliar as consequências de suas ações, sentimentos e a decisão pela melhor solução. Tais lições podem ser apresentadas na íntegra para a classe, como proposto pela autora do programa, ou combinadas com outra estratégia de intervenção, como por exemplo, os livros de histórias infantis, dinâmicas, teatros, dentre outros.

O programa acima referido foi passível de estudos empíricos e apresentou resultados satisfatórios ao desenvolvimento infantil (Borges & Marturano, 2002, 2009; Elias & Marturano, 2014; Rodrigues, Dias & Freitas, 2010). Entre os resultados positivos obtidos, as crianças participativas do programa tornaram-se mais atenciosas para a escuta do outro, mais capazes de tomar iniciativa e de realizar negociação; tornando-se, portanto, mais ajustadas no que tange ao relacionamento interpessoal.

Outro recurso bastante interessante e útil ao desenvolvimento social e prevenção de comportamentos antissociais e agressivos são os livros de histórias infantis (Dias, Marturano, Rodrigues & Kutschenko, 2016; Kalyva & Agaliotis, 2009; Rodrigues & Tavares, 2009; Rodrigues & Ribeiro, 2011; Teglasi & Rhotman, 2001). Rodrigues e Oliveira (2009) apontam que o relato e a leitura de histórias favorecem a ampliação da realidade da criança, a escuta e observação do outro. Por meio da literatura, ela é capaz de se conscientizar de que as outras pessoas também possuem sentimentos, pensamentos, motivos e desejos frente às diversas situações sociais (Dias *et al.*, 2016; Borges & Marturano, 2009; Rodrigues & Oliveira, 2009).

Os livros de histórias possibilitam a interpretação dos acontecimentos que envolvem os personagens por meio de pistas sociais externas (eventos, circunstâncias) e internas (sentimentos, metas, desejos) (Rodrigues & Tavares, 2009; Teglasi & Rothman, 2001). A exploração dos acontecimentos, pensamentos e sentimentos por meio de uma experiência emocional, inserida em uma história infantil, promove uma reflexão quanto aos próprios pensamentos, sentimentos e atitudes da criança (Borges, 2007; Teglasi & Rothman, 2001).

Teglasi e Rothman (2001) elaboraram um programa de intervenção que conta com seis componentes que visam explorar e discutir o conteúdo de uma história infantil. Tais componentes, estruturados em forma de questionamentos, podem ser norteadores da prática docente em momentos de leituras de histórias em sala de aula. Os seis componentes do programa estão organizados em:

O que está acontecendo? Por meio desse primeiro componente, as crianças observam e interpretam as pistas sociais presentes na cena e identificam o problema da história. As ilustrações são exploradas em termos de posturas e expressões faciais dos personagens e a interpretação da história se amplia à medida que mais informações são identificadas.

O que os personagens estão pensando e sentindo? Neste segundo componente, os educandos são incentivadas a observar o "mundo interno" dos personagens, relacionando sentimentos e desejos, bem como as suas interpretações para com os acontecimentos da história. Elas exploram as conexões entre os sentimentos dos personagens, intenções e interpretações da situação externa.

Quais são as intenções e metas dos personagens? Neste terceiro, discute-se os objetivos particulares dos personagens à luz dos pensamentos e sentimentos presentes na história. Há, também, a reflexão quanto à avaliação das metas e intenções inseridas na história.

O que os personagens alcançam com suas ações? Corresponde ao quarto componente. Discute-se com as crianças a relação entre os objetivos e metas dos personagens e os resultados alcançados por eles, levando-se em consideração o quanto as emoções influenciam na tomada de decisão.

Como os personagens executam e monitoram seus comportamentos? Para o quinto componente, as ações dos personagens são avaliadas levando-se em consideração as consequências do comportamento e o que leva às atitudes dos personagens para que eles obtenham êxito ou insucesso.

Quais as lições aprendidas? Neste último componente, a criança, por meio das experiências e resolução de problemas vivenciados pelos personagens da história, tem a oportunidade de ampliar suas experiências, estabelecendo relações com aquelas vivenciadas em seu dia a dia.

Dias (2012), com base no programa de Teglasi e Rothaman (2001) e inspirada no projeto de extensão e cultura intitulado "Histórias Infantis e Agressividade: trabalhando com a demanda do CPA/UFJF", criado em 2005, pela Professora Doutora Marisa Cosenza Rodrigues, conduziu uma intervenção, na escola, em crianças de 5-6 anos, utilizando 25 livros de histórias infantis. O programa contou com 25 sessões de 50 minutos;

em cada sessão um livro era contado de maneira mediada (Rodrigues, 2014) com base nos seis componentes propostos por Teglasi e Rothman (2001). O referido estudo apresentou resultados satisfatórios para os participantes, pois as crianças passaram a se relacionar de maneira mais positiva, considerar a opinião do colega, mostrar-se mais centradas e atenciosas nas mais diversas atividades e participativas durante as discussões da história (Dias *et al.*, 2016).

Ainda como estratégia de intervenção no contexto escolar, têm-se os programas de Treinamento das Habilidades Sociais amplamente difundidos pela literatura (Bolsoni-Silva *et al.*, 2006; Murta, 2005). De acordo com Del Prette e Del Prette (2005). Algumas técnicas empregadas no treinamento são: modelação, ensaio comportamental, fornecimento de instruções, reestruturação cognitiva, relaxamento e solução de problemas. Löhr (2003) implementou um treinamento de habilidades sociais voltado para crianças de 4 e 6 anos e seus pais. Os resultados evidenciaram progressos no repertório de habilidades sociais das crianças; no que tange aos pais, os resultados foram comprometidos devido às desistências ocorridas ao longo do programa.

Neufeld *et al.* (2014), com foco no treinamento das habilidades sociais, elaboraram um programa, denominado PRHAVIDA, estruturado em 11 sessões, que visa à psicoeducação e ao treino de diversas habilidades sociais e de vida e do modelo cognitivo. O programa em questão, mensurado por pré e pós-teste, apresentou resultados favoráveis no que tange à melhora da relação entre pares e uso das habilidades aprendidas. O PRHAVIDA é direcionado às crianças de 8-9 anos, porém, se adaptado, pode ser implementado em crianças de educação infantil e levar ao desenvolvimento e refinamento dos comportamentos sociais.

O trabalho com as emoções não conta, ainda, na literatura no Brasil, com uma intervenção estruturada na escola, no entanto a literatura internacional e a nacional apontam que crianças que apresentam mais conhecimento em relação às emoções, apresentam maior competência social e menos problemas de comportamento (Bee, 2003; Dias *et al.*, 2016; Marturano & Loureiro, 2003). Diante disso, trabalhar as emoções em contexto escolar faz-se necessário. Encontra-se como recurso terapêutico, porém passível de adaptação para o uso em sala de aula, o Baralho das Emoções (Caminha & Caminha, 2010). A ferramenta em questão, utilizada para facilitar o acesso às emoções das crianças, conta com 21 cartas descrevendo uma emoção específica por meio de um desenho; tem-se, então, a psicoeducação de 21 emoções. O Baralho das Emoções é bastante interessante e útil para o educador, podendo complementar alguma intervenção ou até mesmo ser a base de uma proposta de trabalho na educação infantil.

A Tabela 1 resume as propostas de intervenção que enfatizam desenvolvimento social infantil.

Tabela 1 – Possibilidades de intervenção em sala de aula com foco no desenvolvimento Social

Estratégias de Intervenção	Descrição
Programa: "Eu posso resolver problemas" (Shure, 2006).	• Organizado em 83 lições, subdivididas em habilidades prévias de resolução de problemas e habilidades para resolução de problema; • Visa à promoção das Habilidades de Resolução de Problemas, sendo facilmente aplicado em sala de aula.
Recurso: Livros de Histórias Infantis (Dias *et al.*, 2016).	• Favorece a compreensão de sentimento, pensamento, intenções, desejos e metas dos personagens, levando a criança a uma reflexão dos próprios pensamentos, sentimentos e atitudes.
Programa: Treinamento de Habilidades Sociais (Del Prette & Del Prette, 2005).	• Visa à promoção das Habilidades Sociais • Passível de adaptação desde que se conheçam as sete classes das habilidades sociais: autocontrole e expressividade emocional, civilidade, empatia, assertividade, fazer amizades, solução de problemas interpessoais e habilidades sociais acadêmicas.
Recurso: Baralho das Emoções (Caminha & Caminha, 2010).	• 21 cartas contendo a descrição de uma emoção específica por meio de desenho. • Facilitar o acesso à emoção da criança e promove o conhecimento delas.

Além de programas de intervenção e ferramentas previamente elaboradas, encontram-se em sala de aula estratégias diárias de grande valia para a boa convivência, bem como a promoção do desenvolvimento social. Algumas delas são:

Trabalhos em grupos e/ou duplas: o agrupamento de crianças as leva à negociação, discussão e surgimento de possíveis conflitos. Tais situações, devidamente manejadas, são bastante interessantes e úteis ao desenvolvimento social infantil. Ver mais sobre trabalho em grupos no **capítulo 10 sobre TCCG deste livro**.

Oficinas: subdividir os alunos em miniatividades em um mesmo ambiente, por exemplo: atividade de massinha, blocos de montar, pintura, desenho, também favorece o desenvolvimento social. Tais atividades demandam manejo de emoções, uma vez que será necessário esperar a vez e compartilhar materiais com os colegas.

Ajudante do dia: a escolha de um aluno que irá acompanhar de perto o educador, é extremamente útil ao desenvolvimento da autoestima da criança selecionada, bem como manejo das emoções das demais. Tal estratégia leva toda a classe a esperar sua vez e lidar com a frustação por não ser o ajudante de determinado dia.

Apresentação da rotina: as crianças, cientes de todas as atividades do dia, são mais capazes de se organizarem em sala de aula, conhecer o que está por vir e reduz a ansiedade de uma nova atividade, facilitando, assim, a adaptação do comportamento e o desenvolvimento da confiança.

Apresentação e discussão de situações desafiadoras: o educador pode aproveitar situações cotidianas e promover a reflexão sobre os pensamentos, sentimentos, intenções e desejos daqueles envolvidos em uma situação de conflito, ou criar situações e vivenciá-las com toda a turma por meio de teatros. Tem-se, ainda, a apresentação e discussão de situações de conflito por meio de figuras ou recorte de jornais e revistas.

Construção de combinados: a construção de regras com as crianças, partindo do que toda a turma compreende como importante para a boa convivência, é de grande valia para a condução adequada das demais atividades. Para a educação infantil, os combinados devem ser apresentados em forma de figuras, visto que os pequemos ainda não se alfabetizaram.

As estratégias acima descritas devem ser colocadas em prática com intencionalidade educativa, a fim de promover o desenvolvimento infantil. Sendo assim, planejá-las e implementá-las com uma finalidade específica faz a diferença no desenvolvimento. Além disso, tais atividades devem, ainda, voltar-se para a valorização das potencialidades das crianças, compreensão do erro de maneira positiva, estímulo à socialização, a fim de que toda a turma possa alcançar estágios cognitivos mais elevados (Marturano & Loureiro, 2003).

De acordo com Kostelnick *et al.* (2015), a aprendizagem social positiva ocorre com maior facilidade quando a criança se sente mais estimulada e bem sucedida. Partindo desse princípio, as atividades em sala de aula devem ser planejadas e organizadas de modo que o educador monitore as situações sociais, desafiando os alunos a ampliarem a compreensão sobre essas situações, apoie as crianças na tentativa de adquirir novas habilidades sociais e favoreça experiências de sucesso.

Encontra-se na Tabela 2 um resumo das ações práticas direcionadas ao professor, a fim de facilitar o desenvolvimento social das crianças.

Tabela 2 – Ações práticas do professor.

Ações necessárias ao professor para a promoção do desenvolvimento infantil
Estabelecer uma relação afetiva, de confiança, amizade e cooperação com os alunos
Reconhecimento e valorização das potencialidades de cada criança
Compreensão do erro e incentivo ao acerto
Valorização do esforço do aluno
Incentivo à independência
Apresentação e discussão diária da rotina
Construção de combinados/regras para a boa convivência
Atenção e manejo adequado dos conflitos diários presentes em sala de aula
Planejamento de atividades em grupo

Organização do ambiente de sala de aula
Estudo e leituras teóricas constantes
Aprimoramento de suas próprias habilidades

TCC e o desenvolvimento Social

A abordagem da terapia cognitivo-comportamental (TCC) partilha de princípios teóricos, já explicitados, que esclarecem a manifestação dos comportamentos sociais na escola e a importância de favorecer o desenvolvimento de comportamentos que facilitam a convivência infantil. Stallard (2007) destaca que, segundo a abordagem em questão, experiências precoces e cuidados parentais influenciam o desenvolvimento de pensamentos fixos e rígidos, ou seja, crenças e esquemas centrais. O autor ainda afirma que crianças pequenas estão em fase de desenvolvimento dos esquemas. Sendo assim, as experiências escolares colaboram para a formação dos esquemas infantis.

O pressuposto básico da Terapia Cognitivo-Comportamental, em que há uma interação entre pensamento, emoção e comportamento, sendo este último adaptativo (Kristensen *et al.*, 2007), pode ser identificado em muitas das explicações teóricas referentes aos comportamentos sociais. Além disso, muitas das caraterísticas da TCC tipificam também a boa prática docente: ser baseada num processo orientado de autodescoberta e experimentação; propor um sujeito ativo e encorajado ao autoquestionamento; ser baseada nas habilidades, ensino de padrões alternativos de pensamento e comportamento e modelo colaborativo, em que há uma parceria e apoio ao sujeito. Os professores devem atuar em parceria com os alunos, incentivando o desenvolvimento de comportamentos adequados e do pensamento crítico, promoção da autoestima, respeito e reconhecimento das potencialidades das crianças.

Tem-se como constructo teórico da Terapia Cognitivo-Comportamental a reestruturação cognitiva. Caminha e Caminha (2007) apontam que a referida técnica é utilizada a fim de corrigir as distorções cognitivas, consideradas como erros no pensamento, em que o indivíduo não é capaz de identificar corretamente as evidências situacionais. A restruturação cognitiva conta com a construção de novas alternativas de resolução de problemas (Caminha & Caminha, 2007). Encontram-se na literatura propostas de intervenção, bem como programas de intervenção, implementados em escolas, já mencionados, que visam ao desenvolvimento e aprimoramento das habilidades de resolução de problemas (Borges & Marturano, 2002/2009; Dias, 2012; Fava, 2014, Rodrigues, Dias & Freitas, 2010). Tais programas, de modo geral, contribuem para a reestruturação cognitiva. Além disso, Del Prette e Del Prette (2005) mencionam que diversas técnicas do treinamento de habilidades sociais contemplam o constructo em questão.

Neufeld *et al.* (2014), em seu programa PRHAVIDA, implementado na escola, conta com a psicoeducação do modelo cognitivo em crianças de 3º ano. Tem-se, assim, em contexto escolar, conceitos da abordagem cognitivo-comportamental já difundidos. Além disso, Guzzo *et al.* (2010) apontam que há um número significativo de pesquisas sobre processos cognitivos na escola.

Os psicólogos escolares, portanto, podem fazer uso da abordagem teórica cognitivo-comportamental para nortear sua atuação, uma vez que fornece ferramentas e considerações teóricas que auxiliam na compreensão e manejo dos comportamentos infantis (Del Prette & Del, Prette, 2005; Dias, 2012; Elias & Marturano, 2014; Neufeld *et al.*, 2014). Além disso, por ser uma abordagem psicoeducativa, vários materiais já existentes na literatura podem ser adaptados e utilizados em contexto escolar (Stallard, 2007).

Considerações finais

A entrada na escola é um momento marcante ao desenvolvimento infantil. A criança começa a fazer parte de um contexto desconhecido e repleto de desafios; ajustar-se a ele demanda apoio dos pais e professores, além de seus próprios recursos internos. Diante disso, têm-se vários fatores que se inter-relacionam e influenciam o início da vida escolar.

Os primeiros anos escolares são marcados pelo refinamento e aprendizado de comportamentos sociais. Os desafios da convivência são vivenciados pelas crianças e demandam, por parte dos educadores, estratégias adequadas e intencionalmente educativas voltadas para a promoção de um clima adequado de convivência.

Sabe-se que o contexto adequado de sala de aula, onde a maioria das crianças são mais participativas e apoiadoras, facilita o manejo do comportamento e o aprendizado infantil. Nessa perspectiva, faz-se necessário aos educadores o conhecimento de estratégias que incentivem a cooperação, ajustamento social e convívio saudável. Encontram-se na literatura ferramentas que auxiliam a prática docente; há programas de intervenção já estruturados e recursos de fácil acesso aos educadores. Além disso, a conscientização de que toda ação educativa deve ser intencional e que em sala de aula há ricas situações cotidianas que devem ser trabalhadas e exploradas, diariamente, com os alunos, também compõe o rol de estratégias facilitadoras do desenvolvimento social.

No que tange aos psicólogos escolares, interessados no desenvolvimento social infantil, encontram-se na abordagem cognitivo-comportamental orientações teóricas que contribuem para a compreensão e manejo do comportamento infantil. Além disso, a abordagem em questão oferece ferramentas que, se adaptadas, contribuem para a prática docente. Portanto, optar pela referida abordagem torna-se uma escolha acertada e útil.

No presente capítulo, direcionado a psicólogos escolares, professores e até mesmo pais, discutiram-se algumas estratégias de trabalho docente, que impactam toda uma turma, voltadas para a melhora do relacionamento interpessoal, promoção do bem-estar infantil e desenvolvimento de competências. Espera-se ter colaborado com aqueles interessados no desenvolvimento infantil, não só pela apresentação de algumas estratégias de trabalho norteadas pela abordagem cognitivo-comportamental, mas também fomentando discussão e reflexão quanto aos fatores que influenciam o desenvolvimento social das crianças pequenas.

Referências

Achenbach, T. M., &Edelbrock, C. S. (1979). The child behavior profile: II. Boys aged 12-16 and girls aged 6-11 and 12-16. *Journal of Consulting and Clinical Psychology*, *47*(2), 223-233.

Balaban, N. (1988). *O início da vida escolar: da separação à independência*. Porto Alegre: Artes Médicas.

Bee, H. (2003). Pensando sobre Relacionamentos: o desenvolvimento da cognição social. In H. Bee, *A criança em desenvolvimento* (pp.383-405). Porto Alegre: Artmed.

Bolsoni-Silva, A. T., Del Prette, Z. A. P., Del Prette, G., Montagner, A. R., Bandeira, M., & Del Prette, A. (2006). A área das habilidades sociais no Brasil: uma análise dos estudos publicados em periódicos. In M. Bandeira; Z. A. P. Del Prette& A. Del Prette (Orgs), *Estudos sobre as habilidades sociais e relacionamento interpessoal*(pp. 1 – 45) São Paulo: Casa do Psicólogo.

Bolsoni-Silva, A. T., Marturano, E. M., &Freiria, R. L. B. (2009). Indicativos de Problemas de Comportamento e de Habilidades Sociais em Crianças: Um Estudo Longitudinal. *Psicologia: Reflexão e Crítica, 23*(3), 506-515.

Borges, D. S. C. (2007). *Convivência em sala de aula: uma proposta de intervenção na 1ª série do ensino fundamental.* Tese de Doutorado, Faculdade de Filosofia Ciências e Letras de Ribeirão Preto, Universidade de São Paulo, São Paulo.

Borges, D. S. C., &Marturano, E. M. (2002). Desenvolvendo habilidades de solução de problemas interpessoais no ensino fundamental. *Paidéia (Ribeirão Preto),12*(24), 185-193.

Borges, D. S. C., &Marturano, E. M. (2009).Aprendendo a gerenciar conflitos: um programa de intervenção para a 1ª série do ensino fundamental. *Paidéia (Ribeirão Preto),19*(42), 17-26.

Brasil. (1998). Ministério da Educação e do Desporto. Secretaria de Educação Fundamental. *Referencial Curricular Nacional para a Educação Infantil.* Brasília, DF. Recuperado em: 05 de Setembro de 2009, de http://portal.mec.gov.br/seb/arquivos/pdf/eduinf_esp_ref.pdf.

Caminha, R. M., & Caminha, M. G. (2007). *A Prática Cognitiva na Infância.* São Paulo: Roca.

Caminha, R. M., & Caminha, M. G. (2010). *Baralho das emoções.* Sinopsys: SP.

Cia, F., &Barham, E. J. (2009). Repertório de habilidades sociais, problemas de comportamento, autoconceito e desempenho acadêmico de crianças no início da escolarização. *Estudos de Psicologia, 26*(1) 45-55.

Del Prette, Z. A. P., & Del Prette, A. (2005). *Psicologia das habilidades sociais na infância: teoria e prática.* Petrópolis, SP: Vozes.

Dias, J. P. (2012). Literatura e Desenvolvimento Sociocognitivo: Avaliação e Implementação de um programa da Educação Infantil. Dissertação de Mestrado, Faculdade de Filosofia Ciências e Letras de Ribeirão Preto, Universidade de São Paulo, São Paulo.

Dias, J. P., Marturano, E.M., Rodrigues, Kutschenko, A. (2016). Efeito de um programa de histórias com abordagem sociocognitiva em crianças de educação infantil. *Psicologia: Teoria e Pesquisa (Brasília. Online)*, no prelo.

Dodge, K. A., & Crick, N. R. (1994). A review and reformulation of social information-processing mechanisms in children's social adjustment. *PsychologicalBulletin, 115*(1), 74-101.

Elias, L., C. &Marturano, E., M. (2014). Linguagem: Intervenções para Queixa Escolar". Psicologia: Teoria e Pesquisa (UnB.Impresso). 30, p. 71 – 80, 2014. (Doc.9).

Fava, D. C. (2014). Terapia cognitivo-comportamental no contexto pré-escolar. Em: Melo, W. V. (org). Estratégias Psicoterápicas e a terceira onda em terapia cognitiva. Novo Hamburgo: Sinopsys.

Fenning, R. M., Bake, B. L., &Juvonen, J. (2011). Emotion Discourse, Social Cognition, and Social Skills in Children With and Without Developmental Delays. *ChildDevelopment, 82*(2), 717–731.

Guzzo, R. S. (2003). Saúde psicológica, sucesso escolar e eficácia da escola: desafios do novo milênio para a psicologia escolar. In Z. A. Del Prette (Org.), *Psicologiaescolar e educacional: saúde e qualidade de vida* (pp.25-42). Campinas: Alínea.

Guzzo, R., S., Mezzalira, A., S., Moreira, A., P., G., Tizzei, R., P. & Silva, W., M., D., F., Neto (2010). Psicologia e Educação no Brasil: uma visão da história e possibilidadesnessa relação. Psicologia: teoria e pesquisa, 26(25ANOS), 131-142.

Helmsen, J., Koglin, U., &Petermann, F. (2012). Emotion Regulation and Aggressive Behavior in Preschoolers: The Mediating Role of Social Information Processing. *Child Psychiatry Hum Dev., 43*, 87–101.

Kalyva, E., &Agaliotis, I. (2009). Can social stories enhance the interpersonal conflict resolution skills of children with LD? *Research in Developmental Disabilities. 30,* 192–202.

Kristensen, C. H., Teodoro, M., L., M., Nonnenmacher, D., &Shaefer, L. S. (2007). Desenvolvimento Cognitivo na Infância: Implicações para a Terapia Cognitivo-comportamental. In R. M. Caminha & M. G. Caminha (Orgs.), *A Prática Cognitiva na Infância* (pp. 2-15). São Paulo: Roca

Kostelnick, M. J., Gregory, K. M., Soderman, A. K. &Whiren, A. P. (2015) Guia de Aprendizagem e Desenvolvimento Social da Criança. (AllTasks, trad.) São Paulo: Cengage Learning. (Trabalho original publicado em 2012).

Lörh, S. S. (2003). Estimulando o desenvolvimento de habilidades sociais em idade escolar. In A. Del Prette& Z. A. P. Del Prette (Orgs.), *Habilidades sociais, desenvolvimento e aprendizagem*(pp. 293-310). Campinas: Alínea.

Mayeux, L., &Cillessen, A. H. (2003). Development of social problem solving in early childhood: stability, change, and associations with social competence. *Journal of Genetic Psychology, 164*, 153-173.

Marturano, E. M., &Loureiro, S. R. (2003). O desenvolvimento socioemocional e as queixas escolares. In A. Del Prette& Z. A. P. Del Prette, *Habilidades sociais, desenvolvimento e aprendizagem* (pp. 259-291). Campinas: Alínea.

Murta, S. G. (2005).Aplicações do Treinamento em Habilidades Sociais: Análise da Produção Nacional. *Psicologia: Reflexão e Crítica* 18 (2), 283-291.

Neufeld, C., B., Daolio, C., C., Cassiano, M., Rossetto, C., P., F. & Cavenage, C., C. (2014). Phavida – Um Programa Cognitivo-Comportamental de Habilidades de Vida Para Crianças e Adolescentes. In: Neufeld, C., B., & Cols. (2014) Intervenções e Pesquisas em Terapia Cognitivo-Comportamental com Indivíduos e Grupos. Porto Alegre: Synopsys.

Nunes, V. (2009). O papel das emoções na educação. São Paulo: Casa do Psicólogo.

Rahill, S. A., &Teglasi, H. (2003). Processes and outcomes of story-based and skill-based social competency programs for children with emotional disabilities. *Journal of School Psychology 41*, 413–429.

Rodrigues, M. C., & Oliveira, P. A (2009). Análise de livros infantis para a promoção de desenvolvimento sociocognitivoem pré-escolares. *Estudos de Psicologia* (*Campinas*),*26*(2),185-194.

Rodrigues, M. C., & Tavares, A. L. (2009). Desenvolvimento sociocognitivo e histórias infantis: subsídios para a prática docente.*Paidéia, 19*(44), 323-331.

Rodrigues, M. C. (2014) Leitura mediada com enfoque sociocognitivo: subsídios teórico-práticos. In Roazzi, A. &Sperb, T. (Orgs.). ***O desenvolvimento de competências sociocognitivas: novas perspectivas***(pp.63-93). São Paulo: Vetor Editora.

Rodrigues, M. C., Dias, J. P., & Freitas, M. R. L. (2010). Resolução de problemas interpessoais: promovendo o desenvolvimento sociocognitivo na escola. *Psicologia em Estudo, 15*(4), 831-839.

Rodrigues, M. C., & Ribeiro, N. N. (2011). Avaliação da empatia em crianças e não participantes de um programa para desenvolvimento sociocognitivo. *Psicologia: Teoria e Prática 13*(2), 114-126.

Shure, M. B. (2006). *Eu posso resolver problemas: Educação Infantil e Ensino Fundamental: um programa de solução cognitiva para problemas interpessoais.* (E. M. Marturano, A. M. A. Motta, L. C. S. Elias, trad.). Petrópolis: Vozes (Trabalho original publicado em 1992).

Stallard, P. (2007). *Guia do terapeutapara os bons pensamentos – bons sentimentos: utilizando a terapia cognitivo-comportamental com crianças e adolescentes.* (M. A. V. Veronese, trad.). Porto Alegre: Artmed.

Teglasi, H., & Rothman, L. (2001). Stories: A classroom-based program to reduce aggressive behavior. *Journal of School Psychology, 39*(1), 71-94.

Thomas, R.E., Bierman, K.L., & Powers, C.J. (2011). The influence of classroom aggression and classroom climate on the early development of aggressive-disruptive behavior problems in school. *ChildDevelopment, 82*, 751-757.

Yunes, M. A. M. (2003) Psicologia Positiva e Resiliência: o foco no indivíduo e na família. *PsicologiaemEstudo, 8*, 75-84.

Zins, J., Elias, M., & Greenberg, M. (2003). Facilitating success in school and in life through social and emotional learning. *Perspectives in Education, 21*(4), 55-67.

CAPÍTULO 6

Desenvolvendo autoestima, autoeficácia e comportamento socialmente habilidoso em alunos

Janaína Thaís Barbosa Pacheco
Kimberly Kauana Ecker

A socialização infantil refere-se ao processo para a aquisição de capacidades, habilidades, atitudes e comportamentos que possibilitam um funcionamento adaptativo e o ajustamento psicológico. Para isso são utilizados estratégias educativas, treino e observação de modelos (Martins *et al.*, 2014). Desde o nascimento, a criança já pertence a um grupo social que lhe transmite cultura, valores, normas e linguagem. Mais tarde, ao entrar na escola, outros agentes sociais contribuem para o processo de socialização, como os professores e os colegas (Borsa, 2007). Nesse ambiente, as crianças experienciam novas situações e relações interpessoais, que irão contribuir para o seu desenvolvimento global, inclusive para a autoestima, a autoeficácia e repertórios comportamentais socialmente habilidosos que serão muito importantes para o seu desenvolvimento futuro. Com base nessa perspectiva, os objetivos deste capítulo são: 1) discutir o papel da escola para o desenvolvimento da autoestima e da autoeficácia; 2) apresentar estratégias de intervenção que podem ser utilizadas no ambiente escolar e que contribuem para o ajustamento psicológico infantil.

Autoestima e autoeficácia: desafios para o desenvolvimento

A autoestima pode ser considerada como um conjunto de sentimentos e pensamentos do indivíduo sobre seu próprio valor, competência e adequação, refletindo uma atitude positiva ou negativa em relação a si mesmo (Rosenberg, 1965). Destaca-se no construto o aspecto avaliativo, englobando um autojulgamento com relação a si mesmo (Avanci, Assis, Santos & Oliveira, 2007).

É um conceito amplamente utilizado e investigado por diferentes áreas do conhecimento. Os estudos diferem quanto a alguns aspectos da autoestima: alguns consideram a autoestima uma característica disposicional, mais estável e global, podendo ser vista como um "traço"; e outros, como uma característica específica e situacional (Brown & Marshall, 2006). A autoestima global tende a ser melhor preditor de bem-estar pessoal, enquanto a autoestima específica, de comportamento (Rosenberg, Schooler, Schoenbach, & Rosenberg, 1995). O trabalho de Orth e Robins (2014) revisou estudos longitudinais que investigaram a autoestima. Os resultados indicaram que a autoestima é relativamente estável, mas não imutável ao longo da vida. Além disso, foi um preditor de sucesso e bem-estar em domínios como relacionamentos, trabalho e saúde.

O desenvolvimento da autoestima envolve vários fatores e a interação familiar e o ambiente escolar são fundamentais. Crianças de dois e três anos iniciam o processo de verbalizar o que posteriormente chamaremos de autoestima por meio do uso do pronome "eu" e avaliações de algumas habilidades, como "Eu sei chutar a bola" (Harter, 2006). Crianças de quatro a sete anos começam a manifestar a autoestima por meio de comportamentos. As que têm alta autoestima demonstram ser mais confiantes, exploradoras, curiosas, ter propósito, são sorridentes e orgulhosas em situações como, por exemplo, ao mostrar suas produções para os outros (ex.: desenhos, pinturas). Por outro lado, as crianças com baixa autoestima têm precária demonstração dessas características e são mais reservadas e introvertidas (Harter, 2006).

A partir dos oito anos de idade, as crianças verbalizam o conceito global de autoestima. Dois processos contribuem para tornar possível a avaliação global de si: a capacidade de comparar sua competência atual com o que acredita ser ideal e de perceber a opinião de pessoas significativas (ex.: pares, pais) a seu respeito (Harter, 2006). Essas duas capacidades são mediadoras da autoestima. Portanto, é possível intervir na equação que a criança faz entre o que é ideal e sua habilidade atual, diminuindo suas expectativas ou importância dada a essa competência, aumentando suas habilidades ou inserindo-a em contextos nos quais suas habilidades e preferências possam ser valorizadas.

A relação criança-pais e o desenvolvimento de autoestima têm sido estudados por meio do conceito das práticas educativas parentais. As práticas educativas parentais são as estratégias que os pais utilizam para lidar com o comportamento dos filhos e estão associadas tanto ao desenvolvimento sadio, quanto a problemas de comportamento (Patterson, Reid & Dishion, 2002).

O desenvolvimento da autoestima tem na família um importante ambiente. Quando uma criança se comporta de uma maneira e seus pais a gratificam, ou seja, dão alguma forma de atenção e carinho, contribuem para o aumento da autoestima. Por outro lado, quando a criança é frequentemente repreendida, ou seja, a criticam e se afastam dela, estão punindo-a e, assim, diminuindo sua autoestima (Guilhardi, 2002). A primeira situação descrita é chamada contingência reforçadora positiva e a sua utilização, além de contribuir para o aumento da autoestima, tem vantagens como: fortalecer os comportamentos que produziram essa consequência, estimular a criatividade, auxiliar a criança a tomar mais iniciativa e produzir sentimentos agradáveis, bem-estar e alegria. Dessa forma, pode-se auxiliar no desenvolvimento da autoestima ao reconhecer as crianças pelos seus comportamentos (Guilhardi, 2002). Note a diferença entre essas duas formas de elogiar: "Você me deixou orgulhoso ao fazer esses trabalhos!" e "Os seus trabalhos me deixaram orgulhoso!". A primeira frase destaca a criança, a pessoa que emitiu o comportamento, já a segunda destaca o resultado. Valorizar a criança, independentemente dos resultados que ela obtém, é uma importante estratégia para a construção de uma autoestima positiva (Guilhardi, 2002), indica que ela é importante e amada mesmo que não obtenha os melhores resultados ou que tenha alguma atitude inadequada. É preciso estar atento, pois pais que possuem critérios muito exigentes para com seus filhos contribuem para que eles, no futuro, sejam ansiosos e perfeccionistas consigo mesmos e com os outros (Guilhardi, 2002).

Ligado aos conceitos de desempenho e competência, e diferente da autoestima, encontra-se o conceito de autoeficácia: definida como a crença intrínseca de ser capaz de realizar e concluir tarefas e atingir metas (Bandura, 1977). A autoeficácia desempenha um papel importante na forma como lidamos e nos esforçamos diante de desafios, tarefas e dificuldades. Essa crença regula o bem-estar e o comportamento por meio de processos cognitivos, motivacionais e afetivos. A baixa autoeficácia sobre aspectos que são avaliados como importantes para o indivíduo pode contribuir para o desenvolvimento de sentimentos de futilidade, desânimo, e autodesvalorização (Bandura, Pastorelli, Barbaranelli & Caprara, 1999).

O desenvolvimento da autoeficácia inicia com a percepção da existência de relação causal entre eventos (especialmente entre o comportamento e suas consequências), de que se tem controle e influência sobre o meio e com o reconhecimento de si como agente da ação (Pastorelli *et al.*, 2001). Na infância, os pais exercem a mediação entre a criança e seu ambiente. O ambiente social tem significativa importância na aquisição de conhecimento da criança sobre si mesma e sobre o seu meio, e a família é a primeira fonte de avaliação de eficácia da criança. Aqueles que são compreensivos com a comunicação dos filhos criam ações eficazes e proporcionam a aquisição de autoeficácia em áreas como linguagem, habilidades social e cognitiva (Pastorelli *et al.*, 2001). Gradativamente, as crianças vão percebendo-se como agentes que podem fazer coisas acontecerem. Elas emitem um comportamento (ex. arremessar uma bola) que gera consequências no ambiente (ex. acertar o alvo) e que fortalece o comportamento executado (Guilhardi, 2002). A autoeficácia vai estar relacionada com os comportamentos que foram bem sucedidos, como no exemplo ilustrativo. Se a criança acertar várias vezes a bola no alvo desejado, ela terá uma boa autoeficácia nessa área. Diferentemente da autoestima, a autoeficácia está relacionada ao desempenho, ou seja, indivíduos que são bem sucedidos no resultado do seu comportamento, têm maiores chances de desenvolverem uma crença de autoeficácia.

Os pais e os professores podem contribuir para o aumento da autoeficácia, possibilitando condições para a criança emitir comportamentos e, consequentemente, ser reforçada. Cabe aos responsáveis avaliar a dificuldade da tarefa e adequá-la ao nível de desenvolvimento da criança. Expor uma criança a uma tarefa muito difícil que ela não consegue realizar pode gerar frustação e extinção do comportamento, como, por exemplo, desafiá-la a pintar um desenho com muita precisão motora (Guilhardi, 2002). Outra forma de promover autoeficácia é permitir e incentivar que a criança explore seu ambiente de forma livre, e supervisionada por um responsável. Se houver uma situação de perigo é preferível pegá-la pela mão e guiá-la, ao contrário de gritar e a alertar de forma constante impedindo a exploração.

A escola proporciona experiência com pares que contribuem para a ampliação e fortalecimento da percepção de autoeficácia da criança. Os professores também exercem um papel importante na autoeficácia acadêmica e intelectual dos estudantes, por meio da forma como os avaliam e os ajudam a desenvolver suas competências. Acredita-se que a autoeficácia especificamente acadêmica tem impacto no desempenho escolar, na sociabilidade e comportamento de forma geral (Bandura *et al.*, 1999).

Problemas de comportamento e de relacionamento encontrados em crianças no ambiente escolar podem ser decorrentes, entre outros fatores, de baixa autoestima, baixa autoeficácia e déficit em habilidades sociais (Fergusson & Horwood, 2002). Ao ingressar na escola, a criança é convidada a se inserir no grupo. Ser aceita e fazer amizades são tarefas importantes, mas nem sempre simples.

A amizade é uma relação composta por companheirismo, ajuda e admiração mútua (Bukowski, Newcomb & Hartup, 1996, conforme citado por Souza, Silveira & Rocha, 2013). A partir desses elementos e da interação entre duas pessoas, outras características podem surgir como confiança, apoio e segurança emocional (Souza & Hutz, 2007). A amizade oferece apoio emocional e validação dos sentimentos das crianças, na medida em que os amigos estimulam o desenvolvimento interpessoal protegendo e promovendo o desenvolvimento do eu e ensinando a gerenciar as emoções e a manejar conflitos (Belsky, 2010).

Crianças com boa autoestima e boa autoeficácia poderão enfrentar a tarefa de inserção no grupo com menos sofrimento. Em geral, elas se sentem mais seguras para tomar iniciativas e para resolver problemas e são mais resilientes, portanto, suportam melhor as frustações e utilizam os recursos pessoais e contextuais (como por exemplo, pedir ajuda) para enfrentarem as adversidades e se adaptarem às situações do dia a dia (Guilhardi, 2002; Sapienza & Pedromônico, 2005).

Por outro lado, a baixa autoestima ou a autoestima irrealista podem se relacionar a problemas de comportamento que ocorrem na escola. Crianças com baixa autoestima e baixa autoeficácia podem se sentir incapazes de lidar com a tarefa de inserção no grupo e com as demandas escolares, ou não se sentirem merecedoras de serem aceitas pelas outras crianças. A baixa autoestima está relacionada a dois tipos de problemas: problemas de externalização (como agressividade, quebra de regras, oposição) e problemas de internalização (como ansiedade, retraimento e depressão). A baixa autoestima enfraquece os laços com a sociedade e esse enfraquecimento diminui a conformidade com as regras e normas sociais, podendo ocorrer comportamentos como delinquência, agressividade e comportamento antissocial (Donnellan, Trzesniewski, Robins, Moffitt, & Caspi, 2005; Fergusson & Horwood, 2002; Rosenberg, 1965).

Tracy e Robins (2003) encontraram relação significativa entre autoestima e problemas de comportamento, como raiva e hostilidade. Os autores discutem que os indivíduos com baixa autoestima podem utilizar esses comportamentos como uma estratégia de enfrentamento aos sentimentos de inferioridade. Ou seja, comportar-se de forma agressiva pode ser uma resposta de esquiva de sentimentos negativos como exclusão e incapacidade.

Curiosamente, alguns estudos têm encontrado que crianças com problemas de externalização podem apresentar alta autoestima, mesmo quando estão tendo dificuldades importantes com colegas e professores, o que pode ser considerado uma autoestima 'irrealista' (Belsky, 2010). Essas crianças podem ser resistentes a um *feedback* realista (que descreva os problemas que ela vem enfrentando) como uma forma de minimizar suas dificuldades e de evitar o engajamento em um processo de mudança. São indivíduos que tendem a considerar que a fonte de seus problemas são os colegas, os professores ou a escola.

Crianças com baixa autoestima podem manifestar um comportamento diferente, observado como retraimento. Nesse caso, a baixa autoestima está relacionada à ansiedade e depressão e a respostas de esquiva como se isolar do grupo, evitar participar das atividades, ficar sozinha no horário do lanche, chorar, etc. De forma geral, essas crianças "chamam menos a atenção" dos professores, pois perturbam menos a aula e são mais tardiamente encaminhadas para intervenção.

Déficits no repertório de habilidades sociais também estão associados a problemas de comportamento que ocorrem na escola, principalmente como empatia, expressão de sentimentos e resolução de problemas. A competência do indivíduo em relação a essas habilidades depende de fatores cognitivos e emocionais, como baixa autoestima, baixo autoconceito, impulsividade e temperamento difícil, entre outros (Cia e Barham, 2009).

É importante destacar que os problemas de comportamento não são explicados somente pela autoestima e pela autoeficácia; outros fatores pessoais e contextuais contribuem para a determinação desses problemas. Além disso, a escola deve contribuir para a aprendizagem de habilidades e competências que favorecem a melhora da autoestima e da autoeficácia, como será discutido.

O ingresso na escola: um desafio de socialização

A transição que representa a entrada no ambiente escolar configura-se em um momento muito importante do desenvolvimento. A escola é o segundo principal ambiente socializador da criança, pois é lá que desempenha as diferentes habilidades e competências adquiridas e aprende novas habilidades; amplia seu relacionamento com pares e com adultos; convive em grupo; conhece diferentes atividades e papéis; apropria-se de valores e crenças; desenvolve sua criatividade e capacidade de lidar com novas situações, entre outros. Essas características são importantes na nossa sociedade e são necessárias tanto para o convívio dentro quanto fora da escola.

A inserção e a adaptação da criança à escola exigem o exercício e o desenvolvimento de habilidades cognitivas e de habilidades sociais. Habilidades como inteligência geral, competência relacionada à leitura, competência na relação com os pares e nas atividades de aprendizagem têm sido consideradas preditoras do ajustamento escolar (Pereira, Marturano, Gardinal-Pizato & Fontaine, 2011). Além disso, um dado importante refere-se ao impacto da experiência na educação infantil sobre o desempenho e o ajustamento no ensino fundamental. Alguns estudos mostram que experiências de aceitação ou rejeição por parte dos colegas, formação de laços de amizade e exposição a estressores relacionais no início da vida escolar podem ter efeitos persistentes no aprendizado e na adaptação posterior (Buhs, Ladd, & Herald, 2006; Ladd & Burgess, 2001; Valiente, Lemery-Chalfant, Swanson & Reiser, 2008, conforme citados por Pereira *et al.*, 2011). Efeitos positivos da educação infantil sobre o desenvolvimento escolar posterior também são relatados com relação às habilidades cognitivas e sociais (Pereira *et al.*, 2011).

Esses dados reforçam a importância não somente da escola, mas especialmente do professor para o desenvolvimento global da criança, envolvendo aspectos cognitivos, intelectuais e psicossociais. O que se pretende discutir é: quais as habilidades são mais importantes para o ajustamento escolar? Como o professor pode ajudar as crianças a desenvolvê-las?

Em 1997, a Organização Mundial da Saúde (OMS) publicou o documento "*Life Skills Education for Children and Adolescents in Schools*" que propõe um programa de desenvolvimento de habilidades para vida para crianças e adolescentes nas escolas (WHO, 1997). Habilidades para a vida são competências para fortalecimento de comportamentos adaptativos e positivos, que permitem aos indivíduos lidar de forma eficaz com as demandas e os desafios da vida cotidiana (WHO, 1997). Além disso, essas competências auxiliam no fortalecimento da autoestima e da autoeficácia das crianças.

A partir de análise do campo das habilidades para a vida, que são inúmeras, sugere-se que haja um conjunto de competências que estão no centro das iniciativas para a promoção de saúde e bem-estar de crianças e de adolescentes. As habilidades para a vida propostas pela OMS para serem desenvolvidas no ambiente escolar são: tomada de decisão; resolução de problemas; pensamento criativo; pensamento crítico; comunicação eficaz; relacionamento interpessoal; autoconhecimento; empatia; lidar com as emoções e lidar com o estresse (WHO, 1997). A seguir, uma breve descrição dessas habilidades.

- Tomada de decisão: desenvolver essa habilidade auxilia a criança a lidar construtivamente com decisões, avaliando suas opções e as consequências de cada escolha. À medida que elas aprendem a fazer essa avaliação, podem tomar decisões de forma mais ativa e sensata.
- Resolução de problemas: similar à tomada de decisão, essa habilidade possibilita a criança a lidar construtivamente com os problemas do dia a dia. Problemas significativos que não são bem resolvidos podem gerar estresse e dar origem a tensão física, portanto essa habilidade contribui com o bem-estar geral da criança.
- Pensamento criativo: contribui tanto para a tomada de decisão quanto para a resolução de problemas, pois possibilita que as crianças explorem as possíveis alternativas e as diversas consequências de suas ações. Isso as faz olhar além da experiência direta, e até mesmo se nenhum problema for identificado ou

se nenhuma decisão precisa ser tomada, o pensamento criativo contribui para que as respostas às diversas situações diárias ocorram de forma mais adaptativa e flexível.

- Pensamento crítico: habilidade de analisar informações e experiências de forma objetiva, reconhecendo e avaliando os fatores que influenciam as atitudes e comportamentos, como: emoções, valores, pressão dos pares e da mídia.
- Comunicação eficaz: desenvolver essa habilidade significa ser capaz de se expressar de forma verbal ou não verbal e de forma apropriada à cultura e à situação em que se está inserido. Objetiva capacitar a criança a ser capaz de expressar opiniões, desejos, necessidades e receios, como, também, ser apto a pedir conselhos e ajuda em momentos de necessidade.
- Relacionamento interpessoal: essa habilidade auxilia a criança a se relacionar de forma positiva com as pessoas com quem interage. Tornando-as aptas a fazer e manter relações de amizade – aspecto de grande importância para o bem-estar social e mental – e a manterem boas relações com os membros da família – importante fonte de apoio social.
- Autoconhecimento: é a capacidade de reconhecer a si mesmo, seu caráter, suas forças e fraquezas, desejos e gostos. O desenvolvimento de autoconhecimento ajuda a criança a reconhecer quando está estressada ou sob pressão. Essa habilidade é um pré-requisito para uma comunicação efetiva, desenvolvimento de boas relações e de empatia.
- Empatia: é a capacidade de colocar-se no lugar do outro, mesmo em situações que não se está familiarizado. A empatia ajuda as crianças a entenderem e a aceitarem aqueles que são diferentes delas, melhorando as interações sociais, como, por exemplo, entre diferentes etnias e culturas. Também pode encorajar comportamentos de carinho com aqueles que precisam de ajuda e de assistência.
- Lidar com as emoções: essa habilidade envolve reconhecer suas próprias emoções e as dos outros, estar consciente de como as emoções influenciam o comportamento e ser apto a responder apropriadamente as emoções.

- Lidar com o estresse: é a capacidade de reconhecer as fontes de estresse, perceber como isso a afeta, agir de forma a controlar os níveis de estresse e a relaxar para que as tensões criadas pelo ambiente estressor sejam controladas.

O desenvolvimento dessas habilidades tem importante papel na promoção de bem-estar, relacionamentos interpessoais positivos e comportamentos saudáveis, contribuindo para a prevenção de transtornos mentais, problemas de comportamento e de saúde (WHO, 1997).

O conceito de prática educativa tem sido utilizado para referir as estratégias utilizadas por professores, no contexto escolar (Gotzens, 2003) e os efeitos dessas práticas sobre o desenvolvimento da autoestima são muito semelhantes ao que foi discutido com relação às estratégias parentais. O modelo de classificação proposto por Hoffman (1994) e amplamente aceito na investigação sobre práticas educativas parentais, também pode ser aplicado ao estudo das práticas educativas escolares. Assim, essas práticas educativas podem ser divididas, de forma geral, em práticas coercitivas e práticas indutivas (Gotzens, 2003; Hoffman, 1994; Silveira, 2007).

As práticas educativas coercitivas ou punitivas são aquelas que objetivam parar ou diminuir a frequência de um comportamento considerado inadequado; envolvem, por exemplo, o uso de punição verbal ou física, a privação de privilégios ou a ameaça de punição. Infelizmente, a punição é um ingrediente comum entre as técnicas de educação. No entanto, funciona com desvantagem para o individuo. A punição produz comportamentos de esquiva e gera emoções perturbadoras, como medo e ansiedade (Skinner, 1953). Essas emoções podem inibir a avaliação do próprio comportamento ou das circunstâncias em que está acontecendo e inibir comportamentos criativos, exploratórios e interpessoais importantes para o processo de aprendizagem. Além disso, as estratégias punitivas não ensinam um comportamento adequado ou socialmente habilidoso para a criança.

Em um contexto escolar, o professor pode punir um aluno, por exemplo, das seguintes formas: gritando, exigindo a execução de uma tarefa muito além das capacidades do aluno, privando-o de afeto ou atenção, criticando-o abertamente diante dos colegas, rotulando-o de preguiçoso, desorganizado ou bagunceiro; ameaçando ou colocando bilhetes na agenda; enviando o aluno para a coordenação pedagógica, ameaçando ou tirando o recreio, etc. Por sua vez, o aluno pode manifestar as seguintes respostas de esquiva: chorar ao chegar à escola, não querer ir à escola ou ficar na sala de aula, calar-se ou retrair-se, demonstrar desatenção, desinteresse ou agitação, sentir dores de barriga ou de cabeça no horário da escola, manifestar verbalmente o desconforto com a escola, etc.

As práticas educativas indutivas buscam modificar o comportamento da criança e desenvolver novos repertórios por meio do fornecimento de modelos, da descrição de regras ou das consequências físicas e emocionais, do comportamento para as outras pessoas. São exemplos de estratégias indutivas, no contexto escolar, o uso de explicação, reforçamento de comportamentos adequados, comando verbal não coercitivo e alteração da situação ambiental, no sentido de favorecer o comportamento desejado da criança.

O campo das práticas educativas parentais e escolares possui uma aproximação com diferentes áreas da ciência Psicológica, entre elas a Psicologia do Desenvolvimento e as Terapias Cognitivas e as Terapias Comportamentais. As Terapias Cognitivas e Comportamentais constituem-se em abordagens integradoras e estabelecem intercomunicação com outras áreas de conhecimento, como: Psiquiatria, Neurociências, Psicologia Cognitiva Experimental, Educação, entre outras.

As Terapias Cognitivas e Comportamentais compartilham a pressuposição de que o individuo é constituído a partir de suas características biológicas herdadas e de padrões comportamentais aprendidos ao longo de sua vida, principalmente sua história de vida particular e o pertencimento a uma cultura específica. O enfoque na aprendizagem possibilita o processo de mudança a partir da relação do individuo com o seu ambiente (De-Farias, 2010; Wright, Basco & Thase, 2008). As Terapias Cognitivas enfatizam, no entanto, o papel das crenças e das cognições na determinação das emoções e dos comportamentos (Wright, Basco & Thase, 2008).

Tanto as Terapias Cognitivas, quanto as Comportamentais desenvolveram e disponibilizaram um conjunto de técnicas e de recursos que permitem a modificação de cognições e de comportamentos e que continuam sendo avaliados empiricamente. Com base nesse referencial, pretende-se apresentar algumas técnicas e estratégias educativas que podem ser utilizadas por professores, no contexto escolar, para promover autoestima, autoeficácia e habilidades sociais e para contribuir para a inserção da criança no grupo de forma sadia.

É importante salientar que o uso de ferramentas relacionadas às Terapias Cognitivas e Comportamentais por professores na escola não configura um contexto de psicoterapia e não substitui a eventual necessidade de um encaminhamento para o psicólogo. Esse uso objetiva exclusivamente utilizar o profícuo ambiente escolar para o desenvolvimento específico de habilidades e competências infantis.

Técnicas cognitivas e comportamentais

Treino de Resolução de Problemas: Para que o individuo enfrente de forma eficaz uma dificuldade, é necessário que aprenda a avaliar e a encontrar soluções que permitam resolver o problema. De forma geral, esse é o objetivo do Treino de Resolução de Problemas (Jacob, 2004). Consiste em cinco etapas (Jacob, 2004):

1) Orientação para o problema: objetiva ensinar a reconhecer e aceitar situações-problemas e a evitar tanto o responder impulsivamente, quanto o não fazer nada. Por exemplo, a criança pode ser encorajada a observar que algo está acontecendo e atrapalhando ou prejudicando seu desempenho e quanto isso está relacionado ao seu próprio comportamento.
2) Definição e formulação do problema: objetiva incentivar a identificação e a formulação clara e específica do problema. Por exemplo, a criança pode identificar que o problema é "esquecer de trazer o material escolar para a aula". Uma formulação inadequada desse problema seria "sou esquecido", por ser ampla, inespecífica e não permitir a definição de soluções possíveis. O Treino de Resolução de Problemas pode ser realizado com um grupo de crianças, então, a turma pode identificar que o problema é "o grupo conversar excessivamente, atrapalhando o andamento das atividades".
3) Levantamento de alternativas: a busca por alternativas deve ser um processo criativo e de recordação. Pode ser considerado um momento de *brainstorm* em busca de uma solução. Considerando o primeiro problema do exemplo, "esquecer de

trazer o material escolar para a aula", perguntas como "Como pode se resolver esse problema?", "Quando queremos lembrar de alguma coisa o que fazemos?", "Você conhece alguém que tenha resolvido um problema parecido?" podem ajudar na construção de alternativas. Deve-se incluir na lista de soluções todas as alternativas apresentadas pela criança, mesmo aquelas que evidentemente são impossíveis de serem implementadas. Por exemplo, a criança poderia chegar às seguintes possíveis soluções: "pedir para a professora ligar todos os dias antes da aula para lembrar do material", "anotar na agenda o material a ser levado para a aula no dia seguinte", "pedir para os pais lembrarem e colocarem o material na mochila".

4) Tomada de Decisão: nesse momento, deve ocorrer a escolha da 'melhor' solução listada. Todas devem ser avaliadas, considerando as expectativas da criança, o repertório comportamental para a solução do problema, a rede de apoio disponível para ajudar a criança na solução, as consequências a curto e médio prazo, entre outros aspectos. Seguindo o exemplo, essa avaliação das soluções possíveis, provavelmente indicaria que a solução "anotar na agenda o material a ser levado para a aula no dia seguinte" se configuraria como a 'melhor'.
5) Prática da solução e verificação da solução escolhida: é a última etapa do Treino de Resolução de Problemas. Entre tomar a decisão e pôr em prática a solução escolhida, há um caminho a ser percorrido. A criança deve ser encorajada a praticar a solução e a avaliar as consequências imediatas. É possível que haja algum tipo de 'fracasso', como, por exemplo, esquecer de olhar a agenda e esquecer o material. Essas situações devem ser discutidas de forma não aversiva e, é possível, que o passo da Tomada de Decisão seja retomado. Por outro lado, se a criança consegue produzir uma mudança favorável no seu comportamento, é fundamental que seja positivamente reforçada.

Reforçamento Positivo, Extinção e Reforçamento diferencial: o reforçamento positivo é um procedimento em que se aumenta a probabilidade futura de uma resposta pela apresentação de uma consequência reforçadora para o indivíduo (Skinner, 1953). É uma estratégia muito importante para o estabelecimento e a manutenção de repertórios comportamentais e, ao contrário do que possa aparecer, o reforçamento positivo acontece cotidianamente, consequências como sorrir, agradecer, dar atenção são positivamente reforçadoras.

O reforçamento positivo é fundamental para promover sentimentos de autoestima e autoconfiança, além de estar associado a emoções como prazer, satisfação e felicidade (Madi, 2004). Os reforçadores variam entre os indivíduos, mas, de forma geral, crianças são sensíveis a reforçadores sociais, como elogios, atenção, sorrisos, etc.

É importante que os professores estejam atentos aos comportamentos que desejam fortalecer nos alunos e que os reforcem positivamente. Nesse caso, atender quando a criança fala adequadamente, elogiar um comportamento de ajuda que a criança apresenta, sorrir quando a criança realiza uma atividade escolar, são exemplos de reforçamento. No contexto escolar, tradicionalmente são utilizados reforçadores positivos arbitrários como 'estrelinhas' no caderno, notas, acesso a uma atividade ou a um brinquedo específico. Esses reforçadores também fortalecem respostas, no entanto, os reforçadores sociais (atenção, sorriso, olhar, elogios), além de aumentarem a probabilidade futura de um comportamento, fortalecem as relações interpessoais.

Na sala de aula, pode ocorrer inadvertidamente o reforçamento positivo de condutas inadequadas e, dessa forma, o fortalecimento dessas condutas. Por exemplo, quando o professor dá atenção (mesmo que seja 'criticando') para uma criança que está falando mais alto, pode estar reforçando essa resposta; quando os colegas riem de uma resposta agressiva do outro colega, tal comportamento está sendo reforçado.

Alguns comportamentos inadequados infantis podem ser ignorados. A extinção é uma operação na qual o reforço é suspenso, o que diminui a probabilidade de ocorrência do comportamento (Conte e Silveira, 2004) e pode ser uma estratégia para diminuir comportamentos indesejáveis. No entanto, a extinção de um comportamento não ensina uma forma adequada de a criança se comportar, por isso essa estratégia pode ser combinada com o reforçamento positivo de um comportamento adequado. Por exemplo, uma criança que levanta frequentemente da classe. A professora pode 'ignorar' quando a criança está de pé e reforçar, dando atenção (chega perto, pergunta se a criança está precisando de ajuda), quando a criança está sentada na classe.

Modelação: a modelação é um processo de aprendizagem pelo qual os indivíduos aprendem comportamentos novos ou modificam comportamentos por meio da observação de um modelo (Derdyk & Groberman, 2004), principalmente quando o modelo tem o comportamento reforçado.

Na sala de aula, a criança está exposta a, principalmente, dois modelos importantes: a professora e os colegas. Dessa forma, a professora pode ensinar respostas socialmente habilidosas a partir do seu próprio comportamento, ao agradecer, tomar iniciativa, ajudar, falar adequadamente, ouvir, etc. Comportamentos como a expressão de afetos positivos e negativos e a expressão de opiniões podem ser fortemente influenciados pela observação de modelos. Assim, uma professora que comunica honestamente seus sentimentos de desagrado ou alegria a seus alunos, está estabelecendo uma relação baseada na honestidade e no respeito e, fundamentalmente, está ensinando seus alunos a se comportarem dessa forma.

Os colegas também são modelos importantes para as crianças. Essa observação permite a aprendizagem de formas de resolução de problemas, expressão de afeto, comportamentos de independência e autonomia e repertórios verbais variados, entre outros. Por outro lado, a criança também pode aprender condutas indesejáveis pela observação dos colegas. Então, caberá à escola e à família ensiná-la que esses não são comportamentos adequados.

Práticas educativas escolares

Como definido anteriormente, as práticas educativas escolares são as estratégias que os professores utilizam para lidar com o comportamento de crianças. As práticas indutivas ou não punitivas são as mais desejáveis para interação professor-aluno, estando associadas à promoção do desenvolvimento e do ajustamento escolar. Diferentemente, práticas coercitivas ou punitivas são indesejáveis pelas razões já discutidas. São exemplos de práticas educativas escolares indutivas ou não punitivas (Fonseca, 2012):

> (1) falar com e ouvir os alunos; (2) relatar ao aluno o seu contentamento diante de um acerto; (3) apoiar o aluno apesar do seu erro; (4) encorajar o aluno a novas tentativas; (5) demonstrar

> reciprocidade quando o aluno é afetuoso; (6) dar *feedback* positivo aos alunos; (7) aceitar crítica e alterar o próprio comportamento; (8) iniciar e manter conversação com os alunos; (9) valorizar as interações estabelecidas entre os alunos; (10) expressar opinião; (11) elogiar e agradecer elogios; (12) expressar sentimentos positivos em relação à classe ou a alunos específicos; (13) supervisionar a participação dos alunos de modo a garantir oportunidade para todos; (14) dar *feedback* reconhecendo os aspectos positivos do desempenho do aluno; (15) levar os alunos a fazerem perguntas e darem *feedback*; (16) respeitar o ponto de vista do outro.

Finalmente, um tema bastante discutido relacionado à educação refere-se à questão dos "limites". É comum escutar-se que o problema das crianças atualmente é a "falta de limites". "Colocar limites" significa estabelecer regras claras e flexíveis e uma relação entre deveres e direitos. Dão "limites" pessoas que se envolvem verdadeiramente com as crianças e os comportamentos de seguir, discutir e negociar regras são aprendidos, tanto na família quanto em outros ambientes, como a escola. A criança que respeita as regras precisa ser positivamente reforçada por isso e ela poderá ser um modelo positivo para os demais colegas.

As práticas educativas do professor são determinadas por sua história pessoal, pela experiência profissional, pela cultura em que está inserido e pela relação que estabelece com os alunos. Dessa forma, cada professor tem o seu estilo e este poderá variar entre alunos e entre turmas. No entanto, **o professor constitui-se um mediador das relações que se estabelecem na sala de aula e as estratégias que utilizará poderão fortalecer e estimular a relação entre as crianças e entre crianças e professor.**

Este texto não pretendeu apresentar todas as técnicas cognitivas ou comportamentais que podem contribuir para o desenvolvimento da criança no contexto escolar, pois são inúmeras possibilidades. Tampouco esgotou o tema que é amplo. Buscou-se articular achados empíricos de literatura científica com exemplos práticos encontrados na escola para facilitar a compreensão.

É fundamental que o professor compreenda que todo comportamento que uma criança apresenta tem uma função no ambiente (inclusive, por isso, crianças se comportam de formas diferentes em ambientes diferentes) e que seja apoiado por uma equipe de profissionais que o ajude a desenvolver o seu trabalho.

Referências:

Avanci, J.Q.; Assis, S.G.; Santos, N.C. & Oliveira, R.V.C. (2007). Adaptação transcultural de escala de autoestima para adolescentes. *Psicologia: Reflexão e Crítica, 20*(3), 397-405.

Bandura, A. (1977). Self-efficacy: Toward a unifying theory of behavioral change. *Psychological Review, 84*, 191-215.

Bandura, A., Pastorelli, C., Barbaranelli, C., & Caprara, G. V. (1999). Self--Efficacy Pathways to Childhood Depression. *Journal of Personality and social Psychology*, 76(2), 258-269.

Belsky, J. (2010). *Desenvolvimento humano: experienciando o ciclo da vida.* Porto Alegre: Artmed.

Borsa, J. C. (2007). O papel da escola no processo de socialização infantil. *Psicoglobal-Psicologia, 142*, 1-5. Recuperado de http://www.psicologia.pt/artigos/textos/A0351.pdf

Brown, J. D., & Marshall, M. A. (2006). The Three Faces of Self-Esteem. In: M. H. Kernis (Ed.), *Self-esteem issues and answers: a sourcebook of current perspectives* (pp. 4-9). New York, NY: Psychology Press.

Cia, F., & Barham, E. J. (2009). Repertório de habilidades sociais, problemas de comportamento, autoconceito e desempenho acadêmico de crianças no início da escolarização. *Estudos de Psicologia (Campinas), 26*(1), 45-55. Retrieved January 08, 2016, from http://www.scielo.br/scielo.php?script=sci_arttext&pid=S0103-166X2009000100005&lng=en&tlng=pt.

Conte, F.C.S., & Silveira, J.M. (2004). Extinção e Terapia. In: C.N. Abreu e H. Guilhardi. *Terapia Comportamental e Cognitivo-Comportamental: Práticas Clínicas.* (pp. 144-151). São Paulo: Roca.

De-Farias, A.K.C. R. (2010). *Análise comportamental clínica: aspectos teóricos e estudos de caso.* Porto Alegre: Artmed.

Derdyk, P. & Groberman, S.S. (2004). Imitação. In: C.N. Abreu e H. Guilhardi. *Terapia Comportamental e Cognitivo-Comportamental: Práticas Clínicas.* (pp. 102-110). São Paulo: Roca.

Donnellan, M. B., Trzesniewski, K. H., Robins, R. W., Moffitt, T. E. & Caspi, A. (2005). Low self-esteem is related to aggression, antisocial behavior, and delinquency *Psychological Science,* 16 (4), 328-335.

Fergusson, D. M. & Horwood, L. J. (2002). Male and female offending trajectories. *Development and Psychopathology,* 14, 159–177.

Gotznes, C. (2003). A disciplina escolar: prevenção e intervenção nos problemas de comportamento (F. Murad, Trad.). Porto Alegre : Artmed

Guilhardi, H. J. (2002). Auto-estima, autoconfiança e responsabilidade. In: M. Z. Brandão, F. C. Conte & S. M. Mezzaroba (Eds.), *Comportamento Humano: Tudo (ou quase tudo) que você precisa saber para viver melhor* (pp. 63-98). Santo André, SP: ESETec Editores Associados.

Harter, S. (2006). The Development of Self-Esteem. In: M. H. Kernis (Ed.), *Self-esteem issues and answers: a sourcebook of current perspectives* (pp.144-150). New York, NY: Psychology Press.

Hoffman, M. (1994). Discipline and Internalization. *Developmental Psychology, 30*, 26-28.

Jacob, L. (2004). Treino de Resolução de Problemas. In: C.N. Abreu e H. Guilhardi. *Terapia Comportamental e Cognitivo-Comportamental: Práticas Clínicas* (pp. 344-351). São Paulo: Roca.

Madi, M.B.P. (2004). Reforçamento Positivo: princípio, aplicação e efeitos desejáveis. In: C.N. Abreu e H. Guilhardi. *Terapia Comportamental e Cognitivo-Comportamental: Práticas Clínicas* (pp. 41-54). São Paulo: Roca.

Martins, R. P., Nunes, S. A. N., Faraco, A. M. X., Manfroi, E. C., Vieira, M. L., & Rubin, K. H. (2014). Práticas parentais: associações com desempenho escolar e habilidades sociais. *Psicologia Argumento, 32*(78), 89-100.

Orth, U., & Robins, R. W. (2014). The development of self-esteem. *Current Directions in Psychological Science, 23*(5), 381-387.

Pastorelli, C., Caprara, G. V., Barbaranelli, C., Rola, J., Rozsa, S., & Bandura, A. (2001). The structure of children's perceived self-efficacy: A cross-national study. *European Journal of Psychological Assessment, 17*(2), 87-97.

Patterson, G. R., Reid, J. & Dishion, T. (1992). UAntisocial boysU. Eugene: Castalia

Publishing Company.

Pereira, M. T., Marturano, E. M., Gardinal-Pizato, E. C., & Fontaine, A. M. G. (2011). Possíveis contribuições da educação infantil para o desempenho e a competência social de escolares. *Revista Semestral da Associação Brasileira de Psicologia Escolar e Educacional, 15*(1), 101-109.

Rosenberg, M. (1965). *Society and the adolescent self image.* New Jersey: Princeton University Press.

Rosenberg, M., Schooler, C., Schoenbach, C., & Rosenberg, F. (1995). Global self-esteem and specific self-esteem: Different concepts, different outcomes. *American Sociological Review, 60*, 141-156.

Sapienza, G., & Pedromônico, M. R. M. (2005). Risco, proteção e resiliência no desenvolvimento da criança e do adolescente. *Psicologia em estudo, 10*(2), 209-216.

Silveira, L. M.O.B. (2007). A interação família-escola frente aos problemas de comportamento da criança: Uma parceria possível? Retrieved from http://tede.pucrs.br/tde_busca/arquivo.php?codArquivo=862

Skinner, B.F. (1953). *Ciência e comportamento humano.* São Paulo: Editora Martins Fontes

Souza, L. K. de & Hutz, C. S. (2007). A qualidade da amizade: adaptação e validação dos Questionários McGill. *Aletheia, 25*,82-96.

Souza, L. K. D., Silveira, D. C., & Rocha, M. A. (2013). Lazer e amizade na infância: implicações para saúde, educação e desenvolvimento infantil. *Psicologia da Educação*, (36), 83-92.

Tracy, J. L., & Robins, R. W. (2003). Death of a (narcissistic) salesman: An integrative model of fragile self-esteem. *Psychological Inquiry*, 14, 57–62.

World Health Organization. (1997). *Life skills education for children and adolescentes in schools: Introduction and Guidelines to Facilitate the Development and Implementation of Life Skills Programmes.* Genebra: WHO

A+B=C

CAPÍTULO 7

O uso de eletrônicos e o cyberbullying no contexto escolar

Shweta Ghosh
Carolina Lisboa
Courtney Chappell
Charlotte Beard
Eduardo Bunge
Débora C. Fava.

Avanços tecnológicos têm resultado em contribuições positivas e negativas à vida de crianças e adolescentes em ambientes educacionais. Tecnologias como projetores, computadores, *tablets*, *smart boards* e os programas associados, incluindo aqueles baseados na internet que são executados nesses aparelhos, têm todos contribuído para a intensificação de experiências de aprendizado para estudantes. Aplicativos e serviços baseados na internet não só afetam a entrega e construção de materiais baseados na escolástica, como também podem ser integrados às ferramentas que afetam o bem-estar psicológico dos alunos. Descobriu-se que implementações tecnológicas reduzem a disparidade entre alunos e professores e ajudam a facilitar o aprendizado em ambientes educacionais (Kennedy *et al.*, 2008). De fato, na medida em que a tecnologia se torna mais trivial na disseminação da informação aos alunos, a possibilidade de integração de tratamentos psicológicos e programas de prevenção baseados em evidência torna-se realista e tangível.

Este capítulo fará uma revisão dos efeitos positivos do uso de tecnologia na sala de aula da perspectiva do aluno e do professor, ilustrando as diferenças de percepção de sua usabilidade e utilidade. Além disso, devido ao fato de que a integração de novas tecnologias geralmente traz consigo riscos, bem como recompensas, também revisaremos os aspectos negativos associados ao uso de tecnologia nos ambientes acadêmicos. Alguns exemplos incluem, mas não se limitam à distração devido ao uso em sala de aula, efeitos psicológicos da comunicação mediada pelos computadores e cyberbullying (Casas, Rey & Ruiz, 2013).

Tecnologia em sala de aula

A sala de aula é um ambiente constantemente em mudança que nos impacta diariamente. As tecnologias atuais permitem aos professores usar uma ampla variedade de métodos instrucionais para promover um aprendizado integrado (Domingo & Garganté, 2016). A implementação de tecnologia na sala de aula é benéfica para alunos e educadores (Firmin & Genesi, 2013). A sala de aula tornou-se uma meta para desenvolvedores de produtos na tentativa de encontrar formas inovadoras de engajar alunos com as novas formas de tecnologia instrucional (Firmin & Genesi, 2013). Em 1913, Thomas Edison mencionou o uso da tecnologia como reforma educacional, declarando que o rádio, a televisão e os gravadores poderiam ser benéficos a alunos e professores (Wang *et al.*, 2012). O retroprojetor foi introduzido na ala de aula em 1930, fitas de vídeo em 1950, e o sistema de folha de respostas em 1972 (Purdue, 2016). Todas essas ferramentas permitiram aos educadores oferecer aos alunos uma forma mais eficiente de utilizar materiais (Purdue, 2016). No final dos anos 1990, a tecnologia de computadores começou a ser implementada nas salas de aula como um recurso para a instrução (Firmin & Genesi, 2013).

Na sala de aula do século 21, computadores e tablets são usados em uma experiência de aprendizado integrado chamado de tecnologia de comunicação e informação (TIC) (Firmin & Genesi, 2013). A tecnologia informacional foi agora comprimida em novas entidades como tecnologias móveis, ferramentas baseadas na rede e aparelhos com aplicativos (Ferdousi & Bari, 2015). Dispositivos móveis de aprendizado tais como o laptop, permitiram uma ampla gama de métodos de aprendizado e instrucionais para professores e alunos (Domingo & Garganté, 2016). A usabilidade desses produtos inclui a facilidade de uso (user-friendly), preço acessível e facilidade de acesso, tanto por professores quanto por alunos (Domingo & Garganté, 2016). Com o número crescente de empregos na indústria da tecnologia, adolescentes precisam aprender como ter proficiência em alfabetização digital para terem sucesso no futuro (Firmin & Genesi, 2013). A tecnologia na sala de aula pode beneficiar os alunos, dando-lhes controle adicionado a sua educação e engajando-os em novas formas de aprendizado (Firmin & Genesi, 2013). Nos próximos parágrafos, revisaremos os efeitos positivos do uso de tecnologia na sala de aula, na perspectiva tanto dos alunos quanto dos professores.

Professores e tecnologia: integração e utilidade

A integração da tecnologia em sala de aula pelo instrutor é necessária (Wang *et al.*, 2012). Na moderna sala de aula, os alunos usam dispositivos como laptops, iPads e outras tecnologias pessoais para realizarem suas tarefas de casa e engajarem-se em atividades de aula (Culén & Gasparini, 2011). Com o uso de TICs, o papel do professor muda para aquele que ajuda os alunos a aprender (Wang *et al.*, 2012). Métodos de ensino tradicionais tais como leitura e escrita podem ser integrados por meio da tecnologia (Culén & Gasparini, 2011). O uso dessas tecnologias e TICs promove a criatividade e o desenvolvimento intelectual em adolescentes (Firmin & Genesi, 2013). Tecnologias móveis tais como aplicativos *smatphone* e outros programas baseados na web estão sendo implementados na sala de aula como uma nova forma de ajuda instrucional (Ferdousi & Bari, 2015). Os professores usam novas tecnologias para permitir aos alunos acesso constante às informações da sala de aula, permitindo que eles aprendam em qualquer lugar e a qualquer tempo, com a colaboração e o trabalho em equipe entre os alunos, e facilitar a integração do conhecimento disponível na internet (Ferdousi & Bari, 2015). Isso também estimula uma ideia de autoeficácia e compartilhamento de conhecimento para os alunos: incentiva-os a serem autossuficientes no seu conhecimento e permitindo-lhes que compartilhem o que aprenderam uns com os outros por meio de uma experiência colaborativa (Domingo & Gargante, 2016). As percepções do professor quanto ao uso de tecnologia na sala de aula variam enormemente e dependem de sua própria proficiência em usá-la (Domingo & Gargante, 2016). Estudos mostram que os professores acreditam que os benefícios educacionais da tecnologia relacionam-se ao uso de tecnologias móveis na sala de aula (Domingo & Gargante, 2016).

Alunos e tecnologia: integração e utilidade

Os alunos dispendem uma grande parte de seu tempo em diferentes formas de tecnologia. A literatura sugere que o uso de tecnologia dentro e fora da sala de aula segue uma tendência crescente que reflete intimamente a idade (por exemplo, uso no ensino médio > ensino primário > escola infantil; Gu *et al.*, 2013). A tecnologia em aula é menos frequentemente usada do que mídias sociais ou outras tecnologias de fora da sala de aula, tanto por professores quanto por alunos (Gu *et al.*, 2013), em que alunos têm um uso de tecnologia em sala de aula menor do que um uso pessoal (Gu *et al.*, 2013). Contudo, a utilidade e a facilidade são peças-chave na determinação da atitude de alunos em relação à tecnologia, em que as TICs são percebidas de forma positiva em contextos de trabalho (Edmunds *et al.*, 2012). AS TICs que os alunos fazem uso com frequência incluem o pacote Office, programas de processamento de imagens, vídeo players, programas educacionais, mensagens instantâneas, redes sociais, plataformas de escrita na web (Gu *et al.*, 2013).

Atualmente, a tecnologia é uma característica dominante da sociedade e as crianças facilmente se adaptam a ela, pois estão convivendo com todos os eletrônicos que fazem parte da tecnologia atual (Downes & Bishop, 2012; Williams *et al.*, 2012). São indivíduos mais frequentemente identificados como "nativos digitais" (Downes & Bishop, 2012; Williams *et al.*, 2012). O uso de sistemas ubíquos (i.e. Facebook, YouTube e Instagram) acessíveis via equipamentos digitais tornaram-se a norma para os nativos digitais e estendem-se a usos pessoais e profissionais (Williams *et al.*, 2012).

Conforme mencionado acima, presume-se com frequência que os educadores (isto é, professores, "imigrantes digitais") não são familiarizados com a tecnologia como os nativos digitais. Acredita-se que esse fato cause uma ruptura na conectividade entre as experiências tecnológicos dos alunos (Downes & Bishop, 2012; Williams *et al.*, 2012). Em um estudo que observou professores de ciências do ensino secundário em comparação com as experiências tecnológicas de seus alunos dentro e fora do ambiente escolar formal, observou-se que o conceito de nativos digitais era equivocado (Downes & Bishop, 2012). Ao contrário, foi proposto que as diferenças observadas entre as experiências de alunos e professores poderiam ser resultantesa de um treinamento insuficientes do professor (Downes & Bishop, 2012).

A tecnologia em outros programas relacionados à escola

A tecnologia também é um elemento adicional ao ambiente escolar em consultórios de psicologia e outros programas nas escolas. Programas após o horário de aula estão começando a incluir atividades baseadas na tecnologia, incluindo programas de ciências, tecnologia, engenharia e matemática (STEM) (Christensen, Knezek, & Tyler-Wood, 2015). Os programas STEM estimulam o aprendizado por meio do uso de tecnologia para ensinar aos alunos habilidades em áreas relacionadas ao STEM (Christensen *et al.*, 2015). Outros programas chamados de Conhecimento de Conteúdo Pedagógico Tecnológico (TPACK) estão sendo implementados nas escolas (Smith, 2013). O TPACK baseia-se em abordagens de aprendizado baseadas em *design* (DBL) que permite uma forma mais criativa e inovadora para alunos aprenderem por meio da tecnologia (Smith, 2013). As escolas podem usar o TPACK para desenvolver estratégias e engajar as crianças por meio de atividades criativas (Smith, 2013). A tecnologia também pode ajudar no ensino de música em programas após o horário de aula. Na Coreia, as escolas usam a educação de música mediada pela tecnologia para promover uma abordagem de aprendizado integrada que permite aos alunos engajar-se tanto na escola quanto em casa (Kim, 2013). As escolas têm percebido que essa integração da música e da tecnologia cria um engajamento ativo e permite aos alunos criar música independentemente em um "ambiente de aprendizado ambivalente" (Kim, 2013). O programa também utiliza tecnologias móveis tais como "Tunearound" e "ALsong" para a composição de músicas que permite ao aluno compartilhar e compor músicas enquanto colabora com colegas (Kim, 2013). Considerando que as crianças passam cerca de 30 a 33 horas por semana na escola (Timmer *et al.*, 1985), o uso de ferramentas psicológicas baseadas na internet poderiam funcionar em relação ao alcance de crianças em idade escolar ao encontrá-las onde estão em termos de desenvolvimento e em termos de localização.

O papel dos psicólogos escolares

Os psicólogos escolares podem acrescentar benefícios ao bem-estar de adolescentes nas escolas (Natasi, Varjas, Bernstein, & Pluymert, 1998). Os adolescentes podem se sentir mais confortáveis confiando nos psicólogos escolares sobre seus pensamentos e preocupações, do que em outros profissionais na escola (Splett, Fowler, Weist, McDaniel & Dvorsky, 2013). Os clínicos escolares podem ajudar em avaliações de comportamento, acadêmicas e em outros testes para adolescentes (Diamanduros, Downs & Jenkins, 2008). Eles também atuam como uma ligação entre os pais e as crianças (Splett *et al.*, 2013). Devido a sua localização, eles podem ter mais acesso aos alunos, na medida em que os veem diariamente no ambiente escolar (Simcox, Nuijens & Lee, 2006). Os professores e outros profissionais na escola buscam os psicólogos escolares por sua experiência em combinar seu conhecimento acadêmico e seu conhecimento psicológico (Diamanduros *et al.*, 2008). Os professores também consultam os psicólogos escolares em casos de dificuldades de comportamento, tais como desordens intelectuais, desordens de comportamento e desordens de desenvolvimento (Hawken, 2006). Os psicólogos escolares também atuarão com adolescentes para trabalharem a internalização de desordens e conversar sobre questões de *bullying*, estima e outros temas pertinentes na vida dos adolescentes (Diamanduros *et al.*, 2008). Conselheiros escolares podem ser mais acessíveis a um adolescente e podem parecer mais fáceis de se relacionar (Splett *et al.*, 2013). Pode ser benéfico começar a implementar a Tecnologia de Intervenção de Comportamento (BITs) em terapia escolar tradicional com adolescentes para melhorar a terapia, já que a tecnologia está sempre presente na vida dos adolescentes.

A integração das BITS em ambientes de psicologia escolar

Além de tratar as necessidades acadêmicas do ambiente de sala de aula, as tecnologias podem ser usadas no domínio do desenvolvimento psicológico e bem-estar. Há uma necessidade crescente em propiciar intervenções a adolescentes na sala de aula que podem ser resolvidas por meio do uso de tecnologias baseadas no computador (Griffiths & Christensen, 2007). As Tecnologias de Intervenção Comportamentais (BITs) são programas de intervenções baseadas em evidências que podem ser usadas nas escolas, em casa, e onde quer que a criança ou adolescente tenha acesso à Internet. Essas intervenções são uma forma específica, efetiva e objetiva de abordar questões psicológicas, desde tratamentos para ansiedade pré-escolar (Donovan & March, 2014) até a interrupção e prevenção do hábito de fumar em adolescentes (Park & Drake, 2015). Há apoio crescente na efetividade dos BITs como uma intervenção na saúde mental como um todo em conjunto com a terapia face a face (Jones *et al.*, em revisão). Intervenções baseadas na Internet oferecem várias vantagens às modalidades de tratamento face a face, incluindo a redução das disparidades de saúde mental por meio do acesso a um custo reduzido, acessibilidade e usabilidade (Muñoz, 2010). Além disso, uma hora de terapia online não é um recurso consumível e, portanto, o serviço pode ser oferecido a muitos indivíduos simultaneamente e repetidamente (Muñoz, 2010), e abordar os desafios relacionados à fidelidade de implementação (Weist *et al.*, 2014).

A aderência à terapia tradicional na população em idade escolar é baixa, principalmente porque adolescentes frequentemente não estão inclinados a participar em formas tradicionais de terapia, conforme antes mencionado. A pesquisa sobre a efetividade das BITs implementadas para crianças e adolescentes está em estágio de desenvolvimento, com um alto grau de variabilidade na mensuração e no design do programa (Jones *et al.*, em revisão). Há evidências preliminárias para a efetividade das BITs no sistema escolar. Por exemplo, MoodGYM, um programa baseado na TCC que objetiva a diminuição dos sintomas e prevenção da depressão foi implementado em meninos do 9° ano do ensino secundário na Austrália (O'Kearney, Gibson, Christensen, & Griffiths, 2006). Embora a amostra inicial de participantes fosse pequena, os indivíduos que participaram do programa demonstraram pequenas melhoras nos sintomas da depressão quando comparados com um controle ativo (O'Kearney *et al.*, 2006). Contudo, uma limitação importante dessa implementação foi a falta de especificidade para questões relacionadas aos adolescentes, que os autores observaram poder ter contribuído à falta de sustentabilidade nos resultados do tratamento. Outros estudos sobre programas online também funcionaram para abordar sintomas de humor e foram elaborados especificamente para adolescentes. Esses programas incluem BITs direcionadas à ansiedade tais como Cool Teens (Wuthrich, Rapee, Cunningham, Lyneham, Hudson & Schniering, 2012), um programa efetivo em conjunto com o apoio dos pais e do terapeuta, e Camp Cope-a-lot (Khanna & Kendall, 2010), uma intervenção objetiva que apresenta tratamento em formato de vídeogame. Essas intervenções BIT alcançam seu público ao oferecer conteúdo específico e adequado à idade para aumentar o engajamento e a participação com material de saúde mental.

Além das intervenções BIT acima mencionadas, a Teen Wellness é uma intervenção baseada em sala de aula emergente que ainda tem que ser amplamente pesquisada. A Teen Wellness é uma intervenção baseada na Internet que objetiva aumentar a autoeficácia e bem-estar por meio de módulos online que os adolescentes podem utilizar. Desenvolvida pelo Dr. Van Voorhees e Monica Marko-Holguin, esta intervenção, baseada na web, objetiva equipar conselheiros escolares com uma intervenção que eles possam usar para ensinar os alunos habilidades de resiliência (MEVIDENT, 2013). Esse programa tem uma seção do conselheiro que permite ao conselheiro escolar monitorar o progresso dos alunos e fornecer um feedback conforme necessário (MEVIDENT, 2013). Antes de fazer os módulos, o aluno fará um pré-teste que permitirá ao conselheiro escolar identificar as áreas nas quais o aluno requer apoio adicional para personalizar sua terapia (MEVIDENT, 2013). Cada modulo é composto de cinco sessões: Objetivo, Lição, Tentativa, Construção de Habilidades e Encerramento; cada uma permitindo ao aluno a pensar, desenvolver e praticar suas habilidades (MEVIDENT, 2013). Os autores do site recomendam aos alunos do oitavo e nono ano a começarem o programa e usar o Teen Wellness como parte do currículo escolar, como um modelo inicial de intervenção para fornecer as habilidades antes de o ambiente estressante do ensino médio (MEVIDENT, 2013). Embora mais dados sejam necessários para substanciar o uso de BITs no ambiente escolar, essas técnicas têm sido úteis em conjunção com o apoio de fornecedores externos (VAN VOORHIES *et al.*, 2009). Esses resultados preliminares indicam que as diferenças individuais bem como a efetividade total da implementação deveriam ser consideradas nos estudos futuros de usabilidade, com foco no apoio profissional em conjunção com o tratamento e programas de prevenção.

Os riscos do uso da tecnologia

Embora tenhamos explorado os muitos aspectos positivos da tecnologia na sala de aula, **é importante manter em mente os pontos negativos que advêm do uso da tecnologia. Considerando que a tecnologia evolui diariamente, é difícil controlar essas tecnologias que buscam o engajamento dos adolescentes**. Adolescentes investem quase oito horas por dia em redes sociais e mídias digitais. (George & Odgers, 2015). Pesquisas mostram que o adolescente médio dispende duas horas ou mais online por dia (O'Neill, Livingstone, & McLaughlin, 2011). Esses adolescentes são parte de um grupo de nativos digitais que usam a tecnologia para uma variedade de objetivos (Kennedy *et al.*, 2008). A maioria dessas horas são dispendidas usando tecnologias de mídias sociais (SCT) em sites de redes sociais (SNS) com efeitos negativos, tais como *cyberbullying*, exploração e dificuldades sociais (Best, Manktelow, & Taylor, 2014). A tecnologia não pode ser controlada ou contida e apresenta muitos riscos aos jovens. Os jovens estão começando a acessar as tecnologias móveis muito cedo, até mesmo algumas crianças de doze meses já operam um iPad ou outro dispositivo (Kennedy *et al.*, 2008). Estudos mostram que o uso do "tempo de tela" pode afetar os ciclos de sono em indivíduos (Heath *et al.*, 2014). A latência ao sono e os ciclos de sono REM (movimento rápido dos olhos) são interrompidos pelo tempo de tela (televisão, celular, computadores, etc.), principalmente no horário antes de dormir (Heath *et al.*, 2014). Adolescentes normalmente usam seus telefones celulares ou *tablets* uma hora antes de irem dormir, o que interrompe a latência ao sono, o sono REM, diminui a secreção de melatonina e aumenta o estado de alerta, que diminui o sono (Heath *et al.*, 2014). Os indivíduos podem experimentar diversos problemas clínicos como falta de sono ou apetite, uma diminuição nas atividades físicas e autoestima/autoconceito diminuídos (Cyr, Berman & Smith, 2014). O uso de SMTs ou outras tecnologias tem sido relacionado ao vício à internet, com uma amostra de 37,6% de uma amostra de 1.573 adolescentes considerados como "possíveis viciados" (Kim *et al.*, 2006). Os efeitos dessas tecnologias também incluem a fuga ao contato face a face e, em seu lugar, a conexão por meio das SMTs (Cyr *et al.*, 2014).

Redes sociais, ansiedade e isolamento

Adolescentes focam no cultivo de amizades e na expansão de sua "rede" de amigos, que faz com que o uso de SCTs e SNSs seja imperativo ao crescimento social (Best, Manktelow & Taylor, 2014). Ao invés de obterem apoio de sua família, os adolescentes procuram em seus amigos opiniões sobre si mesmos, sua autoestima e autoidentidade

(Best, Manktelow & Taylor, 2014; Cyr, Berman & Smith, 2014). Embora haja correlações positivas entre autoestima positiva e o tempo dispendido online, Beset e colegas observaram uma associação entre baixa autoestima e SMTs, bem como depressão e SNSs: aumento de risco de isolamento social e depressão. Além disso, há uma correlação positiva entre ansiedade social e comunicação por meio das SMTs, tais como escrever mensagens (Cyr *et al.*, 2014). Suler observou que como os adolescentes não estão de fato comunicando-se face a face, eles engajam-se em um "Efeito Desinibitório Online", onde tiram conclusões errôneas de mensagens com informações emocionais (Cyr *et al.*, 2014). Demonstrou-se que aqueles que reportaram ser socialmente ansiosos e sós, utilizavam SMTs para discutir informações pessoais comparados com seus pares não sós (Cyr *et al.*, 2014). Devido a essas discrepâncias sociais, adolescentes usam comportamentos de comparação social em busca de *feedback* (SCFS) quando usam tecnologias de mídia sociais (Nesi & Prinstein, 2015). Adolescentes veem o número de amigos e conversas que mantêm online como um "marcador" social: sua popularidade, sua relevância e as implicações que estas têm em sua autoestima e autovalor (Nesi & Prinstein, 2015). As SCFS mostram o impacto negativo em adolescentes, na medida em que são associadas com sintomas depressivos (Nesi & Prinstein, 2015). Estudos mostram que indivíduos com depressão engajam-se mais. Além disso, o gênero tem implicação na SCFS, pois a depressão e a SCFS são maiores em mulheres (Nesi & Prinstein, 2015).

Comportamentos de risco online em adolescentes

Com o alto índice de tecnologias de mídia social e internet sendo usadas por adolescentes, há riscos observados para a população. Adolescentes mais jovens podem ser vítimas de predadores online, especialmente aqueles com alto risco ou histórico de problemas de conduta (George & Odgers, 2015). Adolescentes também podem engajar-se em "mensagens de conteúdo sexual" ou de sexo explícito, que podem levar a comportamentos sexuais de risco (Rice *et al.*, 2012). Considerando que os comportamentos de adolescentes alimentam-se da percepção do que é normativo, o alto índice de mensagens de conteúdo sexual podem sugerir que adolescentes acreditam que tais mensagens sejam normativas (Rice *et al.*, 2012). Por exemplo, em um estudo de 1.034 alunos com idade entre 15-16, 20% dos alunos relataram compartilhar conteúdo sexual explícito com seus amigos ou parceiros amorosos (George & Odgers, 2015). Em que pese muitas dessas trocas terem sido "privadas", essas imagens são suscetíveis de serem rapidamente compartilhadas entre grandes grupos de pessoas (George & Odgers, 2015). Um a cada quatro alunos relatou encaminhar mensagens sexualmente explícitas recebidas, sem o consentimento do remetente (George & Odgers, 2015). Devido ao rápido compartilhamento destss imagens, o compartilhamento de imagens como essas sem o consentimento podem ser consideradas como pornografia e resultar em implicações legais (Rice *et al.*, 2012). Ademais, alunos podem estar em risco por serem intimidados via internet, um termo conhecido como *cyberbullying*.

Cyberbullying no contexto escolar

Ao longo deste texto, fica evidente que crianças utilizam as tecnologias da informação e comunicação (TICs) como se fossem "nativos digitais". Elas hoje, estão muito familiarizadas com ipads, celulares e computadores (Sevciková, Smahel & Otavová, 2012). No Brasil, por exemplo, em uma pesquisa realizada pelo Fundo das Nações Unidas para a Infância – UNICEF (2013), com adolescentes entre 12 e 17 anos, 64% referiram estar *online* diariamente, sendo a comunicação com os amigos uma das principais razões desse uso. Desse modo, identifica-se que a *internet* e outros aparatos tecnológicos tornaram-se parte essencial da vida social de crianças e adolescentes. Entretanto, ao mesmo tempo em que essas tecnologias podem oferecer diversos benefícios, também podem ser um meio para realização de agressão eletrônica, na qual se destaca o *cyberbullying* (Li, 2010; Palfrey & Gasser, 2011).

O conceito de *cyberbullying* proposto por Slonje e Smith (2008), deriva da concepção de Olweus (1993) sobre o *bullying* tradicional. De acordo com esses autores, *cyberbullying* pode ser compreendido como um comportamento agressivo, intencional e repetitivo, realizado por intermédio de meios eletrônicos, ao longo de um determinado período, e perpetrado por um indivíduo ou grupo contra uma vítima que apresenta dificuldades em se defender (Slonje & Smith, 2008). É um processo de interação e expressão de agressividade com abuso de poder e que ocorre de forma sistemática, pelo uso das TICs (Smith, Steffgen, & Sttichai, 2013).

Agressões eletrônicas podem assumir diferentes formas. Geralmente, elas envolvem o uso de meios tecnológicos como computadores, telefones celulares e *tablets,* com acesso à internet. Essas tecnologias são utilizadas para postar, compartilhar ou enviar mensagens, fotos, vídeos ou áudios com conteúdo agressivo, sexualizado ou embaraçoso, a fim de ofender, humilhar, constranger, ameaçar ou agredir a vítima (Li, Smith & Cross, 2012; Menesini & Spiel, 2012). Essas agressões podem ser realizadas por e-mails, SMS, aplicativos de conversas (e.g., *Whatsapp*), redes ou aplicativos sociais (e.g., *Facebook, Twitter, Snapchat, Instagram.* No entanto, para que a agressão *online* seja considerada *cyberbullying*, é preciso que sejam identificados os critérios de desequilíbrio de poder, intencionalidade e repetição (Menesini *et al.*, 2013).

Mesmo que o *cyberbullying* apresente algumas características semelhantes ao *bullying* tradicional, há distinções entre os dois fenômenos (Smith, 2012). Diferente do *bullying*, que ocorre "cara a cara", o *cyberbullying* é realizado de forma indireta, e, em muitos casos, é anônimo. Tais particularidades podem dificultar a defesa da vítima, visto que se torna mais complexo responder efetivamente às agressões quando não se sabe a identidade do perpetrador (Smith *et al.*, 2013). Além disso, enquanto o *bullying* tradicional é delimitado pelos limites físicos e temporais da escola, o *cyberbullying* pode ocorrer a qualquer momento e também é capaz de alcançar uma audiência muito mais ampla, como, por exemplo, uma única foto ou comentário serem vistos ou repassados inúmeras vezes (Pham & Adesman, 2015). Assim, não raro, as vítimas possuem a percepção de que não há um local em que estejam a salvo das agressões, visto que estas podem aparecer em seu celular ou computador a qualquer momento (Smith, 2012; Li *et al.*, 2012). Por essas razões, hipotetiza-se que o *cyberbullying* possa representar uma ameaça ainda maior que o *bullying* em termos de ajustamento psicossocial das vítimas, sendo essencial a consciência e ação de pais e professores para barrarem essa violência.

Em um estudo canadense conduzido por Li (2007), 25% dos participantes referiram terem sido vítimas de *cyberbullying*. Já em uma pesquisa realizada nos Estados Unidos, 16% relataram terem sido vítimas dessa violência (Kessel Schneider, O'Donnell, Stueve & Coulter, 2012). Percentuais mais elevados foram encontrados por Walrave e Heirman (2013), apontando 34% de vítimas. Entretanto, outros estudos indicaram índices mais baixos, oscilando de 5% a 12% (Beckman, Hagquist & Hellström, 2013; Campbell, Spears, Slee, Butler & Kift, 2012; Slonje & Smith, 2008; Smith *et al.*, 2008; Ybarra, Boyd & Korchmaros, 2012).

Em relação a diferenças de gênero e faixa etária, ainda não há consenso na literatura. No entanto, algumas pesquisas apontam maiores índices de *cyber* agressão e vitimização em meninas do que em meninos (Beckman *et al.*, 2013; Smith *et al.*, 2008;). Esses dados são semelhantes aos encontrados para as formas indiretas de *bullying* tradicional (como espalhar histórias maldosas ou fofocas), em que meninas tendem a estar mais envolvidas que meninos (Smith, 2004). Além disso, estudos também apontam que adolescentes entre 12 e 17 anos estão mais envolvidos no *cyberbullying* do que estudantes mais jovens (Slonje & Smith, 2008; Slonje, Smith, & Frisén, 2012).

Pesquisas têm apontado associação positiva entre vitimização eletrônica e a presença de prejuízos psicossociais importantes. Esse tipo de agressão tem sido associada a sintomas depressivos, ansiedade social e baixa autoestima (Baker & Tanrikulu, 2010; Patching & Hinduja, 2010; Jung *et al.*, 2013; Wigderson & Lynch, 2013; Nixon, 2014; Landoll, La Greca, Lai, Chan & Herge, 2015). Além disso, estudos indicam relação entre vitimização por *cyberbullying* e níveis elevados de desconfiança, raiva, culpa e solidão nos envolvidos (Beran & Li, 2005; Brewer & Kerslake, 2015; Lonigro, Schneider, Laghi, Baiocco, Pallini & Brunner, 2014). Dificuldades acadêmicas, ideação suicida e, em casos mais extremos, tentativas de suicídio também têm sido apontadas como características do fenômeno (Hinduja & Patchin, 2010; Kowalsky & Limber, 2013; Wigderson & Lynch, 2013; Bannik, Boeren, van de Looij-Jansen, Waart, & Raat, 2014; Brown, Demaray & Secord, 2014; Van Geel, Vedder, & Tanilon, 2014). Além disso, também foi evidenciada uma associação entre *cyber* vitimização e problemas externalizantes, como transtorno de conduta (Juvoven & Gross, 2008; Smith *et al.*, 2008; Hinduja & Patchin, 2012; Jung *et al.*, 2013).

O que é cyberbullying?	Quem protagoniza mais? Meninos ou meninas	Que consequências?
• É um tipo de violência sistemática que é mediada por tecnologias da informação e comunicação. • Fotos com caráter íntimo e vexatório postadas e construção de perfis falsos em redes sociais, mensagens de email ameaçadoras são apenas alguns exemplos desse tipo de agressão. • Alcança uma audiência infinita e o agressor pode ficar no anonimato.	• Ainda não se sabe. • Alguns estudos apontam as meninas; • Meninas tendem a expressar agressividade de forma relacional e mais indireta, talvez por isso possam se envolver mais no cyberbullying.	• Depressão; • Baixa autoestima; • Dificuldades na escola (acadêmicas e de interação); • Desconfiança; • Medo; • Insegurança; • Psicopatologias; • Uso de drogas; • Entre outros.

No entanto, os efeitos da vitimização por *cyberbullying* são variados, dependendo de múltiplos fatores e não apenas da ocorrência do fenômeno em si (Kowalsky, Limber & Agatston, 2012). Por exemplo, vítimas de *bulying* tradicional apresentam maior sofrimento psicológico quando lidam com estressores da vida de forma inefetiva, apresentando, por exemplo, muita dificuldade para resolução de problemas. Assim, pode-se inferir que a forma com que as crianças vítimas agem frente ao *cyberbullying* também pode desempenhar um papel fundamental no sentido de atenuar ou potencializar os efeitos negativos decorrentes da agressão.

Como as crianças lidam com o estresse e o *cyberbullying*

O Modelo Transacional de *Stress* e *Coping* (MTSC), postulado por Lazarus e Folkman (1984), compreende o *stress* como exigências específicas, internas ou externas, avaliadas pelo indivíduo como mentalmente exigentes ou excessivas aos seus recursos, sendo resultante da interação entre esse e o ambiente. Para lidar com essas demandas, a pessoa lança mão de estratégias que se referem a um conjunto de esforços cognitivos e comportamentais mutáveis, específicos de um determinado contexto. Desse modo, a avaliação de uma situação como estressora e a consequente utilização de estratégias, dependem da combinação de aspectos ambientais com características individuais (Lazarus & Folkman, 1984).

Em geral, o estresse e a forma que a criança encontrará para lidar com o problema, inclui uma avaliação cognitiva do ambiente/contexto, buscando averiguar se alguma situação ou acontecimento coloca em risco o bem-estar do indivíduo. Essa avaliação é chamada de primária. Já na avaliação secundária, a criança avalia o que pode ser efeito para lidar com esses estressores e/ou prevenir futuros e piores danos (Folkman, Lazarus, Dunkel-Schetter, DeLongis & Gruen, 1986). A partir dessas avaliações e dos recursos individuais disponíveis, é que serão escolhidas e postas em prática as estratégias (Raskauskas & Huynh, 2015). Esse processo é continuamente mediado por reavaliações cognitivas, que se dão a partir de modificações da relação indivíduo-ambiente (Lazarus & Folkman, 1984).

Tendo em vista as diversas consequências associadas à vitimização por *cyberbullying*, identifica-se que esse tipo de agressão é um evento potencialmente estressor, representando uma ameaça ao bem-estar das crianças. Estratégias focadas no problema em si, como informar a pais, professores, diretores ou outras autoridades sobre o ocorrido, são descritas na literatura como capazes de diminuir o impacto da vitimização (Machmutow *et al.*, 2012). Entretanto, as crianças, em muitos casos, evitam reportar o ocorrido a adultos, tanto por temer culpabilizações e punições (como a suspensão do uso de internet), como por esperar que os pais irão subestimar o problema, o que pode provocar a manutenção dessa violência e perpetuar o sofrimento das vítimas (Slonje & Smith, 2008; Kowalsky *et al.* 2012). Assim, entre outras estratégias focadas no problema que poderiam ser utilizadas, destacam-se aquelas que envolvem soluções bem práticas (que devem ser estimuladas por pais e professores) como sair de determinado site ou rede social, permanecer *offline* por algum tempo, bloquear contato, entre outros (Jacobs *et al.*, 2014; Palladino, Nocentini & Menesini, 2012; Price & Galgleish, 2010).

Por outro lado, estratégias focadas na emoção incluem vingar-se do agressor, evitar pensar sobre o ocorrido, deletar mensagens e fazer uso de álcool e outras drogas (Jacobs *et al.*, 2014). No entanto, essas estratégias mostram-se inefetivas para o manejo do *cyberbullying*, bem como têm sido associadas a sintomas depressivos e a outros quadros psicopatológicos (Na, Dancy & Park, 2015; Völlink, Bolman, Eppinhbroek & Dehue, 2013). Assim, torna-se relevante identificar quais estratégias têm sido utilizadas para o manejo do *cyberbullying* pelas crianças, a fim de orientá-las e auxiliá-las a agirem de forma mais adaptativa e saudável. O caráter e especificidades dessa violência podem impedir que elas contem aos pais ou que os pais e também professores identifiquem vítimas e seu sofrimento. Adultos devem estar atentos e prontamente intervirem.

Estratégias Saudáveis para Lidar com Cyberbullying	Estratégias Não Saudáveis para Lidar com *Cyberbullying*
• Avisar e pedir ajuda a pais, professores e outros adultos;	• Revidar agressivamente (confronto);
• Bloquear contatos, sites, ficar *off-line*;	• Esquiva;
• Buscar conversar, expressar desconforto ou auxiliar vítimas.	• Estratégias focadas no alívio apenas do desconforto/emoção como não pensar no assunto e usar drogas.

Dados de um estudo recente para fins de ilustração

Em um estudo recente, realizado no Grupo de Pesquisa "Relações Interpessoais e Violência: Contextos Clínicos, Sociais, Educativos e Virtuais", o percentual de participantes envolvidos no *cyberbullying* (58%) mostrou-se superior ao indicado por estudos de referência no tema, que indicam uma prevalência entre 20% e 40% (Li, 2005; Smith, *et al.*, 2008; Tokunaga, 2010). Essas diferenças podem ser explicadas pelo crescente uso de tecnologias entre os adolescentes, que os tornam mais vulneráveis a esse tipo de agressão. Além disso, outro fator a ser considerado, é a evolução pela qual passou a pesquisa sobre *cyberbullying* na útima década, permitindo assim o desenvolvimento de instrumentos mais adequados à avaliação do fenômeno (Mallmann, 2016).

Com relação a diferenças entre meninos e meninas no envolvimento com o *cyberbullying*, mais meninas referiram ter sido vítimas e agressoras do que os meninos, enquanto houve o mesmo número de meninas e meninos que foram vítimas-agressores. No entanto, essas diferenças não foram estatisticamente significativas. Por outro lado, ao compararem-se envolvidos de maneira geral – independentemente do papel desempenhado na *cyber* agressão – com não envolvidos, a frequência entre as meninas foi significativamente mais elevada (Mallmann, 2016). Esses achados corroboram a tendência apontada por Li (2007) de que meninas tendem a se envolver mais no *cyberbullying* – uma forma de agressão em que não há contato físico direto com a vítima – enquanto meninos relacionam-se mais ao *bullying* tradicional, especialmente as agressões físicas. Essas diferenças podem ser compreendidas, analisando-se padrões sociais normativos, que atribuem expectativas quanto ao comportamento de cada gênero (Beckman, *et al.*, 2013). Ou seja, enquanto os meninos são socializados a responderem a provocações de forma agressiva direta e explícita, com ênfase na agressão física, as meninas são educadas a responderem de forma mais sutil ou indireta a ataques agressivos e/ou na expressão de sua agressividade (Björkqvist, 1994).

Com relação às estratégias para lidar com *cyberbullying*, as vítimas e vítimas-agressores apresentaram diferenças significativas em comparação a não vítimas na utilização de determinadas estratégias. Agressores-vítimas demonstraram utilizar mais a estratégia de confronto do que não envolvidos (Mallmann, 2016). Essa estratégia diz respeito a manifestações emocionais, expressões de raiva em relação ao agressor e desejo de confronto direto com ele (Lazarus & Folkman, 1988). Desse modo, o fato de a estratégia de confronto ser mais usual em vítimas-agressores, pode indicar que a agressão seja uma resposta do indivíduo à vivência anterior de vitimização. No entanto, a confrontação pode representar um risco para revitimizações, estando associada, inclusive, ao desenvolvimento de sintomas depressivos (Machmutow *et al.*, 2012).

Em relação às vítimas, elas indicaram maior uso de duas estratégias focadas na emoção-autocontrole e fuga-esquiva – em comparação a não vítimas. Na estratégia de autocontrole, os escores médios das vítimas foram quase o dobro do pontuado pelos não envolvidos (MALLMANN, 2016). Isso significa que as vítimas tendem a inibir suas expressões emocionais e comportamentos espontâneos (LAZARUS & FOLKMAN, 1988). Tendo em vista que o *cyberbullying*, muitas vezes, envolve formas de críticas e humilhação, torna-se compreensível que a vítima desenvolva maior controle sócio-emocional como forma de evitar que novas agressões ocorram. Esse resultado é condizente com dados apontados na literatura que relacionam a vitimização por *cyberbullying* a características internalizantes, o que pode gerar sintomas depressivos, ansiedade social, diminuição na autoestima, entre outros (CROSS, LESTER & BARNES, 2015; HINDUJA & PATCHIN, 2010).

Por outro lado, vítimas também apresentaram maiores escores na estratégia de busca de suporte social em comparação a não vítimas (MALLMANN, 2016). Esse é um dado positivo, tendo em vista que o apoio social é apontado como uma estratégia efetiva para lidar com o *cyberbullying* e reduzir riscos para o desenvolvimento de psicopatologias (HINDUJA & PATCHIN, 2007; NIXON, 2014; RASKAUSKAS & HUYNH, 2015; VÖLLINK *et al.*, 2013). No entanto, para que o suporte social seja positivo, é necessário que a criança tenha pessoas com as quais possa contar, capazes de fornecer tanto auxílio prático quanto apoio emocional (PALLADINO *et al.*, 2012).

Para a estratégia de fuga-esquiva, vítimas demonstraram fazer mais uso desse modo de enfrentamento do que não envolvidos (MALLMANN, 2016). Essa forma de *coping* refere-se à evitação de pensamentos ou situações que remetam ao *cyberbullying*, muitas vezes por meio de comportamentos como dormir ou comer excessivamente, fazer uso de drogas, afastar-se de outras pessoas. Além disso, essa estratégia também pode envolver reavaliações irrealistas da situação, como, por exemplo, esperar que, por um milagre, as agressões cessem ou desapareçam (LAZARUS & FOLKMAN, 1988). A utilização desse tipo de estratégia é associada, em diversos estudos, a sintomas depressivos, ansiedade e baixa autoestima e à manutenção da vitimização (MACHMUTOW, 2012; VÖLLINK *et al.*, 2013). Deve-se considerar também que a fuga-esquiva foi um preditor para a vitimização por *cyberbullying*. Ou seja, quanto mais as crianças se esquivam, mas podem ser ou continuar sendo vítimas dessa violência. Assim, pais e professores devem estar atentos a isolamentos e retrações por parte desses jovens. E, ainda, torna-se importante o desenvolvimento de intervenções que busquem ampliar o repertório de estratégias das crianças, empoderando-as e buscando aprimorar estratégias relacionadas ao bem-estar e promoção de saúde mental.

Mensagem para manter sempre em mente

- Crianças são nativos digitais – tecnologias fazem parte da vida e são benéficas;
- Cyberbullying é uma violência que pode gerar consequências muito negativas para os envolvidos;
- Pais e Professores devem ser ativos. Escolas devem se posicionar. As crianças não conseguirão sair dessa violência por elas mesmas.

A tecnologia com adolescentes em contexto escolar tem aspectos tanto positivos quanto negativos. Os alunos são capazes de sintetizar seu aprendizado por meio do uso de tecnologias móveis. Outrossim, podem aumentar a comunicação com colegas e professores por meio de plataformas online que estimulam a criatividade e modos diferentes de aprendizado. Os professores podem encontrar novos ICTs que podem ser úteis em sala de aula, na medida em que auxiliam na manutenção do engajamento dos alunos e ajudam a criar um ambiente de sala de aula que trabalha no sentido de encontrar os alunos onde eles estão. Também, os psicólogos escolares podem começar a usar os BITS para prover CBT em sessões com seus alunos de forma a oferecer intervenções para uma variedade de dificuldades psicológicas que os adolescentes podem enfrentar. Adolescentes, especialmente, podem ser mais inclinados a usar BITS juntamente com a terapia, quando comparado com a terapia tradicional face a face sozinha (Coyle *et al.*, 2011; Griffiths, 2013). Ainda, a tecnologia tem suas desvantagens e pode levar a resultados negativos tais como *cyberbullying*, insônia e baixa autoestima, sobre as quais os psicólogos e educadores devem manter-se vigilantes. Além do mais, os administradores escolares devem ficar atentos e vigilantes no reconhecimento da dinâmica dos alunos no ambiente escolar. De forma geral, o uso de tecnologia com adolescentes em saúde mental pode ser benéfico e oferecer uma intervenção positiva mais valiosa que os métodos tradicionais sozinhos.

Referências

Bannink, R., Broeren, S., van de Looji-Jansen, P. M., Waart, F. G., & Raat, H. (2014). Cyber and traditional bullying victimization as a risk factor for mental health problems and suicidal ideation in adolescents. *PLOS one, 9* (4), e94026. doi: 10.1371/journal.pone.0094026

Baker, Ö. E., & Tanrıkulu, İ. (2010). Psychological consequences of cyber bullying experiences among Turkish secondary school children. *Procedia – Social and Behavioral Sciences*, 2(2), 2771–2776. doi:10.1016/j.sbspro.2010.03.413

Beckman, L., Hagquist, C., & Hellström, L. (2013). Discrepant gender patterns for cyberbul-lying and traditional bullying: An analysis of Swedish adolescent data. *Computers in Human Behavior*, 29, 1896-1903.

Beran, T., & Li, Q. (2005). Cyber-harassment: A study of a new method for an old behavior. *Journal of Educational Computing Reaserch*, 32(3), 265-277.

Brewer, G., & Kerslake, J. (2015). Cyberbullying, self-esteem, empathy and loneliness. *Computers in human behavior*, 48, 255-260.

Brown, C. F., Demaray, & Secord, S. M. (2014). Cyber victimization in middle school and relations to social emotional outcomes. *Computers in Human Behavior*, 35, 12-21.

Björqvist, K., Osterman, K., & Hjelt-Back, M. (1994). Aggression among university employees. *Aggressive Behaviour*, 20(3), 173-184. http:/dx.doi.org/10.1016/j.chb.2015.01.0730747-5632

Campbell, M. A., Spears, B, Slee, P., Butler, D. A., & Kift, S. M. (2012). Victims' perceptions of traditional and cyberbullying, and the psychosocial correlates of their victimisation. *Emotional and Behavioural Difficulties*, 17(3-4), 389-401.

Cross, D. S., Lester, L. J., Barnes, A. (2015). A longitudinal study of the social and emotional predictors and consequences of cyber and traditional bullying victimisation. *International Journal of Public Health*, 60(2), 207-217.

Fundo das Nações Unidas para a Infância –UNICEF (2013). *O uso da internet por adolescentes*. Recuperado em: <http://www.unicef.org/brazil/pt/br_uso_internet_adolescentes.pdf>.

Folkman, S., Lazarus, R.S., Dunkel-Schetter, C., DeLongis, A., & Gruen, R.J. (1986). Dy-namics of a stressful encounter: cognitive appraisal, coping, and encounter outcomes. *Journal of Personality and Social Psychology*, 50(5), 992-1003.

Folkman, S., & Lazarus, R. S. (1988). *Ways of coping questionnaire: Manual, Instrument, Scoring Guide*. Mind Garden

Hinduja, S., & Patchin, J. W. (2007). Off-line consequences of online victimization: School violence and delinquency. *Journal of School Violence*, 6(3), 89-112. doi:10.1300/J202v06n03_06

Hinduja, S., & Patchin, J. W. (2010). Bullying, cyberbullying, and suicide. *Archives of Suicide Research*, 14(3), 206-221. doi:10.1080/13811118.2010.494133

Hinduja, S., & Patchin, J. W. (2012). Cyberbullying May Exacerbate Problems That Can Lead to Suicide. In L. Gerdes (Ed.), *Cyberbullying* (pp. 52-56). New York: Cengage Learning.

Jacobs, N. C. L., Dehue, F., Völlink, T., & Lechner, (2014). Determinants of adolescents' ineffective and improved coping with cyberbullying: A Delphi study. *Journal of Adolescence*, 37, 373-385.

Jung, Y. E., Leventhal, B., Kim, Y. S., Park, T. W., Lee, S. H., Lee, M., Park, J. I. (2014). Cyberbullying, problematic internet use, and psychopathologic symptoms among Kore-an youth. *Yonsei Medical Journal*, 55(3), 826-830. doi: 10.3349/ymj.2014.55.3.826

Juvonen, J., & Gross, E. (2008). Extending the school grounds? Bullying experiences in cyberspace. *The Journal of School Health*, 78(9), p. 496-505.

Kessel Schneider, S., O'Donnell, L., Stueve, A., & Coulter, R. W. S. (2012). Cyberbullying, school bullying, and psychological distress: A regional census of high school students. *American Journal of Public Health*, 102(1), 171-177.

Kowalski, R. M., Limber, S. P., Agatston, P. W. (2012). *Cyberbullying in the digital age*. West Sussex, UK: Wiley-Blackwell.

Landoll, R. R., La Greca, A. M., Lai, B. S., Chan, S. F., & Herge, W. M. (2015). Cyber vitimization by peers: Prospective associations with adolescente social anxiety and depressive symptoms. *Journal of Adolescence*, 42, 77-86.

Lazarus, R.S., & Folkman (1984). *Stress, appraisal, and coping*. Nova York, NY: Springer Publishing Company.

Li, Q. (2006). Cyberbullying in schools: A research of gender differences. *School Psychology International*, 27(2), 157-170.

Li, Q. (2007). New bottle, but old wine: A reasearch of cyberbullying in schools. *Computers in human behavior*, 23, 1777-1791.

Li, Q. (2010). Cyberbullying in high schools: A study of students' behaviors and beliefs about this new phenomenon. *Journal of Aggression, Maltreatment & Trauma*, 19(4), 372-392

Li, Q., Smith, P. K., & Cross, D. (2012). Research into cyberbullying. Li, Q., Cross, D., & Smith, P. K. (Eds.). In *Cyberbullying in the global playground: Research from interna-tional perspectives*. West Sussex, UK: Blackwell Publishing.

Lonigro, A., Schneider, B. H., Laghi, F., Baiocco, R., Pallini, S., & Brunner, T. (2014). Is cyberbullying related to trait or state of anger? *Child Psychiatry & Human Development*, Publicação online antecipada.

Machmutow, K., Perren, S., Sticca, F., & Alsaker, F. D. (2012). Peer victimisation and de-pressive symptoms: Can specific coping strategies buffer the negative impact of cybervictimisation? *Emotional and Behavioral Difficulties*, 17(3), 403–420.

Menesini E., & Spiel, C. (2012). Cyberbullying: Development, consequences, risks and protective factors. *European Jornal of Developmental Psychology*, 9 (2), 163-167.

Menesini, E., Nocentini, A., Palladino, B. E., Scheithauer, H., Schultze--Krumbholz, A., Frisén, A., Berne, S., Luik, P., Naruskov, K., Ortega, R., Calmaestra, J., & Blaya, C. (2013). Definitios of cyberbullying. In Smith, P. K. & Steffgen, G. (Eds). *Cyberbullying through the new media: Findings from an international network*. Londres, UK: Psychology Press.

Na, H., Dancy, B., & Park, C. (2015). College Student Engaging in Cyberbullying Victimiza-tion: Cognitive Appraisals, Coping Strategies, and Psychological Adjustments. *Archieves of Psychiatric Nursing*, 29, 155-161. 10.1016/j.apnu.2015.01.008 0883-9417.

Nixon, C. L. (2014). Current perspectives: The impact of cyberbullying on adolescents health. *Adolescent Health, Medicine and Therapeutics*, 5, 143-158.

Olweus, D. (1993). *Bullying at school: What we know and what we can do*. London: Blackwell.

Palladino, B.E., Nocentini, A., & Menesini, E. (2012). Online and offline peer led models against bullying and cyberbullying. *Psicothema*, 24, 634-639.

Price, M., & Dalgleish, J. (2010). Cyberbullying: Experiences, impacts and coping strategies as described by Australian young people. *Youth Studies Australia*, 29, 51-59.

Patchin, J. W., & Hinduja, S. (2010). Cyberbullying and self-esteem. *Journal of School Health*, 80 (12), 614-621.

Palfrey, J., & Gasser, U. (2011). *Nascidos na era digital: Entendendo a primeira geração de nativos digitais*. Porto Alegre, RS: Artmed.

Pham, T., & Adesman, A. (2015). Teen victimization: Prevalence and consequences of tradi-tional and cyberbullying. *Current opinion in pediatrics*, 27, 000-000. doi: 10.1097/MOP.0000000000000290

Raskauskas, J., & Huynh, A. (2015). The Process of Coping with Cyberbullying: *A System-atic Review. Aggression and Violent Behavior*, 1-8. doi:http://dx.doi.org/10.1016/j.avb.2015.05.019

Sevcikova, A., Smahel, D., Otavová, M. (2012). The perception of cyberbullying in adolescente victims. *Emotional and behavioural difficulties*, 17(3-4), 305-317.

Slonje, R., & Smith, P. K. (2008). Cyberbullying: Another main type of bullying? *Personal and social sciences*, 49, 147-154

Slonje, R., Smith, P. K., & Frisén, A. (2012). Process of cyberbullying, and fellings of remorse by bullies: A pilot study. *European Journal of Developmental Psychology*, 2(2), 244-259.

Smith, P.K. (2004). Bullying: Recent developments. *Child and adolescent mental health*, 9(3), 98-103.

Smith, P. K., Mahdavi, J., Carvalho, M., Fisher, S., Russel, S., & Tippett, N. (2008). Cyberbullying: Its nature and impact in secondary school pupils. *Child psychology and Psychiatry, 49*(4), 376-385.

Smith, P. K. (2012). Cyberbullying: Challenges and opportunities for a research program – A response to Olweus. *European Journal of Developmental Psychology*, 9 (5), 553-558.

Smith, P. K., Steffgen, G., & Sittichai, R (2013). The nature of cyberbullying, and the inter-national network. In Smith, P. K. & Steffgen, G. (Eds). *Cyberbullying through the new media: Findings from an international network.* Londres, UK: Psychology Press.

Tokunaga, R. S. (2010). Following you home from school: A critical review and synthesis of reaserch on cyberbullying victimization. *Computers in human behavior*, 26, 277-287.

Van Geel, M., Vedder, P., & Tanilon, J. (2014). Relationship between peer victimization, cyberbullying and suicide in children and adolescentes. *JAMA Pediatrics*, 168 (5), 435-442.

Walrave, M., & Heirman, W. (2013). Adolescents, online marketing and privacy: predicting adolescents' willingness to disclose pesonal information for marketing purposes. *Children and society*, 27, 434-447.

Wigderson, S., & Lynch, M. (2013). Cyber- and tradicional peer victimization: Unique rela-tionships with adolescente well-being. *Psychology of Violence*, 3(4), 297-309

Ybarra, M. L., Boyd, D., Korchmaros, J. D., & Oppenheim, J. (2012). Defining and Measuring Cyberbullying Within the Larger Context of Bullying Victimization. *Journal of Adolescent Health*, 51(1), 53-58. doi:10.1016/j.jadohealth.2011.12.031

Best, P., Manktelow, R., & Taylor, B. (2014). Online communication, social media and adolescent wellbeing: A systematic narrative review. *Children and Youth Services Review*, *41*, 27-36.

Christensen, R., Knezek, G., & Tyler-Wood, T. (2015). Alignment of Hands-on STEM Engagement Activities with Positive STEM Dispositions in Secondary School Students. *Journal of Science Education and Technology*,*24*(6), 898-909.

Coyle, D., McGlade, N., Doherty, G., & O'Reilly, G. (2011, May). Exploratory evaluations of a computer game supporting cognitive behavioural therapy for adolescents. In *Proceedings of the SIGCHI Conference on Human Factors in Computing Systems* (pp. 2937-2946). ACM.

Culén, A. L., & Gasparini, A. (2011). iPad: a new classroom technology? A report from two pilot studies. *INFuture Proceedings*, 199-208.

Cyr, B. A., Berman, S. L., & Smith, M. L. (2015, February). The Role of Communication Technology in Adolescent Relationships and Identity Development. In *Child & Youth Care Forum* (Vol. 44, No. 1, pp. 79-92). Springer US.

Diamanduros, T., Downs, E., & Jenkins, S. J. (2008). The role of school psychologists in the assessment, prevention, and intervention of cyberbullying. *Psychology in the Schools*, *45*(8), 693-704.

Domingo, M. G., & Garganté, A. B. (2016). Exploring the use of educational technology in primary education: Teachers' perception of mobile technology learning impacts and applications' use in the classroom. *Computers in Human Behavior, 56*, 21-28.

Donovan, C. L. & March, S. (2014). Online CBT for preschool anxiety disorders: A randomised control trial. *Behavior Research and Therapy, 58*, 24-35.

Downes, J. M., & Bishop, P. (2012). Educators engage digital natives and learn from their experiences with technology: Integrating technology engages students in their learning. *Middle School Journal*, *43*(5), 6-15.

Edmunds, R., Thorpe, M., & Conole, G. (2012). Student attitudes towards and use of ICT in course study, work and social activity: A technology acceptance model approach. *British journal of educational technology, 43*(1), 71-84.

Ferdousi, B., & Bari, J. (2015). Infusing mobile technology into undergraduate courses for effective learning. *Procedia-Social and Behavioral Sciences, 176*, 307-311.

Firmin, M. W., & Genesi, D. J. (2013). History and implementation of classroom technology. *Procedia-Social and Behavioral Sciences, 93*, 1603-1617.

George, M. J., & Odgers, C. L. (2015). Seven fears and the science of how mobile technologies may be influencing adolescents in the digital age. *Perspectives on Psychological Science, 10*(6), 832-851.

Griffiths, M. (2003). The therapeutic use of videogames in childhood and adolescence. *Clinical child psychology and psychiatry, 8*(4), 547-554.

Griffiths, K. M., & Christensen, H. (2007). Internet-based mental health programs: A powerful tool in the rural medical kit. *Australian Journal of Rural Health*. 15, 81-87

Gu, X., Zhu, Y., & Guo, X. (2013). Meeting the" Digital Natives": Understanding the Acceptance of Technology in Classrooms. *Educational Technology & Society, 16*(1), 392-402.

Hawken, L. S. (2006). School psychologists as leaders in the implementation of a targeted intervention: The Behavior Education Program. *School Psychology Quarterly, 21*(1), 91.

Heath, M., Sutherland, C., Bartel, K., Gradisar, M., Williamson, P., Lovato, N., & Micic, G. (2014). Does one hour of bright or short-wavelength filtered tablet screenlight have a meaningful effect on adolescents' pre-bedtime alertness, sleep, and daytime functioning?. *Chronobiology international,31*(4), 496-505.

Jones, M.K., Dickter, B., Beard, C., Perales, R., & Bunge, E.L. (under review). Meta-analysis on cognitive behavioral treatment and behavioral intervention technologies for anxious youth: More than a BIT effective.

Khanna M.S., & Kendall, P.C. (2010). Computer-assisted cognitive behavioral therapy for child anxiety: Results of a randomized clinical trial. *Journal of Consulting and Clinical Psychology, 78(5),* 737–745.

Kennedy, G. E., Judd, T. S., Churchward, A., Gray, K., & Krause, K. L. (2008). First year students' experiences with technology: Are they really digital natives. *Australasian journal of educational technology, 24*(1), 108-122.

Kim, E. (2013). Music technology-mediated teaching and learning approach for music education: A case study from an elementary school in South Korea.*International Journal of Music Education*, *31*(4), 413-427.

Mevident Teen-Wellness. (2013). Retrieved February 28, 2016, from https://www.teenwellness.com/home/

Muñoz, R. F. (2010). Using evidence-based internet interventions to reduce health disparities worldwide.*Journal of Medical Internet Research*, 12(5).

Nastasi, B. K., Varjas, K., Bernstein, R., & Pluymert, K. (1998). Mental health programming and the role of school psychologists. *School Psychology Review.*

Nesi, J., & Prinstein, M. J. (2015). Using social media for social comparison and feedback-seeking: gender and popularity moderate associations with depressive symptoms. *Journal of abnormal child psychology*, *43*(8), 1427-1438.

O'Kearney, R., Gibson, M., Christensen, H., & Griffiths, K. (2006) Effects of a cognitive-behavioural Internet program on depression, vulnerability to depression and stigma in adolescent males: A school-based controlled trial. *Cognitive Behaviour Therapy*. *35*(1), 43-54.

O'Neill, B., Livingstone, S., & McLaughlin, S. (2011). Final recommendations for policy, methodology and research.

Park, E. & Drake, E. (2015). Systematic Review: Internet-based program for youth smoking prevention and cessation.*Journal of Nursing Scholarship*, *47*(1), 43-50.

Rice, E., Rhoades, H., Winetrobe, H., Sanchez, M., Montoya, J., Plant, A., & Kordic, T. (2012). Sexually explicit cell phone messaging associated with sexual risk among adolescents. *Pediatrics*, peds-2012.

Simcox, A., Nuijens, K., & Lee, C. (2006). School counselors and school psychologists: Collaborative partners in promoting culturally competent schools. *Professional School Counseling*, *9*(4), 272-277.

Smith, S. (2013). Through the teacher's eyes: Unpacking the TPACK of digital fabrication integration in middle school language arts. *Journal of Research on Technology in Education*, *46*(2), 207-227.

Splett, J. W., Fowler, J., Weist, M. D., McDaniel, H., & Dvorsky, M. (2013). The critical role of school psychology in the school mental health movement. *Psychology in the Schools*, *50*(3), 245-258.

The Evolution of Technology in the Classroom. (2016). Retrieved February 28, 2016, from http://online.purdue.edu/ldt/learning-design-technology/resources/evolution-technology-classroom

Wang, Q., Woo, H. L., Quek, C. L., Yang, Y., & Liu, M. (2012). Using the Facebook group as a learning management system: An exploratory study. *British Journal of Educational Technology, 43*(3), 428-438.

Timmer, S. G., Eccles, J., & O'Brien, K. (1985). How Children Use Time. In F. S. Juster, F. P. (Ed.), *Time, Goods, and Well-Being* (pp. 353-382). Ann Arbor, MI: Institute for Social Research.

Weist, M.D., Youngstrom, E.A., Stephan, S., Lever, N., Fowler, J., Taylor, L., McDaniel, H., Chappelle, L., Paggeot, S., & Hoagwood, K. (2014). Challenges and ideas from a research program on high-quality, evidence--based practice in school mental health. *Journal of Clinical Child and Adolescent Psychology, 43*(2), 244-255.

Williams, D. L., Crittenden, V. L., Keo, T., & McCarty, P. (2012). The use of social media: an exploratory study of usage among digital natives. *Journal of Public Affairs, 12*(2), 127-136.

Wittchen, H. U., Stein, M. B., & Kessler, R. C. (1999). Social fears and social phobia in a community sample of adolescents and young adults: prevalence, risk factors and co-morbidity. *Psychological medicine, 29*(02), 309-323.

Wuthrich, V.M., Rapee, R.M., Cunningham, M.J., Lyneham, H.J., Hudson, J.L., & Schniering, C.A. (2012). A randomized controlled trial of the Cool Teens CD-ROM computerized program for adolescent anxiety. *Journal of the American Academy of Child and Adolescent Psychiatry, 51*(3), 261-270.

A+B=C
A+B=C
A+B=C
A+B=C

Os próximos dois capítulos tratam de abordar os problemas em saúde mental mais comuns no dia a dia das escolas e as formas de abordagens, incluindo a psicoterapia, a medicação e a relação com o ambiente escolar. Apesar disso, devemos lembrar que todos os alunos são alunos especiais. Cada um tem uma particularidade, uma especificidade que merece ser atendida, de forma especial... por você.

Débora C. Fava

A+B=C
A+B=C
A+B=C
A+B=C

CAPÍTULO 8

Psicopatologia na escola: importância da escola na avaliação e melhora do quadro

Débora C. Fava
Patrícia Barros

O paciente que visita o consultório do psicoterapeuta ou as salas de atendimento psicológico em clínicas e ambulatórios, é o mesmo que se senta na sala de aula. Nessa lógica, o professor lida com a psicopatologias das crianças e com tudo o que é inerente a elas.

A prevalência mundial de problemas de saúde mental em crianças varia de 10% a 20% e no Brasil, estudos mostram a expressividade de problemas de comportamento em sala de aula e a prevalência de transtornos mentais em crianças pré-escolares e escolares (Ferriolli, Marturano & Puntel, 2007; Marturano & D'Abreu, 2011; Thiengo, Cavalcante & Lovisi, 2014).

Diversos são os preditores que aumentam o risco para o desenvolvimento de problemas mentais, como baixa renda, baixo nível cultural e social, menor nível escolar dos pais bem como histórico de doença mental na família e problemas conjugais e de maus tratos no núcleo familiar. Um estudo brasileiro avaliou crianças do sul do Brasil e encontrou que o tipo de escola frequentado pela criança, se pública ou privada, também apresenta associação significativa com os problemas totais da escala CBCL em crianças de ensino fundamental (Borsa, de Souza & Bandeira, 2011). Nessa amostra, as crianças que frequentavam escolas públicas apresentaram 3,2 vezes mais probabilidade de serem clínicas na escala de problemas totais de comportamento.

O objetivo deste capítulo é levar conhecimento aos profissionais da educação e da psicologia escolar sobre os problemas em saúde mental mais comumente encontrados em salas de aula. Ressalta-se que o diagnóstico clínico é exclusivo de profissionais da psicologia e da psiquiatria. No entanto, os professores são auxiliares importantes na observação e relato dos sinais e sintomas dos pacientes, e devem ter acesso a esse conhecimento a fim de que possam ser coadjuvantes na prevenção e identificação precoce de problemas em saúde mental.

Existem alguns instrumentos que o clínico pode solicitar que o professor preencha para ajudar na investigação de sintomas e sinais. Alguns exemplos são os questionários da ASEBA (Bordin *et al.*, 2013), que investigam uma gama extensa de problemas em saúde mental. Ao fim deste capitulo, após conhecer um pouco sobre alguns dos problemas em saúde mental, é apresentada uma proposta de instrumento para auxiliar no reconhecimento de alguns sinais e sintomas que podem sugerir um quadro de transtorno mental.

Problemas com o humor

Os **transtornos depressivos** são geralmente atribuídos a adultos. No entanto, o Transtorno Depressivo Maior (TDM) na infância, acomete as crianças, podendo apresentar sintomas diferenciados (APA, 2013). Em crianças pré-escolares, os sintomas físicos como dores de cabeça e de barriga, cansaço e tontura estão presentes na maioria dos casos de depressão (Bahls, 2002a; Goodyer, 1996). Sintomas de ansiedade, medos, agitação e irritabilidade, alterações no apetite e no sono também são característicos em casos de depressão na infância. As crianças podem perder o desejo de brincar e de realizar as atividades que costumavam lhes dar prazer. Podem assumir uma fisionomia triste e chorar frequentemente. Além disso, parecem ficar menos habilidosas socialmente, o que, em casos mais graves, pode levá-las a assumir comportamento agressivo e destrutivo contra seus colegas e professores.

Quanto mais velha for a criança, maior a sua capacidade em falar sobre seus sentimentos. Por isso, os alunos de ensino fundamental, quando deprimidos, podem verbalizar sua tristeza, desmotivação e desesperança. Por vezes, recusam a ir para a aula e isso muitas vezes é interpretado como um comportamento de birra ou manha. O isolamento é uma das características mais comuns da depressão. As crianças que se isolam, podem perder oportunidades de se manter conectadas com os amigos e de realizar as atividades em grupo. Devido ao comportamento de se manter afastado, os colegas podem se sentir preteridos e não mais realizam esforços para integrar o coleguinha deprimido. Todo esse contexto, somado a dificuldades cognitivas de atenção, concentração e memória, levam a um declínio no rendimento escolar (Bahls, 2002b).

Se o professor percebe que algum aluno perdeu o interesse em coisas de que antes gostava ou está apresentando humor triste, ele deve observar se há outras características como as mencionadas no quadro a seguir. Em caso positivo, é possível que o aluno possa estar apresentando um quadro de TDM.

- Alterações no peso (sem fazer dieta) ou no sono (pode aparecer com muito sono na sala de aula por não estar conseguindo dormir à noite ou dormir em excesso);
- Maior agitação ou lentidão do que de costume;
- Cansaço ou como se estivesse sem energia para realizar coisas simples do dia a dia;
- Refere sentimentos de ser inútil ou se culpa excessivamente por qualquer situação;
- Dificuldade de pensar, se concentrar na aula e nos exercícios, ou de tomar decisões e escolher o que deseja;
- Pensamentos relacionados à morte ou comportamento que envolvem risco de morte.

O QUE FAZER?

Quando o professor observar esses problemas, deve comunicar ao setor de psicologia escolar. O psicólogo da instituição poderá ajudar a investigar mais profundamente esses sintomas e comunicar aos pais que serão orientados a levar o filho para atendimento em psicoterapia, sem dúvida. No entanto, a escola poderá ser coadjuvante no tratamento da criança, na medida em que busca entender sobre as dificuldades e acompanhar a evolução com o psicólogo clínico.

Promover um bom clima dentro da sala de aula e acolher os sentimentos da criança fazem parte das práticas de um educador. Por exemplo, Júlia (8 anos) foi encaminhada pela escola a um psicólogo clínico, por apresentar diversos sintomas e principalmente por recusar-se a fazer qualquer tipo de atividade ou brincadeira. Em contato com a escola, o psicólogo de Júlia pôde auxiliar o professor, comunicando (com autorização dos pais e da criança) o diagnóstico de depressão e falando sobre os sentimentos dela com relação aos colegas e professores.

Situação:	professor pede para Júlia juntar-se a três colegas para realizar trabalho em grupo.
Pensamento de Júlia:	sou péssima e ninguém vai gostar de ter a mim no grupo.
Emoção:	tristeza e raiva
Comportamento:	nega o pedido da professora, cruza os braços e não levanta de sua cadeira.

Para o psicólogo de Júlia, além do seu comportamento deprimido ter relação com os pensamentos negativos que se originaram desde a sua casa, a maneira como o professor propõe a atividade pode ajudá-la a modificar seus pensamentos disfuncionais. Por exemplo, se o professor deixar que os grupos se formem livremente e depois tente incluí-la em algum, muito provavelmente haverá resistência por parte dela. É importante lembrar que o aluno deprimido pode ser mais lento e ter mais dificuldade de tomar decisão do que os outros colegas. Uma forma de minimizar esse problema é o professor participar de algum grupo e escolher integrantes, incluindo a Júlia; ou, reforçar as habilidades que cada um de seus alunos tem, por exemplo:

"Iremos fazer um trabalho em grupo! Somos 20 na turma e faremos quatro grupos de cinco colegas. Vou lembrar a vocês que a Marta, o João e o Miguel são ótimos em fazer letra grande em cartaz. A Júlia e a Isabela são ótimas desenhistas e podem fazer lindas decorações; o Augusto, a Mari, a Gabi e a Antônia podem ficar cada um num grupo, pois adoram apresentar em voz alta..."

Reforçar as habilidades dos alunos e direcionar para que o grupo escolha a Júlia para determinado papel pode parecer uma estratégia "falsa" de criar uma situação favorável. No entanto, o grupo terá a oportunidade de ter a Júlia no trabalho e ela irá ter a oportunidade de fazer uma atividade e ser reforçada naturalmente pelos colegas, bem como se empenhar em algo diferente do que ficar sentada sozinha no seu lugar. Esse novo comportamento, impulsionado pelo professor, pode ser fundamental para a melhora da aluna.

Outro transtorno da classe dos depressivos é o **Transtorno Disruptivo da Desregulação de Humor** (TDDH). Apesar de não se saber exatamente a prevalência desse diagnóstico, estima-se que até 5% de crianças e adolescente possam apresentar o problema (APA, 2013). A principal característica dessas crianças é a irritabilidade crônica grave, que é expressa por explosões de raiva desproporcionais e um padrão irritável e zangado que se mantém entre as explosões, que devem ocorrer pelo menos três vezes por semana para ser considerado o TDDH. Esse diagnóstico não é atribuído a crianças pré-escolares, principalmente, porque as explosões de raiva são desproporcionais e incompatíveis com o nível de desenvolvimento. Sabe-se que crianças menores de seis anos podem, frequentemente, apresentar birras e choros excessivos devido a situações quaisquer do ambiente. Espera-se, que até o final da primeira infância, a criança já seja capaz de tolerar pequenas frustrações e postergar gratificações, diminuindo assim os episódios de birra e descontrole emocional.

Os alunos com TDDH podem ser facilmente apelidados de ranzinzas e chatos. Eles frequentemente veem o lado negativo das coisas, problematizam situações simples, negam participar de atividades e brincadeiras e não toleram qualquer frustração. No contexto educacional, essas crianças têm dificuldade em ter sucesso escolar devido ao seu comportamento pessimista e irritado e acabam por ter problemas em iniciar e manter amizades com seus colegas dentro e fora da escola. A família de crianças acometidas por esse transtorno, pode ter dificuldades em lidar com o padrão comportamental dos filhos, proporcionando uma manutenção ou piora do quadro de irritabilidade crônica.

O professor que lida com esse aluno, vê a frustração e a irritação de perto! Tem dificuldades em estabelecer um bom clima em sala de aula devido às explosões repentinas. Além disso, o aluno com irritabilidade crônica já deixou suas marcas em todos os relacionamentos por onde passou, o que dificulta a sua reintegração dentre os colegas. Dessa forma, se o professor observa que o seu aluno tem esse padrão de irritabilidade crônica e explosões de raiva, é imprescindível que uma intervenção seja feita o quanto antes, a fim de minimizar os prejuízos decorrentes da interação do aluno com os pares.

O QUE FAZER?

O encaminhamento para psicoterapia pode ser realizado pelo psicólogo escolar. Além disso, ressalta-se a importância de trabalhar com o grupo para um treino de habilidades sociais e de regulação emocional. Alguns programas já foram desenvolvidos na tentativa de abraçar esses problemas de comportamento, no entanto, nem sempre são fáceis de aplicar. Nesse sentido, Fava (2014), propõe um programa de treinamento de professores de crianças desde a pré-escola. O programa busca instrumentalizar o professor com conhecimento e técnica sobre como lidar com os problemas emocionais e de comportamento dos alunos em sala de aula. A ideia é que o professor possa manejar as crises de forma a não tornar as suas consequências tão severas socialmente. Por exemplo, se um aluno é agressivo com outro, existe um conflito social a ser resolvido. Ele pode ser resolvido de forma a auxiliar os alunos a terem um bom desempenho na solução em grupo ou, por outro lado, pode ser resolvido de forma a piorar as consequências para a criança que pode ficar rotulada e aumentar as chances de uma nova crise ou explosão de raiva. O quadro a seguir adaptado de Fava (2014), ilustra como o professor pode auxiliar os alunos a solucionar um problema social.

Passos para a Solução de Problemas	
1	Definir o conflito: saber o ponto inicial do conflito, o que gerou, pode ser difícil para os alunos, por isso, o professor pode ajudar na leitura do evento e encontrar o problema a ser solucionado. Frequentemente, os alunos interpretam que foi alguém que começou ou agrediu. Na definição do conflito, o professor ajuda a 'desrotular' o aluno e identificar o que gerou o comportamento de explosão de raiva.
2	Estimular a criança a participar da solução: resolver o problema para as crianças ou dizer como fazer pode ajudar imediatamente no conflito, mas é mais eficiente em longo prazo se a criança for motivada a tentar solucionar seus próprios problemas do que ser incentivada a apenas pedir desculpas ou ser retirada do local para que se acalme.
3	Trabalhar em conjunto para gerar soluções: não só a criança envolvida pode gerar soluções. Os colegas podem ser convidados a pensarem e sugerirem outras formas de resolver. Dessa forma, é possível que mais crianças sejam atingidas pelo ensinamento e sirvam como motivadoras para as crianças envolvidas.

4	Prever as consequências das ideias levantadas: a partir das soluções recomendadas pelos alunos, a professora pode arquitetar uma consequência para cada uma, chamando atenção para aquela que seria a melhor estratégia. Pode fazer o uso de bonecos/ironias/brincadeiras/modelos para ilustrar as consequências, ou simplesmente conversar sobre as consequências na ocasião.
5	Avaliação: analisar como a estratégia empregada funcionou e ressaltar a importância da participação das partes em solucionar problemas.

Da mesma forma, quando se fala em irritabilidade crônica, é possível que o professor que recebe orientação para tal, seja capaz de modificar o padrão do aluno. Formas assertivas de aproximação, observação do ambiente, prevenção de potenciais situações que geram conflitos e frustrações, são algumas práticas sugeridas (Fava, 2014; Sugai *et al*, 2000). Além disso, o professor pode auxiliar os alunos a identificarem as emoções e ensiná-los a expressá-las adequadamente. Para isso, não é necessário que o professor altere a sua estrutura curricular e pleiteie por uma nova disciplina para que essas aprendizagens sejam possíveis. Pelo contrário! Todas essas técnicas podem ter mais relevância se aplicadas a qualquer momento, na hora em que o comportamento ou crise ocorrem. Frases e intervenções simples como:

- *"Percebo que você está incomodado com algo"*
- *"Você parece um pouco irritado, posso ajudá-lo a se sentir melhor?"*
- *"Vi que você não gostou quando seu colega o chutou sem querer"*
- *"Venha sentar-se um pouco aqui e conversemos para ficar mais tranquilo."*

Apoiar e validar a emoção do aluno, ajudá-lo a identificar sua emoção, ensiná-lo a expressá-la adequadamente e promover aprendizado para um adequando gerenciamento dos conflitos com colegas, são características essenciais para uma boa atuação do professor que auxilia no desenvolvimento socioemocional de seus alunos. Nesse ínterim, o educador pode prevenir, e até mesmo transformar positivamente o curso de um diagnóstico como o TDDH auxiliando na evolução do tratamento psicoterapêutico do aluno.

Problemas com a Ansiedade

Transtorno	Medo ou ansiedade excessiva e desproporcional ao nível de desenvolvimento	Apresenta outros sintomas como:
de Ansiedade de Separação	Em separar-se das figuras de apego, geralmente, mãe, pai, irmãos ou avós mais próximos.	• Sofre até mesmo antes que a situação aconteça ou na previsão de ela acontecer. • Preocupa-se com possíveis perigos ou ameaças envolvendo as figuras de apego (por exemplo: doenças, morte, assaltos, etc.) • Preocupa-se em ser sequestrado, sofrer um acidente ou ficar doente pois isso poderia levar a criança à separação, ainda que momentânea, da figura de apego. • Reluta em sair ou dormir fora de casa e em ir para escola, e/ou teme ficar sem a figura de apego durante o período que fica na classe. • Pesadelos sobre o tema e sintomas físicos como dores e náuseas quando prevê ou sofre pela separação.
de Ansiedade Social	Em ser exposto ou possivelmente avaliado em ambiente que envolva seus pares (não somente adultos). Exemplos: iniciar e manter conversas, apresentar trabalhos em público, ler ou responder perguntas em voz alta, comer e beber na frente dos colegas, entre outros.	• Preocupa-se que os outros percebam que está nervoso. • Evita as situações sociais ou, quando impossibilitado de evitá-las, suporta com intenso sofrimento.

de Fobia Específica	Acerca de um objeto ou situação que não ofereça perigo real. Animais: falar sobre animais em aulas ou ter que construir desenhos e fantoches do animal temido pode causar sintomas desagradáveis. Ambientes naturais: tempestade, trovões (em dias de chuva, pode ficar com o comportamento bastante alterado na sala de aula, ficando nervosa, chorosa, e difícil de controlar sua agitação ou irritabilidade). Sangue e ferimentos: (machucar-se durante o período da aula, ver algum colega machucado no recreio, ou até mesmo evitar brincar de correr por ter receio de presenciar a situação temida). Situacional: locais fechados como salas de apoio e atividades especificas, bem como a própria escola podem ser locais fóbicos. Outros: medo de asfixia e vômito por exemplo, pode levar a criança a ter medo de alimentar-se na escola. Medo de personagens caracterizados podem levar a criança a ter crise de ansiedade, medo e ataques de raiva frente a situações de festas na escola, por exemplo.	• Quando é aproximado ou pensa que pode ter contato com o objeto ou situação fóbica, tende imediatamente a apresentar medo e ansiedade, podendo manifestar-se por choros, ataques de raiva, imobilidade (ficar parado como estátua), ou comportamento de agarrar-se em alguém ou alguma coisa. • O aluno tenta evitar ao máximo o objeto ou situação temidos ou suporta com muito sofrimento.

Os transtornos ansiosos estão entre os problemas psiquiátricos mais prevalentes em crianças e adolescentes. A literatura demonstra que até

10% sofrem de algum transtorno ansioso na infância ou adolescência, e desses, mais da metade experimentará pelo menos um episódio de depressão como parte do seu problema de ansiedade (Asbahr, 2004). Os transtornos ansiosos merecem atenção aumentada por parte dos adultos, uma vez que os sintomas chamados de 'internalizantes' são mais dificilmente identificados, dificultando a observação por parte dos professores e demais responsáveis que convivem com a criança (Borsa, de Souza & Bandeira, 2011). Esse tipo de sintoma é definido como um conjunto de dificuldades de uma pessoa referente a si mesma. As crianças com sintomas internalizantes tendem a apresentar dificuldade de resolver seus problemas ou de solicitar auxílio para situações de difícil resolução. Em sua maioria, são crianças com perfil mais quieto, isoladas e que acabam por evitar interações sociais ou têm dificuldades em manter suas amizades devido a timidez e retraimento (Achenbach & Rescorla, 2000).

Devido à expressividade desse problema, autores desenvolveram programas para serem aplicados especialmente em escolas, a fim de psicoeducar e prevenir as crianças desse tipo de transtorno, como o Programa Friends. Com material já traduzido para o Português, o professor pode ser o facilitador desse programa que tem como objetivo a prevenção da ansiedade e a promoção de resiliência (Barret, 2008; Iizuka & Barret, 2011).

Na classe dos transtornos de ansiedade (APA, 2013), este capítulo irá abordar o Transtorno de Ansiedade de Separação, a Fobia Específica e o Transtorno de Ansiedade Social. O quadro a seguir explora cada um deles e expõe como podem ser manifestados no ambiente escolar.

Um aluno que apresente **Ansiedade de Separação** pode despertar, não raro, sentimentos ruins nos pais e nos professores. Os responsáveis pela criança podem entender que algo está acontecendo na escola e que pode estar gerando essa recusa dela. Alguns pais relatam sobre desconfiança de maus tratos na escola ou bullying e, ingenuamente, perguntam diretamente aos filhos "você está sendo maltratado?" ou "a professora fez algo que você não gostou?", etc. Esse tipo de pergunta pode levar a criança a ver uma oportunidade de confirmá-las e ter a aprovação dos pais para ficar em casa e aliviar assim a sua ansiedade. No entanto, esse alívio da ansiedade acaba por aumentar cada vez mais o seu medo e afastamento da escola. Da mesma forma, os professores podem interpretar que o aluno que apresenta essa recusa em ir para a escola, às vezes manifestada por gritos e choros na porta da sala de aula, é uma demonstração de que o professor não é querido e aceito pelo aluno. Esse tipo de entendimento distorcido pode levar à frustração o professor quanto a sua capacidade de ensinar e de favorecer um ambiente saudável e amigável.

O QUE FAZER?

Quando o professor é capaz de identificar, sem distorções, que o aluno sofre de Ansiedade de Separação, pode investir mais no vínculo com aquela criança. Como? Aceitar a presença da mãe na escola (durante o recreio por exemplo, ou minutos antes de a aula começar) e permanecer esse tempo junto com a dupla mãe-filho auxilia para que a criança se sinta segura e confie na palavra do professor. Esse, uma vez que a criança sinta ansiedade por estar longe da mãe, poderá ajudá-la a entender que a mãe não está correndo nenhum risco e que em breve a buscará na escola. Conhecer sobre as preferências da criança e sobre o que a deixa mais interessada e envolvida, ajuda a promover um ambiente tranquilo e seguro, essencial como coadjuvante no tratamento psicoterápico do aluno.

O diagnóstico de **Fobia Específica** tem um tratamento relativamente simples e bastante efetivo, quando livre de comorbidades. Essa psicopatologia atinge aproximadamente 5% das crianças e 16% de jovens até os 17 anos e a idade média de início é aos 10 anos (APA, 2013). As crianças costumam ser ansiosas de uma maneira geral e buscam se esquivar de objetos ou de situações circunscritas. Essa esquiva, por vezes, acaba dificultando o diagnóstico, uma vez que se afastado do objeto ou situação temida, o professor pode não perceber que se trata de um medo patológico.

Frente ao objeto/situação fóbica, a criança apresenta imediatamente uma resposta de medo e ansiedade intensa e desproporcional ao risco (quando há risco) que realmente aquilo representa. Existem vários tipos de fobias específicas animais, ambiente natural, sangue-injeção-ferimentos, situacional e outros. Aquelas crianças com fobia específica tipo sangue-injeção-ferimentos, frequentemente demonstram uma resposta de desmaio ou quase desmaio. Nos demais tipos, a resposta de medo é manifestada por excitabilidade, nervosismos, gritos, choros, comportamento de agarrar-se, irritabilidade, entre outros.

O QUE FAZER?

O papel do professor atua muito na identificação e na manutenção dos ganhos da terapia. Ele pode observar que algumas crianças ficam "diferentes" quando alguma atividade específica é anunciada, como por exemplo: atividades no laboratório de ciências (animais, objetos pontiagudos, corpos de animais e/ou fetos humanos em vidros que possam conter marcas de sangue, etc.), educação física (medo de se movimentar de forma que possa favorecer o risco a um machucado), salas de música ou recreações *in door* (representa o medo do local fechado específico), etc. Além disso, perceber maior excitabilidade e comportamento diferente do normal em dias de chuva ou trovões, pode ser um sinal de fobia específica do tipo ambiente natural.

O papel do professor é muito importante e auxilia o psicólogo clínico no estabelecimento do diagnóstico; principalmente, porque as crianças pequenas podem expressar medo de situações ou objetos fóbicos de maneira bastante intensa sem conseguir verbalizar sobre o que causa a ansiedade. Ainda, elas têm dificuldade de compreender o conceito de "esquiva" (que é quando ela evita aproximar-se de situações e objetos fóbicos em função do medo excessivo. À medida que não enfrentam o medo, este acaba sendo cada vez mais reforçado, mas ainda assim não "aparece" aos olhos dos adultos). Os medos são bastante comuns em crianças pequenas, mas costumam ser transitórios e levemente prejudiciais. No caso da Fobia Específica, observam-se grandes prejuízos, como na relação com os colegas e até mesmo dificuldades emocionais e cognitivas em função do medo excessivo. A qualquer sinal de medo intenso percebido pelo professor em uma criança, essa informação deve ser levada ao psicólogo escolar. A banalização do medo deve ser evitada em nível máximo, principalmente, porque o aluno com qualquer tipo de fobia pode virar alvo de deboches e brincadeiras agressivas por parte de colegas. Quando isso acontece, além de não ser benéfico para o enfrentamento das situações fóbicas, o aluno pode desenvolver outros problemas emocionais e sociais derivados dessa interação prejudicial com os pares.

Assim, como na fobia específica o aluno tem ansiedade com relação a algum objeto ou situação, no **Transtorno de Ansiedade Social** (Fobia Social), o "medo" está relacionado às interações sociais. Ou seja, o aluno pode tanto apresentar ansiedade intensa ao ser convidado a ler ou apresentar um trabalho em público, quanto uma timidez excessiva em se relacionar com colegas, se fazer incluído e participar de grupos. Também podem ficar muito ansiosos em situações que exijam comer ou beber em público, como no recreio e lanches coletivos, por exemplo. Pelo fato da manifestação de toda essa ansiedade geralmente vir acompanhada de sintomas físicos (sudorese, vermelhidão, tremores, gagueira, dor de estômago, entre outros), os alunos também se preocupam que os colegas percebam a sua ansiedade por esses sintomas, o que torna ainda mais angustiante a situação.

O QUE FAZER?

É claro que todas as crianças devem ser incentivadas a vencer esse medo e poder passar com mais desenvoltura pelas interações sociais e situações passíveis de avaliação ou critica. No entanto, a escola pode fazer com que esses momentos aversivos sejam menos desconfortáveis. Fazer uso de ferramentas diferenciadas para a apresentação de trabalhos pode ser útil. Se o professor der opções para que a apresentação possa ser executada tanto ao vivo, quanto por meio de um filme/documentário, gravado de forma amadora pelos seus alunos, ele pode ser surpreendido pela capacidade que o aluno tem de desenvolver determinado conteúdo. Do contrário, seria tão ansiogênico que ideias geniais ou um bom trabalho seriam comprometidos pelo medo da avaliação e dos deboches dos possíveis sintomas de ansiedade. O quadro a seguir apresenta algumas estratégias que os professores podem utilizar quando percebem a necessidade de apoio a um aluno com Ansiedade Social.

Problema	Estratégia	Objetivo
Ansiedade frente a provas	Pedir aos alunos que façam pequenos resumos (de próprio punho). Proporcionar um clima tranquilo e disponibilizar que o aluno possa ir ao banheiro ou tomar água (ainda que acompanhado de um monitor).	Auxilia no estudo prévio, no planejamento e serve como objeto de segurança para o aluno que tem ansiedade no desempenho. A breve saída para ir ao banheiro ou tomar água, pode ter função calmante, pois sai do foco ansiogênico por alguns minutos.

Apresentação de trabalhos em público.	Usar recursos como gravação de áudio, filmes, documentários amadores na maior parte do conteúdo da apresentação.	À medida que o aluno for sendo reforçado pelo seu ótimo desempenho nos filmes, por exemplo, ele se sentirá mais à vontade para que possa iniciar (incentivado pelo professor) a aumentar o seu tempo de considerações verbais acerca da sua apresentação.
Dificuldade em interagir com colegas e entrar nos grupos.	À medida que o professor observa essa dificuldade em um aluno, ele pode tanto mediar a interação, como sugerir grupos pré-estabelecidos.	Por mais que o início da interação esteja sendo favorecido por um adulto, a entrada e aceitação em um grupo é reforçadora para que novas interações (espontâneas) possam acontecer.
Outras situações em que manifeste sintomas físicos ou apresente extremo desconforto frente a interações sociais.	Ao perceber os sintomas físicos ou a evitação em executar determinada atividade ou comportamento, auxiliar o aluno lembrando-o ou fornecendo condições para que ele possa fazer exercícios de respiração e seja incentivado a, quando mais calmo, tentar repetir a situação ansiogênica.	Os exercícios de respiração diafragmática (**ver capítulo 1**) são capazes de acalmar o aluno e reorganizá-lo para novos enfrentamentos. O incentivo do professor para a retomada da ação (voltar ao grupo, por exemplo) deve ser com conteúdo de apoio e principalmente, ajudando a checar as evidências contrárias aos seus pensamentos*.

Alunos com Ansiedade Social têm a tendência a se autoavaliarem como inassertivos, inábeis ou vulneráveis. Dessa forma, não raro, acreditam que seus colegas não gostaram de determinadas atitudes porque observaram algo que os fez confirmar essa ideia. Por exemplo:

Aluno: *"Eu tentei, professora, cheguei a dar uma ideia de tema do nosso cartaz para o grupo, mas o Jonas até bocejou, como se o que eu falei não fosse interessante. Nada do que eu tente vai adiantar, melhor eu ficar na minha mesmo"*.

Professora: *"Carlos, vamos pensar juntos. O João bocejou, certo? Por que motivo as pessoas costumam bocejar"?*

Aluno: *"Estão com sono"*.

Professora: "*Isso. E que horas são agora*"?

Aluno: "*7h40 da manhã (primeiro período)*".

Professora: "*O que isso pode nos dizer*"?

Aluno: "*Que na real, João pode estar com sono, afinal, geralmente ele chega atrasado e hoje teve que vir no primeiro período para não perder o trabalho*".

Professora: "*Isso! Se fosse você, eu voltaria lá e continuaria sua participação que estava ótima, na minha opinião*".

Esse exemplo de diálogo mostra como um professor pode ser incentivador de um aluno que sofra com Ansiedade Social. O tratamento clínico deve ser realizado, e será potencializado à medida que mais ambientes promovam condições para que a criança possa treinar as novas habilidades que o terapeuta irá ensinar, bem como incentivem e apoiem o enfraquecimento dos antigos padrões de pensamentos que estariam mantendo o problema. Dessa forma, é imprescindível que a escola se disponha a conversar com o clínico para que ambos estejam bastante afinados com relação às estratégias utilizadas no caso do aluno.

Transtorno de Déficit de Atenção/ Hiperatividade

Professores se esforçam constantemente numa batalha que vem sendo cada vez mais frequente: buscar e manter a atenção de seus alunos nas aulas e atividades acadêmicas. Entretanto, existem alunos que não alcançam a sustentação da atenção necessária para a apreensão do ensino e regulação comportamental. Além do impasse atencional, esses alunos podem ainda apresentar dificuldades em relação à organização e finalização das tarefas, mostrando resultados pouco satisfatórios no contexto escolar (Pfiffner; Barkley, & Dupaul, 2006).

O entendimento sobre essas características é de importância impactante para os professores lidarem melhor com esses alunos. Pessoas com Transtorno de Déficit de Atenção/Hiperatividade (TDAH) têm problemas para fixar sua atenção em coisas por mais tempo e lutam para manter sua atenção em atividades mais longas que as usuais, especialmente aquelas mais maçantes, repetitivas ou tediosas (Barkey, 2002; Barkley, 2006).

Os dados mostram que crianças com esse tipo de impasse tendem a levar mais tempo para retomarem sua atenção uma vez que se distraiam. O esforço contínuo em resistir ao desejo de romper a atenção da tarefa para fazer alguma coisa a mais é que cria nossa sustentação da atenção. Como tendem a ter dificuldades para inibirem alguns estímulos em função de outros, a soma desses dois fatores gera uma intensa dificuldade em manter o foco em apenas uma coisa por um tempo mais extenso. Assim, a não ser que sejam muito interessantes, atividades escolares extensas e palestras longas são problemáticas, bem como a leitura de muitas páginas seguidas, trabalhos e explicações monótonas, além da dificuldade para finalizar grandes projetos. Algumas estratégias envolvem não apenas professores que utilizem de recursos dinâmicos de ensino, mas também as tarefas precisam ser apresentadas aos poucos, com instruções claras e divididas em partes menores. Uma pessoa que auxilie num contexto de prova, por exemplo, apenas direcionando a ordem das questões e checando se o aluno completou o raciocínio podem auxiliar esse aluno. Acrescentar tempo à realização da prova, também é eficaz em muitos casos, uma vez que essas crianças levam muito tempo retomando a leitura em muitas questões e na sua realização até o final (Barkley, 2002).

Adicionalmente, os alunos com TDAH sofrem em manter a persistência e sua automotivação. Automotivação requer a construção de incentivo individual, interno ou intrínseco o que os atrapalha em persistir em atividades, planos ou instruções. Assim, a motivação desses indivíduos precisa ser externa a eles e por isso, a importância do manejo dos profissionais de educação no planejamento de suas atividades: auxiliar uma criança com TDAH a completar uma tarefa significa, geralmente, arrumar fontes adicionais de motivação, por vezes artificiais, como recompensa (Barkley, 2002; Hinshaw & Erhardt, 1991). Como elas têm dificuldade em adiar uma gratificação, tendem a optar por aquilo que é mais prazeroso e mais imediato, fazendo com que seus professores tenham mais êxito se planejarem tarefas com este perfil: curtas e com recompensas pequenas e mais imediatas (Barkley, 2006).

Alunos com TDAH têm o senso de tempo alterado, fazendo com que as coisas pareçam levar mais tempo do que realmente levam, o que os tornam frustrantes e os deixam impacientes. Nesses casos, o auxílio no manejo do tempo com o uso de timer para regular o tempo de espera e de trabalhos, pode ajudar. Fazer comparações de tempo, como por exemplo, montar um quadro de coisas que eles fazem em 10, 15 ou 20 minutos, pode ajudá-los a ter uma ideia de quanto tempo levariam para fazer uma tarefa e a se prepararem para tal. Adicionalmente, a noção de espera pode ser minimizada com planejamento de atividades direcionadas com um desenho, algo para montarem associados ao timer (Barkley, 2002, Barkley, 2006).

Em se tratando de desenvolvimento e amadurecimento, existe ainda outro ponto importante a se prestar atenção: a impulsividade. A dificuldade na inibição do comportamento ou da resposta aos estímulos faz com que essas crianças apresentem problemas consideráveis para conter suas respostas frente a uma situação e para pensar antes de agir. Elas simplesmente reagem com rapidez à ideia que lhes vem à mente, sem considerar que se encontram no meio de algo que estão fazendo e que deve ser finalizado primeiro. Além disso, interrompem os outros e se colocam em risco com frequência, apenas fazendo o que lhes dá vontade repentinamente. A hiperatividade e a impulsividade fazem parte das dificuldades na inibição de comportamento e na deficitária capacidade de antecipar e mensurar consequências (McGoey & DuApul, 2000).

Como as características anteriores, cabe às pessoas que as cercam facilitarem um tempo de parada entre o estímulo e a resposta. Muitas vezes, dar à criança um aviso como "Vamos pensar?" no momento em que ela começar a se movimentar, ou respirar profundamente, alguns segundos podem evitar maiores problemas (Meichenbaum & Goodman, 1971).

Instruções, quando direcionadas aos alunos com TDAH são, muitas vezes, "ignoradas" ou não executadas. Crianças com TDAH sofrem de uma incapacidade em seguir instruções e em aderir a regras. Elas podem frequentemente ficar "fora do ar" ou se engajarem em atividades não relacionadas às que foram solicitadas a fazer (Barkley, 2002).

As dificuldades em seguir regras e instruções estão relacionadas também ao problema subjacente de impulsividade adicionado a uma questão de internalização das regras. Crianças jovens aprendem a falar consigo mesmas quando pretendem controlar seu próprio comportamento (em função das regras) para serem menos impulsivas. Isso colabora a inibir seus desejos iniciais de responder de determinada maneira. Indivíduos com TDAH não utilizam o autodiscurso de maneira tão eficiente quanto outras crianças. Assim, fica a cargo do adulto (agente externo) inserir as instruções e monitorar sua execução. Isso significa dizer que os professores e agentes de educação precisam dar instruções e acompanhar seu desenvolvimento muito de perto nesses casos, manejando o ambiente para que se diminuam os estímulos e criando um sistema/hábito para checarem de perto as tarefas em questão (Pfiffner, 2003).

Problemas com o comportamento e a conduta

Os transtornos dessa classe tendem a surgir pela primeira vez na infância e adolescência, e englobam problemas que se manifestam em comportamentos que violam os direitos dos outros e/ou que colocam o indivíduo em conflito com regras sociais ou figuras de autoridade. Muitos dos sintomas comportamentais, como a agressão, podem ser resultado de emoções mal controladas (raiva, frustração, irritação, etc.). Essas emoções mal reguladas podem levar à provocação interpessoal, à destruição, e a demais comportamentos extremos. Veremos os três principais deles que são explorados a partir das informações do manual e transtornos mentais (APA, 2013), na tabela a seguir.

Transtorno de Oposição Desafiante (TOD)	Transtorno da Conduta (TC)
Padrão de humor raivoso/irritável, de comportamento questionador/desafiante ou índole vingativa que dura pelo menos seis meses, e deve apresentar diversos sintomas das categorias a seguir, que não seja apenas na interação com um irmão.	Padrão de comportamento repetitivo e persistente, no qual são violados direitos básicos de outras pessoas ou regras sociais relevantes e apropriadas para a idade. É manifestado pela presença de alguns dos critérios seguintes, há pelo menos um ano.
Humor Raivoso/Irritável Com frequência, perde a calma, é sensível ou facilmente incomodado, ou é raivoso e ressentido.	Agressão a Pessoas e Animais Frequentemente provoca, ameaça ou intimida outros, inicia brigas físicas, usou alguma arma que pode causar danos físicos graves a outros (como bastão, tijolo, garrafa quebrada, faca, arma de fogo), foi fisicamente cruel com pessoas ou com animais, roubou durante o confronto com uma vítima (extorquiu ou roubou de colegas matérias, dinheiro, lanche, etc.) e/ou forçou alguém à atividade sexual.

Comportamento Questionador/Desafiante Frequentemente, questiona figuras de autoridade, desafia acintosamente ou se recusa a obedecer a regras ou pedidos de figuras de autoridade, incomoda deliberadamente outras pessoas, ou culpa outros por seus erros ou mau comportamento.	Destruição de Propriedade Envolveu-se na provocação de incêndios com a intenção de causar danos graves, ou destruiu propriedade de outras pessoas.
Índole Vingativa Foi malvado ou vingativo pelo menos duas vezes nos últimos seis meses.	Falsidade ou Furto Invadiu a casa de outros, mente para obter bens materiais ou favores ou para evitar obrigações("-trapaceia"). Furtou itens de valores em confronto com a vítima Violações Graves de Regras Frequentemente, fica fora de casa à noite, mesmo com proibição dos pais, fugiu de casa, passando a noite fora, ou falta às aulas (com início antes dos 13 anos de idade).

No **Transtorno Desafiante Opositor**, a perturbação do comportamento está associada ao **sofrimento** para a criança ou para os outros (família, professores, colegas de aula, etc.) ou causa impactos negativos no funcionamento social, educacional ou em outras áreas importantes da vida do indivíduo. A prevalência média do TOD é de 3,3% e pode aparecer mais em meninos do que em meninas. Na maioria dos casos, os primeiros sintomas do transtorno surgem já na pré-escola e evoluem com o passar do tempo. Infelizmente, é comum observar que o TOD precede, em muitos casos, o TC na infância, mas isso não significa dizer que as crianças que têm TOD irão apresentar TC no futuro (APA, 2013).

O QUE FAZER?

É comum que as crianças com TOD se arrependam logo após do seu mau comportamento, chorem, fiquem emburradas ou se isolem por um tempo curto na decorrência do ocorrido. Além disso, O TOD acontece mais em crianças que têm famílias nas quais o cuidado delas é perturbado pela variedade e mudança nos cuidadores, ou ainda, por práticas agressivas, negligentes ou inconsistentes por parte dos pais. Esse padrão de cuidado gera um estilo de pensamento dicotômico (ou tudo ou nada, bom ou ruim) e déficit na capacidade de solucionar problemas. Sendo assim, as crianças manifestam comportamentos oposicionistas e de negatividade, e reações emocionais de raiva e instabilidade (Pergher, Schneider & Melo, 2007).

Professor: *Matheus, por favor, faça a leitura do primeiro parágrafo do texto.*

Aluno: *Por quê? Você não sabe ler?*

Conviver com frequentes deboches, ironias e desafios não é uma tarefa fácil. Os professores, além de não serem merecedores desse tipo de tratamento, não foram treinados em suas faculdades para manejar essas situações. Essa falha na formação do profissional e a falta de apoio podem gerar altos níveis de estresse e de desmotivação para com sua atividade profissional (**ver capítulo 11**). À medida que o professor reage com novas ironias ou agressividade, reforça o comportamento do aluno em ser agressivo. Afinal, o professor não está sendo diferente do que os pais costumam ser, na maioria das vezes. Uma medida a ser tomada no caso do Matheus (diálogo acima), é que, como o professor já identificou o padrão do aluno, ele pode, no inicio da aula, ter uma conversa privada com ele, para realizar algumas combinações. De forma afetiva e com um caráter leve, essa conversa deve incluir informações como:

Professor: *Matheus, eu gostaria muito que você pudesse ler em voz alta para os seus colegas, pois você é muito bom na leitura. Eu penso em chamá-lo para ler junto com seus colegas hoje no primeiro período de aula. Você topa fazer isso tranquilamente? Tem alguma preferência por ler um parágrafo mais do início ou mais do fim?*

Ao passo que o professor se aproxima do aluno afetivamente, elogia suas habilidades e faz combinações para evitar que ele se exponha na frente de toda a turma, o aluno pode se sentir protegido e apoiado, facilitando maior assertividade nas próximas interações com o (a) professor (a). Tentar se aproximar do aluno em diferentes situações e estabelecer um vínculo seguro, é mais eficaz do que punir o mau comportamento em público. Essa última estratégia pode gerar mais frustração, problemas emocionais e sociais ou favorecer o desenvolvimento de condutas antissociais e do Transtorno da Conduta.

O **Transtorno da Conduta** é um problema bastante preocupante dentre os problemas em saúde mental na infância; principalmente, porque pode envolver um déficit na habilidade de empatia e orientação para o outro, dando um caráter "malvado" à maioria das crianças que sofrem desse diagnóstico. Os primeiros comportamentos sintomáticos podem surgir na primeira infância e tendem a ser menos graves (mentiras, furtos de brinquedos, rasgar trabalhinhos dos colegas, provocar quedas nos jogos esportivos durante o recreio, etc.), enquanto os problemas de conduta que surgem mais tarde tendem a ser mais graves (estupro, roubo confrontando a vítima, destruição, etc.).

Quando o clínico realiza esse diagnóstico, ele deve fazer a especificação do tipo de sintomatologia. Dentre os especificadores estão: "com emoções pró-sociais limitadas', 'ausência de remorso ou culpa' (excluindo o remorso expresso somente nas situações em que for pego e/ ou ao enfrentar alguma punição), 'insensível – falta de empatia', 'despreocupado com o desempenho', e 'afeto superficial ou deficiente'. Frequentemente, são alunos considerados frios, arrogantes e sarcásticos. Podem prejudicar colegas e professores deliberadamente, não se intimidam com ameaças e não temem a rejeição social. Além disso, podem ser sedutores e manipuladores com os professores para obter ganhos e regalias, bem como com seus colegas e são capazes de manifestar emoções positivas e pró-sociais de forma superficial apenas para tirar vantagem sobre alguém. A característica de sentir prazer ou satisfação a qualquer nível com o sofrimento de outros colegas, torna o prognóstico do caso ainda mais reservado. Como consequência, os comportamentos do TC costumam ocasionar suspensão ou expulsão da escola, como problemas legais e lesões graves causadas por acidentes ou brigas. Esses podem ser impeditivos para o indivíduo frequentar escolas regulares (APA, 2013).

O QUE FAZER?

O autorrelato não é suficiente para diagnosticar o TC. Portanto, a contribuição de pais, professores e colegas é fundamental para a avaliação do caso (APA, 2013). Ao primeiro sinal desses sintomas, o professor pode informar ao psicólogo escolar que poderá levar as informações de forma segura e confidencial à família. O tratamento do TC tem maior probabilidade de eficácia quando o paciente for encaminhado à terapia ainda no surgimento dos primeiros sintomas. O clínico deverá comunicar-se constantemente com os professores ou responsáveis pelo aluno na escola, a fim de que possam orientar e informá-lo a respeito de estratégias a serem utilizadas com a criança em sala de aula e mudanças relativas à evolução do tratamento. Apoio à equipe de professores que trabalham com o aluno que apresenta TC é imprescindível e deve ser uma tarefa do time de psicologia escolar da instituição.

Problemas com traumas e outros estressores

Nessa classe de transtornos, o capítulo abordará dois em especial: o transtorno de Estresse Pós-Traumático (TEPT) e o Transtorno da Adaptação, devido a terem maior expressividade e prevalência. Em ambos, a exposição a um evento traumático ou estressante está associada. Exemplos de situações traumáticas são: acidentes de carro, acidentes ambientais, assalto, morte, violência doméstica, abusos e maus tratos. Entre os estressores, destacam-se mudança de casa, escola, brigas dos pais, bem como período de dificuldades financeiras significativa. O sofrimento psicológico que pode surgir após à exposição a um trauma ou estressor é bastante variável entre os indivíduos. Pode variar desde a um medo pontual e alguns dias de maior nervosismo e estresse, até mesmo sintomas excessivos que trazem prejuízo no funcionamento geral da criança. A tabela a seguir apresenta o conjunto de critérios encontrados em um quadro de **TEPT** (APA, 2013).

<table>
<tr><td colspan="2">TEPT – os critérios a seguir aplicam-se a adultos, adolescentes e crianças acima de 6 anos de idade. A perturbação deve durar mais de um mês (critério F), causar sofrimento clinicamente significativo (critério G), e não ser efeito de drogas ou medicamento (critério H).</td></tr>
<tr><td>Critérios</td><td></td></tr>
<tr><td>A. Houve a exposição a episódio ou ameaça de morte, lesão grave ou violência sexual em uma (ou mais) das seguintes formas:</td><td>Vivenciar diretamente o evento traumático;
Testemunhar pessoalmente o evento traumático ocorrido com outras pessoas;
Saber que o evento traumático ocorreu com familiar ou amigo próximo (evento violento ou acidental);
Ser exposto de forma repetida ou extrema a detalhes aversivos do evento traumático (não considerar exposição por meio de mídia eletrônica, televisão, filmes ou fotografias).
OBS: na escola, durante a entrevista de matrícula e reunião dos pais, estes podem ser convidados a comunicar ao psicólogo da escola (no convite, é ressaltado o direito de sigilo da informação e as intenções da escola em querer saber do ocorrido) caso algum desses tipos de exposição a trauma ou estressor tenha acontecido com seus filhos.</td></tr>
</table>

B. Presença de um (ou mais) dos seguintes **sintomas intrusivos** (que parecem que o aluno não tem controle sobre eles) associados ao evento traumático, começando depois de sua ocorrência:	Lembranças intrusivas angustiantes, recorrentes e involuntárias do evento traumático (em crianças acima de 6 anos de idade, pode ocorrer brincadeira repetitiva na qual temas ou aspectos do evento traumático são expressos); Sonhos angustiantes recorrentes, nos quais o conteúdo e/ou o sentimento do sonho estão relacionados ao evento traumático (em crianças, pode haver pesadelos sem conteúdo identificável); Reações dissociativas (p. ex., **flashbacks**), nas quais o indivíduo sente ou age como se o evento traumático estivesse ocorrendo novamente. (Por exemplo, o aluno pode parecer fora do contexto ao seu redor, não respondendo a chamamento e estímulos enquanto "vivencia" o evento traumático por meio de lembranças que surgem de repente. Outra forma é o aluno reencenar passagens do ocorrido durante brincadeiras com bonecos ou mesmo com os colegas; *Sofrimento psicológico intenso ou prolongado ante a exposição a sinais internos ou externos que simbolizem ou se assemelhem a algum aspecto do evento traumático; *Reações fisiológicas intensas a sinais internos ou externos que simbolizem ou se assemelhem a algum aspecto do evento traumático.
C. **Evitação** persistente de estímulos associados ao evento traumático, começando após a ocorrência do evento, conforme evidenciado por um ou ambos dos seguintes aspectos:	Evitação ou esforços para evitar recordações, pensamentos ou sentimentos angustiantes acerca de ou associados de perto ao evento traumático. A criança pode cantarolar, tapar os ouvidos, mudar de atividade repentinamente na tentativa de controlar possíveis lembranças internas que estejam acontecendo em determinado momento; Evitação ou esforços para fugir de lembranças externas (pessoas, lugares, conversas, atividades, objetos, situações) que despertem recordações, pensamentos ou sentimentos angustiantes acerca de ou associados de perto ao evento traumático. Se o evento traumático ocorreu com colegas de escola, professores ou próximo ao ambiente escolar, a criança pode realizar esforços a fim de não precisar comparecer às aulas e ter que se deparar com as lembranças externas do trauma.

D. **Alterações negativas em cognições** e no humor associadas ao evento traumático começando ou piorando depois da ocorrência de tal evento, conforme evidenciado por dois (ou mais) dos seguintes aspectos:	Incapacidade de recordar algum aspecto importante do evento traumático (geralmente devido à amnésia dissociativa, e não a outros fatores, como traumatismo craniano, álcool ou drogas). Por exemplo, a criança não se lembra de algo em função da carga psicológica excessivamente traumática; Crenças ou expectativas negativas persistentes e exageradas a respeito de si mesmo, dos outros e do mundo (p. ex., "Sou mau", "Não se deve confiar em ninguém", "O mundo é perigoso"); Cognições distorcidas persistentes a respeito da causa ou das consequências do evento traumático que levam o indivíduo a culpar a si mesmo ou os outros. Por exemplo, a criança considerar-se culpada por ter sofrido abuso físico ou por ter ocorrido um acidente grave de trânsito; Estado emocional negativo persistente, como medo, pavor, raiva, culpa ou vergonha; Interesse ou participação bastante diminuída em atividades significativas; Sentimentos de distanciamento e alienação em relação aos outros; Incapacidade persistente de sentir emoções positivas (felicidade, satisfação ou amor).
E. **Alterações marcantes na excitação** e na reatividade associadas ao evento traumático, começando ou piorando após o evento, conforme evidenciado por dois (ou mais) dos seguintes aspectos:	Comportamento irritadiço e surtos de raiva (com pouca ou nenhuma provocação) geralmente expressos sob a forma de agressão verbal ou física em relação a pessoas e objetos; Comportamento imprudente ou autodestrutivo; Parecer alerta e ligado em tudo ao seu redor; Reações exageradas e desproporcionais de susto; Problemas de concentração; Perturbação do sono (podendo apresentar sono em sala de aula ou dificuldades para se organizar devido a noites mal dormidas em função do estresse derivado do trauma).

* No critério B4 e B5, é possível encontrar crianças que em meio ao contexto escolar têm reações fisiológicas como sudorese, tremor, taquicardia, bem como sensação de pavor e pânico quando exposta a qualquer estimulo que possa lembrá-la do evento traumático. Por exemplo, meninas que foram abusadas por homens com determinadas características, podem sofrer ao ver funcionários da escola com as mesmas características físicas, roupas, etc. Nesses momentos, podem apresentar comportamentos extremos de agressividade, choro, ou até mesmo "sair de si" como nos sintomas dissociativos.

Para crianças menores de 6 anos de idade, esse diagnóstico também é possível. O manual prevê diminuição dos critérios e exigências, facilitando o diagnóstico para crianças tão jovens e proporcionando maior atenção clínica (APA, 2013). Apesar de existirem tratamentos bastante eficazes para o TEPT em crianças (BLAUSTEIN & KINNIBURGH, 2010; SCHEERINGA, AMAYA-JACKSON & COHEN, 2010; FAVA & PACHECO, 2012), quanto mais cedo for feito o diagnóstico, maiores serão as chances de melhora. É comum, com o passar do tempo, se não tratado, a criança desenvolver generalizações. Por exemplo, a criança que sofreu um abuso físico grave por parte de um vizinho, pode vir a ficar com medo de qualquer homem, não só aqueles que lembrem ou tenham características comuns àquele agressor. A generalização é um fenômeno comum no TEPT e aumenta o prejuízo no funcionamento da criança. Nesse sentido, a observação de professores se torna de fundamental importância para o encaminhamento precoce.

O **Transtorno da Adaptação** é caracterizado pela presença de sintomas emocionais ou comportamentais em resposta a um estressor, que pode ser um único evento (a separação dos pais, ou nascimento de um irmão), ou pode haver múltiplos estressores (dificuldades acadêmicas acentuadas e mudança de bairro ou cidade). Alguns estressores podem acompanhar eventos específicos do desenvolvimento (ir para a escola, deixar a casa dos pais, voltar para a casa dos pais, etc.). Também pode ocorrer após a morte de um ente querido quando a intensidade e a persistência das reações excedem o que se esperaria normalmente em um quadro de luto.

A perturbação nos transtornos de adaptação deve começar dentro de três meses do início de um estressor e não dura mais do que seis meses depois que o estressor e suas consequências cederam. Se o estressor for um evento agudo (mudança de escola), o início da perturbação geralmente é dentro de poucos dias. Se o estressor e suas consequências persistirem, o transtorno de adaptação pode evoluir para a forma persistente. Essa característica torna ainda mais importante que a avaliação precoce do problema seja feita, seja por pais, professores, seja por psicólogos escolares.

De acordo com o DSM5 (APA, 2103), os sintomas ou comportamentos são clinicamente significativos, conforme evidenciado por um ou mais dos seguintes aspectos: (1) sofrimento intenso, desproporcional à gravidade ou à intensidade do estressor e (2) prejuízo significativo no funcionamento social, profissional ou em outras áreas importantes da vida do indivíduo.

Esses sintomas podem aparecer com diferentes ênfases e são especificados como subtipos. Dentre eles, com humor deprimido: quando a criança demonstra predominantemente humor excessivamente triste, choro fácil ou sentimentos de desesperança. Com ansiedade: quando o aluno demonstra predominantemente nervosismo, preocupação, inquietação ou ansiedade de separação. Com misto de ansiedade e depressão: quando a criança apresenta uma combinação de depressão e ansiedade. Com perturbação da conduta: quando o aluno apresenta problemas comportamentais como desobediência, recusa, irritação, agressão, etc. E com perturbação mista das emoções e da conduta: quando tanto sintomas emocionais (depressão, ansiedade) como perturbação da conduta são predominantes. Apesar de os sintomas apresentados serem bastante parecidos com outros transtornos já mencionados neste capítulo, é importante lembrar que os sintomas ocorrem devido a um estressor identificável, diferenciando-se de outros diagnósticos.

O QUE FAZER?

Assim como nos demais problemas em saúde mental, o psicólogo escolar e o professor são aliados tanto na avaliação quanto no tratamento do paciente. Como muitos dos traumas e estressores acontecem dentro do ambiente familiar, a escola torna-se a principal fonte de observação e avaliação. O professor poderá observar acentuadas diferenças no comportamento da criança, bem como observar alterações no seu funcionamento cognitivo, emocional e social. Sempre que um adulto desconfiar de maus tratos, ele deve intervir. Para mais aprofundamento, **ver capítulo 4**. Além disso, quando sintomas de TEPT forem observados, o professor poderá investigar com o aluno, aproximando-se dele e de sua história.

Intervenções como "Percebi que você se assustou quando o chamei, onde sua cabeça estava?"; "Você tem ficado longe de seus amigos, gostaria de poder entender o que está acontecendo?"; "Percebo que os tios que trabalham na escola estão deixando você um pouco nervosa, você pode conversar comigo sobre isso?"; "Você tem ficado bravo demais com seus colegas, como tem sido na sua casa ou com amigos fora da escola?", etc.

A ideia é que o professor possa dar apoio e ao mesmo tempo incentivar que o aluno fale sobre o que pode estar acontecendo. Se o adulto fizer perguntas fechadas como "Alguém está lhe fazendo mal?", ou "Você ficou medroso depois do acidente com sua família?", podem intimidar a criança e levá-la a dar informações que não são úteis na investigação e até mesmo ao afastamento dela com o professor.

Transtorno do Espectro Autista

O Autismo ou o Transtorno do Espectro Autista (TEA), como é denominado pelo DSM-5 (APA, 2013), é um grupo de condições caracterizado pelos impasses no desenvolvimento das habilidades sociais/comunicativas (verbais e não verbais) e comportamentais (condutas repetitivas e estereotipadas) que já podem ser detectadas no início na primeira infância. Alguns indivíduos com autismo parecem distantes ou indiferentes às pessoas, outros não procuram espontaneamente o contato social, mas o aceitam e não oferecem resistência se solicitados por outras pessoas. Há aqueles ainda que desejam a interação, mas não sabem como iniciá-la. Muitos deles podem ficar presos a rígidos e restritos padrões de comportamento. Não é incomum que possuam um repertório de atividades restritas, não mantenham contato visual, bem como tenham resistência a mudanças, dificuldade de interagir com grupos e aprofundar relacionamentos, fala repetitiva e comportamentos sociais atípicos. Há amplitude de características que se misturam e formam a complexidade do que é o autismo. Crianças, adolescentes e adultos que, em sua peculiaridade de funcionamento, enxergam o mundo sob um ponto de vista diferente da grande maioria.

Os professores e agentes de educação são parte fundamental nesse processo. Em primeiro lugar, professores são observadores ativos de seus alunos. Observam seus comportamentos, seu processo de aprendizagem, bem como a interação com o contexto escolar. Um dos fatores mais importantes para a observação do aluno e sua relação com seus pares, professores e com a demanda escolar é verificar se os comportamentos dos alunos são funcionais naquele ambiente. Por outro lado, aqueles que excluem, causam impacto negativo ou prejuízo emocional a essas crianças, são considerados disfuncionais (Mundy, Mastergeorge & McIntyre, 2012).

Entender os critérios diagnósticos de um transtorno ajuda a mapear mais especificamente alguns desses comportamentos disfuncionais e compreender o que há por trás de cada um deles. Isso ajuda aos professores a lidarem com tais condutas sem interpretarem de forma errônea sua intenção ou origem. Assim, por exemplo, o que seria visto como intencional ou "feito de propósito", pode ser mais bem conduzido se os educadores entenderem que, para determinadas tarefas, exige-se mais esforço desses indivíduos ou até mesmo adaptações mais severas.

No caso dos TEA, é característica disfuncional marcante a dificuldade social. De maneira geral, as dificuldades acontecem em três campos principais (Klin, Mcpartland, & Volkmar, 2005):

1) reciprocidade afetiva (troca de sinais emocionais como contato visual, troca afetiva e de interesses mútuos, habilidade em manter conversação, dificuldades de adaptar seu comportamento em função do que a outra pessoa está fazendo ou falando);
2) atenção compartilhada (refere-se à capacidade de coordenar a atenção com parceiros sociais, compartilhando interesses e assuntos e à manutenção da atenção no social, evitando o isolamento em interesses restritos);
3) teoria da mente (habilidade de compreender sentimentos, pensamentos e intenções encobertas, ou seja, perceber as coisas sob a perspectiva alheia).

A linguagem também é peculiar nesses casos: alguns "ecoam" o que acabou de ser dito, repetem falas "prontas" e muitas vezes, se excedem ao falar usando questionamentos incessantes, ritmo enfadonho, tom de voz agudo, cantarolante ou crescente, dificuldade relacionada à compreensão e expressão de linguagem não verbal (Mundy, Mastergeorge & McIntyre, 2012).

É importante citar a presença bastante comum de estereotipias (movimentos rítmicos, padronizados, repetitivos e involuntários), muitas vezes causada pela sensação interna de inquietude que leva a tais movimentos repetitivos. Pode haver comportamentos repetitivos realizados como se fossem uma regra e também rituais associados a atividades da rotina diária. Muitas vezes, escolhem um tema ou atividade para repetirem sem observarem se as outras pessoas também estão interessadas. Alguns deles atrapalham a vida cotidiana em sala de aula que se torna inflexível e, ainda, pobre na adaptação às mudanças e transições (Attwood, 2008).

É importante ressaltar que existem indivíduos com diversas intensidades e formas de apresentarem as características típicas do TEA. Algumas pessoas do espectro autista precisam de muita ajuda para comunicação, podendo ter sérias restrições na fala e na linguagem de modo geral. Outras apresentam fala bastante articulada, mas pouco pragmática, inadequada ou fora de contexto. Assim, quanto mais apoio precisam no processo de socialização, mais intensas parecem ser suas características e mais estruturado seu tratamento (Koegel & Frea, W., 1993).

Por causa de seu funcionamento peculiar, para muitas crianças e adolescentes desse espectro, algumas habilidades precisam ser ensinadas de forma estruturada, passo a passo. O que pessoas de desenvolvimento típico normalmente fazem de forma intuitiva, não é feito de forma tão simples nesses casos. É necessário algum tipo de apoio e mediação, até que se aprenda a entender e conviver de forma adaptada a cada contexto.

O QUE FAZER?

Um dos marcos mais importantes nas intervenções relativas ao contexto escolar diz respeito à inclusão dos alunos do espectro do autismo em sala de aula. Os projetos de inclusão ganham dimensões diferentes de acordo com a intensidade dos sintomas de cada criança e da dinâmica da escola. Seus benefícios têm sido suportados por uma série de pesquisas e se estendem a todos os alunos: aprimoram não apenas as capacidades acadêmicas e sociais das crianças com autismo, como também desenvolvem competências sociais e flexibilidade das demais crianças que aprendem a conviver num contexto de diversidade (Koegel *et al.*, 2012).

Os estudos têm mostrado que as abordagens mais eficazes para a inclusão tanto acadêmica quanto social devem envolver os alunos de desenvolvimento típico num processo amplo de intervenção na escola (Fisher & Meyer, 2002; Ormond, 2006). Preparar os alunos para inclusão daqueles com diferentes necessidades de adaptação, inclui ampliar a percepção de que esses últimos têm pontos fortes, mas que são mascarados por algumas condutas inábeis. Os incessantes monólogos sobre um tema de interesse podem ser uma pista da profundidade com que eles entendem sobre aquele assunto. Assim, se esses tópicos forem apresentados de forma mais apropriada e no momento adequado podem ser usados para uma conversa, por exemplo.

O envolvimento dos demais alunos pode se dar de diversas formas, nesses casos. É sabido que o uso de pistas visuais claras ajudam os indivíduos desse espectro a entenderem melhor as regras sociais. Seus pares podem, em alguns casos, aprender algumas delas como uma dica clara para sinalizar que seus amigos estão exagerando no mesmo tema (Koegel *et al.*, 2012).

Algumas estratégias empregadas na escola podem aprimorar as habilidades de interação social. O quadro a seguir mostra algumas formas para o desenvolvimento das habilidades sociais e podem ser aprofundadas nas referências da primeira coluna:

Intervenção	Atuação dos pares e da escola	Estratégias
Círculo de Amigos (Frederickson, Warren, & Turner, 2005; Greenway, 2000; Gus, 2000)	Pares como voluntários para desenvolver habilidades sociais e estreitar vínculos sociais	Formar grupos de discussão e/ou atividades livres sobre socialização (temas como resolver conflitos em grupo e autoestima, por exemplo) para promover o vínculo e a participação ativa no grupo. Não enfatiza a estrutura para ensinar habilidades sociais. Encontros semanais em pequenos grupos mediados por um professor que direciona a conversa e, especialmente, à criança do espectro.
Grupos estruturados (Gonzales & Kamps, 1997)	Professores ensinam de maneira estruturada um grupo de crianças sobre habilidades sociais incluindo crianças do espectro	Ensinar passo a passo estratégias claras e fáceis sobre como iniciar uma conversa, manter uma interação ou brincadeira, fazer perguntas, etc. Os estudantes de desenvolvimento típico podem passar a ser mediadores dessas novas habilidades aprendidas com seus colegas em outros ambientes da escola.

Atividades cooperativas (Koegel & LaZebnik, 2008)	Professores desenvolvem ou utilizam atividades do dia a dia para engajar as crianças em situações de cooperação.	Construção de trabalhos em duplas, em que o trabalho de uma criança seja complementar ao de outra. Por exemplo, pedir que pintem um desenho juntos usando o mesmo papel e o mesmo conjunto de lápis, dividindo as tarefas para cada um antecipadamente e o resultado como um desafio a ser alcançado em equipe.
Antecipação e ensaio de situações sociais (Koegel *et al.*, 2012)	Ensaios e/ou explicações prévios a situações possíveis de serem planejadas	Antecipar às crianças por meio de jogos, dramatizações, atividades e trabalhos de grupo, maneiras esperadas para se comportarem em situações parecidas no futuro. Por exemplo, fazer um piquenique na hora do recreio pode servir de ensaio para futuros encontros fora da escola, permitindo à criança saber como funciona esse tipo de atividade. Podem-se também usar recursos visuais como fotos de crianças jogando um jogo pra explicar como são suas regras, bem como pistas e rotinas visuais de algumas atividades e lugares novos que essas crianças ainda não conhecem.
Treinamento de habilidades sociais como parte do currículo escolar – Programa *PEERS* (Laugenson & Frankel, 2010)	Abordagem de diversos temas sobre habilidades sociais como uma disciplina do currículo em que os alunos aprendem de forma estruturada uma diversidade de tópicos relacionados a fazer amizades e lidar com conflitos.	Buscando o entendimento sobre as habilidades sociais e não apenas a repetição comportamental de padrões sociais, os alunos são questionados a pensarem o porquê e quais as consequências de cada comportamento social. Amplia-se, assim, a percepção social dos alunos que são estimulados a aprenderem, de maneira estruturada, temáticas sobre as características das amizades, como escolher e entrar num grupo social, lidar com implicâncias e bullying, dentre outros. Utiliza-se a dramatização, questionamentos sobre os temas, cenas gravadas de situações sociais, como também a participação ativa dos pais no processo de socialização.

Além das intervenções que promovem a socialização de indivíduos do espectro do autismo, aparecem também aquelas relativas ao manejo de problemas comportamentais. Em outras palavras, alunos do espectro que apresentam condutas agressivas, reações disruptivas e rigidez comportamental. Primeiramente, é importante compreender a função do comportamento inadequado em questão, isto é, qual o objetivo da criança/adolescente com aquele comportamento. Se, por exemplo, um aluno do espectro autista olha em um grupo de crianças da sua sala e entra na roda abruptamente, mexendo ou destruindo os brinquedos, qual seria o objetivo dessa criança? Possivelmente, interagir e entrar na brincadeira. Se como consequência, os pares reagirem mal, isso pode gerar mais raiva na criança, que pode continuar destruindo os brinquedos, mas agora com outra função (Koegel & Koegel, 1999). Nesse caso, o aluno possivelmente se beneficiaria de um treinamento para desenvolvimento de habilidades sociais, bem como de estratégias para manejo emocional e autorregulação (Attwood, 2008). **Para maior aprofundamento, ver capítulo 1.**

Outros pontos relativos à prática diária na escola podem ajudar os profissionais da educação a entenderem e lidarem melhor com seus alunos desse espectro (Koegel *et al.*, 2012):

1. Planejamento dos contextos físicos e sociais

Nesse caso, seguindo a ideia de que antecipar situações pode ser benéfico, reforça-se aqui até mesmo a importância de se antecipar a alguns problemas ou aos disparadores deles. Assim, checar ambientes com muitos ruídos ou sons muito altos; organizar o espaço físico, como mesa de trabalho e a retirada de distratores externos; disposição das cadeiras em sala para que fiquem perto de pares que os auxiliem, por exemplo, podem ser úteis.

2. Intervenções no planejamento curricular e de atividades sociais/acadêmicas

Algumas crianças se beneficiam da flexibilidade em relação à diminuição da carga horária escolar, ou de horários de chegada e saída diferentes de seus colegas. Muitas vezes, chegar um pouco antes ou sair um pouco depois de sala de aula, permite que se organizem melhor.

É importante selecionar uma pessoa de confiança que seja capaz de mediar de forma clara, curta e concreta os comandos a serem dados.

Lembrar à criança as consequências após o comportamento a mantém no foco e estimulada a lidar com as frustrações durante a tarefa. Os comandos ao longo das atividades podem ser inseridos de maneira mais completa, mas diminuídos ao longo do processo. Assim, inicia-se por instruções mais completas, passo a passo, com sentenças inteiras e acompanhadas de ajuda física, como direcionar a criança corporalmente até que ela cumpra a tarefa. À medida que o aluno vai se habituando e executando os pedidos de maneira mais independente, o número e a intensidade dos comandos vão se reduzindo.

Da mesma forma, pode acontecer com a adaptação curricular: alguns conteúdos podem exigir maior condução de um adulto no começo e, mais tarde, quando o aluno estiver habituado aos exercícios, recomenda-se deixá-lo tentar de forma mais autônoma. Alguns exemplos disso podem ser a alteração na quantidade e apresentação (como enunciados diferentes e com sentenças mais objetivas e concretas) das tarefas propostas; uso de materiais auxiliares ou substitutos tais como recursos visuais, objetos do dia a dia para facilitar o entendimento na prática das habilidades aprendidas; trabalhos planejados para serem feitos em grupo e facilitar a inserção social da criança, dentre outros.

3. Comandos e instruções claros, concretos e estruturados.

Indivíduos do Espectro do Autismo tendem a responder de maneira positiva à aprendizagem estruturada. Assim, o professor deve se certificar primeiramente de que ganhou a atenção do aluno. Utilize comandos que permitam que eles olhem nos olhos ("Pedro, ache meus olhos!"); chegue próximo corporalmente ao aluno (abaixe, pegue algo em que ele esteja mexendo e traga na direção dos olhos). Em relação às atividades acadêmicas, especificamente, misturar atividades fáceis e difíceis, intercalando-as de acordo com o perfil do aluno, permite que a ansiedade não cresça ao longo da tarefa de maneira até mesmo antecipada. Alunos do espectro autista tendem a evitar erros e saírem do seu planejamento porque têm dificuldade em flexibilizar seu comportamento e achar uma saída alternativa. Por isso, durante as atividades, essa flexibilidade pode ser trabalhada pelo professor quando ele compartilha o controle delas com os alunos, dessensibilizando-o aos poucos em relação à rigidez comportamental. Um exemplo é dividir responsabilidades numa mesma tarefa: "Eu faço X e você faz Y".

4. Incorpore os interesses dos alunos às atividades:

Dado o fato que muitos indivíduos desse espectro possuem interesses nos quais aprofundam seus conhecimentos e que os motivam, tais tópicos, mesmo que restritos, podem ser aliados. O problema, na maioria das vezes, não é o interesse em si, mas a forma como é utilizado. Assim, se existe um conteúdo a ser ensinado, no qual o interesse específico do aluno possa ser inserido, isso dá funcionalidade a ele (Koegel, Dyer & Bell, 1987).

O papel da escola faz parte da base do desenvolvimento de crianças e adolescentes do espectro do autismo. Sem a necessidade de repetir o papel do professor, reforça-se a necessidade de treinamentos específicos a eles, uma vez que o funcionamento peculiar de tais indivíduos torna-se um desafio para todos os profissionais envolvidos nesse processo.

Ideias sobre TDAH	Verdadeiro ou Falso?	Justificativa	Estratégias que ajudam
Uma criança que consegue fazer com muita atenção uma atividade do seu interesse e não consegue fazer os deveres escolares, não pode ter TDAH.	FALSO	Pessoas com TDAH apresentam um prejuízo na capacidade de dirigir sua própria atenção, ou seja, uma dificuldade na atenção voluntária especialmente para atividades que não sejam muito motivadoras e de recompensas imediatas.	Buscar utilizar atividades dinâmicas, reforçando positivamente o aluno com elogios e/ou desafios valendo pontos a cada etapa conquistada.
Crianças com TDAH são mais agitadas que as outras da sala de aula.	Verdadeiro	As crianças com TDAH têm um padrão de resposta comportamental exacerbado, elas são muito mais propensas a responder a coisas a seu redor.	Antecipar as etapas de cada tarefa da forma mais curta possível com os comportamentos esperados para cada uma delas. Reforços positivos a cada etapa cumprida, especialmente se forem realizadas passo a passo, demostrando algum tipo de autorregulação por parte da criança.

Meu aluno não consegue esperar	Verdadeiro	Os alunos com TDAH apresentam um senso alterado de tempo, isso faz com que se sintam como se o tempo estivesse passando mais vagarosamente do que passa na realidade. Isso significa que a maioria das coisas parece levar mais tempo do que esperam, sendo assim, mais frustrante a espera.	Uso do timer e de tarefas curtas e monitoradas passo a passo com a criança. Listagem de tarefas com os respectivos tempos esperados para sua execução (de maneira bastante realista e com uma margem de tempo a mais para que a criança não tenha a impressão de fracasso em relação ao tempo estipulado)
Meu aluno tem mau comportamento proposital para me incomodar, ou atrapalhar a aula		A maioria dos alunos com TDAH que têm mau comportamento apenas agem sem pensar. Eles não têm tempo suficiente para planejarem como incomodar a aula, apenas reagem aos estímulos e à sua própria inquietação.	Estabeleça regras claras de comportamento. Convide o aluno a ser seu parceiro no cumprimento delas. Esteja atento aos reforçadores negativos, nesse caso a própria atenção do professor e dos pares. Cuide para tentar ignorar ativamente o comportamento e redirecioná-lo para uma ação produtiva. Por exemplo, se o aluno está agitado dentro de sala, em vez de dizer: "Pare de andar pela sala", dê tarefas para que ele faça e se movimente nela, mas de maneira direcionada e clara: "Pedro, pegue aquele livro vermelho na estante da entrada da sala". O professor pode ainda dar comandos diretos positivos. Ao invés de dizer "Não coloque os pés em cima da carteira", diga "Coloque os pés para baixo, por favor" ou apenas com uma pergunta (caso já tenha sido combinado antes): "Onde é o lugar dos pés?".

Ele não termina de fazer o que pedi porque é preguiçoso e/ou não é inteligente.	Falso	Os alunos com TDAH tendem a evitar o esforço e têm maior dificuldade em sair da inércia para seguir instruções. Eles têm impasses claros para manter a motivação e inibir o comportamento ao longo do tempo, não terminando as tarefas por falhas na persistência.	Esteja atento à frequência e ao tempo entre as tarefas e as recompensas ao longo delas. Essas recompensas podem ser um elogio ou incentivo, desafios que valham pontos, um trabalho em dupla com uma criança que seja reforçadora. Evite tarefas longas com consequências demoradas, fracas ou ausentes. Aumente o tempo para execução da tarefa e/ou diminua as metas.

O aluno com TDAH deve ter sido avaliado e, conforme necessidade, acompanhado por um profissional capacitado para a psicoterapia e acompanhamento medicamentoso. O papel do terapeuta envolve também estar em parceria com a escola a fim de introduzir tais habilidades na vida cotidiana dessas crianças e adolescentes em diversos contextos. Quando o ambiente está preparado para acolher as necessidades desses alunos e reforçar seus ganhos ao longo do processo, a generalização dos ganhos é mais rápida e eficaz (Swanson *et al.*, 2001).

Este capítulo teve como objetivo proporcionar ao professor e psicólogo escolar maior conhecimento sobre as psicopatologias encontradas nos alunos em sala de aula. Ainda que seja um trabalho do clínico o estabelecimento de diagnósticos apropriados, cabe aos profissionais das instituições educacionais atuar ativamente na observação e prevenção de transtornos mentais e auxiliar da melhora dos quadros diagnósticos sempre que possível. Esse fundamental trabalho de observadores e atuantes, inicia-se desde a pré-escola e é fator essencial na promoção do bom desenvolvimento socioemocional (Fava, 2014).

O quadro a seguir é um instrumento, ainda não validado empiricamente, criado pelas autoras para o rastreamento de problemas em saúde mental na sala de aula. Sua composição é baseada nos critérios diagnósticos do Manual Diagnóstico e Estatístico de Transtornos Mentais – DSM 5 (APA, 2013). Seu uso deve ser considerado como auxílio na observação dos problemas e guia para encaminhamento ao psicólogo escolar ou ao psicólogo clínico sempre que necessário.

	Tipo de sintoma ou comportamento apresentado	Frequência 1-Quase todos os dias 2-Duas vezes por semana 3-Uma vez por semana 4-Poucas vezes	Observações Importantes
TD	Falta de prazer nas atividades.		
TD	Humor triste.		
TD	Humor irritável, zangado.		
TD	Choroso.		
TD	Alterações no peso (sem dieta)		
TD	Sonolência excessiva durante a aula.		
TD	Agitação ou lentificação motora		
TD	Cansaço excessivo		
TD	Fala sobre culpa, inutilidade inapropriada, ideias de morte.		
TD	Dificuldade de concentração, raciocínio e decisão.		
TD	Explosões de raiva desproporcional.		
TD	Medo excessivo de algum objeto ou situação.		
TA	Evita determinada situação.		

TA	Dificuldade em afastar-se de alguém da família.		
TA	Recusa em fazer alguma atividade ou tarefa.		
TA	Fica com rosto avermelhado, treme, sua ou parece sem jeito ou apavorado em alguma situação.		
TA	Demasiadamente envergonhado ou isolado.		
TA	Preocupação excessiva ou parece estar sempre esperando o pior.		
TA	Reclama de dores de cabeça, cansaço, tensão, dores musculares ou outros sintomas físicos.		
TE	Parece assustado ou "alerta" quando chamado.		
TE	"Desliga", como se estivesse vivenciando outra realidade.		
TE	Nas brincadeiras, mostra conteúdo de violência, abuso ou acidentes.		
TE	Dificuldade em demonstrar emoções positivas.		
TC	Afronta, desafia ou é "respondão" com o professor ou colegas.		
TC	Incomoda ou implica com os outros.		
TC	Culpa os outros quando a responsabilidade é sua.		
TC	Tem atitudes para se vingar de algo que tenha acontecido.		

TC	Agride verbal ou fisicamente.		
TC	Destrói ou danifica brinquedos, materiais ou objetos da escola.		
TC	Rouba coisas dos colegas ou da escola.		
TC	Não cumpre regras e parece não se preocupar para regras e normas.		
TC	Falta excessivamente às aulas.		
AH	Dificuldade na organização de material e agenda escolar		
AH	Tende a se distrair com estímulos que outras crianças normalmente não se distraem por tanto tempo (mexer no lápis, borracha, olhar distante)		
AH	Comportamentos disruptivos vinculados a situações de frustração		
AH	Dificuldade para esperar		
AH	Comete erros por impulsividade		
EA	Dificuldades em entender conceitos e regras mais abstratas e implícitas (não claramente explicadas)		
EA	Dificuldades em manter sua conexão com um grupo ou amigo de forma mais contínua		
EA	Interesses em temas restritos e pouco usuais		

EA	Dificuldades com modificações nas rotinas e transições		
EA	Comportamentos disruptivos quando comete erros ou as coisas não saem como EA planejadas antecipadamente		
EA	Dificuldades em entender conceitos e regras mais abstratas e implícitas (não claramente explicadas)		
EA	Isolamento social (tende a ficar sozinho e tem dificuldade de estabelecer contato social)		

Referências

Achenbach, T. M., & Rescorla, L. A. (2000). Manual for the ASEBA Preschool Forms & Profiles. Burlington, VT: University of Vermont, Research Center for Children, Youth, & Families.

American Psychiatric Association. (2014). *Manual Diagnóstico e Estatístico dos Transtornos Mentais, 5a edição – DSM 5*. Porto Alegre: Artmed.

Asbahr, F. R. (2004). Transtornos ansiosos na infância e adolescência: aspectos clínicos e neurobiológicos. *Jornal de Pediatria, 80*(2), 28-34.

Attwood, T. (2008). *Asperger's Syndrome: A Guide For Parents And Professionals*. London: Jessica Kingley Publishers.

Bahls, S. C. (2002/b). Aspectos clínicos da depressão em crianças e adolescentes Jornal de Pediatria, 78(5), 359-366.

Bahls, S.C. (2002/a). Epidemiology of depressive symptoms in adolescents of a public school in Curitiba, Brazil. Revista Brasileira de Psiquiatria, 24(2). 63-67.

Barkley, R. (2002). *Transtorno de Déficit de Atenção/Hiperatividade: TDAH – Guia Completo para Pais, Professores e Profissionais da Saúde*. Porto Alegre: Artmed.

Barkley, R. (2006). Uma teoria para o TDAH. In Barkley, R. A. (Ed.) *Transtorno de Déficit de Atenção/Hiperatividade- Manual para Diagnóstico e Tratamento*, (p. 309-348). Porto Alegre: Artmed.

Barret, P. M. (2008). Fun friends: a facilitator's guide to building resilience in 4 to 7 year oldchildren (2nd ed.). Brisbane: Barret Research Resources Pty Ltda.

Blaustein, M. E. & Kinniburgh, K. M. (2010). *Treating traumatic stress in children and adolescents:* how to Foster resilience trough attachment, self regulation and competency. New York: Guilford Press.

Bordin, I. A., Rocha, M. M., Paula, C. S., Teixeira, M. C. T., Achenbach, T. M., Rescorla, L. A., & Silvares, E. F. (2013). Child Behavior Checklist (CBCL), Youth Self-Report (YSR) and Teacher's Report Form (TRF): an overview of the development of the original and Brazilian versions. *Cadernos de Saúde Pública, 29*(1), 13-28.

Borsa, J. C., Souza, D. S. D., & Bandeira, D. R. (2011). Prevalência dos problemas de comportamento em uma amostra de crianças do Rio Grande do Sul. *Psicologia: teoria e prática, 13*(2), 15-29.

D'Abreu, L. C. F., & Marturano, E. M. (2011). Identificação de problemas de saúde mental associados à queixa escolar segundo o DAWBA. *Psico, 42*(2), 152-158.

Fava, D. C. & Pacheco, J. T. B (2012). Transtorno de estresse pós-traumático e terapia cognitivo-comportamental na infância. *Revista Brasileira de Terapias Cognitivas, 8*(2), 93-100.

Fava, D.C. (2014). *A terapia cognitiva no contexto pré-escolar.* In: Melo, W. V (org). Estratégias psicoterápicas e a terceira onda em terapia cognitiva. Porto Alegre: Synopsis.

Ferriolli, S. H. T., Marturano, E. M., & Puntel, L. P. (2007). Contexto familiar e problemas de saúde mental infantil no Programa Saúde da Família. *Revista de Saúde Pública, 41*(2), 251-259.

Fisher, M. & Meyer, L. (2002). Development and social competence after twoyears for students enrolled in inclusive and self-contained educational programs. *Research and Practice for Persons with severe disabilities*, 27, 165-174.

Frederickson, N., Warren, L., & Turner, J. (2005). "Circle of Friends"- An exploration of impact over time. *Educational Psychology in Practice*, 21, 197 -217.

Gonzales, A., & Kamps, D. (19970. Social skills training to increase social interactions between children with autism and their typical peers. *Focus on Autism and other Developmental Disabilities*, 12, 2-14.

Greenway, C. (2000). Autism and Asperger Syndrome: Strategies to promote prosocial behaviors. *Educational Psychology in Practice*, 16, 469-486.

Gus, L. (2000). Autism: Promoting peer understanding. *Educational Psychology in Practice*, 16, 461-468.

Hinshaw, S., & Erhardt, D. (1991). Attention-Hyperactive Disorder. In: Kendall (Ed.) *Child and Adoelscent Psychiatric Clinic in North America* (98-128). New York: Guilford Press.

Iizuka, C. A., & Barret, P. M. (2011). *Programa Friends para tratamento e prevenção de transtornos de ansiedade em crianças e adolescentes.* Em: Petersen, C. S., Wainer, R. & Cols. Terapias cognitivo-comportamentais para crianças e adolescentes: ciência e arte. Porto Alegre: Artmed.

Klin, A., Mcpartland, J., & Volkmar, F. (2005). Aspeger Syndrome. In F. Volkmar, R. Paul, A. Klin, D. Cohen (Org.). *Handbook Of Autism And Pervasive Developmental Disorders: Diagnosis, Development, Neurobiology And Behavior* (pp. 88-125). New Jersey: John Wiley And Sons.

Koegel, L., & Koegel, R. (1999). Pivotal Response Intervention I: Overview Of Approach. *Journal Of The Association For The Severely Handicapped*, 24, 174-185.

Koegel, L., & LaZebnik, C. (2008). *Growing up on the spectrum: A guide to life, love, and learning for teens and young adults with autism and Asperger's.* New York: Viking/Penguin.

Koegel, L.; Koegel, R.; Chin, J., & Koegel, B. Improving educational interventions for school-age children with autism without intellectual disabilities. In: Mundy, P. & Mastergeorge, A. (Ed.) (2012). *Educational Interventions for Students with Autism – The U. C. Davis Mind Autism for Education Series* (87-106). California: Jossey-Bass.

Koegel, R. L., & Frea, W. D. (1993). Treatment Of Social Behavior In Autism Through The Modification Of Pivotal Social Skills. *Journal Of Applied Behavior Analysis*, 26, 369–377.

Koegel, R. L., Dyer, K., & Bell, L. K. (1987). The Influence Of Child- Preferred Activities On Autistic Children's Social Behavior. *Journal Of Applied Behavior Analysis*, 20, 243–252.

McGoey, K. E., & DuPaul, G. J. (2000). Total reinforcement and response cost procedures: Reducing the disruptive behavior of preschool children with attention-deficit/hyperactivity disorder. *School Psychology Quartely*, 15 (3), 330-343.

Meichenbaum, D., & Goodman, J. (1971). Training impulsive children to talk to themselves. A means of developing self-control. Journal of Abnormal Psychology, 77, 115-126.

Mundy, P.; Mastergeorge, A. & McIntyre, N. Effects of Social Learning and Social Attention. In: Mundy, P. & Mastergeorge, A. (Ed.) (2012). *Educational Interventions for Students with Autism – The U. C. Davis Mind Autism for Education Series* (3-14). California: Jossey-Bass.

Ormond, J. (2006). *Educational Psychology in Practice: developing learners.* Upper Daddle River, NJ: Prentice Hall.

Pfiffner, L; Barkley, R., & Dupaul, G. (2006). Tratamento do TDAH em ambientes Escolares. In Barkley, R. A. (Ed.) *Transtorno de Déficit de Atenção/Hiperatividade- Manual para Diagnóstico e Tratamento,* (p. 559-601). Porto Alegre: Artmed.

Pergher, G. K., Schneider, D.G, & Melo, W.V (2007). Terapia cognitivo-comportamental para o transtorno disruptivo. Em: Caminha, R.M., & Caminha, M.G. A prática cognitiva na infância. São Paulo: ed Rocca.

Pfiffner, L. (2003). Psychological treatment for ADHD-inattentive type. *ADHD Report,* 11(5), 1-8.

Scheeringa, M. S., Cohen, J., & Amaya-Jackson, L. *Preschool PTSD treatment.* Version 1.7. Updated October 14, 2010. Copyright © 2002 by Scheeringa, Cohen, and Amaya-Jackson.

Sugai, G., Horner, R. H., Dunlap, G., Hieneman, M., Lewis, T. J., Nelson, C. M., Scott, T., Liaupsin, C., Sailor, W., Turnbull, A. P., Turnbull III,. H. R., Wickham, D., Wilcox, B., & Ruef, M. (2000). Applying positive behavior support and functional behavioral assessments in schools. *Journal of Positive Behavior Interventions, 2*(3), 131-143.

Swanson, J. M.; Kraemer, H. C.; Hinshaw, S. P.; Arnold, L.; Conners, C. K.; Abikoff, H. B. *et al.* (2001). Clinical relevance of the primary findings of the MTA: Sucess rates based on severety of ADHD and ODD symptons at the end of treatment. *Journal of the American Academy of Child and Adolescent Psychiatry,* 40 (2), 168-179.

Thiengo, D. L., Cavalcante, M. T., & Lovisi, G. M. (2014). Prevalência de transtornos mentais entre crianças e adolescentes e fatores associados: uma revisão sistemática. *J. bras. psiquiatr, 63*(4), 360-372.

A+B=C
1 2 3 4 5 6

CAPÍTULO 9

O aluno em tratamento com psicofármacos

Jader Piccin
Guilherme Luís Menegon
Luciano Rassier Isolan

Sendo a escola obrigatória a todas as crianças e adolescentes, problemas e transtornos mentais tornaram-se rotina no âmbito escolar. Estudos nacionais e internacionais mostram que 1 em cada grupo de 5 a 10 crianças apresentam algum transtorno mental (Anselmi, Piccinini, Barros, & Lopes, 2004; Borsa, Souza & Bandeira, 2011; Ferriolli, Marturano & Puntel, 2007; Hetlinger, Simpkins, Combs-Orme, 2000; Paula, Duarte & Bordin, 2007; Stewart-Brown, 2003; Vitolo, Fleitlich-Bilyk, Goodman & Bordin, 2005; World Health Organization, 2003). Entre os transtornos mais prevalentes estão a deficiência intelectual (cerca de 2%), o transtorno de espectro autista (cerca de 1%), o transtorno de déficit de atenção e hiperatividade (cerca de 5%), o transtorno opositor desafiante (6%), os transtornos depressivos (2-4%) e os transtornos ansiosos (cerca de 5%) (Remschmidt & Belfer, 2005).

Os transtornos mentais afetam negativamente a vida das pessoas, sendo considerados os piores entre os problemas médicos nos indivíduos de 10 a 24 anos de idade – medido pela Organização Mundial da Saúde por meio do Índice de Incapacidade por Doença (Global Burden of Disease) que leva em conta o índice de Anos de Vida Perdidos Ajustados por Incapacidade (Disability Adjusted Life Years) (World Health Organization, 2003). Os transtornos mentais na infância e adolescência estão associados a uma transição mais conturbada para a vida adulta, com uma chance seis vezes maior de apresentar algum desfecho negativo nas áreas de saúde física e mental, criminalidade, organização financeira e social (Coperland, Wolke, Shanahan & Costello, 2015).

Tendo em vista a elevada prevalência e o significativo prejuízo associados aos transtornos mentais em crianças e adolescentes, é fundamental a adequada identificação e o tratamento dessas patologias. Diversas abordagens terapêuticas, que incluem tanto tratamentos psicoterápicos quanto psicofarmacológicos podem ser utilizadas, e cada abordagem deve apresentar as suas indicações, vantagens e limitações.

O tratamento psicofarmacológico é uma ferramenta fundamental no tratamento de crianças e adolescentes, e um conhecimento amplo e atualizado nessa área é indispensável para o adequado manejo dos transtornos psiquiátricos nessa faixa etária. Apesar do uso de medicações psicotrópicas em crianças e adolescentes ter sido sempre um tema polêmico e controverso, o aumento das pesquisas na área e a maior divulgação do conhecimento entre os profissionais e também entre pais e familiares têm auxiliado na determinação do espaço dessa modalidade de tratamento. Sendo assim, discutiremos a seguir as principais queixas escolares que surgem na avaliação psiquiátrica, em que situações realiza-se abordagem psicofarmacológica, quais as principais medicações e os principais efeitos adversos ligados a elas e, por fim, como se pode abordar esses aspectos no ambiente escolar, levando-se em conta questões de estigma e o apoio da família.

Quais são as principais queixas na escola?

Faz parte do desenvolvimento normal que encontremos um jeito de lidar com as situações cotidianas, sejam elas simples sejam complexas, com o objetivo de sobreviver e obter bem-estar. Nesse processo, podemos encontrar dificuldades, principalmente quando há estressores importantes (divórcio dos pais, morte de um ente querido) ou quando nossa capacidade adaptativa é prejudicada (falhas ou desvios no desenvolvimento neurológico, social, cognitivo ou emocional tornam situações do dia a dia, como fazer uma tarefa escolar ou interagir com outras pessoas, verdadeiros desafios). Geralmente, isso é passageiro e não atrapalha muito a vida das pessoas; nesses casos, a rede social de suporte (família, amigos, etc) é fundamental para auxílio na retomada do equilíbrio. No entanto, quando essa rede é insuficiente ou está ausente, ou quando as respostas comportamentais desadaptativas tornam-se intensas ou prolongadas o bastante para gerar prejuízos significativos, pode haver o surgimento de problemas ou transtornos mentais. Nesses casos, uma avaliação por um profissional da saúde pode ser de grande valia – isso pode auxiliar na resolução do problema ou na prevenção da progressão de certos fatores de risco em direção a problemas de saúde (Estanislau & Bressan, 2014).

Os transtornos mentais surgem por uma interação complexa de fatores biológicos (herança genética), psicológicos (capacidades cognitivas e emocionais) e ambientais (interação com os pais, qualidade da escola, exposição a estressores, condições sócioeconômicas). Sendo assim, não estão necessariamente atrelados a um trauma ou evento estressor e seu surgimento sempre está relacionado a um balanço delicado entre fatores de risco (vulnerabilidades, estressores) e fatores de proteção (adaptabilidade, resiliência, suporte social).

As principais dificuldades que se apresentam na sala de aula são alterações no comportamento e/ou baixo desempenho escolar (Estanislau & Bressan, 2014). Há uma relação íntima entre ambos; afinal, se uma criança apresenta dificuldades em desenvolver uma tarefa proposta, pode ficar irritada ou desanimada, e se uma criança está mais inquieta ou triste pode ter dificuldades em fazer aquilo que o professor propõe.

As alterações de comportamento, conforme as análises que foram base para o DSM-5 (American Psychiatric Association, 2014), o manual diagnóstico dos transtornos mentais da Associação Americana de Psiquiatria, dividem-se em dois grupos principais: os com fatores internalizantes (transtornos com sintomas proeminentes de humor, ansiedade ou somáticos) e os com os externalizantes (transtornos com sintomas proeminentes de descontrole de impulsos, de conduta disruptiva e por uso de substâncias psicoativas). Há também os do neurodesenvolvimento (deficiência intelectual, transtorno do espectro autista e TDAH) e os psicóticos, que, com suas peculiaridades, cursam também com sintomas internalizantes e/ou externalizantes. Os sintomas externalizantes envolvem impulsividade, agressão física ou verbal, agitação e provocações; os internalizantes, preocupação em excesso, queixas somáticas, retraimento e isolamento, tristeza, timidez, insegurança e medos. Podemos suspeitar desses transtornos por meio de verbalizações sobre pensamentos e sentimentos (como preocupações, medos), ou da observação de condutas (distratibilidade, insegurança, parecer estar vendo algo que os outros não estão, inquietação, agitação, agressividade dirigida a si ou aos outros, desobediência, negativismo, isolamento). Um estudo realizado no Rio Grande do Sul com crianças em idade escolar, observou que, nas 140 crianças estudadas, 27% apresentaram comportamento agressivo; 25% ansiedade/depressão, 22,1% queixas somáticas, 20% problemas de atenção, 17,9% problemas de pensamento, 14,3% problemas sociais, 12,9% isolamento/depressão e 11,4% comportamento delinquente (Borsa, Souza & Bandeira, 2011).

O baixo desempenho escolar pode estar relacionado a dificuldades de aprendizagem naturais ou de percurso (o aluno não consegue acompanhar seus pares por conta de aspectos evolutivos, de metodologia inadequada, de padrões de exigência da escola, de falta de assiduidade ou de conflitos familiares eventuais), dificuldades de aprendizagem secundárias (o aluno apresenta deficiência mental, deficiência sensorial, doenças neurológicas ou transtornos mentais) ou transtornos de aprendizagem (aluno apresenta dificuldades de aprendizagem ou de uso de habilidades acadêmicas persistentes, apesar de intervenções específicas, abaixo do esperado para a idade).

Como já mencionado, nem todos os comportamentos disfuncionais são patológicos e, muitas vezes, podem estar relacionados a desconfortos físicos, frustrações ou outras questões que gerem sentimentos difíceis de lidar – por serem complicados e por irem além da possibilidade de compreensão da criança. No entanto, há alguns parâmetros que podem guiar a distinção de casos mais e menos graves. São eles:

1) Apresentação: reações que não são esperadas no contexto;
2) Intensidade: reações desproporcionais à situação e de ocorrência em outros ambientes e contextos além do inicial;
3) Duração: persistência da reação por muitas horas, ou até mesmo dias, mesmo que o estímulo desencadeador tenha cessado;
4) Grau de disfunção, prejuízo e sofrimento: quanto tal comportamento impacta no funcionamento social, escolar ou de outras áreas relevantes na vida da criança.

Quando é necessário o uso de medicações psicotrópicas?

Há uma série de mitos relacionados ao processo de diagnóstico e tratamento psiquiátricos (quadro 1). A falta de conhecimento, orientação e capacitação adequados levam a encaminhamentos equivocados e à sobrecarga dos serviços de saúde, fatores que contribuem para a confusão entre diagnóstico e rótulo e entre tratamento e medicalização. O sofrimento ligado a problemas e transtornos mentais costuma ter impacto negativo na vida dos pacientes e sua família e estão relacionados à evasão escolar, ao baixo rendimento escolar e a problemas legais; portanto, nunca deve ser menosprezado o sofrimento real.

Quadro 1 – Mitos e verdades em psiquiatria da infância e adolescência

Mito: quem vai ao psiquiatra acaba sendo rotulado.
• Verdade: há uma confusão importante entre diagnosticar e rotular. O diagnóstico psiquiátrico consiste em um mapeamento do sofrimento apresentado, o que geralmente se presta a direcionar o tratamento e a esclarecer a evolução no quadro; sendo assim, não só contribui na escolha da medicação, mas também nas outras abordagens necessárias para a melhora. Além disso, não é só dar um nome a um conjunto de comportamentos e queixas, mas é, sobretudo, poder dar uma ideia de bom ou mau prognóstico a crianças e pais desesperançados.
• Crianças com conduta opositora e irritáveis, por exemplo, podem estar tendo um transtorno depressivo, cujo tratamento nem sempre é farmacológico e, quando for, é por tempo determinado, com resolução completa do quadro. No entanto, podem ter um transtorno do espectro autista, um transtorno do neurodesenvolvimento que necessitará de atendimentos específicos e adaptações escolares para poderem desenvolver-se adequadamente – as intervenções precoces fazem toda a diferença.
• Crianças com febre, por exemplo, geram preocupação em seus pais e são avaliadas com intuito de se saber se o que está ocorrendo é um quadro autolimitado, ou se é uma infecção mais greve. Isso leva à decisão de serem tratadas com medicações para baixar a febre apenas ou com antibióticos. Além disso, se poderão ser tratadas em casa ou se necessitarão de uma internação hospitalar – tudo com o intuito de melhorarem e retomarem suas atividades o mais rápido possível e de reduzir a quantidade de prejuízos associados ao quadro (inclusive, necessitam auxílio e apoio para recuperarem os conteúdos dos dias de aula em que não puderam comparecer por estarem doentes e, assim, não ficarem em desvantagem em relação aos demais colegas). Esses também são os objetivos dos diagnósticos e tratamentos psiquiátricos, mas geralmente isso não é visto dessa forma.

- A dificuldade em receber um diagnóstico e a sua relação com rótulos está relacionada sobretudo ao estigma, um conjunto de preconceitos que leva à discriminação, o que geralmente está muito associado à falta de informação. Muitas pessoas, por exemplo, pensam que os portadores de transtornos mentais são pessoas que não conseguem e nunca conseguirão se responsabilizar por seus atos, são atrapalhados, violentos, incompetentes. No entanto, na realidade, a grande maioria dos problemas e transtornos mentais não atrapalham o juízo crítico, nem está associada à agressividade – quando isso ocorre, geralmente é na fase aguda da doença, que normalmente melhora com o tratamento.
- É claro que há condições mais graves, limitantes e que respondem muito pouco ao tratamento. É importante lembrar que isso é a minoria dos casos e que muitos desses, se tivessem sido diagnosticados mais cedo, poderiam ter tido uma melhor evolução. Assim, privar alguém do diagnóstico é impedir que previnam desfechos piores e que a criança receba o atendimento adequado para ter os mesmos direitos dos seus colegas.

Mito: quem vai ao psiquiatra acaba sendo medicado.

- Verdade: a medicalização, conceito que pressupõe que há um exagero no uso de medicações psiquiátricas a fim de tratar aspectos usuais da vida, está possivelmente ligada à falta de informação. De um lado, estão os médicos – recebem encaminhamentos equivocados que geram demandas excessivas aos recursos escassos e uma influência negativa da indústria farmacêutica. De outro lado, há os que não compreendem em que situação é indicado o uso da medicação.
- As medicações são utilizadas quando se acredita que podem contribuir na melhora de um sofrimento que está intenso, conforme entendido pela criança e pelos pais que levam ao atendimento. O processo diagnóstico é demorado e não é perfeito; não é raro que haja a necessidade de medicar um sintoma-alvo que está atrapalhando muito enquanto se segue avaliando. O acompanhamento é fundamental, já que ele é capaz de discernir se uma medicação está indicada ou não em determinado caso, tendo o grau de disfunção como base, e é capaz de avaliar junto ao paciente e sua família os riscos e benefícios dessa intervenção.
- O processo de medicar é racional, embasado em evidência científica e prática clínica e parte de uma avaliação criteriosa. Ocorre que, na prática, muitas vezes, crianças que necessitam de tratamento farmacológico são incluídas no grupo das que não necessitam e vice-versa. Assim, muitos dos que estão sofrendo e tendo prejuízos que tendem a se multiplicar ao longo da vida, não são devidamente tratados, e, muitos dos que não necessitam das medicações, padecem com efeitos colaterais. Os serviços públicos muitas vezes não conseguem oferecer o treinamento continuado dos profissionais e o acompanhamento indicado, fatores que facilitam e possibilitam a distinção entre esses dois grandes grupos; assim, não se consegue enxergar aqueles que realmente se beneficiam, o que é possível ver nos estudos científicos e na prática clínica. Por fim, quem sofre são os pacientes e suas famílias.

Mito: quem usa medicações psiquiátricas uma vez, vai ter que usar para o resto da vida.

- Verdade: cada caso é um caso – é importante aqui saber o diagnóstico e a gravidade do quadro. Voltando ao exemplo da depressão, um primeiro episódio que não apresente fatores de risco (como história familiar importante, muitos sintomas no quadro agudo ou sintomas graves como ideação suicida) implica tratamento por um ano após a melhora nos sintomas. Nos casos de TDAH, um transtorno do neurodesenvolvimento, sabe-se que cerca de 50% das crianças que apresentam o quadro não o apresentam mais na idade adulta; por isso, é prudente que se avalie caso a caso periodicamente sem medicação. Quando se trata do diagnóstico de Transtorno de Humor Bipolar ou Esquizofrenia, diagnósticos geralmente mais demorados para serem estabelecidos, preconiza-se o tratamento de manutenção mais a longo prazo, já que a recorrência dos sintomas é comum (às vezes, a retirada de medicações nesses casos auxilia o diagnóstico – a recorrência de sintomas parecidos, condizentes com esses diagnósticos em períodos livres de medicação, dão uma ideia de evolução do quadro).

Mito: as medicações psiquiátricas são calmantes e só servem para fazer dormir.

- Verdade: a primeira medicação psiquiátrica utilizada com fim terapêutico foi a clorpromazina, e isso data de 1953 – os tratamentos psicofarmacológicos são muito recentes! A clorpromazina é uma medicação da classe dos antipsicóticos considerados de baixa potência, que tem como característica a necessidade de doses altas para o efeito antipsicótico, além do efeito sedativo. Durante muitos anos, foi um dos únicos recursos para que as pessoas que padeciam de transtornos psiquiátricos graves e que não conseguiam permanecer na sociedade pelos riscos do quadro agudo saíssem dos manicômios e retornassem às suas famílias. Mesmo que tenha sido uma revolução na saúde mental, nem todos melhoravam e acabavam tendo que permanecer longe de suas famílias.
- Ao longo dos anos, buscaram-se medicações tão ou mais eficazes e com menos efeitos colaterais. No entanto, esse é um efeito ainda comum para algumas medicações, com uma diferença: melhora com algumas semanas de uso. É raro atualmente, que otimizando os horários de uso e dando um tempo inicial, os pacientes que usam psicotrópicos tenham que conviver com sonolência..

O uso de psicofármacos é a etapa final de um processo cuidadoso de avaliação e ponderação de riscos e benefícios juntamente com o paciente, sua família e os outros profissionais que o atendem; além disso, é preciso dizer que muitas vezes, são apenas parte do arsenal terapêutico que se deve disponibilizar ao paciente.

Alguns parâmetros que resumem passo a passo esse processo (WALKUP, 2009):

1) Realiza-se uma avaliação psiquiátrica completa: é importante que se acessem os principais sinais e sintomas, à luz do contexto psicossocial, por intermédio de entrevistas com o paciente e seus pais. Além disso, revisam-se tratamentos atuais e prévios (em busca do que já foi tentado, do que funcionou e do que não funcionou), entra-se em contato com outros profissionais que atendem a criança (em busca de informações complementares e auxílio na monitorização de melhoras e pioras no quadro da criança e de surgimento e evolução de sintomas colaterais) e inclui-se a obtenção de dados da história clínica considerando uma avaliação pediátrica (em busca de informações sobre outras condições médicas que possam estar causando os sintomas psiquiátricos e sobre o estado de saúde suficientemente adequado que autorize o uso de determinada medicação).
2) Desenvolve-se um plano de tratamento psicossocial e psicofarmacológico com base nas melhores evidências disponíveis: os tratamentos são embasados em evidências científicas, estudos monitorados por agências de vigilância (no Brasil, Anvisa – Agência Nacional de Vigilância Sanitária) que comparam, entre grupos separados compostos com pessoas que tenham características similares, os tratamentos para diferentes condições. Essas comparações envolvem a substância nova que se está estudando e uma substância ou intervenção que não tenha capacidade de fazer melhorar (comprimido sem substância medicinal, aguardar atendimento em fila de espera) ou o tratamento que já anteriormente fora estabelecido; com a observação pautada por regras e critérios, estabelece-se que um tratamento é melhor em relação a não se fazer nada, ou em relação a outro tratamento, com base na ponderação de diversos fatores, como segurança, grau de efeitos colaterais, grau de melhora do sintoma e dos prejuízos causados pelo sintoma, etc.
3) De modo geral, pensa-se sempre em iniciar os tratamento por meio das intervenções psicossociais, a menos que haja evidência científica que demonstre algo diferente. Nesse sentido, sabe-se

que em casos de TDAH, o tratamento farmacológico é a primeira escolha (superior a intervenção psicossocial isolada), mas em alguns casos, o tratamento combinado (farmacológico e psicossocial) é superior a cada um isolado; sabe-se também que em depressões unipolares leves, não há diferença entre tratamento farmacológico isolado e tratamento psicossocial isolado e, sendo assim, opta-se pelo tratamento psicossocial isolado inicialmente. Os tratamentos são divididos em fase aguda (otimização de doses em busca do melhor efeito terapêutico associado à menor incidência de efeitos colaterais), fase de manutenção (os que respondem ao tratamento consolidam seus ganhos e a remissão do quadro acontece) e fase de descontinuação (em casos indicados, após um tempo específico, é possível a redução gradual e orientada sem o risco de efeitos de retirada ou do retorno do quadro anterior que motivou o tratamento).

4) A Psiquiatria da Infância e Adolescência é uma especialidade recente, que surgiu nas décadas de 1930-1940 e por isso mesmo, há poucos tratamentos muito bem estabelecidos. Assim, é comum a prática do uso de medicações *off-label*, ou seja, prescrever medicações para uma condição, uma faixa etária ou para uma forma de administração não aprovados por agências regulatórias do país. Essa prática, carregada de incertezas e variabilidade quanto a prejuízos e benefícios, também é uma ferramenta importante – afinal, em casos que não respondem a outras abordagens e que estão apresentando sofrimento e prejuízo significativos, desde que feita de forma responsável, por profissional treinado, pode ser de extrema importância e benefício na vida do paciente e sua família.

5) Estabelece-se um plano de monitorização do tratamento: conforme as medicações trazem benefícios (efeito terapêutico) e prejuízos (efeitos colaterais), é necessário consultas numa determinada frequência (para se examinar riscos associados aos sintomas e ao tratamento, bem como para se examinar a melhora com base no tempo de tratamento e estabelecer ajustes na dosagem para mais ou para menos, ou a troca da medicação) e realização de exames para monitorar possíveis efeitos colaterais (medida de peso, altura e pressão arterial; exames de sangue,

eletrocardiograma, eletroencefalograma, etc). Nesse caso, devem-se levar em consideração as barreiras, como ausência de um adulto responsável, questões socioeconômicas, etc.

6) Propõe-se um *feedback* à família quanto ao diagnóstico, ao tratamento indicado e à monitorização necessária, obtendo-se consentimento do paciente e seus responsáveis. Esse retorno deve contemplar informação compreensível acerca da balança de riscos e benefícios do tratamento indicado, além de possíveis tratamentos alternativos. Muitas vezes, há condições e fármacos específicos que não possuem estudos científicos de qualidade, há sintomas-alvo que estão causando prejuízos importantes e que não estão claramente associados a diagnósticos determinados. Nessas situações, a experiência conta muito e, assim, discute-se com família sobre as alternativas, novamente levando-se em conta riscos e benefícios. Sempre é importante um espaço para esclarecimento de todas as dúvidas dos familiares e do paciente e de todos os riscos e benefícios, trabalhando-se sempre à luz das expectativas do paciente e sua família. Muitas vezes, dependendo da gravidade do quadro do paciente, é importante deixar um tempo para a família conversar sobre esse primeiro retorno a fim de abordar novamente o assunto em uma ou outra consulta (é diferente a situação de uma depressão leve, sem riscos, e uma depressão grave, com prejuízos importantes na realização de autocuidados ou responsabilidades básicas, além de risco de suicídio). É importante o esclarecimento de que há medicações, como os psicoestimulantes, cujo efeito inicia rapidamente. No entanto, há outras, como os antidepressivos, em que a fase aguda do tratamento implica lidar com efeitos colaterais, já que os benefícios podem vir em até oito semanas. Portanto, é preciso ficar claro que após todos os percalços iniciais, o objetivo é a melhora e, se não obtida, tentar-se-á outra alternativa.

7) Inicia-se o tratamento farmacológico em dose e por tempo adequados, e, com base em melhora ou piora, se realiza troca do tratamento e reavaliação diagnóstica: muitas vezes, mesmo com todos os cuidados, a primeira medicação não irá funcionar e será necessário tentar outra, já que, mesmo que os diagnósticos

e os tratamentos sejam comuns, cada um responde e reage de um jeito particular. Além disso, na infância e adolescência, os quadros vão mudando a forma de apresentação ao longo do tempo, o que implica em reavaliações. Muitas vezes, são necessárias combinações de medicações – quando há mais de um diagnóstico em um único paciente (uso de psicoestimulante e antidepressivo em quadros de TDAH e ansiedade), quando há necessidade de potencialização do efeito de uma medicação que já ajudou um pouco (associação de lítio a antidepressivo em quadros de depressão) ou quando se decide tratar efeitos colaterais de uma medicação que trouxe benefícios consideráveis (uso de antipsicótico para tratar tiques decorrentes de psicoestimulante, após tentativa de redução na dose ou modificação para formulações de liberação prolongada, geralmente associadas a menos efeitos colaterais). As combinações são geralmente usadas em casos mais complexos, em que se ultrapassou a fase do estabelecimento da necessidade do uso ou não de medicação, já se contou com a associação de terapêuticas psicossociais disponíveis e possíveis, já se considerou e/ou realizou a troca de medicação e não se obteve o benefício esperado.

8) Nos casos em que há indicação de suspensão do fármaco, deve ser estabelecido um plano adequado para tanto: há uma série de motivos para a suspensão de psicofármacos – o paciente não está sintomático e não necessita mais da medicação (após um ano sem sintomas de um episódio depressivo unipolar sem riscos), o paciente apresenta sintomas colaterais importantes que suplantam os benefícios anteriormente observados (aumento importante no peso, prejuízos no crescimento, movimentos involuntários) ou faz parte de um plano global de reavaliação que se retire toda a medicação e que se recomece esse procedimento todo desde o primeiro passo.

Deve-se ressaltar que todas as medidas diagnósticas e terapêuticas em saúde devem ser em prol do melhor interesse do paciente e sua família, os maiores envolvidos com o sofrimento associado aos problemas e transtornos mentais, o que muitas vezes, se perde entre discussões ideológicas e descompromisso ético.

Tabela 1 – Principais psicofármacos utilizados em psiquiatria da infância adolescência

Grupo farmacológico	Medicação	Indicação
Estimulantes	Metilfenidato (Ritalina®, Ritalina LA® e Concerta®)	TDAH TOD
	Lisdexanfetamina (Venvanse®)	TDAH
Antidepressivos	Fluoxetina	Depressão Transtornos de Ansiedade TOC Impulsividade Bulimia Nervosa
	Paroxetina	Depressão Transtornos de Ansiedade TOC
	Sertralina	
	Citalopram	
	Escitalopram	
	Fluvoxamina	
	Venlafaxina	
	Bupropiona	Depressão TDAH
	Imipramina	Depressão TDAH Enurese/Encoprese
	Clomipramina	Depressão TOC
	Amitriptilina	Depressão

Estabilizadores de Humor	Lítio	Transtorno Bipolar Agressividade Impulsividade
	Ácido Valpróico/ Valproato de Sódio / Divalproex	Transtorno Bipolar Agressividade Impulsividade
	Carbamazepina	Transtorno Bipolar Agressividade Impulsividade
	Topiramato	Compulsão alimentar
Antipsicóticos	Haloperidol	Psicose Agressividade
	Clorpromazina	Psicose Agressividade
	Tioridazina	Psicose
	Pimozida	Tiques/Tourette Irritabilidade em TGD
	Risperidona	Psicose Transtorno Bipolar Transtornos Disruptivos TEA Agressividade Irritabilidade
	Paliperidona	Psicose Transtorno Bipolar
	Clozapina	Psicose refratária Transtorno Bipolar
	Quetiapina	Psicose Transtorno Bipolar

Antipsicóticos (*continuação*)	Olanzapina	Psicose Transtorno Bipolar
	Ziprasidona	Psicose Transtorno Bipolar
	Aripiprazol	Psicose TEA Transtorno Bipolar
Benzodiazepínicos (BZDs)	Diazepam	Ansiedade Agressividade
	Clonazepam	Ansiedade
Alfa-adrenérgicos	Clonidina	TDAH Agitação Agressividade
	Guanfacina	
Lamotrigina	Lamotrigina	Depressão Bipolar

TDAH: transtorno de déficit de atenção/hiperatividade; TOC: transtorno obsessivo-compulsivo; TEA: Transtorno do espectro autista

Como lidar com efeitos adversos?

A decisão pelo início de medicação em crianças e adolescentes também é influenciada pelo perfil de efeitos adversos dos fármacos. Uma das principais tarefas do psiquiatra é garantir que os potenciais riscos de uma intervenção não ultrapassem os potenciais benefícios. Sendo assim, a tomada de decisão pelo início da medicação requer uma informação adequada sobre os riscos, incluindo a gravidade, frequência e as potenciais intervenções para minimizar esses riscos (Martin, Carandang e Kratochvil & Scahill, 2011). Muitas vezes, os efeitos adversos apresentam maior intensidade durante um período curto até a estabilização dos níveis séricos da substância. Em outras ocasiões, podem representar sinais de intoxicação. É importante que a família mantenha contato frequente com o psiquiatra assistente a fim de monitorar os efeitos adversos e avaliar o benefício da medicação (Martin *et al.*, 2011); (Center for Mental Health in Schools at UCLA, 2008).

O professor e o psicólogo escolar podem auxiliar a família na identificação desses efeitos, relatando alterações observadas no ambiente escolar. Dessa forma, é importante reconhecer os principais efeitos adversos associados aos psicotrópicos, informando-se sobre como auxiliar o aluno em situações de prejuízos e dificuldades. A tabela 1 aborda os principais efeitos adversos relacionados ao uso de psicofármacos, que podem aparecer no ambiente escolar e as principais medicações associadas a eles.

Tabela 02 – Principais efeitos adversos associados aos psicofármacos

Efeitos adversos	Principais medicações associadas
Acne	Lítio
Alterações de sensibilidade	ATDs (em doses altas) e retirada de ISRSs, venlafaxina e BZDs
Agitação, agressividade, irritabilidade	Antidepressivos, antipsicóticos sedativos, benzodiazepínicos, estimulantes
Diminuição de apetite	ISRSs , bupropiona, topiramato e estimulantes
Aumento de apetite e ganho de peso	ADTs, antipsicóticos atípicos (olanzapina, clozapina e quetiapina), clorpromazina, lítio e ácido valproico
Ansiedade e inquietude	Antidepressivos, estimulantes e BZDs
Boca Seca	ADTs, clorpromazina, venlafaxina, clozapina
Congestão nasal	ADTs, clorpromazina, risperidona
Constipação intestinal	ADTs, clorpromazina, paroxetina, clozapina
Convulsão	Bupropiona, clomipramina, clozapina, clorpromazina, venlafaxina em doses altas, retirada de BZDs
Déficit cognitivo	BZDs, ADTs, haloperidol, clorpromazina, ácido valproico, topiramato
Desinibição	BZDs e, mais raramente, estimulantes

Diarreia	Lítio (intoxicação),sertralina, escitalopram, clozapina, ácido valproico, carbamazepina e retirada de ADTs
Cefaleia	Todas as classes de antidepressivos, clozapina, risperidona, estimulantes
Dor epigástrica e gastrite	ISRSs, ácido valproico, lítio
Edema	Lítio, fluoxetina, risperidona, ácido valproico
Fadiga	BZDs, lítio, ADTs e eventualmente ISRSs
Febre	Antipsicóticos. Atenção especial para a clozapina.
Hipertensão arterial	Bupropiona, venlafaxina, estimulantes
Hipotensão postural	Antipsicóticos, principalmente clorpromazina, clozapina e quetiapina e ADTs.
Incontinência urinária	Clozapina, clorpromazina, lítio e BZDs
Insônia	ISRSs, estimulantes, bupropiona e retirada dos BZDs
Náuseas e vômitos	Podem ocorrer com a maioria dos psicofármacos. Destaque para os ISRSs, venlafaxina, lítio, ácido valproico, carbamazepina, antipsicóticos e retirada dos BZDs
Parkinsionismo (tremores, rigidez muscular, lentificação da movimentação voluntária)	Antipsicóticos, principalmente haloperidol, clorpromazina, pimozida.
Polidipsia (sede intensa)	Lítio e mais raramente em uso crônico de antipsicóticos
Poliúria (eliminação excessiva de urina)	Lítio

Prurido	ADTs, ISRSs, antipsicóticos, carbamazepina
Psicose (confusão mental, virada maníaca, delírios paranoides)	Todos antidepressivos e estimulantes.
Rash cutâneo	Anticonvulsivantes, principalmente lamotrigina e carbamazepina.
Retenção urinária	ADTs, atomoxetina, clorpromazina, clozapina
Sedação	BZDs, ADTs e antipsicóticos, principalmente, clorpromazina, olanzapina, clozapina, quetiapina, Risperidona
Sialorreia (salivação excessiva)	Haloperidol, clozapina
Taquicardia	Antipsicóticos, ATDs, venlafaxina, estimulantes
Tontura	ADTs, clorpromazina, risperidona, clozapina, BZDs, carbamazepina
Tremores	Antipsicóticos, lítio, ácido valproico, ADTs e ISRSs
Visão borrada	ADTs, clorpromazina, tioridazina, clozapina. Mais raramente, risperidona, quetiapina, aripiprazol e ziprasidona.

ADTs (Antidepressivos tricíclicos – Amitriptilina, Clomipramina, Imipramina e Nortriptilina)
ISRSs (Inibidores de receptação de serotonina – Citalopram, Escitalopram, Fluoxetina, Fluvoxamina, Paroxetina e Sertralina)
BZDs (Benzodiazepínicos)

Como o professor pode trabalhar a turma?

Crianças e adolescentes com transtornos mentais apresentam-se mais vulneráveis e podem demonstrar maiores dificuldades para lidar com situações que antes conseguiam enfrentar. No ambiente escolar, geralmente o encaminhamento do aluno para o psiquiatra ocorre após o desenvolvimento gradual de sintomas e prejuízos bastante importantes e que já estão bem evidentes para os professores e para a turma. Da mesma forma, o professor e a turma, ordinariamente, observam mudanças do aluno que está em tratamento farmacológico, seja pela melhora de sintomas, seja por efeitos adversos que eventualmente as medicações podem gerar. O grande desafio do professor e do psicólogo escolar nesse contexto, é lidar com o estigma em saúde mental, o qual, muitas vezes, interfere na resposta terapêutica. Assim, é fundamental que os profissionais estejam seguros e bem informados sobre diagnósticos psiquiátricos e tenham noção sobre o papel do tratamento psicofarmacológico. Ainda, é imprescindível que os professores e psicólogos escolares reconheçam as suas atribuições no contexto terapêutico de alunos com transtornos mentais. Tais aspectos são pré-requisitos para um trabalho adequado com a turma, para a boa integração do aluno em tratamento psiquiátrico e para promoção de educação sobre o estigma em saúde mental.

Qual o papel do educador no tratamento psicofarmacológico de crianças e adolescentes?

Após a instituição de um tratamento psicofarmacológico, o professor tem um papel fundamental na avaliação dos desfechos e nos efeitos adversos das medicações. Muitas vezes, o relato do professor servirá de guia para o psiquiatra avaliar a resposta a uma medicação. Logo, é importante que o educador esteja familiarizado com alguns conceitos sobre transtornos mentais, com o processo diagnóstico multidisciplinar e com a maneira como são definidos os tratamentos. O mais importante nesse contexto, é manter uma boa comunicação com a família e com os profissionais que estão envolvidos no atendimento do aluno a fim de entender os objetivos do tratamento e os desfechos esperados[3]. Para que esse papel seja desempenhado de maneira efetiva, é fundamental que o professor preste especial atenção e descreva as atividades e os comportamentos do aluno, sem preocupação com nomes técnicos. Dar exemplos práticos sobre comportamentos da criança tanto para os pais, quanto para os profissionais da saúde é essencial para auxiliar no processo diagnóstico e na avaliação da terapêutica. Essa participação é a melhor forma de o professor garantir segurança sobre as mudanças esperadas após a instituição de um tratamento psicofarmacológico e, consequentemente, para desempenhar um trabalho mais assertivo com a turma, quando abordar essas mudanças.

Além da informação e participação no processo diagnóstico e na avaliação terapêutica, é de grande relevância que o professor trabalhe com a turma aspectos relacionados à estigma em saúde mental. Estima-se que esses termos sejam trabalhados de maneira geral nas escolas com a finalidade de prevenção de estigma e maior adaptação de alunos com transtornos mentais.

Qual a relevância do estigma em saúde mental?

O estigma em saúde mental é um conjunto de crenças negativas que levam o público em geral a temer, rejeitar, evitar e discriminar os portadores de algum transtorno mental. Ele atua sempre que as pessoas são julgadas negativamente (como figuras atrapalhadas, violentas ou incompetentes, por exemplo) apenas pela suspeita de apresentarem um transtorno mental (Estanislau & Bressan, 2014). Um estudo (Pescosolido, Perry Martin, McLeod & Jensen, 2007) avaliou o estigma associado a crianças e adolescentes que recebem algum cuidado em saúde mental, bem como sobre o uso de medicações psicotrópicas nessa população. Os investigadores entrevistaram uma amostra de 1.393 adultos norte-americanos, participantes do National Stigma Study-Children (NSS-C). Muitos dos entrevistados acreditam que o estigma resulta do tratamento em saúde mental durante a infância (45% acreditam que essas crianças apresentam rejeição escolar) e cerca de 43% supõem que o estigma continua exercendo ramificações negativas na idade adulta. Mais da metade (57%) são céticos em relação à confidencialidade de um tratamento em saúde mental e mais que um terço (35%) acredita que os pais de crianças com doença mental apresentam autoestigma. A maioria dos entrevistados acreditam que as medicações psicotrópicas afetam o desenvolvimento (68%), que dão às crianças um aspecto monótono de "zumbi" (57%) e que atrasam a resolução do "real" problema que afeta o comportamento (66%). A maioria (86%) dos entrevistados acreditam que os médicos promovem a "hipermedicalização" da criança para problemas comuns do comportamento. O estudo conclui que o estigma em relação ao tratamento psiquiátrico de crianças e adolescentes é generalizado, ainda mais intenso em crianças utilizando medicações psicotrópicas e pouco se relaciona com as características culturais e sociodemográficas da população.

O estigma é a maior causa de discriminação e exclusão de pacientes com transtornos mentais. Ele afeta a autoestima das pessoas, colabora com disfunções no ambiente familiar dos pacientes e limita a habilidade de socialização. O estigma dificulta o trabalho de prevenção de transtornos mentais, a promoção de bem-estar mental do aluno na escola e prejudica a efetividade dos tratamentos e cuidados (Estanislau & Bressan, 2014); (Mukolo, Craig & Kenneth, 2010). O estigma relaciona-se com três componentes básicos:

- Falta de informação: mesmo com a grande disponibilidade de informação, o conhecimento popular acerca dos transtornos mentais ainda é muito pouco. Segundo Pescosodilo *et al* (2008), além da falta de conhecimento sobre transtornos mentais em crianças e adolescentes, o ceticismo, as crenças e os mitos interferem significativamente na busca pelo profissional em saúde mental e criam obstáculos para adesão ao tratamento psicofarmacológico. Nesse mesmo estudo, o autor aponta a negação do diagnóstico e dos prejuízos como um importante problema. Cerca de 19,1% das pessoas que diferenciam corretamente o TDAH de um problema cotidiano comum, não aceitam denominá-lo como um diagnóstico psiquiátrico. O mesmo acontece com 12,8% da população que reconhece a depressão em crianças e adolescentes. O mais preocupante é que o atraso do reconhecimento dos problemas em saúde mental por falta de informação retarda a abordagem e o tratamento e contribui para a perpetuação de sintomas que, muitas vezes, prejudicam a socialização e reforçam o estigma (Pescosolido, Jensen, Martin, Perry, Oafsdottir & Fettes, 2008).
- Preconceito (atitudes negativas): envolve pensamentos e emoções negativos, como ansiedade, raiva, nojo, entre outras, que podem fazer alguns indivíduos passarem a evitar pessoas com transtornos mentais (Estanislau & Bressan, 2014).
- Discriminação (comportamentos negativos): envolve atitudes de rejeição e evitação com relação ao portador. Ações como negar uma matrícula a um aluno com dificuldades são consideradas discriminação (Estanislau & Bressan, 2014).

Como trabalhar o estigma com a turma?

Lidar com o estigma em sala de aula é um desafio para o professor. Contudo, quando abordado de forma sistemática, pode prevenir algumas dificuldades de adaptação do aluno com transtorno mental. Segundo a Aliança Nacional em Doenças Mentais (NAMI) (National Alliance on Mental Illness, 2015), organização norte-americana dedicada a construir alternativas para minimizar o sofrimento com transtornos mentais, a maior estratégia para abordar a questão do estigma tem sido o foco na educação comunitária, voltada principalmente para as bases biológicas dos transtornos mentais. Essa estratégia tenta modificar crenças de que transtornos mentais estariam relacionados a falhas de caráter ou fraqueza de personalidade. Transpondo para a sala de aula, é primordial que o educador esteja convicto de que os transtornos mentais não são apenas problemas comportamentais e que não são de responsabilidade exclusiva da criança ou de seus familiares. É fundamental o professor e o psicólogo escolar abordarem o estigma no ambiente escolar. Para isso, deve-se sempre procurar informações com bases científicas: informações confiáveis contribuem para o desmantelamento de crenças pessoais dos educadores e ajudará o profissional a lidar com o os mitos, preconceito e a discriminação. É importante ler ativamente sobre o assunto e debater com profissionais da área. Além disso, recomenda-se falar explicitamente sobre transtornos mentais e uso de medicações: a segurança para falar sobre transtornos mentais relaciona-se com a busca pela informação de qualidade científica e a capacidade de empatia com transtornos mentais (Wahl & Calabrese, 2001).

Na sala de aula, o fornecimento de acomodações adequadas pode começar com estratégias ativas que enfatizam uma linguagem de respeito para todos os estudantes com foco em habilidades, não em limitações. Uma maneira é intervir sobre qualquer tipo de linguagem pejorativa, provendo alternativas a linguagens negativas e referir-se às pessoas com transtornos mentais primeiramente como uma pessoa, não como uma doença, como por exemplo, "pessoa com esquizofrenia" em vez de "esquizofrênico"[10]. Além disso, devem-se evitar expressões como "louco", "surtado", "lunático" e dar preferência a termos como "saúde mental" e "transtornos mentais graves" (Wahl & Calabrese, 2001).

Ademais, crianças que possuem um transtorno mental, têm dias bons e dias ruins. É importante que o professor esteja atento a esses aspectos e proporcione a oportunidade de o aluno retirar-se para um local seguro dentro do ambiente escolar a fim de acalmar-se e poder reintegrar-se à sala de aula de forma natural. Isso ajuda a gerar privacidade e elimina uma atenção não usual que pode fazer com que a criança seja alvo por aqueles que estão desconfortáveis com o seu comportamento anormal (SNYDER, 2014).

Ainda, é importante que o professor promova discussões em torno da aceitação da diversidade e de diferenças individuais, envolvendo temas amplos como cultura, religião, crenças e deficiências física e mental. A inclusão de tópicos sobre saúde mental nas aulas também pode colaborar para o enfraquecimento dos estigmas (SNYDER, 2014).

Cabe ressaltar a relevância de promover convites aos representantes de organizações de pacientes com transtornos mentais para visitar a sala de aula e, dessa forma, facilitar a discussão de vários tópicos em saúde mental e proporcionar aos estudantes informações provenientes do mundo real. Assim, os estudantes podem desafiar mitos, como medos associados à violência e de comportamentos bizarros (SNYDER, 2014).

Outra forma de trabalhar o estigma é propor atividades artísticas. Ho,Tsao, Bloch, & Zeltzer (2011) propõem atividades que envolvam percussão, uma atividade não verbal universal que pode constituir-se numa ferramenta terapêutica e proporcionar a união da turma. Esse autores compararam dois grupos do quinto ano, um deles em atividade de percussão e outro em atividades escolares tradicionais. O estudo concluiu que o grupo que realizou atividades de percussão sustentou melhora significativa em uma variedade de domínios comportamentais, sociais e emocionais.

Em relação ao trabalho com o aluno portador de transtorno mental, enumeramos alguns princípios fundamentais sobre a abordagem em sala de aula:

- implementar rotinas e expectativas de comportamento no início do ano letivo a fim de ajudar os estudantes a entender e responder a essas expectativas;
- promover reforços positivos em relação a comportamentos desejáveis e pró-sociais e evitar uma disciplina dura para comportamentos negativos;
- organizar grupos de atividades pequenos e heterogêneos. É importante direcionar esse grupo para um comportamento com

tendência a condutas positivas para a socialização e o respeito às regras. Assim, o aluno com transtorno mental poderá sentir-se parte desse grupo e o estigma de "aluno problema" pode ser minimizado;

- trabalhar estratégias de solução de problemas com o grupo de alunos. É importante problematizar situações e sugerir várias possibilidades de compreensão afetiva, com as perspectivas individuais e de desfechos possíveis;
- adotar atitudes para evitar situações de conflito. O professor deverá treinar a percepção para observar os contextos afetivos do grupo e dos alunos. Ao reconhecer situações de maior risco, é importante que o educador intervenha para evitar um desfecho com carga afetiva excessiva;
- reconhecer sintomas e prejuízos precocemente para evitar a progressão para situações intoleráveis dentro de sala de aula;

Qual a importância do engajamento familiar?

Os pais dos pacientes que enfrentam problemas de saúde mental muitas vezes, encontram-se oprimidos pelos próprios estigmas e permanecem afastados da comunidade escolar. Em certas ocasiões, os familiares sentem-se culpados pelos problemas das crianças e acreditam que deveriam ser capazes de resolver sozinhos as dificuldades do filho que possui um transtorno mental. Em algumas situações, os pais ficam afastados dos amigos e demais familiares e acreditam que a comunidade os rejeita. Considerando que os pais possuem os próprios sentimentos e crenças sobre transtornos mentais e uso de medicação e, dessa forma, contribuem para o autoestigma, é fundamental que a escola inclua os familiares em programas e atividades escolares com o objetivo de trabalhar estigmas em saúde mental (Mukolo, Heflinger & Wallston, 2010).

É fundamental também que o educador e o psicólogo escolar mantenham uma condução transparente e focada em oferecer suporte aos pais de crianças com transtornos mentais e em uso de medicação psicotrópica. Frequentemente, a postura agressiva dos pais é uma defesa por sentirem-se perseguidos ou culpados pelos problemas dos filhos.

Nesse contexto, a melhor estratégia para inclusão da família é manter uma boa comunicação e um vínculo positivo. Um dos grandes entraves à manutenção do vínculo positivo com as famílias de alunos com transtornos mentais é o hábito de contactar os pais apenas quando a criança está apresentando dificuldades. É importante que os educadores mantenham uma estratégia de comunicação positiva periódica do aluno, ressaltando as qualidades, a melhora de sintomas e do desempenho escolar, o bom comportamento e desempenho nas atividades extraclasse. Dessa forma, a comunicação de eventuais problemas e dificuldades poderá ser realizada de forma mais assertiva e acolhedora. Reitera-se, também, a importância de o professor estar bem informado sobre saúde mental antes de falar com os pais sobre problemas dessa ordem (Estanislau & Bressan, 2014); (Snyder, 2014).

Considerações finais

Os psicofármacos são agentes úteis e seguros no tratamento de transtornos mentais e de sintomas emocionais/comportamentais de crianças e adolescentes. Devem sempre ser utilizados e monitorados, considerando as especificidades da etapa do desenvolvimento e utilizados de acordo com as melhores evidências científicas disponíveis. As famílias devem receber orientações sobre opções, riscos e possíveis resultados do tratamento, para uma melhor aliança terapêutica e adesão. Nesse contexto, o professor desempenha um papel importante na identificação de situações de risco para transtornos mentais e também na monitorização do tratamento.

Lidar com crianças e adolescentes com transtornos mentais e em uso de psicotrópicos é um grande desafio. Muitas vezes, é preciso ir além dos comportamentos manifestos para compreender o que está acontecendo e poder implementar uma abordagem adequada. Para tanto, é necessário buscar informações de qualidade e desenvolver empatia com o sofrimento pelo qual essas crianças estão passando, tendo em mente o cuidado com os preconceitos e estigmas que, inevitavelmente, todos nós temos.

Referências

American Psychiatric Association (2014). DSM-5: Manual diagnóstico e estatístico de transtornos mentais (5ª ed.). *Porto Alegre: Artmed.*

Anselmi, L., Piccinini, C. A., Barros, F. C., Lopes, R. S. (2004). Psychosocial determinants of behavior problems in Brazilian preschool children. *Journal of Child Psychology and Psychiatry*, 45(4), 779-788.

Borsa, J. C., Souza, D. D., Bandeira, D. R. (2011). Prevalência dos problemas de comportamento em uma amostra de crianças do Rio Grande do Sul. *Psicologia: Teoria e Prática*, 13(2), 15-29.

Center for Mental Health in Schools at UCLA. (2008). Students and Psychotrophic Medication: The School's Role. Los Angeles, CA: Author.

Center for Systems Integration. (2010). *Building bridges*. Retrieved from www.csi-policy.org/buildingbridges/index.html

Coperland, W., Wolke, D., Shanahan, L., Costello, E. J. (2015). Adult functional outcomes of common childhood psychiatric problems. *JAMA Psychiatry*, 72(9), 892-899.

Estanislau, G. M., Bressan, R. A. (Org.). (2014). Saúde Mental na Escola: o que os educadores devem saber (1ª ed.). *Porto Alegre: Artmed.*

Ferriolli, S. H. T., Marturano, E. M.; Puntel, L. P. (2007). Family context and child mental health problems in the Family Health Program. *Revista de Saúde Pública*, 41(2), 251-259.

Hetlinger, C. A., Simpkins, C. G., Combs-Orme, T. (2000). Using the CBCL to determine the clinical status of children in state custody. *Children and Youth Services Review*, 22(1), 55-73.

Ho, P., Tsao, J. C., Bloch, L., & Zeltzer, L. K. (2011). The impact of group drumming on social-emotional behavior in low-income children. *Evidence-Based Complementary and Alternative Medicine, 2011.*

Martin, A., Carandang, C.G., Kratochvil, C. J., Scahill, L. (2011). Running a Pediatric Psychopharmacology Clinic: Pratical Aspects. In A. Martin, L. Scahill, C. Kratochvil (Ed.), *Pediatric Psychopharmacology* (pp. 379-389). New York: Oxford University Press.

Mukolo, A., Craig, A. H., Kenneth, A. W. (2010). The stigma of childhood mental disorders: A conceptual framework. *J. Am Acad Child Adolesc Psychiatry*, 49(2), 92-198.

Mukolo, A., Heflinger, C. A., & Wallston, K. A. (2010). The stigma of childhood mental disorders: A conceptual framework. *Journal of the American Academy of Child & Adolescent Psychiatry, 49*(2), 92-103.

National Alliance on Mental Illness. (2015). *Support and programs*. Retrieved from http://www. nami.org/Template.cfm?section=Find_Support

Paula, C. S., Duarte, C. S., Bordin, I. A. S. (2007). Prevalence of mental health problems in children and adolescents from the outskirts of Sao Paulo city: treatment needs and service capacity evaluation. *Rev Bras Psiquiatria*, 29(1), 11-17.

Pescosolido, B. A., Jensen, P.S., Martin, J.K., Perry, B. L., Oafsdottir, S., Fettes, D. (2008). Public knowledge and assessment of child mental health problems: findings from the National

Stigma Study-Children. *J. Am Acad Child Adolesc Psychiatry,* 47(3), 339-349.

Pescosolido, B. A., Perry, B. L., Martin, J. K., McLeod, J. D., Jensen, P. S. (2007). Stigmatizing attitudes and beliefs about treatment and psychiatric medications for children with mental illness. *Psychiatric Services,* 58(5), 613-8.

Remschmidt, H., Belfer, M. (2005). Mental health care for children and adolescents worldwide: a review. *World Psychiatry*, 4(3), 147-153.

Snyder, M. (2014). Changing the Tide Stigma, School Youth, and Mental Illness. *NASN School Nurse*, 1942602X14553307.

Stewart-Brown, S. (2003). Research in relation to equity: extending the agenda. *Pediatrics*, 112(3), 763-765.

Vitolo, Y. L. C., Fleitlich-Bilyk, B., Goodman, R., Bordin, I. A. S. (2005). Crenças e atitudes educativas dos pais e problemas de saúde mental em escolares. *Revista de Saúde Pública*, 39(5), 716-724.

Wahl, O. E., & Calabrese, J. D. (2001). Telling is risky business: Mental health consumers confront stigma.

Walkup, J. (2009). Practice parameter on the use of psychotropic medication in children and adolescents. *Journal of the American Academy of Child & Adolescent Psychiatry, 48*(9), 961-973.

World Health Organization. (2003). Caring for children and adolescents with mental disorders. Geneva: World Health Organization.

A atuação do educador e do psicólogo escolar frente a cada aluno é de extrema importância. E uma forma de poder abranger mais alunos com práticas fundamentadas na abordagem cognitivo-comportamental consiste em trabalhar com grupos. A próxima parte dessa obra, está voltada para algumas possibilidades de prevenção de problemas e promoção de saúde mental em grupo.

Boa leitura!

Débora C. Fava

CAPÍTULO 10

Grupos para crianças e adolescentes em contexto escolar

Carmem Beatriz Neufeld[2]
Isabela Maria Freitas Ferreira[3]
Juliana Maltoni[4]

As escolas são consideradas um caminho promissor para implementação de serviços de desenvolvimento de saúde mental com crianças e adolescentes (HERZIG-ANDERSON, COLOGNORI, FOX, STEWART, & WARNER, 2012), possuindo inúmeras vantagens. Além do número maior de jovens que pode ser beneficiado em um mesmo período no caso de intervenções em grupo, muitas limitações dos atendimentos psicológicos dos postos de saúde pública podem ser superadas (PATERNOSTRO, SULLIVAN, BEHAR, BERLYANT, & FRIEDBERG, 2015). Ainda, o acesso a esse tipo de serviço no ambiente escolar pode normalizar o cuidado com a saúde mental, aumentando as chances de ajuda aos estudantes (HERZIG-ANDERSON *et al.*, 2012) e favorecer a participação dos jovens e

2 Pós-Doutoranda em Psicologia pela UFRJ. Doutora e Mestre em Psicologia pela PUCRS. Coordenadora do Laboratório de Pesquisa e Intervenção Cognitivo-Comportamental da Universidade de São Paulo – LaPICC-USP. Docente orientadora do Programa de Pós-Graduação em Psicologia do Departamento de Psicologia da Faculdade de Filosofia, Ciências e Letras de Ribeirão Preto da Universidade de São Paulo. Vice Presidente da Associação Latino-Americana de Psicoterapias Cognitivas – ALAPCO (2015-2018). Terapeuta Cognitiva certificada pela FBTC. Bolsista Produtividade do CNPq. cbneufeld@usp.br

3 Mestranda em Psicologia da Faculdade de Filosofia, Ciências e Letras de Ribeirão Preto da Universidade de São Paulo. Psicóloga pela Universidade Federal do Triangulo Mineiro. isa_mff@yahoo.com.br

4 Mestranda em Psicologia da Faculdade de Filosofia, Ciências e Letras de Ribeirão Preto da Universidade de São Paulo. Psicóloga pela Faculdade de Filosofia, Ciências e Letras de Ribeirão Preto da Universidade de São Paulo. julianamaltoni@gmail.com

familiares (Beidas *et al.*, 2012; Herzig-Anderson *et al.*, 2012). Estudos vêm mostrando resultados positivos na redução de ansiedade, depressão e comportamentos disruptivos em crianças que passaram por programas focados na escola (Daunic, Smith, Brank & Penfiled, 2006).

No entanto, considerando o ambiente escolar, os recursos disponíveis são escassos, especialmente para contratação de profissionais da área da saúde capacitados e em número suficiente para a demanda existente. Dessa maneira, o futuro dos programas de saúde mental na escola recai sobre a capacitação dos profissionais da própria instituição, como professores e coordenadores, em serviços bem fundamentados (Paternostro *et al.*, 2015). Entenda-se, no entanto, que quando o ambiente escolar é indicado como propício para o desenvolvimento da saúde mental, não é posição dos autores deste capítulo transformar a escola em um serviço voltado para intervenções psicoterápicas. Segue-se a lógica da escola como um espaço privilegiado de promoção, prevenção e até mesmo intervenção em saúde mental ao longo do desenvolvimento, como descrito por Daolio, Elias e Neufeld (2016). No entanto, esse espaço não pode assumir a responsabilidade de tratamento psicológico, uma vez que esse não é o papel primordial da psicologia na escola (para discussões adicionais sobre isso, ver Daolio, Elias & Neufeld, 2016).

É inegável nesse ínterim, que as questões de saúde mental perpassam o cotidiano dos profissionais na escola, e mesmo que não sejam preparados para lidar com os problemas emocionais e comportamentais de seus alunos, muitas vezes se veem com dificuldades importantes em sua atuação, como em conflitos com os estudantes devido a indisciplina ou mesmo desmotivação e estresse. Assim, além da maximização de recursos, pode-se hipotetizar que novas habilidades adquiridas pelos profissionais poderão favorecer as relações com os alunos e a produtividade e harmonia em sala. Del Prette e Del Prette (2009) destacam que o relacionamento satisfatório entre professor e aluno é fundamental para que o objetivo acadêmico seja alcançado e que desempenhos sociais adequados sejam promovidos em sala.

Stallard *et al.* (2005) indicam que profissionais que não sejam da área de saúde mental podem ser treinados para desenvolverem programas preventivos de saúde emocional, desde que supervisionados por profissionais da área. Um exemplo mencionado pelos autores é o de enfermeiras treinadas que desenvolveram um programa com sucesso na redução da ansiedade dos alunos, ganho mantido um ano após o término (Stallard, Simpson, Anderson, & Goddard, 2008). Considerando a equipe escolar, Kavanagh *et al.* (2009) destacam maior impacto na redução de sintomas depressivos em adolescentes quando o programa foi realizado pelos profissionais da instituição, em relação a psicólogos ou pesquisadores, com o programa desenvolvido durante o horário escolar.

O objetivo deste capítulo é discutir a aplicabilidade de grupos em escolas, em uma perspectiva da Terapia Cognitivo-Comportamental (TCC), para o desenvolvimento de habilidades sociais e o manejo de sintomas de ansiedade, hiperatividade e déficit de atenção e comportamentos desafiadores. É importante evidenciar que iremos focar no emprego de grupos psicoeducativos ou de orientação/treinamento destinados à promoção de saúde e redução de possíveis sintomas existentes, sem que o foco recaia sobre diagnósticos ou intervenções de psicoterapia em grupo dentro da escola (para mais informações sobre diferentes modalidades de grupos em TCC, ver Neufeld, 2011).

O conteúdo destina-se a profissionais da saúde mental que atuam no contexto escolar, bem como a profissionais da área de educação da própria instituição. Longe da ideia de que este material seja suficiente para a capacitação dos educadores, ele procura apresentar algumas intervenções cognitivo-comportamentais para utilização em grupos com crianças e adolescentes, com as características citadas no ambiente escolar. Algumas atividades são adaptadas e descritas a partir da experiência adquirida das autoras com os grupos desenvolvidos pelo Laboratório de Pesquisa e Intervenção Cognitivo-Comportamental (LaPICC-USP). Por último, serão citados alguns programas de intervenção descritos na literatura.

Considerações gerais acerca de grupos com crianças e adolescentes

Destacaremos neste capítulo a modalidade grupal aplicada em escolas na abordagem cognitivo-comportamental, considerando sua validação empírica como psicoterapia, com eficácia e eficiência demonstradas em intervenções grupais (Bieling, McCabe, & Antony, 2008). Segundo Reddy (2012), intervenções em grupo são cenários ideais para a criança e o adolescente terem diversas oportunidades de crescimento, experimentando novos comportamentos, identificando sentimentos e comportamentos neles e nos outros e aprendendo como seus comportamentos afetam os outros e o ambiente. Além disso, a autora ressalta diversas vantagens e aprendizagens que as intervenções em grupo podem proporcionar, como por exemplo, promover a espontaneidade, encorajando a participação da criança; aprendizagem de diferentes maneiras de resolução de problemas; possibilitar a maximização do autocontrole e habilidades interpessoais; aprender sobre semelhanças, diferenças e qualidades únicas de cada um; praticar comportamentos sociais, como dar e receber ajuda dos outros e experimentar diferentes caminhos para expressar emoções e comportamentos.

Dessa forma, entende-se que intervenções em grupo permitem que a criança e o adolescente criem seu próprio mundo interno para lidar com déficits e dificuldades emocionais, sociais, comportamentais e qualquer outra questão referente ao seu desenvolvimento (Neufeld, 2011). Além dos dados positivos decorrentes desse modelo de intervenção, parece não existirem diferenças significativas entre intervenções individuais e em grupo com jovens (de Groot, Cobham, Leong, & McDermott, 2007; Liber *et al.*, 2008; Wergeland *et al.*, 2014).

As intervenções podem ser classificadas enquanto promoção ou prevenção. A promoção de saúde mental objetiva aumentar a saúde mental positiva, o bem-estar psicológico, bem como a competência e a resiliência. A prevenção foca em evitar o surgimento ou agravamento de sintomas e consequentemente a redução de transtornos mentais, para impedir o progresso de uma doença que pode estar se instalando, aumentando os fatores de proteção associados (Nardi, Ferreira, & Neufeld, 2015; Word Health Organization [WHO], 2004). A saúde mental positiva é um fator de proteção poderoso contra doenças mentais (WHO, 2004). As intervenções em grupo podem configurar-se como universais, quando destinadas à população em geral; seletivas, focando em indivíduos expostos a situação de risco; e também podem ser indicadas, voltada para indivíduos com sintomas iniciais a moderados, a fim de prevenir o agravamento e/ou o desenvolvimento de outras psicopatologias (Stallard *et al.*, 2008).

Segundo Reddy (2012), independentemente do direcionamento do grupo, algumas questões podem ser generalizadas para grupos de crianças e adolescentes. Para essa população, é importante que os participantes estejam na mesma faixa etária de desenvolvimento, uma vez que as mudanças ocorrem de forma dinâmica e veloz. Há muitas diferenças de uma fase para outra, e para que as intervenções surtam efeito para todos, é preciso preocupar-se que eles estejam na mesma fase de desenvolvimento, estabelecendo critérios de inclusão e exclusão.

Neufeld, Daolio e Longhini (2015) ressaltam que é difícil para a população infanto-juvenil permanecer sentada e em silêncio apenas ouvindo o terapeuta. Para que o grupo funcione bem, é necessário o estabelecimento de regras nas sessões iniciais. Essas regras devem ser construídas em conjunto entre terapeuta e participantes, de uma forma que fique confortável e justo para ambas as partes. Diversas vezes, é preciso que as regras sejam retomadas, com o intuito de lembrar às crianças e adolescentes que eles também têm funções a desempenhar naquele grupo. Também é importante que o terapeuta não perca a paciência e entenda que é esperado que crianças e adolescentes tenham comportamentos que fujam um pouco da disciplina esperada e que isso não é um sinal de que o grupo não funciona bem.

Quando realizados grupos com crianças e adolescentes, alguns procedimentos éticos são necessários. Os pais precisam ser comunicados sobre a realização do grupo e autorizar a participação do seu filho. Dessa forma, é importante que seja feito um convite às crianças e adolescentes e estendido aos pais/responsáveis. No caso de adolescentes, a partir dos 12 anos, eles devem assentir sua participação. Tanto o convite, como os termos de consentimento e autorização, devem estar claros e escritos em linguagem simples para que qualquer pessoa possa compreender (Neufeld, Daolio & Longhini, 2015).

As atividades e técnicas utilizadas também merecem cuidado na hora de ser planejadas. Toda a estrutura do programa deve conter atividades lúdicas, que chamem a atenção e o interesse da criança e do adolescente. Mesmo que as técnicas não sejam direcionadas para tal população, elas podem ser adaptadas para o contexto infantil, pois assim a criança terá uma motivação maior para se engajar no grupo e os resultados de efetividade serão maiores. Papalia e Feldman (2013) afirmam que as primeiras aprendizagens da criança são de objetos concretos; assim, quando os temas são abstratos, merecem maior tempo de trabalho e dedicação. Neufeld, Daolio e Longhini (2015) enfatizam a necessidade de que haja um equilíbrio entre as atividades discursivas e dinâmicas, pois as primeiras, apesar de não serem atrativas, são necessárias; e as últimas, sozinhas não são suficientes. Assim, esses autores sugerem que após uma atividade lúdica, seja feito um fechamento do assunto por meio de uma discussão/ conversa. No próximo item serão exemplificadas algumas técnicas/ intervenções que podem ser trabalhadas com as crianças e adolescentes. Ressalta-se que os exemplos a seguir vão desde técnicas disponíveis na literatura, até experiências das autoras do presente capítulo.

Técnicas cognitivo-comportamentais

Para a psicoeducação, diversos recursos podem ser utilizados, como vídeos e desenhos com explicações didáticas, sempre incentivando o relato de como os membros experienciam as emoções. A psicoeducação é sempre realizada no início das intervenções e pode ser trabalhada para esclarecer o paciente e familiares sobre o transtorno ou sintomas relacionados e/ou ser uma psicoeducação emocional. Alguns exemplos de técnicas de psicoeducação:

Mímica das emoções: essa técnica tem o objetivo de ampliar o repertório de conhecimento sobre as emoções. Ela consiste em fazer um jogo de mímica sobre as emoções, no qual o facilitador escreve em um pedaço de papel nomes de emoções, depois cada criança pega um papel e imita-as, possibilitando que as outras crianças adivinhem. Outra possibilidade é, em vez de escrever os nomes em pedaços de papel, mostrar imagens de pessoas ou personagens expressando emoções, pois dessa forma, também pode ser trabalhado o reconhecimento das emoções pelas crianças. Ressalta-se que é importante que o facilitador trabalhe não só as emoções mais simples como felicidade e tristeza, como também ansiedade e ciúmes, sempre auxiliando os participantes quando houver dúvidas. A alternativa é apresentar algum desenho ou série que esteja em alta e pedir para que identifiquem os personagens e as diferentes emoções.

Sentimentos no corpo: essa técnica visa ensinar a criança que os sentimentos podem provocar reações fisiológicas. Assim, consiste em pedir para a criança deitar em um papel pardo e o facilitador desenhar o contorno do corpo dela. Após isso, cada criança deve pintar em seu contorno onde sente cada emoção. O facilitador deve orientar que ela escolha uma cor diferente para representar cada emoção (Lopes, Lima, Rangel & Lopes, 2012). Devido à experiência das autoras, sugere-se que seja trabalhado com emoções mais próximas do cotidiano das crianças, como alegria, tristeza, medo e raiva. Ao final, é importante que as crianças expliquem as escolhas, pois, muitas vezes, é possível descobrir sobre situações desencadeadoras (ex.: raiva nas mãos porque tenho vontade de bater no meu irmão quando ele me xinga; ansiedade na barriga e na cabeça, pois além de dor de barriga, fico pensando sobre coisas ruins que podem acontecer).

Vulcãozinho da raiva: objetiva ensinar que essa emoção possui intensidades, começando em um nível leve, com alguma irritação, até atingir níveis severos e até explodir; por isso, se compara com a explosão da lava de um vulcão. Quando a raiva chega ao nível de explosão, é impossível controlá-la; porém, é possível utilizar recursos para atenuá-la quando está em nível leve. É importante que o facilitador primeiramente pergunte às crianças as estratégias que elas utilizam para amenizar a raiva e depois explique e apresente outras possibilidades. Nesse momento, podem ser citados exercícios de relaxamento e técnicas de respiração diafragmática (Stallard, 2004).

A automonitoração tem por objetivo identificar os componentes emocionais, cognitivos, comportamentais, interpessoais e fisiológicos do medo, formando a base para a intervenção (Friedberg & McClure, 2004). Tem início a identificação dos membros do grupo quanto ao grau e extensão dos sintomas, situações desencadeadoras e estratégias de enfrentamento desadaptativas (como se esquivar da situação temida). A seguir, são apresentadas algumas técnicas propostas por Friedberg e McClure (2004) para manejo de sintomas relacionados ao medo.

Trilho dos Meus Medos: os autores propõem às crianças que desenhem um trem com seis estações correspondentes ao – Corpo, Sentimento, Ação, Onde, Quem e Mente. Posteriormente, a criança deve responder às diferentes perguntas que cada uma das estações contém sobre seu medo, independentemente da ordem em que parar.

Termômetro do Medo: indicada para adolescentes e adaptada de Silverman e Kurtines (1996), essa técnica basicamente consiste em que os adolescentes pintem o grau de seu medo naquela semana em um termômetro, indicando a intensidade da emoção.

As técnicas de relaxamento envolvem o treino de respiração como etapa preliminar de relaxamento muscular progressivo. Assim, primeiramente, ensina-se a respirar a partir de inspiração e expiração profundas e amplas, e da respiração diafragmática, ou seja, os movimentos devem focar no diafragma. A segunda etapa consiste então, em demonstrar o conforto e bem-estar que pode ser gerado ao tensionar e relaxar grupos musculares no relaxamento (Guimarães, 2011).

Cheirar a flor e assoprar a vela: como técnica utilizada em outros grupos desenvolvidos pelo laboratório, fazemos a analogia à inspiração como sentir o cheiro de uma flor, e à expiração como assoprar uma vela, pedindo para que coloquem a mão na altura do diafragma e sentir "subir e descer". Para o dia em que o relaxamento for realizado, a atividade pode ser combinada previamente a fim de ser feita em colchonetes de educação física e em um horário com menos barulho na escola. Como para a maioria das técnicas, deve-se encorajar os jovens a realizar os exercícios em casa.

Algumas ideias para trabalhar o modelo cognitivo envolvem primeiramente a psicoeducação de como os pensamentos agem sobre as emoções e comportamentos. Com indivíduos mais novos, pode ser mais difícil a distinção entre emoções e pensamentos (ex.: pensei que estava nervoso). Assim, vale desenhar o modelo cognitivo na lousa e trabalhar com balões de pensamentos em situações trazidas pelos membros, ou a partir da identificação dos pensamentos de personagens em vídeos trazidos para a sessão. Outro recurso interessante são os gibis, que contêm balões de fala e pensamento, sendo possível recortar ou esconder o escrito e fazer um jogo de adivinhação a partir do quadrinho.

Telefone sem fio em voz alta: a brincadeira do telefone sem fio pode ser adaptada para trabalhar o modelo cognitivo. Os participantes podem sentar-se em círculo e o facilitador pode começar exemplificando uma situação; a criança ao lado deve falar um pensamento sobre aquela situação, o próximo participante um sentimento consequente daquele pensamento e a criança ao lado um comportamento e assim por diante. O próximo pensamento deve ser feito com a mesma situação exemplificada pelo facilitador, para que assim eles possam entender que uma mesma situação pode desencadear diversos pensamentos, emoções e comportamentos. As falas devem ser em voz alta para que todos possam entender, e caso alguém tenha dificuldade, os outros colegas podem ajudar (Neufeld *et al.*,2014).

Metáfora da borboleta: é uma técnica para trabalhar o registro de pensamentos disfuncionais, isto é, identificar possíveis pensamentos inadequados para determinada situação e os sentimentos associados. Consiste em comparar os pensamentos negativos com os pensamentos da lagarta, que serão transformados em pensamentos mais adequados para aquela situação, representados pelos pensamentos da borboleta; assim, consequentemente, o sentimento disfuncional também será modificado (LOPES *et al.*, 2012).

Para trabalhar técnicas de resolução de problemas é importante que as crianças já tenham conhecimento sobre empatia, assertividade, emoções, manejo de situações desconfortáveis, pois todos esses conceitos serão retomados nesse momento. Para iniciar um trabalho de resolução de problemas, sugere-se que o terapeuta recapitule com os participantes as estratégias de autocontrole, técnicas de relaxamento, encontrar pensamentos alternativos para as situações-problema, sempre embasando no conceito da assertividade, isto é, mostrar para a criança que a melhor solução é aquela que seja equilibrada tanto para ela como para o próximo. Para complementar essa etapa, o facilitador pode pedir que cada participante relate um problema e que todo o grupo em conjunto encontre alternativas para a solução de tal dificuldade. O facilitador pode dar exemplos de problemas para incentivar as crianças nessa atividade.

Para modificar pensamentos e percepções, a autoinstrução é utilizada para a manipulação de cognições não adaptativas, com o objetivo final de modificações comportamentais, geralmente utilizadas para sintomas ansiosos, de impulsividade e hiperatividade e comportamentos inadequados (GUIMARÃES, 2011). Para sintomas de TDAH, o objetivo é melhorar a atenção e autocontrole em tarefas realizadas em voz alta até a internalização da instrução (PEREIRA & MATTOS, 2011). Para ansiedade, Friedberg e McClure (2004) referem-se a autoconversas de enfrentamento no exercício proposto para autocontrole cognitivo "Responder ao Medo".

Responder ao medo: o jovem poderá aprender essa habilidade em um primeiro passo para manejar a ansiedade, na qual as afirmações de enfrentamento são ensinadas e modeladas pelo facilitador, seguida da confecção das próprias afirmações para depois passarem para um cartão que pode ser carregado com eles e utilizados em possíveis situações geradoras de ansiedade.

A economia de fichas é uma importante técnica para manter a motivação dos participantes no grupo, firmar a importância de respeitar as regras e incentivar a cooperação do grupo como um todo, uma vez que os participantes entendem que as recompensas são mais palpáveis, podendo ser realizadas em diversos formatos. Um exemplo é por meio de painel, em que cada participante tem um espaço para colocar seu nome e as fichas recebidas, de acordo com sua participação e envolvimento nas atividades do grupo. No Programa de Promoção de Habilidades para a Vida (PRHAVIDA – maior detalhamento no item V), a economia de fichas é trabalhada por meio de um grande tabuleiro, no qual um personagem representando o grupo todo, percorre as casas do jogo de acordo com as fichas que as crianças ganham ao término de cada sessão. Esse jogo tem duração de todo o programa, sendo finalizado na última sessão. O personagem poderá passar por casas de desafio, ganhando bônus e prêmios. No caso dos adolescentes, é importante identificar o que são consideradas recompensas para eles, pois a adesão de grupos de adolescentes é menor, se comparada com a das crianças.

A exposição pode ser realizada gradualmente ou por inundação. No primeiro caso, uma hierarquia em ordem crescente das situações ansiogênicas é criada para que então sejam enfrentadas uma de cada vez. A inundação consiste na exposição que acontece de maneira repetida e prolongada com a permanência do estímulo temido, até que o nível de ansiedade diminua (Kendall & Suveg, 2006). Além de testarem suas crenças, os jovens podem reunir evidências sobre os estímulos temidos, fortalecendo ainda mais suas crenças mais realistas (Farrell *et al.*, 2015).

Role-playing é uma técnica de dramatização, em que os participantes encenam situações hipotéticas. As crianças e adolescentes costumam ficar bastante motivados com atividades que envolvem dramatizações. Pode ser utilizada para trabalhar diversos assuntos. Neufeld *et al.* (2014) exemplificam o uso de role-playing no treino de assertividade, no qual o facilitador expõe uma situação para os participantes e estes divididos em três grupos, devem dramatizar o final da situação, no qual cada pequeno grupo agirá de forma assertiva, agressiva ou passiva. Role-playing é sempre uma ferramenta complementar para o aprendizado teórico, pois os participantes executam de forma prática o que foi discutido, conceituado e aprendido.

O treinamento de habilidades sociais (THS) também pode ser considerado uma importante técnica para ser trabalhada em diversos tipos de grupos e demandas, desde universais até indicativos, de promoção de saúde até intervenções específicas para transtornos mentais. Há grupos que passam pelo THS, utilizando ferramentas para trabalhar a empatia, assertividade, resolução de problemas, bem como há outros programas que o objetivo é propriamente o treino de habilidades sociais. Devido à importância e abrangência dessa técnica, será retomada mais adiante no presente capítulo.

Manejo de ansiedade

Em meta-análise mundial, Polanczyk, Salum, Sugaya, Caye e Rohde (2015) identificam os transtornos de ansiedade (TA) como o grupo mais comum nessa faixa etária, atingindo aproximadamente 117 milhões de jovens. Jovens ansiosos possuem uma maior probabilidade de terem dificuldades com amigos, família e escola (James, James, Cowdrey, Soler & Choke, 2013). A intervenção precoce é muito importante, considerando que o início dos transtornos se dá nessa fase e que um curso crônico é esperado na ausência de tratamento (Farrell, Milosevic & McCabe, 2015). Crianças ansiosas tendem a ser mais desatentas e inquietas, uma vez que sua atenção está sempre se voltando para possíveis ameaças (Friedberg & McClure, 2004), algo que pode ser interpretado erroneamente pelos educadores.

De acordo com a revisão Cochrane de James, James, Cowdrey, Soler e Choke (2013), a TCC tem-se mostrado um tratamento eficiente para crianças e adolescentes com TA, com duração aproximada de 9 a 20 sessões, com os seguintes principais objetivos: 1) reconhecer a ansiedade e reações corporais relacionadas; 2) identificar pensamentos sobre situações que provocam ansiedade; 3) desenvolver estratégias de enfrentamento e 4) avaliar resultados. Tratamentos baseados em evidências para ansiedade na escola são promissores, pois permitem que jovens necessitados recebam algum tipo de intervenção, que de outra maneira talvez nunca chegassem a receber ajuda (Herzig-Anderson *et al.*, 2012).

De modo geral, a OMS (2004) indica em seu relatório sobre prevenção de transtornos mentais que o fortalecimento da resiliência emocional e desenvolvimento de habilidades cognitivas é uma estratégia eficaz para prevenir transtornos de ansiedade, e destaca o programa FRIENDS, que possui uma base de evidência promissora em todos os níveis de intervenção (Barrett, Farrell, Ollendick & Dadds, 2006). Trata-se de um programa cognitivo-comportamental (Barrett, 1996) adaptado do Coping Cat (Kendall, 1994), com 10 sessões, abrangendo conteúdos de técnicas comportamentais, fisiológicas e cognitivas com o objetivo de ensinar como identificar sentimentos ansiosos, pensamentos que aumentam a ansiedade e os possíveis pensamentos alternativos, bem como enfrentar as dificuldades decorrentes (Stallard *et al.*, 2005).

Diversos estudos têm demonstrado a eficácia do FRIENDS (Barrett *et al.*, 2006; Barrett, Fisak & Cooper, 2015; Pereira, Marques, Russo, Barros & Barrett, 2014; Stallard *et al.*, 2005; Stallard, Simpson, Anderson & Goddard, 2008; Wergeland *et al.*, 2014). O sucesso da intervenção também foi alcançado quando realizado por profissionais que não eram da área da saúde. Enfermeiras treinadas desenvolveram um programa com sucesso na redução da ansiedade dos alunos (Stallard *et al.*, 2005; Stallard, Simpson, Anderson & Goddard, 2008) e a aplicação de professores supervisionados também garantiu resultados significativamente positivos (Barrett *et al.*, 2006).

Na realização de uma intervenção básica, algumas questões devem ser levadas em consideração. A complexidade das sessões deve ser gradual, iniciando-se pela psicoeducação, com foco na ansiedade, seguida de estratégias de automonitoração e manejo das emoções, como relaxamento e respiração diafragmática, para uma situação de crise no momento inicial, por exemplo, (Neufeld, 2011). Farrell *et al.* (2015) consideram como objetivo principal da TCC para ansiedade a modificação das crenças desadaptativas em relação à probabilidade e à gravidade dos eventos temidos, destacando a importância da identificação dos fatores mantenedores da ansiedade. Dessa maneira, após a psicoeducação sobre o modelo cognitivo, as distorções cognitivas e pensamentos disfuncionais podem ser trabalhados.

Por se tratar de um grupo não psicoterápico, talvez não seja possível aprofundar ao nível das crenças. Como elemento mais complexo, a técnica de exposição é um elemento indispensável para que os jovens enfrentem seus medos e ansiedades e assim consigam desenvolver um comportamento mais adaptado para a situação temida (Kendall, 2005). O treinamento em habilidades sociais e a resolução de problemas são outros componentes importantes no manejo e prevenção dos sintomas ansiosos. A diretriz de intervenção com os pais envolve modificar crenças sobre como ajudar o filho ansioso a responder apropriadamente a evitação, além de ensiná-los a manejar a própria ansiedade (James *et al.*, 2013).

Manejo de comportamentos impulsivos, hiperativos e desatentos

O transtorno de déficit de atenção/hiperatividade é marcado por um padrão persistente de comportamentos hiperativos e impulsivos, e/ou desatenção. O primeiro grupo de comportamentos inclui atividade motora e verbal excessivas, dificuldade em permanecer quieto e comportamentos de risco e sociais inadequados. Já a dificuldade em manter o foco, desorganização, falta de persistência e divagação marcam a desatenção. O transtorno tem início na infância e os sintomas podem variar de acordo com o ambiente em que a criança se encontra (APA, 2014). A prevalência estimada do transtorno, a partir da revisão mundial de Polanczyk, Lima, Horta, Biederman e Rohde (2007), foi de 5,29%.

De acordo com o *practice parameter* de Pliszka e AACP Work Group on Quality Issues (2007), trata-se de uma condição neurobiológica e crônica, que implica em prejuízos significativos, sendo a psicofarmacologia e/ou terapia comportamental indicadas como formas de tratamento, integrando psicoeducação e o uso dos recursos da escola. Fabiano *et al.* (2009) demonstram em sua meta-análise que tratamentos comportamentais para o TDAH são altamente efetivos. O foco deste capítulo não é a intervenção com jovens diagnosticados, e sim apresentar técnicas de manejo para sintomas relacionados, como desatenção e/ou hiperatividade e impulsividade. No entanto, ressalta-se que a literatura existente sobre manejo desses comportamentos concentra-se sobre a patologia.

Intervenções com estratégias comportamentais, acadêmicas e autorregulatórias configuram-se como as comumente utilizadas para crianças com TDAH, em escolas primárias, e não devem apenas focar na melhora de comportamentos sintomáticos, mas também atingir o comprometimento das áreas sociais e/ou acadêmicas (DuPaul, Gormley & Laracy, 2014). De acordo com os autores, as intervenções comportamentais buscam substituir comportamentos indesejáveis por outros mais socialmente apropriados, como por exemplo, fazer uso de economia de fichas e custo de resposta e modificar o foco dos professores para comportamentos mais adequados em sala. Já as intervenções acadêmicas não focam nos sintomas, mas nos prejuízos associados objetivando melhoras nas tarefas escolares e na habilidade de leitura e matemática, a partir de tutoria de pares ou instrução explícita, por exemplo. A autorregulação objetiva o aumento do autocontrole a partir de automonitoramento e autoavaliação, seguidos de um reforçador.

Bellé e Caminha (2005) realizaram uma intervenção cognitivo-comportamental em grupo, sendo 17 sessões destinadas para as crianças e nove para os pais, mantendo comunicação com os professores. As estratégias cognitivas utilizadas foram psicoeducação, autoinstrução, registro de pensamentos disfuncionais, solução de problemas, automonitoramento, autoavaliação, planejamento e elaboração de cronogramas. As comportamentais foram economia de fichas, custo de resposta, punições, tarefas para casa, modelação e dramatizações. Os resultados, a partir da avaliação dos professores, demonstraram uma redução significativa nos escores de déficit de atenção, hiperatividade, problemas de aprendizagem e comportamento antissocial. Já de acordo com os pais, a desatenção, hiperatividade e sintomas desafiantes e de oposição diminuíram. A percepção deles em relação aos filhos também se modificou de maneira positiva, bem como as estratégias de manejo comportamental utilizadas por esses (antes mais agressivas) e redução das queixas vindas da escola. Os autores ressaltam a importância da participação dos pais e do contato com a escola para o aprimoramento dos resultados da terapia.

Coelho, Barbosa, Bueno e Miranda (2015) demonstraram que a economia de fichas como parte de um grupo em terapia cognitivo-comportamental com crianças medicadas, acometidas pelo transtorno, se mostrou efetiva na diminuição da impulsividade e hiperatividade, rotina desregulada, baixa tolerância a frustração, comportamentos antissocial, cuidados pessoais pobres e desorganização. A intervenção contou com 20 sessões, com a técnica de economia de fichas introduzida a partir da quinta sessão. Além das sessões com as crianças, o programa contemplou sessões voltadas aos pais, para orientação e manejo de problemas comportamentais em casa.

O início e desenvolvimento do programa é descrito com mais detalhes por Coelho *et al.* (2015), que no momento da publicação encontrava-se em produção para comercialização. Os autores destacam a inclusão dos familiares devido ao papel importante que possuem para o tratamento, uma vez que em geral, a família de jovens com TDAH pode possuir o transtorno e encontrar dificuldades quanto à organização, manutenção de rotina e das metas. Além disso, devido aos conflitos da relação com os filhos, pode tornar-se mais intolerante e punitiva. O programa de tratamento cognitivo-comportamental em grupo incluiu técnicas como: psicoeducação, orientação de pais, construção de regras, economia de fichas, condicionamento clássico e operante, técnicas de relaxamento, organização, autoavaliação, resolução de problemas, THS, autoinstrução, modelo e manejo cognitivo, entre outras técnicas descritas com mais detalhes em seu programa. Além disso, a partir de uma pasta levada pelo jovem para a escola, foi possível comunicar-se com os professores e orientá-los com um material psicoeducativo, enviar tarefas de casa e formulário de economia de fichas, além da comunicação por escrito ou por e-mail, disponibilizada para dúvidas e informações relevantes em sala de aula sobre o aluno. Os resultados do programa demonstram que o grupo foi muito eficaz para as crianças e adolescentes com TDAH.

Em relação à aplicação no contexto escolar, uma intervenção realizada por professores demonstrou efeitos positivos em casa e em sala de aula, diferentemente do grupo controle do estudo (Miranda, Presentación & Soriano, 2002). Além da melhora de sintomas primários como desatenção-desorganização, hiperatividade-impulsividade, foram reportadas melhoras em dificuldades comportamentais associadas ao transtorno, como ansiedade, comportamento antissocial, problemas de aprendizagem e autocontrole. Os professores foram treinados para utilizar estratégias cognitivo-comportamentais e também realizarem modificações no plano de ensino. De maneira geral, o treinamento baseou-se em psicoeducação, reforço positivo, economia de fichas, construção de regras, autoavaliação, extinção, role-playing, time-out e custo de resposta. Com o objetivo de melhorar a aprendizagem, na quarta sessão, orientações relativas a modificações em sala foram realizadas, focando na reorganização do espaço físico, na apresentação de explicações, uso de instruções e feedback no desempenho de tarefas, além da utilização de estratégias organizacionais e de materiais educativos.

São inúmeras as técnicas possíveis de serem utilizadas para manejo de comportamentos hiperativos e impulsivos e desatentos. De maneira geral, observa-se a utilização em comum de técnicas como psicoeducação, autoavaliação, autoinstrução, reforço positivo, resolução de problemas, orientação para os pais, economia de fichas, custo de resposta, construção de regras, técnicas voltadas para organização e planejamento, modificação de comportamentos e manejo cognitivo, além da inclusão da escola no processo e da orientação parental.

Não será tarefa fácil para o profissional intervir nesses sintomas em um ambiente tão diverso quanto o escolar. No entanto, as técnicas podem ser trabalhadas de maneira mais estimulante e dinâmica, pensando nos alunos que podem apresentar tais características, em que a exposição de conteúdos de forma demasiadamente didática não irá funcionar. A economia de fichas, recurso utilizado em diversos outros tipos de intervenção, pode ser feita em forma de um jogo, atentando-se para os alunos que não estão conseguindo prosseguir. A flexibilidade é característica ainda mais presente em intervenções na comunidade, em que, na medida do possível, deve-se adequar às demandas do contexto. A participação dos pais em alguns encontros para distribuição de material educativo, palestras ou mesmo um grupo quinzenal, poderiam aumentar os efeitos do grupo. No entanto, sabe-se que essa é uma questão complicada e nem sempre é possível contar com esse recurso.

Manejo de comportamento desafiador

Comportamentos de irritabilidade, agressividade e oposição são comuns na infância e adolescência, pois as crianças e adolescentes estão aprendendo a lidar com suas emoções, que, muitas vezes, são complexas, e quando não há um ambiente adequado para ensinar, acolher e apoiá-las, elas podem passar por um sofrimento psíquico, transitório ou persistente (Ceron-Litvoc, Gutt, Zukauskas & Polanczyk, 2014). No entanto, a intensidade, frequência e duração desses comportamentos irão determinar o grau de sofrimento e condições psiquiátricas subjacentes dessa população (Ceron-Litvoc *et al.*, 2014; Royal College of Psychiatry, British Psychological Society & Royal College of Speech & Language Therapists, 2007).

Esses comportamentos fazem parte do denominado comportamento desafiador, que pode ser definido como uma gama de comportamentos de intensidade, frequência ou duração que ameaçam a qualidade de vida e/ou a integridade física do indivíduo e dos outros que estão ao seu redor (Royal College of Psychiatry, British Psychological Society & Royal College of Speech & Language Therapists, 2007). O comportamento desafiador pode englobar humor irritável, agressividade, destruição de propriedades, automutilação e comportamentos sociais e sexuais inaceitáveis (Holden & Gitlesen, 2006). Podem ser consideradas atitudes que violam os direitos dos outros e normas sociais (APA, 2014)

Em crianças e adolescentes, esses tipos de comportamentos podem interferir na aprendizagem, desenvolvimento, qualidade de vida e na participação social (baixo repertório de habilidades sociais e comunicação). Além disso, também podem causar, frequentemente, estresse emocional em cuidadores e familiares (Holden & Gitlesen, 2006). Esse tipo de comportamento é observado no Transtorno de Oposição Desafiante (TOD) e no Transtorno da Conduta (TC), ambos tendem a iniciar na infância e adolescência (APA, 2014; Ceron-Litvoc *et al.*, 2014).

De acordo com Severson e Walker (2002), muitas crianças e adolescentes com comportamentos agressivos e desafiadores possuem comprometimento do desenvolvimento socioemocional e de habilidades interpessoais, bem como apresentam déficits de empatia. É possível perceber essas carências quando a criança produz intencionalmente um dano ao outro, ela não percebe e nem sensibiliza com o seu sofrimento, implicando assim nos valores da criança e em suas atitudes pró-sociais (Del Prette & Del Prette, 2009). Segundo Holden e Gitlesen (2006), o aumento da prevalência e gravidade de comportamentos desafiadores em crianças, adolescentes e jovens adultos justificam estratégias preventivas. Esses autores afirmam que a intervenção precoce focada na comunicação e habilidades sociais é relevante para resultados eficazes.

Escolas são importantes lugares para intervenções de prevenção e redução de comportamentos agressivos (Wilson & Lipsey, 2007). Segundo Ceron-Litvoc *et al.* (2014), a escola tem um papel fundamental na identificação de comportamentos desafiadores, como também, juntamente com a relação aluno-professor, pode auxiliar na proteção das crianças em risco para o desenvolvimento desses comportamentos. É importante ressaltar que apesar de crianças com comportamento desafiador confrontarem seu professor, este deve ter ferramentas para manter um clima positivo em sala de aula, como por exemplo, não estigmatizar a criança como "aluno-problema" e sim focar no grupo, utilizar técnicas de resolução de problemas, evitar situações que desencadeiam esse comportamento, entre outras estratégias para manter um ambiente agradável e propício para a educação.

Independentemente de quão difícil seja o aluno em sala de aula, o educador deve se colocar em um papel de observador contínuo em relação ao comportamento desafiador, e não em uma posição crítica. Esse é o primeiro passo para compreender melhor a situação da criança ou adolescente, para depois delinear intervenções adequadas (Ceron-Litvoc *et al.*, 2014).

Uma vez que a raiva é uma das principais emoções do comportamento desafiador, é importante utilizar ferramentas para manejá-la. Uma técnica bastante eficaz para o manejo da raiva é o "Vulcãozinho da Raiva" (Stallard, 2004), juntamente com exercícios de relaxamento, técnicas de respiração diafragmática e recursos de distração (Neufeld *et al.*, 2014). Baseado nas experiências das autoras do presente capítulo, é aconselhável que no grupo de crianças, o manejo da raiva seja trabalhado após psicoeducação das emoções, desde seu conhecimento até de que forma podem afetar em seu corpo, pensamento e comportamento. Isso é importante, pois os primeiros aprendizados das crianças são de objetos concretos, e compreender temas abstratos, como as emoções, é uma tarefa mais complexa e exige maior tempo e dedicação. Também é possível trabalhar as emoções, por meio de atividades práticas, como por exemplo, a técnica "Sentimentos no Corpo" (Lopes *et al.*, 2012).

Larson e Lochman (2011) criaram um programa de gerenciamento da raiva em crianças, com o objetivo de melhorar a regulação emocional e os déficits cognitivos e sociais em crianças agressivas. Esses autores ressaltam que uma questão relevante na hora de construir grupos é preocupar-se com a seleção dos participantes, pois nesse tipo de grupo é aconselhável que ele seja homogêneo. Dessa forma, primeiramente é necessário fazer uma identificação dos déficits do repertório das habilidades sociais e emocionais de cada criança, estratégias para lidar com as demandas comportamentais típicas do ambiente escolar, como regulação da raiva, controle de impulsos e resolução de problemas. É a partir dessa seleção que os objetivos e técnicas do grupo são construídas para a demanda de determinado grupo.

Malinauskaitè (2011) desenvolveu um programa para promover competências sociais e emocionais em crianças com idade pré-escolar denominado "*Lubo from outer space*". Este consiste em trabalhar tais competências por meio dos seguintes temas: emoções, emoções reguladoras, formas sociais e cognitivas de processamento de informações, transferindo essas aprendizagens para a vida cotidiana. Essa autora compreende que os padrões de comportamento e os limites são impostos pela sociedade e esta, por sua vez, espera uma conduta coerente do indivíduo com o ambiente, por meio das habilidades e capacidade de comunicação e relações com as outras pessoas. Ainda ressalta que é indispensável que a criança tenha a capacidade de compreender corretamente a situação, avaliar e ter empatia com ela, bem como ser capaz de usar o autocontrole. Dessa forma, esse programa não é específico para o comportamento desafiador, porém é considerado preventivo para ele, permitindo que a criança compreenda sobre as emoções, empatia, e tipos de conduta que pode exercer no ambiente.

É importante esclarecer que comportamentos desafiadores poderão aparecer em vários momentos do desenvolvimento da criança e adolescente, e se ocorrerem de forma persistente e intensa, podem tornar-se sintomas de transtornos mentais; por isso há necessidade de intervenções que auxiliem na redução desses comportamentos. Os profissionais da saúde mental, juntamente com a colaboração dos educadores e a família podem atuar na identificação precoce desses comportamentos e no estabelecimento de intervenções em grupo efetivas dentro do contexto escolar, prevenindo assim, consequências negativas futuras.

Treinamento de Habilidades Sociais

As Habilidades Sociais (HS) referem-se ao grupo de habilidades que permitem ao indivíduo interagir (comunicar-se de forma verbal ou não verbal) com o outro de maneira eficaz (Soto-Icaza, Aboitiz & Billeke, 2015). O desenvolvimento de HS engloba vários elementos, como a linguagem, contato visual, volume da voz, entonação, sorriso, e a imitação (Rao, Beidel & Murray, 2008), bem como são condicionadas por fatores temperamentais e de personalidade (Wadman, Durkin & Conti-Ramsden, 2011b).

Há um consenso na literatura sobre a importância de as crianças e adolescentes desenvolverem um farto repertório de HS. Corroborando essa informação, na infância e na adolescência, as práticas educativas da família e da escola, juntamente com a experiência de convivência com os colegas, são as principais condições para a aquisição e o aperfeiçoamento das HS e da competência social (Del Prette & Del Prette, 2011).

Crianças aprendem a resolver situações sociais imitando, prevendo e entendendo o comportamento dos outros e suas próprias interações. O desenvolvimento de HS abarca o nível cognitivo e comportamental, e possibilita que, o tempo todo, a criança esteja ampliando seu repertório dessas habilidades, por meio da compreensão de sentimentos, emoções e comportamentos de si e dos outros, iniciando, mantendo e finalizando relacionamentos, utilizando da empatia e assertividade para aperfeiçoar as interações. Por sua vez, isso contribui para uma boa saúde mental, para o desempenho acadêmico, aceitação pelos pares, bem-estar e qualidade de vida que podem perpetuar por toda a vida (Soto-Icaza *et al.*, 2015; Rao *et al.*, 2008).

Dessa forma, a ausência das HS no cotidiano das crianças, pode conduzir a diferentes problemas tanto na comunicação com os outros, como prejuízos no desenvolvimento psicossocial (Yew & O'Kearney, 2013), ressaltando a redução da autoestima, a intensidade do estresse, e o isolamento social, impactando assim na qualidade de vida da criança, causando prejuízos também na adolescência e vida adulta (Beauchamp & Anderson, 2010). Segundo Del Prette e Del Prette (2009), há quatro classes de habilidades consideradas essenciais para um bom desenvolvimento do desempenho social da criança; são elas: empatia e civilidade; assertividade de enfrentamento; autocontrole e participação, ressaltando que cada uma dessas classes apresentam subclasses.

Devido às alterações do comportamento social na infância, bem como os elevados índices de problemas e transtornos mentais, que vêm cada vez mais aumentando com o passar dos anos, justifica-se a necessidade de investimento na promoção de saúde e bem-estar para essa população, tanto por meio de estratégias educativas, como terapêuticas. É nesse cenário que há uma densa literatura enfatizando que as HS podem ser adquiridas e aprimoradas por meio de programas de Treinamento de Habilidades Sociais (THS), pois este é considerado uma alternativa de promoção de saúde mental, prevenção de problemas na infância e adolescência, possibilitando uma ação integrada entre escola e família; e também é uma forma de superação de dificuldades interpessoais e suas consequências (Del Prette & Del Prette, 2009; Shell, Albers, Kries, Hillenbrand & Hennemann, 2015)

Antes de definir quais serão os objetivos que um programa de THS vai atender, é preciso avaliar as habilidades consideradas socialmente relevantes para o contexto em que a criança está inserida, tipos de déficits do desempenho social das crianças e recursos comportamentais disponíveis. A partir disso, o profissional responsável pelo programa pode determinar quais dos seguintes objetivos será mais indicado para as crianças e adolescentes daquele ambiente que estão inseridos: ampliar o repertório de HS; aprimorar as HS já existentes quanto à frequência, funcionalidade e fluência; e facilitar a manutenção e as generalizações das aquisições obtidas no programa (Del Prette & Del Prette, 2009).

Caballo e Irurtia (2004) ressaltam que o THS deve priorizar a reestruturação cognitiva, na qual deve ser feita a identificação de cognições inadequadas e, em seguida, a busca e avaliação de alternativas para significá-las e praticá-las. Além disso, a modificação de comportamentos observáveis tem mostrado ser a metodologia de maior eficácia para a modificação de pensamentos e a emissão de comportamentos socialmente habilidosos. Por meio das experiências das autoras do presente capítulo, uma psicoeducação sobre as emoções auxilia na identificação das cognições inadequadas e técnicas de resolução de problemas é indicado para trabalhar com avaliação de alternativas.

Salienta-se que os programas de THS podem ser voltados para diversos transtornos, como Ansiedade Social (Beidel, Rao, Scharfstein, Wong & Alfano, 2010), Esquizofrenia (Kalin *et al.*, 2015), Autismo (Bohlander, Orlich & Varley, 2012; Abuso de Substâncias (Wheeler, Newring & Schafer, 2014), Transtorno Específico de Linguagem (Valera-Pozo, Buil-Legaz, Rigo-Carratalà, Casero-Martínez, Aguilar-Mediavilla, 2015), dentre outros. Shayan e AhmadiGatab (2012) enfatizam que o THS pode ser efetivo inclusive para aumentar níveis de felicidades de estudantes, uma vez que o bem-estar pode ser ampliado com a melhoria dos relacionamentos em diferentes contextos. A criança pode se sentir mais feliz desfrutando de interações do que se sentiria compreendida e amada (Del Prette & Del Prette, 2009).

É importante ressaltar que os programas de THS precisam de um ambiente adequado para serem desenvolvidos. A literatura vem enfatizando que a escola apresenta configurações apropriadas para o desenvolvimento desses programas. Ela é considerada o segundo microssistema da criança (o primeiro é a família) é um ambiente essencialmente interativo e relevante para o seu desenvolvimento interpessoal, tendo dois principais objetivos: fornecer a aprendizagem acadêmica e possibilitar o estabelecimento de relações de companheirismo. Além disso, a escola tem a função cultural de preparar a criança para a vida em sociedade e conduzir ao exercício da cidadania. Salienta-se que para um melhor resultado, o programa deve ser articulado com os objetivos acadêmicos da escola. Eles podem ser conduzidos por psicólogos ou pelo professor em sala de aula. O importante é que haja uma integração entre os profissionais que estão em contato com as crianças, os pais ou cuidadores (Del Prette & Del Prette, 2008, 2009).

Os programas de THS surgiram com o objetivo de atender demandas individuais. No entanto, atualmente, há evidências da eficácia dessas intervenções em formato grupal (Caballo, 2006; Del Prette & Del Prette, 2011). Elliott e Gresham (2007) desenvolveram um sistema de avaliação e intervenção destinado a professores e outros profissionais com o objetivo de que eles sejam facilitadores no desenvolvimento a aprimoramento de HS em estudantes de 3 a 19 anos. Esse sistema é denominado *Social Skills Improvement System* e parte do princípio que as HS constituem comportamentos substitutivos aos problemas de comportamento. O formato do programa de intervenção baseia-se em procedimentos de instrução, modelação, role-playing, ensaio comportamental, feedback e tarefas de casa. Ele pode ser voltado para os 3 níveis de abrangência: universal, seletiva e individualizada/intensiva. Sendo assim, esse sistema é um programa de intervenção dinâmico que permite conduzir desde avaliações pré e pós-tratamento, até guias para orientar intervenções, objetivando desenvolver, aprimorar e manter HS (Elliott & Gresham, 2007).

Del Prette e Del Prette (2009) desenvolveram um programa de THS para crianças, utilizando o método vivencial. Segundo esses autores, a vivência corresponde a uma atividade em grupo, estruturada, com o intuito de possibilitar às crianças, desempenhos específicos e consequentemente, permitir ao facilitador avaliar esses comportamentos, objetivando ampliar e aprimorar o repertório de HS dessas crianças. Esse método vivencial utiliza as técnicas da abordagem cognitivo-comportamental como a instrução, modelagem, modelação, ensaio comportamentos, feedback, relaxamento, reestruturação cognitiva, entre outros. Salienta-se que pode ser executado tanto no ambiente terapêutico, como no educativo.

Um programa em que também é utilizado o treinamento de HS é o Programa de Promoção de Habilidade para a Vida (PRHAVIDA), que objetiva a promoção de saúde, por meio do treinamento de HS e habilidades de vida (HV), embasados na abordagem Cognitivo--Comportamental. É destinado a crianças e adolescentes em contexto escolar. O programa é composto de 11 sessões, em que são abordados temas como a Identidade e Regras do grupo, psicoeducação de HS e

HV, Direitos Humanos e Civilidade, Empatia, Assertividade, Emoções, Modelo Cognitivo e Resolução de Problemas (Neufeld *et al.*, 2014).

Além dos programas de THS, os professores podem executar ou colaborar para o desenvolvimento. Os comportamentos desses profissionais estão diretamente ligados com o repertório das HS das crianças, independentemente da atividade que estão realizando na escola, fora ou dentro da sala de aula. O professor pode desempenhar os seguintes papéis perante as crianças: ampliar ou restringir as oportunidades de interação entre os estudantes, expressar rejeição ou aceitação diante dos comportamentos indesejáveis de relacionamento entre os alunos, servir como modelo diante do relacionamento com as outras crianças. Dessa forma, um relacionamento satisfatório entre professor e aluno é fundamental para que o educador alcance seu objetivo acadêmico e promova desempenhos sociais adequados em seus alunos (Del Prette & Del Prette, 2009).

Considerações finais

As sugestões mencionadas neste capítulo tiveram o intuito de auxiliar profissionais da saúde mental que atuam no contexto escolar e educadores para o manejo de ansiedade, impulsividade, déficit de atenção, comportamento desafiador e treinamento de habilidades sociais, todos em formato grupal. Acredita-se que o trabalho em grupos tem importantes vantagens desde a coesão grupal, aprendizagens por meio das experiências e diferenças do outro, até pelo custo-benefício que ele acarreta.

É importante deixar claro que as técnicas trabalhadas sozinhas podem não surtir o efeito esperado. Assim, sugerimos fortemente que as escolas que desejam utilizar programas Cognitivo-Comportamentais em grupo busquem psicólogos ou psiquiatras capacitados para a implementação e capacitação da equipe escolar, utilizando-se de treinamento ou supervisões a fim de sanar dúvidas e verificar o andamento do programa. Os objetivos são a sustentabilidade do programa e economia dos recursos, sem perder de vista, contudo, a qualidade do serviço oferecido.

Ainda ressaltamos que desenvolver estratégias com crianças e adolescentes exige um aprimoramento contínuo, e é preciso se atualizar de recursos para chamar a atenção desse público, utilizar exemplos que fazem parte do contexto em que ele está inserido e sempre fazer uso da criatividade e paciência como suas principais ferramentas.

Referências

American Psychiatric Association. (2014). *DSM-5: Manual Diagnóstico Estatístico de Transtornos Mentais*, 5ª ed. Porto Alegre: Artmed.

Barrett, P. M., Farrell, L. J., Ollendick, T. H., & Dadds, M. (2006). Long-term outcomes of an australian universal prevention trial of anxiety and depression symptoms in children and youth: an evaluation of the friends program. *Journal of Clinical Child and Adolescent Psychology, 35*(3), 403–411.

Barrett, P., Fisak, B., & Cooper, M. (2015). The treatment of anxiety in young children: results of an open trial of the fun friends program. *Behaviour Change, 32*(4), 231 – 242.

Beauchamp, M. & Anderson, V. (2010). Social: An integrative framework for the development of social skills. *Psychological Bulletin, 136*(1), 39-64.

Beidas, R. S., Mychailyszyn, M. P., Edmunds, J. M., Khanna, M. S., Downey, M. M., & Kendall, P. C. (2012). Training school mental health providers to deliver cognitive-behavioral therapy. *School Mental Health,* 4 (197–206).

Beidel, D. C., Rao, P. A., Scharfstein, L., Wong, N., & Alfano, C. A. (2010). Social skills and social phobia: an investigation of DSM-IV subtypes. *Behaviour Research and Therapy, 48*(10), 992-1001.

Bellé, A. H., & Caminha, R. M. (2005). Grupoterapia cognitivo-comportamental em crianças com TDAH: estudando um modelo clínico. *Revista Brasileira de Terapias Cognitivas, 1*(2), 103-114.

Bieling, P. J., McCabe, R. E., & Antony, M. M. (2006). Cognitive-behavioral therapy groups: possibilities and challenges. In P. J. Bieling, R. E. McCabe, & M. M. Antony, *Cognitive-behavioral Therapy in Groups.* New York/London: The Guilford Press.

Bohlander, A. J., Orlich, F., & Varley, C. K. (2012). Social skills training for children with autism. *Pediatric Clinics of North America, 59*(1), 165-174.

Caballo, V. E. (2006). *Manual de avaliação e treinamento das HS.* São Paulo: Editora Santos.

Caballo, V. E., & Irurtia, M. (2004). Treinamento em habilidades sociais. In Knapp, P. (org.) *Terapia Cognitivo-Comportamental na prática psiquiátrica.* São Paulo: Artmed.

Ceron-Litvoc, D., Gutt, E. K., Zukauskas, P., Polanczyk, G. V. (2014). Comportamentos disruptivos na escola. In Estanislau, G. M. & Bressan,

R. A. *Saúde Mental na Escola: O que os educadores devem saber* (pp 177-188). Porto Alegre: Artmed.

Coelho, L. F., Barbosa, D. L. F., Bueno, O. F. A., & Miranda, M. C. (2015). Terapia cognitivo-comportamental em grupo para crianças e adolescentes com transtorno de déficit de atenção/hiperatividade. In C. B. Neufeld (Org.), *Terapia cognitivo-comportamental em grupo para crianças e adolescentes* (200-217). Porto Alegre: Artmed.

Coelho, L. F., Barbosa, D. L. F., Rizzutti, S., Muszkat, M., Bueno, O. F. A., & Monica Miranda, C. (2015). Use of cognitive behavioral therapy and token economy to alleviate dysfunctional behavior in children with attention-deficit hyperactivity disorder. Frontiers in Psychiatry, 6(167), 1-9.

Daolio, C. C., Elias, L. C. S., & Neufeld, C. B. (2016). Aplicação da abordagem Cognitivo-Comportamental em escolas. In Federação Brasileira de Terapias Cognitivas, C. B. Neufeld, E. M. O. Falcone & B. P. Rangé (Orgs.), *PROCOGNITIVA*: Programa de Atualização em Terapia Cognitivo-Comportamental (pp. 85-122). Artmed Panamericana.

Daunic, A. P., Smith, S. W., Brank, E. M., & Penfield, R. D. (2006). Classroom-based cognitive-behavioral intervention to prevent aggression: Efficacy and social validity. *Journal of School Psychology, 44*(2), 123-139.

Del Prette, A., & Del Prette, A. P. (2006). Treinamento de habilidades sociais na escolar: O método vivencial e a participação do professor. In Bandeira, M., Del Prette, Z. A. P., & Del Prette, A. *Estudos sobre Habilidades Sociais e Relacionamento Interpessoal* (pp 143-160). São Paulo: Casa do Psicólogo.

Del Prette, Z. A. P., & Del Prette, A. (2008). Habilidades sociais e educação: pesquisa e atuação em psicologia escolar/educacional. In Del Prette, Z. A. P. (orgs.) *Psicologia Escolar e Educacional: saúde e qualidade de vida* (pp 113-141). Campinas, SP: Alínea.

Del Prette, Z. A. P., & Del Prette, A. (2008). *Psicologia das Habilidades Sociais: Terapia, educação e trabalho*. Petrópolis: Vozes.

Del Prette, Z. A. P., & Del Prette, A. (2009). Psicologia das Habilidades Sociais na Infância: teoria e prática. 4ed. Petrópolis, RJ: Vozes.

Del Prette, A., & Del Prette, Z. A. P. (2011) Enfoques e modelos do treinamento de habilidades sociais. In Del Prette, A., & Del Prette, Z. A. P. *Habilidades Sociais: intervenções efetivas em grupo* (pp 19-56). São Paulo: Casa do Psicólogo.

Del Prette, A., & Del Prette, Z. A. P. (2011). *Habilidades sociais: intervenções efetivas em grupo*. São Paulo: Casa do Psicólogo.

DuPaul, G. J., Gormley, M. J., & Laracy, S. D. (2014). School-based interventions for elementary school students with ADHD. *Child e Adolescent Psychiatric Clinics Of North America, 23*, 687-697.

Elliott, S. N., & Gresham, F. M. (2007). *Social Skills Improvement System (SSIS^{TM}): Intervention guide.* Bloomington: NCS Pearson.

Fabiano, G. A., Pelham Jr., W. E., Coles, E. K., Gnagy, E. M., Chronis-Tuscano, A., & O'Connor, B. C. (2009). A meta-analysis of behavioral treatments for attention-deficit/hyperactivity disorder. *Clinical Psychology Review, 29*, 129–140.

Farrell, N. R., Milosevic, I., & McCabe, R. E. (2015). Terapia cognitive-comportamental em grupo para adolescentes com transtorno de ansiedade. In C. B. Neufeld (Org.), *Terapia cognitivo-comportamental em grupo para crianças e adolescentes* (169-188). Porto Alegre: Artmed.

Friedberg, R. D., & McClure, J. M. (2004). Trabalhando com crianças e adolescentes ansiosos. In R. D. Friedberg, & McClure J. M., *A prática clínica de terapia cognitiva com crianças e adolescentes* (173-203). Porto Alegre: Artmed.

Groot, J., Cobham, V., Leong, J., & McDermott, B. (2007). Individual versus group family-focused cognitive behaviour therapy for childhoodanxiety: pilot randomized controlled trial. *Australian and New Zealand Journal of Psychiatry, 41* (990-997).

Guimarães, S. S. (2011). Técnicas cognititvas e comportamentais. In Rangé, B. (Cols.), *Psicoterapias cognitivo-comportamentais: um diálogo com a psiquiatria* (2 ed., pp. 737-750). Porto Alegre: Artmed.

Herzig-Anderson, K., Colognori, D., Fox, J. K., Stewart, C. E., & Warner, C. M. (2012). School-based anxiety treatments for children and adolescents. *Child e Adolescent Psychiatric Clinics of North America, 21*, 655–668.

Holden, B., & Gitlesen, J. P. (2006). A total population study of challenging behavior in the county of Hedmark, Norway: Prevalence, and risk markers. *Research in Developmental Disabilities, 27,* 456-465.

James, A. C., James, G., Cowdrey, F. A., Soler, A., Choke, A. (2013). Cognitive behavioural therapy for anxiety disorders in children and adolescents (Review). *Cochrane Database of Systematic Reviews, 6.*

Kalin, M., Kaplan, S., Gould, F., Pinkham, A. E., Penn, D. L., Harvey, P. D. (2015). Social cognition, social competence, negative symptoms and social outcomes: inter-relationships in people with schizophrenia. *Journal of Psychiatric Research, 68,* 254-260.

Kavanagh, J., Oliver, S., Lorenc, T., Caird, J., Tucker, H., Harden, A., Greaves, A., Thomas, J., & Oakley, A. (2009). School-based cognitive--behavioural interventions: a systematic review of effects and inequalities. *Health Sociology Review, 18*(1), (61-78).

Kendall, P. C., Robin, J. A., Hedtke, K. A., Suveg, C., Flannery-Schroeder, E., & Gosch, E. (2005). Considering CBT with anxious youth? Think exposures. *Cognitive and Behavioral Practice, 12*, 136-150.

Kendall, P. C., & Suveg, C. (2006). Treating Anxiety Disorders in Youth. In P. C. Kendall (Ed.), *Child and Adolescent Therapy: Cognitive Behavioral Procedures* (3a ed., pp. 243-296). New York/London: The Guilford Press.

Larson, J., & Lochman, J. E. (2011). *Helping schoolchildren cope with anger: A cognitive-behavioral intervention.* (2nd ed.). New York: Guilford.

Liber, J. M., Van Widenfelt, B. M, Utens, E. M. W. J., Ferdinand, R. F., Van der Leeden, A. J. M., Van Gastel, W., & Treffers, P. D. A. (2008). No differences between group versus individual treatment of childhood anxiety disorders in a randomised clinical trial. *Journal of Child Psychology and Psychiatry,* 49(8), (886–893).

Lopes, R. F. F., Lima, R. B. F., Rangel, L. M., & Lopes, E. J. (2012). Tecendo os fios... eis o problema. In Neufeld *et al. Protagonistas em terapias cognitivo-comportamentais:* Histórias de vida e de psicoterapia. (pp. 525-565). Novo Hamburgo: Sinopsys.

Malinauskaitè, A. (2011). Effective method of promoting social and emotional competences in kindergarten using preventive program "Lubo from Outer Space". *Social Work: Experience and Methods, 8*(2), 73-88.

Miranda, A., Presentación, M. J., & Soriano, M. (2002). Effectiveness of a school-based multicomponent program for the treatment of children with ADHD. *Journal Of Learning Disabilities, 45*(6), 547-563.

Nardi, P. C., Ferreira, I. M. F., & Neufeld, C. B. (2015). Programas de promoção de saúde mental em grupo para crianças. In C. B. Neufeld (Org.), *Terapia cognitivo-comportamental em grupo para crianças e adolescentes* (36-51). Porto Alegre: Artmed.

Neufeld, C. B. (2011). Intervenções em grupos na abordagem cognitivo--comportamental. In Rangé, B. (Cols.). *Psicoterapias cognitivo-comportamentais: um diálogo com a psiquiatria.* (2 ed., pp. 737-750). Porto Alegre: Artmed.

Neufeld, C. B., Daolio, C. C., Cassiano, M., Rossetto, C. P. F., & Cavenage, C. C. (2014). Prhavida – Programa cognitivo-comportamental de habilidades de vida para crianças e adolescentes. In Neufeld, C. B (cols).

Intervenções e Pesquisas em Terapia Cognitivo-Comportamental com indivíduos e grupos. Novo Hamburgo: Sinopsys.

Neufeld, C. B., Daolio, C. C., & Longhini, L. Z. (2015). Desafios da terapia cognitivo-comportamental em grupo com crianças e adolescentes. In C. B. Neufeld (Org.), *Terapia cognitivo-comportamental em grupo para crianças e adolescentes* (17-34). Porto Alegre: Artmed.

Papalia, D. E., & Feldman, R. F. (2013). *Desenvolvimento Humano,* 12ed. Porto Alegre: AMGH.

Paternostro, J., Sullivan, P. J., Behar, S. M., Berlyant, M. J., & Friedberg, R. D. (2015). Terapia cognitivo-comportamental em grupo em escolas. In C. B. Neufeld (Org.), *Terapia cognitivo-comportamental em grupo para crianças e adolescentes* (73-87). Porto Alegre: Artmed.

Pereira, A. I., Marques, T., Russo, V., & Barros, L. (2014). Effectiveness of the friends for life program in portuguese schools: study with a sample of highly anxious children. *Psychology in the Schools, 51*(6), 647-657.

Pereira, A., & Mattos, P. (2011). Tratamento do transtorno de déficit de atenção e hiperatividade (TDAH). In Rangé, B. *Psicoterapias cognitivo-comportamentais: um diálogo com a psiquiatria* (2 ed., pp. 493-507). Porto Alegre: Artmed.

Pliszka, S., & AACP Work Group on Quality Issues (2007). Practice parameter for the assessment and treatment of children and adolescents with attention-deficit/hyperactivity disorder. *Journal of the American Academy of Child and Adolescent Psychiatry, 46*(7), 894-921.

Polanczyk, G., Lima, M. S., Horta, B. L., Biederman, J., & Rohde, L. A. (2007). The worldwide prevalence of ADHD: a systematic review and metaregression analysis. *The American Journal of Psychiatry, 164*(6), 942-948.

Polanczyk, G. V., Salum, G. A., Sugaya, L. S., Caye, A., & Rohde, L. A. (2015). Annual Research Review: A meta-analysis of the worldwide prevalence of mental disorders in children and adolescents. *Journal of Child Psychology and Psychiatry*, 56(3), 345–365.

Rao, P. A., Beidel, D. C., & Murray, M. J. (2008). Social skills interventions for children with Asperger's syndrome or high-functioning autism: a review and recommendations. *Journal of Autism and Developmental Disorders, 38,* 353-361.

Reddy, L. A. (2012). *Group Play Interventions for Children: strategies for teaching prosocial skills.* Washington: American Psychological Association.

Royal College of Psychiatry, British Psychological Society, & Royal College of Speech & Language Therapists (2007). Challenging behaviour:

A unified approach. *Clinical and service guidelines for supporting people with learning disabilities who are at risk of receiving abusive or restrictive practices*. Royal College of Psychiatry.

Severson, H. H., & Walker, H. M. (2002). Proactive approaches for identifying children at risk for sociobehavioral problems. In K. L. Lane, F. M. Gresham e T. E. O'Shaughnessy (Orgs.), *Children with or at risk for emotional and behavioral disorders* (pp. 33-53). Boston: Allyn & Bacon.

Shayan, N., & AhmadiGatab, T. (2012). The effectiveness of social skills training on students' levels of happiness. *Procedia – Social and Behavioral Sciences, 46,* 2693-2696.

Shell, A., Albers, L. Kries, R. von, Hillenbrand, C., & Hennemann, T. (2015). Preventing behavioral disorders via supporting social and emotional competence at preschool age. *Deutsches Ärzteblatt International, 112,* 647-654.

Soto-Icaza, P., Aboitiz, F., & Billeke, P. (2015). Development of social skills in children: neural and behavioral evidence for the elaboration of cognitive models. *Frontiers in Neuroscience, 9*(333), 1-16.

Stallard, P. (2004). *Bons pensamentos – bons sentimentos:* Manual de terapia cognitivo-comportamental para crianças e adolescentes. Porto Alegre: Artmed.

Stallard, P., Simpson, N., Anderson, S., Carter, T., Osborn, C., & Bush, S. (2005). An evaluation of the friends programme: a cognitive behaviour therapy intervention to promote emotional resilience. *Archives of Disease in Childhood, 90*, (1016-1019).

Stallard, P., Simpson, N., Anderson, S., & Goddard, M. (2008). The FRIENDS emotional health prevention programme: 12 month follow-up of a universal UK school based trial. European Child e Adolescent Psychiatry, 17, (283–289).

Valera-Pozo, M., Buil-Legaz, L., Rigo-Carratalà, E., Casero-Martínez, A., & Aguilar-Mediavilla, E. (2015). Habilidades sociales en preadolescentes con transtorno específico del linguaje. *Revista de Logopedia, Foniatría y Audiología,* 1-9.

Wadman, R., Durkin, K., & Conti-Ramsden, G. (2011b). Social stress in young people with specific language impairment. *Journal of Adolescence, 34*(3), 421-431.

Wergeland, G. J. H., Fjermestad, K. W., Marin, C. E., Haugland, B. S., Bjaastad, J. F., Oeding, K., Bjelland, I., Silverman, W. K., Öst, L., Havik, O. E., Heiervang, E. R. (2014). *Behaviour Research and Therapy, 57,* (1-12).

Wheeler, J. G., Newring, K. A. B., & Schafer, K. D. (2014). Social skills, substance abuse, and sexual behavior problems in the adolescent. In. O'Donohue, W., & Bromberg, D. S. *Toolkit for Working with Juvenile Sex Offenders.* Cambridge: Academic Press.

Wilson, S. J., & Lipsey, M. W. (2007). School-based interventions for aggressive and disruptive behavior: update of meta-analysis. *Am J Prev Med, 33*(2 Suppl), 130-143.

World Health Organization (WHO) (2004). Prevention of mental disorders: Effective interventions and policy options. Summary report. Geveva: WHO.

Yew, S. G. K., & O'Kearney, R. (2013). Emotional and behavioural outcomes later in childhood and adolescence for children with specific language impairments: Meta-analyses of controlled prospective studies. *The Journal of Child Psychology and Psychiatry, 54*(5), 516-524.

CAPÍTULO 11

A entrada no Ensino Médio e a preparação para o vestibular: contribuições da abordagem cognitivo-comportamental nas escolas.

Leonardo Naves
Débora C. Fava

A dinâmica da vida proporciona exigências específicas e demandantes em cada fase, não só por questões fisiológicas ou cognitivas, mas também pelas mudanças nos papéis sociais que precisam ser assimilados. Tais alterações são consequências naturais do relacionamento entre a mente e o meio social, processo esse presente em toda a existência do indivíduo, na natural fluidez mental (James, 2013).

A adolescência, assim como as demais etapas da vivência humana, possui metamorfoses típicas e está cercada de escolhas e definições importantes. Porém destaca-se das demais fases da vida do ser humano, por ser precursora de um momento de maturação único, por isso destaca-se como uma fase de tomada de decisões"ímpares"para o jovem. Dentre elas, podemos sublinhar a definição de posicionamento e escolha profissionais, as quais irão influenciar toda uma perspectiva futura.

O processo que leva à escolha profissional não depende de uma única variável. Podemos considerá-lo multifatorial. Além disso, esse processo é seguido pelas dificuldades inerentes à preparação para a prova de vestibular, o que sem dúvida, envolve aspectos emocionais, cognitivos e comportamentais que podem influenciar negativa ou positivamente para essa preparação. (Neiva, Silva, Miranda & Esteves, 2005) Nesse ínterim, o objetivo deste capítulo é apresentar uma discussão a respeito de como a escola, incluindo psicólogo escolar, professores e pais, podem atuar dentro de uma perspectiva cognitivo-comportamental para o auxílio do vestibulando.

A entrada no ensino médio

As primeiras definições, escolhas e percepções acerca de um norteamento concreto para a eleição da futura carreira acadêmica são intensificadas com o início do Ensino Médio, e exatamente por esse motivo, o presente lapso temporal precisa estar cercado de assistência singular, de maneira a conduzir e posicionar melhor o aluno.

A sensibilidade para perceber as mudanças nos adolescentes por vezes é negligenciada, principalmente nessa etapa do final do Ensino Fundamental para o ingresso no Ensino Médio. Essa transição revela-se como uma conexão entre o mundo infantil e a juventude, contendo uma relevância significativa para a concretização do natural processo de sua evolução e desenvolvimento saudáveis.

Para Santrock, (2014) necessário é trazer `a memória que de forma tão precisa e contundente os púberes são alvos de inúmeras interferências e transformações. Mudanças físicas, assimilação dos novos papéis sociais, amadurecimento e iniciação da independência em conceitos e sentimentos pessoais são algumas das nuances transicionais experimentadas. Assim, um aspecto primordial para o êxito nessa etapa da vida é entender e respeitar as mudanças no adolescente, sendo necessárias a aceitação e recepção do amadurecimento individual, uma vez que as perspectivas sobre si, sobre o mundo e sobre seu futuro "entrarão em xeque e serão questionadas, revisadas e implantadas como novas tomadas de decisões. Essas mudanças podem ser observadas em quatro aspectos importantes: corpo, mente, emoção e relações sociais (Habigzang, Diniz & Koller, 2014).

No corpo: é chegada a fase da puberdade, que inicia por volta dos 10 anos. Nesse período, as mudanças são significativas no corpo de meninos e meninas. Numa visão técnica, é quando ocorre a maturação que permite a reprodução sexual. O corpo vai moldando-se a essa maturação com o surgimento de pelos, o desenvolvimento dos seios, a mudança na voz e o desejo pelo outro. Tantas diferenças, que o aluno pode sentir-se perdido e bastante desconfortável.

Na mente: o pensamento abstrato é o que impera. O adolescente se torna capaz de raciocinar de forma elaborada, não se limitando à perspectiva real, divergindo por possibilidades e, às vezes, se fechando para obter suas próprias percepções dos fatos. Outro ponto importante é a forma de pensar multidimensional, que o torna capaz de interpretar um fato com base em vários pontos de vista, não validando verdades absolutas e afirmações categóricas.

Na emoção: há um frenesi de sentimentos. Com essa capacidade de pensar mais elaborada, suas emoções também sofrerão mudanças, conseguindo distinguir e vivenciar diversas sensações que, por vezes, não são experimentadas com tanta frequência. Em inúmeras situações, o adolescente flutua de uma simples alegria a uma intensa raiva. Dentre as tais sensações, por exemplo, a chegada do vestibular gera um nível de ansiedade desproporcional em comparação a outros momentos da vida.

Nas Relações Sociais: é uma fase para se aproveitar ao máximo os amigos. Falas altas, gesticulações e brincadeiras são práticas cada vez mais comuns entre eles. Estar com seus amigos se torna mais importante do que o convívio com os adultos, e os grupos de diferentes gêneros começam a mesclar entre meninos e meninas, surgindo as tribos, o namoro, as descobertas sexuais, etc. Desses convívios, porém, podem advir influências negativas, levando o jovem a experiências não saudáveis como o uso de drogas ou o sexo sem proteção.

Nesse contexto, a escola torna-se um ponto importante no equilíbrio, podendo proporcionar bem mais que apenas um período de ensinamentos curriculares e principalmente conteudistas, em sua característica preparatória para o vestibular. Mas pode apresentar-se também como um importante mediador nas tomadas de decisões e no auxílio ao amadurecimento para a entrada do jovem em uma universidade.

Outro dado relevante diz respeito à evolução do acesso à educação em termos de percentuais da população na idade de 18 a 24 anos, segundo o nível de escolaridade, no Brasil entre os anos de 1995 a 2009, que demonstrou um aumento de 7% para 19%, (Andrade, 2012). Esses dados nos permitem entender a expansão do acesso à universidade e nos revela que as exigências para o ingresso imediato nelas estão sendo cada vez maiores, o que demanda essencialmente um nível de maturidade e compromisso também maiores.

A escolha profissional

A escolha profissional precisa ser vista por suas conseqüências que emergem das situações como:

1)Pressão dos pais para decidir rápido.

Essa ansiedade pode estar relacionada com o papel da família, tendo em vista que as opiniões dos pais são modeladoras nas escolhas e que por vezes, divergem da vocação do adolescente, valorizando o aspecto financeiro da profissão em detrimento das habilidades que ele possui, com a prerrogativa de terem um bom futuro. Ainda que a influência da família não seja clara na determinação da escolha profissional, entendemos que o adolescente sofre influência de um contexto de situações educacionais e econômicas (Hutz & Bardagi, 2006)

2)Influência dos pais para que escolham determinada faculdade.

Como se não bastasse a pressão em fazer a escolha da profissão, os pais de forma bem exaustiva, dão ênfase a determinadas faculdades, por acreditarem que essas desenvolverão seus filhos para o mercado de trabalho e por sua vez, alcançarão o sucesso. O fato de já terem estudado nas mesmas instituições, por exemplo, os levam a induzirem os filhos a seguirem o mesmo percurso acadêmico, gerando um aumento do nível de ansiedade no concorrente ao vestibular, fazendo-o sentir-se coagido a ingressar nas mesmas instituições. (Lucchiari, 1993)

3)Expectativas irrealistas ou imaturas sobre uma ou outra escolha.

Um viés importante nesse quadro de ansiedade é a ausência de informação acerca das profissões: compreender a rotina, atuação, mercado de trabalho, remuneração e conhecimento necessário. (Rodrigues & Pelisoli, 2008).

Diversos autores (D'Avila & Soares, 2003, Rodrigues & Pelisoli, 2008) vêm debatendo o papel da escola como promovedora do desenvolvimento da carreira profissional e vocacional, o que permite evitar que os alunos façam escolhas pautadas em estereotipias e ideias irrealistas de profissões de sucesso x fracasso, dando ênfase a cursos da área da saúde como Medicina, e desvalorizando graduações da área de humanas como o curso de História, por exemplo.

4) Influência da mídia:

Outro ponto importante a ser esclarecido é a influência da mídia nesse processo de ansiedade na escolha de profissões, visto que valoriza preeminentemente carreiras em que o sucesso e a fama fazem parte do cotidiano profissional. Jogador de futebol e modelos se tornam referência nesse aspecto. Porém, o adolescente que não possui habilidades e perfis necessários para enquadrar-se nesses segmentos, se deparam muitas vezes, tardiamente, em "um beco sem saída", inseridos em um campo deslocado de sua realidade, com opções reduzidas de enquadramento profissional e com seu futuro comprometido.

Um estudo que avaliou adolescentes com média de 18 anos de idade, constatou que 23,5% dos vestibulandos apresentavam ansiedade considerada, moderada ou grave e ressalta que a sensação de obrigação para prestar vestibular e a interpretação dessa situação como algo decisivo em sua vida, fizeram que os adolescentes sentissem ainda mais ansiedade (Rodrigues & Pelisoli, 2008).

Escolher qual a faculdade seguir envolve tomar decisões em uma etapa da vida que pode trazer repercussões importantes na idade adulta. Se já não é uma tarefa simples para adultos, considere para o adolescente. Escolher a profissão será uma decisão a ser concretizada nessa fase, que poderá ter um peso para motivá-lo a decidir e comprometer-se com um método de estudo que o levará ao êxito; ou será um fator ansiogênico, que porventura poderá paralisá-lo e até comprometer a sua atuação no mercado de trabalho, gerando repercussões negativas em sua vida pessoal.

Preparação para o vestibular

Ao chegar a essa etapa, o adolescente se encontra em uma situação de bastante estresse: sua família e escola fazem expectativas de seus resultados, o que gera uma cobrança interna em passar na prova do vestibular. Todo esse estresse leva o adolescente a um espiral de abnegação de situações de sua própria idade, como festas, viagens, reuniões entre amigos e familiares, e as próprias descobertas dessa fase (Levenfus, 2016).

Ainda nesse período, alguns percebem a dificuldade para manter o foco atencional nos estudos, o que promove a descoberta do TDAH, muitas vezes não identificado por pais e professores devido a estratégias bem elaboradas do aluno. Ao necessitar, porém, de um foco maior, os desafios são aflorados e as características pertinentes surgem, permitindo uma breve intervenção.

A procrastinação acaba sendo uma estratégia comportamental de alguns, que preferem aproveitar ao máximo o ano letivo e seus "trotes", e deixam para os últimos meses a sua preparação ao vestibular, o que de fato, gera ainda mais ansiedade quando da conscientização de que a quantidade de assuntos a serem estudados é bem maior que o tempo disponível para aprendê-los. Nesse período, adolescente e família sofrem juntos as expectativas que antecedem a prova.

A ansiedade frente a vestibulares tem sido tema de estudos nos últimos anos (Soares & Martins, 2010; Rodrigues & Pelisoli, 2008). Todas essas variáveis influenciam a preparação ao vestibular, além das próprias demandas criadas pelos adolescentes, como o uso de substâncias psicoativas, que tiram a percepção de futuro e os alocam apenas no presente, ou seja, o uso da substância em busca do prazer imediato, "rouba" parte de sua vida e de seu futuro.

A atuação da escola

A escola tem um papel fundamental nessa regulação emocional. O psicólogo escolar junto com a equipe pedagógica pode desenvolver algumas estratégias para combater a ansiedade, ou até mesmo reduzi-la. Vejamos a seguir:

Diminuindo a ansiedade do aluno

Influência da família é geradora de ansiedade: a TCC tem como estratégia básica de seu trabalho a **psicoeducação**; fazer explicações ajuda pais e familiares a compreenderem o quadro maior da escolha profissional. O psicólogo escolar poderá trazer informativos acerca da importância da escolha profissional, das principais profissões, como também levantar as dúvidas dos familiares. A proposta pode ser feita de forma individual ou grupal. Quando familiares não compreendem essa situação, o interessante é a busca de um acompanhamento psicológico, para que haja possíveis correções sobre as expectativas dos filhos.

Informar e contextualizar sobre as áreas profissionais

Influência da ausência de informação: cabe nesse momento, a **psicoeducação** com os alunos, da mesma forma que foi realizada com os pais, porém o diferencial será o encaminhamento a uma orientação profissional para que possam entender melhor cada profissão de interesse e a pesquisa de campo, como forma de avaliar o mercado de trabalho. Grupos de orientação são muito úteis, pois as dúvidas e expectativas são quase sempre semelhantes. Ações como visita a feiras de profissões ofertadas pelas universidades, leitura de materiais explicativos sobre as profissões, como também ir a palestras de profissionais da área de interesse são muito úteis e enriquecedoras.

Influência da Mídia: ao conhecer bem as profissões, os alunos poderão ter uma visão mais ampla e significativa acerca da escolha. Uma estratégia para essa demanda é a escola, juntamente com os professores, trabalharem durante o ano, profissões que não são muito valorizadas, mas que proporcionam retorno financeiro e realização pessoal.

Adequando as expectativas dos alunos e modificando pensamentos distorcidos.

Influência das Crenças: a TCC tem como a sua principal meta a **restruturação cognitiva**. Isso significa mudar pensamento e crenças para alcançar uma mudança no comportamento, favorecendo o alcance de metas. Assim sendo, trabalhar as principais distorções sobre si, sobre os outros e sobre o futuro darão a chance de corrigir possíveis percepções no processo da preparação para o vestibular (Soares & Martins, 2010). O psicólogo escolar pode ensinar alguns princípios de automonitoramento e metacognição, como forma de analisar o que ocorre na mente quando se fala da escolha profissional. Além da explicação das principais distorções cognitivas e a utilização da ferramenta busca de evidências, que proporciona reparar possíveis erros do pensamento. De forma conjunta, a escola ainda poderá juntar as distorções de seus alunos e transformá-las em cartões lembretes, que estarão disponíveis nos murais da sala e corredores. Algumas distorções cognitivas estão exemplificadas na tabela 2.

Além disso, podemos observar as crenças que o adolescente tem sobre si, sobre os outros e sobre o futuro. É comum temer o desconhecido, porém pensar de forma catastrófica poderá aumentar ainda mais a sua incerteza e por sua vez a ansiedade. Se a percepção do adolescente sobre si é distorcida, tenderá a fazer escolhas em que seu potencial poderá não ser utilizado ao máximo, comprometendo-se com a mediocridade que suas crenças dizem sobre o assunto. E isso trará repercussão a longo prazo, que poderá confirmar suas crenças sobre os outros e sobre seu futuro.

O medo da reprovação, o elevado número de candidatos por vaga e os fatores específicos da escolha profissional também são aspectos ansiogênicos na candidatura para o vestibular. A seguir, a tabela 1 oferece um exemplo de práticas de automonitoramento. Na terapia cognitivo-comportamental, essa tarefa é conhecida como Registro de Pensamentos Disfuncionais (RPD) e tem função essencial para os pacientes e pode ser facilmente adaptada a diversos contextos, como o educacional.

Tabela 1 – Exemplo de Registro de Pensamento Disfuncional

1. Situação	2. Emoções (%)	3. PA (%)	4. Evidências que apoiam o pensamento automático quente (PAQ)	5. Evidencias que não apoiam pensamento automático quente (PAQ)	6. Respostas balanceadas	7. Resultados PA= Emoção=
Estudando para o vestibular	Ansiedade (100%)	Não vou passar. Não vou conseguir. Não sou capaz. Sou um burro. São muitos candidatos e não conseguirei passar. É melhor desistir.	Não consigo estudar muitos assuntos. Muitos candidatos.	Nunca perdi um ano. Tenho estudado mais do que os outros anos. Já consegui várias coisas na minha vida. Meus resultados nos simulados foram bons. Meus professores elogiam a minha capacidade.	Sei que haverá muitos candidatos, porém tenho estudado mais do que os outros anos, e os meus resultados nos simulados, têm sido muito bons.	Não sou capaz (10%) Emoção: alívio (100%)

Nesse exemplo observamos que o aluno está apreensivo ao estudar para a prova do vestibular. Percebe-se a quantidade de pensamentos distorcidos associados a essa situação, pegamos o pensamento de maior intensidade, chamado de pensamento quente ou pensamento automático, e desse, buscamos as evidências que confirmam e que são contrárias, assim chegando a uma resposta balanceada, provocando uma alteração na resposta emocional e comportamental. A correção do pensamento disfuncional é fundamental no controle da ansiedade.

Ensinando sobre a ansiedade no corpo e na mente

A pressão para entrar no ensino superior tem sido sentida pelos alunos do ensino médio, principalmente aqueles que estão na reta final, o terceiro ano. Essa pressão passa por divergência de conflitos, em que de um lado, a escola precisa formar seus alunos para a vida e de outro, as exigências dos pais para que passem no vestibular, principalmente nas públicas. Como resultado disso, os adolescentes que estão se despedindo de sua vida escolar para entrar na vida acadêmica, começam a sentir seus efeitos já no início do ano letivo.

A preocupação excessiva em passar no vestibular, gera um quadro muitas vezes acentuado de ansiedade (Hutz & Bardagi, 2006). Sabemos que a desregulação dessa preocupação ocasiona diversos efeitos, tais como lapsos de memória, "brancos", sensações fisiológicas de alta intensidade, inclusive somáticas. Em parte, esses sintomas podem ser explicados pelo excesso de cortisol que inunda o cérebro, provocando a dificuldade de recuperação de memória dos conteúdos já aprendidos. Além disso, jovens ansiosos tendem a dividir sua atenção em vários focos, prejudicando a sua concentração para que possam reter e consolidar a memória adequadamente.

Todos esses sintomas podem ser experimentados pelo aluno mesmo sem ainda estar na prova. Tais efeitos constituem-se como fatores estressores na vida do adolescente, e somados às outras influências relatadas anteriormente, podem provocar a desistência ou a postergação do ingresso ao curso superior, promovendo a inserção do aluno diretamente ao mercado de trabalho, sem maiores capacitações, para posteriormente, cursar, com seus próprios recursos, uma faculdade particular. Outros iniciam a corrida pelo concurso, porém, aqueles que decidiram fazer o exame, passarão por um período de privações e sacrifícios, quase sempre não suportados, tornando as queixas constantes.

Dando vazão aos fatores estressores

Dar vazão ao estresse e sentimentos relacionados ao processo de preparação para o vestibular e orientação profissional é fundamental para os jovens (Soares, Krawulski, Dias & D'Avila, 2007). Os relacionamentos interpessoais são outra fonte de estresse. Namoros conflituosos, poucos amigos, dificuldades para se relacionar, acabam gerando ainda mais ansiedade ao adolescente. Logo, a escola poderá desenvolver palestras e encontros mediados pelo psicólogo escolar sobre relacionamentos saudáveis, com questionamentos como: "Explique o que é um relacionamento saudável?", "Quais as características de um?", "O que pode ser feito para conquistar um relacionamento saudável com amigos e namorados?", "O que fazer quando o relacionamento se torna doentio?", "Quais as demandas para um relacionamento?". Todas essas perguntas podem ser respondidas em grupo nos encontros com os adolescentes. Trazendo sempre a ideia de manejo desses conflitos nessa fase, para que desenvolvam habilidades para vida. Além disso, pensamentos distorcidos advindos de conflitivas com a família em função da escolha profissional, também podem ser trabalhados no formato grupal nas escolas.

Ajudando o aluno a criar roteiros de estudos

Para qualquer pessoa que esteja se preparando para uma prova, é necessário estabelecer um plano ou rotina de estudo (José, 2011). Um dos grandes desafios na vida de um adolescente é a rotina. Muitos a percebem como algo tedioso e punitivo. Ensiná-los a planejar seus horários e dividi-los em deveres e direitos, os ajudará a ter tempo para as coisas prazerosas da vida e seus devidos compromissos. Criar um roteiro de estudo, horários para diversão, saídas com a família, são algumas das estratégias introduzidas no cronograma de horário. Mais à frente, veremos na intervenção, estratégias a serem utilizadas nessa temática.

Programa para controle da Ansiedade em situação da prova do vestibular

Alguns autores já têm dedicado seus estudos ao tema de ansiedade e preparação para provas e concursos (José, 2011). Para o manejo de ansiedade, este capítulo propõe um programa que o psicólogo escolar pode valer-se na preparação do aluno que está no terceiro ano. Ele compreende etapas que envolvem ferramentas da abordagem cognitivo-comportamental e do *Coaching* Cognitivo, e serão descritas a seguir na tabela 2. Importante ressaltar que o processo desenvolvido durante as etapas necessariamente exige foco, estrutura e disciplina (Dias & Fortes, 2015).

Tabela 2 – Proposta de programa de manejo de ansiedade frente à preparação para o vestibular.

Encontro	Descrição
1. Psicoeducação	A meta é psicoeducar o aluno a respeito do programa de preparação para o vestibular. Inicialmente, utiliza-se uma escala de avaliação de ansiedade com a escala Beck de ansiedade (Cunha, 2001) ou a IDatE (Biaggio & Spielberger, 1983), que mede tanto a ansiedade de traço como a de estado. Idealmente, a ansiedade deve ser medida antes de cada encontro ou quinzenalmente. Idealmente, a ansiedade deve ser medida antes de cada encontro ou quinzenalmente. Assim, esse instrumento deverá ser aplicado no início dos encontros estabelecidos e no final do programa, o profissional poderá exibir um gráfico com a evolução do nível de ansiedade do primeiro ao último encontro. Os encontros serão estruturados de forma semelhante a uma sessão de atendimento clínico em TCC com a seguinte organização: agenda (incluindo a revisão dos temas de casa), tarefas de casa, resumos do que foi abordado e *feedbacks* (Saldanha & Wainer , 2011). Segundo Beck (2013), as tarefas de casa são ferramentas essenciais no processo de mudança, pois compreendem o que ocorre entre os encontros de terapia. Recomenda-se que os participantes tenham em mão o caderno da sessão (Wright, Basco e Thase, 2008), que auxilia a adesão da tarefa de casa e ajuda na fixação das aprendizagens de cada encontro.
2. Levantamento de Expectativas	Entender a real necessidade do aluno, ajuda a fazer intervenções de forma mais assertiva, desenvolvendo estratégias dentro do programa. Inicialmente, é possível promover uma pesquisa que aborde tópicos esclarecedores sobre as expectativas do aluno, levantando questões iniciais de perspectivas de presente e futuro, tais como:

2. Levantamento de Expectativas (*continuação*)	a) como me vejo hoje; b) como me vejo pós-vestibular; c) como me vejo daqui a cinco anos. Esse processo pode ser feito por meio de uma entrevista ou de uma técnica vivencial. Nesta última, solicita-se que o aluno feche os olhos, respire lentamente e visualize seu cotidiano. Pede para relatar, enquanto o profissional anota sua narração. Após, pode ser realizado um debate com o aluno sobre a viabilidade de tais afirmativas e processos. Ainda nessa fase, é possível definir sonhos/objetivos/metas. Dentro dessa perspectiva, faz-se necessário definir quais sonhos serão alcançados em cada área da vida: financeira, espiritual, familiar, educacional, carreira, social e de lazer. A esse relato damos o nome de Lista dos Sonhos (Sampaio, 2015). Após o levantamento dessas informações, é possível levar o aluno à construção de um mural, sendo esta a tarefa de casa desse encontro. De forma a tornar mais lúdico, solicita-se que o aluno recorte imagens e gravuras que representem seus sonhos, para fixar nesse mural, que deverá permanecer em lugar visível de sua casa, se possível no quarto ou no local de estudo.
3. Manejo de Ansiedade	D'avila e Soares (2003) afirmam que uma das causas da reprovação no vestibular está relacionada à ansiedade. Sabemos que o período do vestibular de fato envolve fortes emoções, além da competição entre os concorrentes, provocada pela precariedade de vagas para os cursos ofertados. A habilidade para lidar com a ansiedade e o stress pode ser o fator crucial para o sucesso no exame, tanto quanto ou até mais que o conhecimento acadêmico (Calais, Andrade & Lipp, 2003). Seguindo esse raciocínio, nossa meta será levar o aluno a controlar e/ou reduzir a ansiedade antes, durante e após o período de provas. É fundamental desenvolver e exibir nesse encontro, um folder explicativo, detalhando a fisiologia da ansiedade, hiperventilação, causas da ansiedade, sistema simpático, parassimpático e aspectos fisiológicos relacionados. Outra alternativa eficaz baseia-se na exibição de vídeos informativos, como também exposições de miniaulas sobre o assunto (Knijnik & Kunzler, 2014).

3. Manejo de Ansiedade *(continuação)*	Além desse material exposto, o psicólogo deverá ensinar técnicas de manejo para a redução da ansiedade somática e da ansiedade cognitiva. Pessoas ansiosas, em grande parte, respiram de forma errada: curta, superficial e irregular. Por outro lado, pessoas com maior domínio sobre a ansiedade possuem uma outra forma de respirar: lenta e profunda (José, Alvar, Sauer & Pergher, 2008). O período do vestibular ativa a ansiedade tanto pelas pressões externas como internas, e respirar de forma correta e a técnica de respiração diafragmática poderá ajudar o aluno a controlá-la (Sardinha e Nardi, 2014). A seguir, uma forma de ensinar a respiração correta que pode ser utilizada pelo psicólogo escolar nos encontros a fim de diminuir ou interromper a ansiedade. (Sardinha e Nardi, 2014, pp 140). *Encontre um lugar confortável para sentar ou deitar. Observe sua respiração por alguns segundos. Agora, procure respirar um pouco mais lentamente, enchendo e esvaziando um pouco mais os pulmões, a cada vez, sem fazer força nem soprar o ar para fora. Pense na barriguinha do bebê. Tente dilatar um pouco o seu abdômen a cada vez que o ar entrar e relaxá-lo enquanto o ar sai dos pulmões. Tente fazer isso durante alguns dias, dois minutos por dia. Quando perceber que está conseguindo levar o ar mais para a barriga e que o seu peito se movimenta muito pouco ao respirar, passe para a etapa seguinte: inspire contando até dois e solte o ar contando até quatro. Se sentir falta de ar ou desconforto, solte o ar em três tempos, em vez de quatro. Com o tempo, vai ficando mais fácil.* Outra estratégia é a "técnica da conchinha". Para exemplificar, pode solicitar que o aluno hiperventile por alguns segundos, estando atento às mudanças sofridas durante o exercício. Ao chegar no seu limite, pede-se que coloque as duas mãos fechando a área do nariz e boca, formando uma concha. Nesse momento, solicita-se que aspire e expire o ar lentamente. Durante alguns minutos irá relaxar. Ao respirar, o oxigênio entra nos pulmões, e ao expirar, o ar encontra-se na forma de CO2. O acúmulo de CO2 no cérebro provoca o rebaixamento da consciência, gerando uma resposta de relaxamento. Como tarefa de casa, será solicitado o treino respiratório, uma vez que ele aumenta a chance de experiência sobre a ansiedade e provoca uma resposta de relaxamento.

4. Manejo de Tempo	Para esse encontro, a meta será ensinar o aluno a aproveitar ao máximo o seu tempo. Utilizaremos uma planilha com dias, de segunda a domingo, e horas, de sete da manhã à meia-noite. Esse cronograma de horários deverá conter as tarefas formais do aluno, além de suas atividades de lazer e convívio social, como também definição do tempo estabelecido para o estudo ao vestibular. Tal programação aumentará significativamente a autoeficácia do aluno, que por sua vez alcançará melhores rendimentos no exame. Essa planilha pode ser construída durante o encontro e será executada como tarefa de casa, durante as semanas seguintes, podendo ser modificada conforme as demandas do seu cotidiano. É relevante frisar a importância da manutenção das atividades de lazer e convívio social, uma vez que, tais práticas fazem parte do desenvolvimento saudável do adolescente, na medida em que favorecem o autocontrole de impulsos, emoções e ansiedades em detrimento daqueles que não desenvolveram o hábito dessas práticas (Macedo, 1998).
5. Métodos de estudo	Ajudar o aluno a aperfeiçoar meios que facilitem a aprendizagem e a sua retenção é essencial. O psicólogo precisa compreender que dificuldade de memorização pode estar relacionada a histórico de doença grave ou outros fatores como falta de motivação, baixa autoestima e o stress (Villamarín, 2000). Estudar, quase sempre, é uma tarefa executada por obrigação e sem prazer, o que produz resultados negativos no que diz respeito à produtividade de aprendizagem. Aqueles que fazem dos seus estudos um momento de diversão e competição terão respostas mais eficazes (Douglas 2001). Algumas práticas são ferramentas importantes no desenvolvimento do ensino e aprendizagem (Villamarín 2000); por isso, o psicólogo pode conduzir e conscientizar o aluno de forma a definir algumas práticas produtivas: a) Foco atencional – observar qual a melhor maneira de manter o foco atencional do aluno: vídeo-aula, explicação de professores, anotações, resumos, entre outros. b) Estabelecer um horário e local fixos para o estudo – é importante analisar qual o horário de maior rendimento do estudante, além da criação de uma rotina de disciplina nos estudos. c) Interpretar textos, destacando as principais ideias e montando esquemas explicativos.

5. Métodos de estudo (*continuação*)	c) Fazer resumos como forma de revisão – anotar em resumos capsulares as principais ideias a serem memorizadas. d) Cuidados com sono e alimentação – a correta ingestão de alimentos aumenta a capacidade de concentração e o sono auxilia na solidificação das memórias. e) Variação entre estudos individuais e em grupo – a mudança dos estilos de estudo colabora para que haja motivação e concentração. f) Fazer exercícios e responder questões – a resolução de questões nos permite ter uma visão mais ampla do aproveitamento do seu método de estudo, podendo corrigir falhas nesse processo. g) Treinar a velocidade na resposta das questões – esse treino pode dar-se com auxílio de um cronômetro, no qual será verificado o período de tempo de resposta. h) Estudo prévio do assunto – ao estudar com antecedência, suas dúvidas podem ser sanadas nas exposições das aulas, além de reforçar a aprendizagem. i) Manter um ambiente limpo de ruídos e sujeira – o bem-estar, organização e a concentração são fundamentais para a aprendizagem produtiva. j) Como tarefa de casa será solicitada a prática desses métodos e os ajustes necessários ao seu cotidiano.
6. Reestruturação Cognitiva	Modificar e corrigir pensamentos e crenças disfuncionais está na base das terapias cognitivas. Ao sentir que seu humor foi alterado, o aluno deverá questionar-se: "o que se passou em minha mente?", ao fazer esa pergunta, tentará trazer à consciência, o pensamento que modificou o seu estado de humor. Para Knapp (2004, p. 33), as distorções cognitivas mais comuns são: Embora alguns pensamentos automáticos sejam verdadeiros, muitos são falsos ou apenas possuem algumas parcelas de verdade. Erros típicos de pensamento incluem: *1. Pensamento* **do tipo** *tudo ou nada* **(também chamado de pensamento preto e branco, polarizado ou dicotômico)***:* Você vê uma situação em apenas duas categorias, em vez de em um contínuo. *Exemplo:* " Se eu não for um sucesso total, eu sou um fracasso."

6. Reestruturação Cognitiva	Modificar e corrigir pensamentos e crenças disfuncionais está na base das terapias cognitivas. Ao sentir que seu humor foi alterado, o aluno deverá questionar-se: "o que se passou em minha mente?", ao fazer esa pergunta, tentará trazer à consciência, o pensamento que modificou o seu estado de humor. Para Knapp (2004, p. 33), as distorções cognitivas mais comuns são: Embora alguns pensamentos automáticos sejam verdadeiros, muitos são falsos ou apenas possuem algumas parcelas de verdade. Erros típicos de pensamento incluem: **1. Pensamento do tipo tudo ou nada (também chamado de pensamento preto e branco, polarizado ou dicotômico):** Você vê uma situação em apenas duas categorias, em vez de em um contínuo. *Exemplo:* "Se eu não for um sucesso total, eu sou um fracasso." **2. Catastrofizando** (também denominado adivinhação): Você prevê o futuro negativamente, sem considerar outros resultados mais prováveis. *Exemplo:* "Eu ficarei tão aborrecida que não serei capaz de agir direito" **3. Desqualificando ou desconsiderando o positivo:** Você irrazoavelmente diz para si mesmo que experiências, atos ou qualidades positivas não contam. *Exemplo:* "Eu fiz bem aquele projeto, mas isso não significa que eu seja competente; eu apenas tive sorte." **4. Argumentação emocional.** Você pensa que algo deve ser verdade porque você "sente" (em realidade, acredita) isso de maneira tão convincente, que acaba por ignorar ou desconsiderar evidências contrárias. *Exemplo:* "Eu sei que eu faço muitas coisas certas no trabalho, mas eu ainda me sinto como se fosse um fracasso." **5. Rotulando:** Você coloca um rótulo global e fixo sobre os outros, sem considerar que as evidências poderiam ser mais razoavelmente conduzidas a uma conclusão menos desastrosa. *Exemplo:* "Eu sou um perdedor. Ele não presta" .

6. Reestruturação Cognitiva (*continuação*)	6. Magnificação/ minimização: Quando você avalia a si mesmo, outra pessoa ou uma situação, você magnifica irracionalmente o negativo e/ou minimiza o positivo. *Exemplo:* "Receber uma nota medíocre prova quão inadequada eu sou. Obter notas altas não significa que eu sou inteligente." 7. Filtro mental (também denominado abstração seletiva): Você presta atenção indevida a um detalhe negativo, em vez de considerar o quadro geral. *Exemplo:* " Porque eu tirei uma nota baixa na minha avaliação que também continha várias notas altas, significa que eu estou fazendo um trabalho deplorável." 8. Leitura mental: Você acha que sabe o que os outros estão pensando, falando; assim, ao considerar outras possibilidades mais prováveis. *Exemplo:* " Ele está pensando que eu não sei nada sobre esse projeto." 9. Supergeneralização : Você tira uma conclusão negativa radical que vai muito além da situação atual. *Exemplo:* "[Porque me senti desconfortável no encontro] eu não tenho o que é necessário para fazer amigos." 10. Personalização: Você acredita que os outros estão se comportando negativamente devido a você, sem considerar explicações mais plausíveis para o seu comportamento. *Exemplo:* "O encanador foi rude comigo porque eu fiz algo errado." 11. Declarações do tipo " eu deveria" e " eu devo" (também chamadas imperativas): Você tem uma ideia exata estabelecida de como você ou os outros deveriam comportar-se e você superestima quão ruim é que essas expectativas não sejam preenchidas. *Exemplo:* "É terrível que eu tenha cometido um erro. Eu deveria sempre dar o melhor de mim." 12. Visão em túnel : Você vê apenas os aspectos negativos de uma situação. *Exemplo:* "O professor do meu filho não sabe fazer nada direito. Ele é crítico, insensível e ensina mal."

6. Reestruturação Cognitiva (*continuação*)	**13. Vitimização:** Considerar-se injustiçado ou não entendido. A fonte dos sentimentos negativos é algo ou alguém, havendo recusa e dificuldade de se responsabilizar pelos próprios sentimentos ou comportamentos. *Exemplo:* " Minha esposa não entende meus próprios sentimentos,. Faço tudo pelos meus filhos e eles não me agradecem". **14. Questionalização (e se?):** Focar o evento naquilo que poderia ter sido e não foi. Culpar-se pelas escolhas do passado e questionar-se por escolhas futuras. *Exemplo:* "Se eu tivesse aceitado o outro emprego, estaria melhor agora. E se o novo emprego não der certo? Se eu não tivesse viajado, isso não teria acontecido." Essas distorções podem ser explicadas aos alunos observando quais dessas são mais utilizadas, lembrando que elas os impedem de alcançar metas e desenvolver ao máximo o potencial. De acordo com Melo, Oliveira, Fava & Bakos (2014), o registro de pensamento disfuncional (RPD) é uma ferramenta que auxilia o aluno a identificar os pensamentos e suas re lações com a emoção e o comportamento, podendo buscar evidências ou pensamentos alternativos para corrigir possíveis distorções. Existem vários formulários de RPD; a seguir um exemplo típico de um aluno ansioso com o vestibular:

1. Situação	2. Emoções (%)	3. PA (%)	4. Evidências que apoiam o pensamento automático quente (PAQ)	5. Evidências que não apoiam o pensamento automático quente (PAQ)	Respostas balanceadas	7. Resultados PA= Emoção=

Pensar sobre o ângulo de uma outra perspectiva é um princípio da ACC, por isso ensinar o aluno a buscar evidências pró e contra seu pensamento o ajudará a ter respostas mais adaptativas (Knnap, 2004).

Como tarefa de casa, o aluno deverá anotar os pensamentos e corrigi-los por meio dos exercícios

EVIDÊNCIAS A FAVOR	EVIDÊNCIAS CONTRA
A FAVOR (%)	CONTRA (%)
SUBTRAIA: % CONTRA - % A FAVOR = %	
	CONCLUSÃO

7. Exposição ao vivo	Simular o ambiente do exame é como expor o aluno "ao vivo" ao que seja mais próximo do ambiente real de uma prova de vestibular. Conforme Sardinha e Nardi (2014), o centro desse exercício é o principio da habituação, enfraquecendo as reações de ansiedade diante de situações temidas, otimizando técnicas de relaxamento como também reestruturação cognitiva. Inicialmente, para o aluno será bem desconfortável, mas ser exposto a situações semelhantes as do vestibular, dará a ele um repertório comportamental para o enfrentamento. O psicólogo escolar junto com o professor, montará um ambiente semelhante ao exame, seguindo as suas regras. Ao ser exposto, reações de ansiedade serão manifestas, proporcionando ao aluno a chance de colocar em prática todos os outros exercícios já aprendidos. É importante ressaltar que as exposições devem durar o tempo necessário até que a ansiedade inicial já não seja a mesma. Finalizando o exercício, o psicólogo escolar deverá avaliar junto com o aluno as dificuldades encontradas e desenvolver encontros extras para reforçar aquilo que já fora aprendido. A tarefa de casa será treinar aquilo que o psicólogo identificou como ponto crítico.
8. Encontro Motivacional	Criar âncora. Burton (2012). Uma âncora é caracterizada pela ativação de um estímulo externo que provoca uma resposta interna ou uma reação emocional positiva. Um exemplo típico de âncora é o sino que toca na escola. O aluno entende que chegou o intervalo. Criamos âncoras o tempo todo, tanto positivas como negativas. A proposta da âncora é criar essa resposta positiva numa situação desencadeadora de um estado negativo, por isso, criar um estímulo externo desencadeará a resposta desejada, que pode ser estralar os dedos, bater a mão sobre o peito, bater palmas, enfim... a criatividade deve ser estabelecida pelo aluno. Burton (2012, p. 309). 1- Peça ao aluno para descrever uma situação que ele ache desafiadora e que gostaria de mudar seu estado emocional. Pense na situação em que você gostaria de ser diferente e imagine um círculo a sua frente de um metro de diâmetro. 2- Fique de pé, fora do círculo com o aluno e peça que ele identifique o estado positivo que quer criar. Identifique seu melhor estado. Diga-me que estado é esse nas suas próprias palavras.

8. Encontro Motivacional (*continuação*)	3- Faça com que o aluno experimente o estado positivo novamente. Lembre-se de um momento que você estava (repita de volta as palavras usadas pelo aluno), volte a isso firmemente. Veja o que viu, então ouça o que ouviu. Peça ao aluno para entrar no círculo e vivenciar o estado positivo ainda mais vividamente. Reviva aquela experiência. Vivencie-a: esteja lá na experiência com todos os seus sentidos. Sinta o que suas mãos estão fazendo. Agora, retenha ou ancore esse estado com um movimento de mão no momento em que a recordação seja mais vívida. Após o aluno ancorar a experiência, peça que ele saia do circulo. 4- Repita o exercício com uma segunda experiência, de um estado positivo, ancorando a experiência mais vívida do sentimento com o mesmo movimento de mão (âncora). 5- Peça que o aluno descreva um momento no futuro em que ele quer ter acesso. 6- Depois de identificar o acontecimento futuro, peça ao aluno para entrar no círculo de novo como se estivesse entrando num acontecimento real e faça um movimento de mão ancorada. Com sua mão na posição ancorada, movimente-se dentro do círculo. Olhe, ouça e sinta como a experiência pode ser para você agora. 7- Após o cliente experimentar o passo positivo, peça que ele saia do círculo. Relaxe, você conseguiu. Esse exercício deve ser criado nesse ambiente, junto com o psicólogo escolar e executado em casa ou em situações reais à âncora. Um bom exemplo para isso é a meta proposta deste programa. Ex: Na hora do exame do vestibular. Tarefa de casa: treinar a âncora prevendo a hora do exame.
9. Prevenção de recaída	Treinar o aluno para situações de risco relacionadas ao vestibular, como também construir o reforço da aprendizagem adquirida são as metas da prevenção de recaída O psicólogo escolar poderá utilizar o caderno dos encontros como forma de recapitular o conhecimento durante o programa, avaliando déficits e possivelmente os corrigindo. Também deverá analisar o progresso conquistado. Nesse momento,

9.Prevenção de recaída (*continuação*)	apresentar o gráfico de ansiedade realizado a partir da coleta pelos instrumentos ao longo dos encontros, ajudará a analisar as conquistas alcançadas. Identificar situações de risco é fundamental para uma intervenção precoce, não permitindo a paralisação ou o regresso do aluno quanto à preparação para o vestibular. Algumas situações de risco podem estar interligadas a conflitos parentais, relacionamentos amorosos, quedas no rendimento escolar, entre outros. Estar preparado para essas situações dará ao aluno habilidades para enfrentar o exame. Por isso, como tarefa de casa, o aluno deverá manter as exposições, os treinos de respiração e os registros dos pensamentos disfuncionais (RPD).
10.Auto-Encorajamento	É necessário encorajar o aluno a enfrentar a ansiedade somática e cognitiva na semana do vestibular. Por volta de um mês antes da realização das provas, os candidatos manifestavam uma ansiedade e angústia provenientes dos medos pessoais (D'avila & Soares, 2003). Nesta proposta de programa, cabe ao psicólogo escolar fazer o levantamento dos pensamentos disfuncionais e corrigi-los com a ferramenta RPD. Esses pensamentos funcionais se transformarão em cartões de enfrentamento, orientando os alunos regularmente, conforme modelo abaixo. Cada aluno deve construir seus próprios cartões de enfrentamento com frases que os motivem. Além de contingenciar a ansiedade cognitiva, o psicólogo escolar poderá utilizar uma recapitulação do treino de respiração e a técnica ACALME-SE com o objetivo de conter a ansiedade somática. A chave para lidar com um estado de ansiedade é ***aceitá-lo totalmente.*** Permanecer no presente e aceitar a sua ansiedade fazem-na desaparecer. Para lidar com sucesso com sua ansiedade você pode utilizar a estratégia **"A.C.A.L.M.E.-S.E."** (Range, 1995b). A aceita a sua ansiedade. Um dicionário define aceitar como dar "consentimento a receber". Concorde em receber suas sensações de ansiedade. Mesmo que pareça absurdo no momento, aceite as sensações em seu corpo, assim como você aceitaria em sua casa um hóspede inesperado e desconhecido ou uma dor incômoda. Substitua seu medo, raiva e rejeição por aceitação. Não lute contra as sensações. Resistindo, você estará prolongando e intensificando o seu desconforto. Ao invés disso, flua com ela.

10.Auto-Encorajamento (*continuação*)	Contemple as coisas a sua volta. Não fique olhando para dentro de você, observando tudo a cada coisa que sente. Deixe acontecer com seu corpo o que quiser, sem julgamento: nem bom, nem mau. Olhe a sua volta, observando cada detalhe da situação em que você está. Descreva-os minuciosamente para você, como um meio de afastar-se de sua observação interna. Lembre-se: você não é sua ansiedade. Quanto mais puder separar-se de sua experiência interna e ligar-se nos acontecimentos externos, melhor se sentirá. Esteja com ansiedade, mas não seja ela; seja apenas observador. A aja com sua ansiedade. Aja como se você não estivesse ansioso(a), isto é, funcione com sua sensações de ansiedade. Diminua o ritmo, a velocidade com que você faz as coisas, mas mantenha-se ativo(a)! Não se desespere, interrompendo tudo para fugir. Se fugir, a sua ansiedade diminuirá, mas o seu medo aumentará, e na próxima vez, a sua ansiedade será pior. Se você ficar onde está- e continuar fazendo suas coisas- tanto a ansiedade quanto o seu medo diminuirão. Continue agindo. Bem devagar! L liberte o ar dos seus pulmões, bem devagar, respire calmamente, inspirando pouco ar pelo nariz e expirando longa e suavemente pela boca. Conte até três, devagar, na inspiração, outra vez até três, prendendo um pouco a respiração e até seis na expiração. Faça o ar ir para o abdômen, estufando-o ao inspirar e deixando-o contrair-se ao expirar. Não encha os pulmões. Ao exalar, não sopre: apenas deixe o ar sair lentamente pela boca. Procure descobrir o ritmo ideal de sua respiração, nesse estilo e nesse ritmo, e você descobrirá como isso é agradável. M mantenha os passos anteriores. Repita cada um, passo a passo. Continue a (1) aceitar sua ansiedade, (2) contemplar, (3) agir com ela e (4) respirar com calma e suavemente até que ela diminua e atinja um nível confortável. E ela irá, se você continuar repetindo estes quatro passos: aceitar, contemplar, agir e respirar. E examine seus pensamentos. Talvez você esteja antecipando coisas catastróficas. Você sabe que elas não acontecem. Você já passou por isso muitas vezes e sabe que nunca aconteceu nada do que aconteceria. Examine o que você está dizendo

10.Auto-Encorajamento (*continuação*)	para si mesmo(a) e reflita racionalmente para ver se o que você pensa é verdade ou não: você tem provas sobre o que pensa, é verdade? Há outras maneiras de entender o que está acontecendo com você? Lembre-se: você está apenas ansioso(a)- isso pode ser desagradável, mas não é perigoso. Você pensa que está em perigo, mas tem provas reais e definitivas disso? S sorria, você conseguiu! Você merece todo o seu crédito e todo seu reconhecimento. Você conseguiu, sozinho(a) e com seus próprios recursos tranquilizar-se e superar esse momento. Não é uma vitória, pois não havia um inimigo, apenas um visitante de hábitos estranhos que você passou a compreender e aceitar melhor. Você agora saberá como lidar com visitantes estranhos. E espere o futuro com aceitação. Livre-se do pensamento mágico de que terá se livrado definitivamente, para sempre de sua ansiedade. Ela é necessária para você continuar vivo(a). Em vez de considerar-se livre dela, surpreenda-se pelo jeito como a maneja, como acabou de fazer agora. Esperando a ocorrência de ansiedade no futuro, você estará em uma boa posição para lidar com ela novamente. O treino respiratório, ACALME-SE e a leitura dos cartões de enfrentamento serão as atividades de casa a serem desenvolvidas.

Considerações Finais

O presente capítulo teve a intenção de apresentar uma proposta de um programa de intervenção na escola para o preparo ao vestibular. Nele, escola e professores podem atuar com estratégias oriundas das terapias cognitivo-comportamentais, visando auxiliar o aluno no ingresso ao vestibular.

A adolescência é marcada por mudanças e desafios pertinentes a essa fase, sendo a escolha profissional uma das primazias que o adolescente precisará definir. A ansiedade se torna um dos grandes desafios enfrentados, visto que, diversos fatores estressores conduzem ao aumento do estresse, desde os altos níveis de expectativa gerados pela família, até aos conflitos de namoros perturbadores.

Nesse sentindo, a escola pode ser coadjuvante nesse processo e auxiliar a manejar a ansiedade de forma eficaz. Assim, dará ao adolescente a oportunidade de enfrentar essa fase de forma muito mais leve, generalizando para outras etapas de sua vida. Além disso, vai ensiná-los a se organizarem, treinarem a respiração diafragmática, buscarem evidências aos pensamentos distorcidos, trabalharem com a própria motivação, fornecendo possibilidades a esses adolescentes de percorrerem seu futuro de forma saudável, aprendendo habilidades essenciais para vida.

A partir da proposta dada neste capítulo, escola e professores podem intervir nessa fase tão delicada e importante do adolescente. Recursos, estratégias e técnicas da TCC podem permitir um trabalho de excelência no manejo da ansiedade ao adolescente e a família.

Referências

Andrade, 2012. https://www.revistaensinosuperior.gr.unicamp.br/artigos/acesso-ao-ensino-superior-no-brasil-equidade-e-desigualdade-social

Beck, J. S. (2013). *Terapia Cognitivo Comportamental: Teoria e Pratica* (2ª Edição). Porto Alegre: Artmed.

Biaggio, A. Spielberger, C. D. (1983). I*nventário de ansiedade traço-estado-Idate-C Manual. Rio de Janeiro*, Rio de Janeito: Centro de Psicologia Aplicada.

Burton, K. (2012). *Coach* com PNL para leigos. Rio de Janeiro: Alta *Books*.

Calais, S. L., Andrade, L. M. B., Lipp, M. E. N. (2003). Diferenças de Sexo e Escolaridade na Manifestação de *Stress* em Adultos Jovens. *Psicologia Reflexão e Critica*, V.16, n. 2, p. 257-263.

Cunha J. A. *Manual da versão em português das Escalas Beck*. São Paulo: Casa do Psicólogo; 2001.

D'Avila, G. T. E., Soares, D. H. P. (2003). Fatores Geradores de Ansiedade na Cena da Prova. V.4, p105-116.

Dias, G. P., & Fortes, C. P. D. D. (2015). *Coaching* Cognitivo Comportamental: Desenvolvimento Humano com Base em Evidências e com Foco em Solução. Rio de Janeiro: Editora Cognitiva. Porto Alegre: Sinopsys Editora.

Douglas, W. (2001). *Como Passar em Provas e Concursos.* (10ª ed.). Rio de Janeiro: Impetus.

Habigzang, L. F., Diniz, E., Koller, S. H. (Orgs.). (2014). *Trabalhando com adolescentes: teoria e intervenção psicológica*. Porto Alegre: Artmed.

Hutz C. H., Bardagi M. P. (2006) Indecisão profissional, ansiedade e depressão na adolescência: a influência dos estilos parentais. *Psico* USF. 11(1):65-73.

James, W. (2013). *The principles of psychology*. Read Books Ltd.

Jose, F. E. M., Alvares, J. M. V., Sauer, L. S., Pergher, G. K. (2008). Terapia Cognitivo Comportamental na Preparação de Candidatos Para Provas e Concursos. In N. M. Piccoloto, R. Wainer & L. B. Piccoloto (Orgs.), *Tópicos Especiais em Terapia Cognitivo Comportamental*. (pp. 181-214). São Paulo: Casa do Psicólogo.

Knapp, P. (2004). *Terapia Cognitivo Comportamental na Prática Psiquiátrica*. Porta Alegre: Artmed.

Knijnik, D. Z. & Kunzler, L. S. (2014). Psicoeducação e Reestruturação Cognitiva. In W. V. Melo (Org.), *Estratégias Psicoterápicas e a Terceira Onda em Terapia Cognitiva*. (pp. 24-53). Porto Alegre: Sinopsys Editora.

Lucchiari, D. H. P. S. (1993). O que é orientação profissional? Uma nova proposta de atuação. Em D. H. P. S. Lucchiari (Org.), *Pensando e vivendo a orientação profissional* (pp. 11-16). São Paulo: Summus.

Maceo, R. (1998). *Seu Diploma, Sua Prancha*. São Paulo: Saraiva.

Melo, W. V., Oliveira, I. R., Fava, D. C., & Bakos, D. S. (2014). Auto Monitoramento e Resolução de Problemas. In W. V. Melo (Org.). *Estratégias Psicoterápicas e a Terceira Onda em Terapia Cognitiva*. (pp 83-121). Porto Alegre: Sinopsys Editora.

Neiva, K. M. C., Silva, M. B., Miranda, V. R., Esteves, C. (2005). Um estudo sobre a maturidade para a escolha profissional de alunos de ensino médio. *Revista Brasileira de Orientação Profissional*. 6(1), 1-14.

Range, B. P. (Org.). (1995b). *Psicoterapia Comportamental e Cognitiva de Transtornos Psiquiátricos*. Campinas: Editorial PSI.

Ribeiro, M. A., Uvaldo, M. C. C., Fonçatti, G., Audi, D. A., Agostinho, M. L., Malki, Y. (2016) Ser Adolescente no século XXI. In R. S. Levefus (Org.), *Orientação vocacional e de carreira em contextos clínicos e educativos*. (pp. 13-23). Porto Alegre: Artmed.

Rodrigues, D. G., & Pelisoli, C. (2008). Ansiedade em vestibulandos: um estudo exploratório. *Revista de Psiquiatria Clínica*, *35*(5), 171-177.

Saldanha, M. P. C. & Wainer, R. (2011). *Coaching* Cognitivo Comportamental: Apresentação do Modelo. In R. Wainer, N. M. Piccoloto & G. K. Pegher (Orgs.), *Novas Temáticas em Terapia Cognitiva*. (pp 81-114). Porto Alegre: Sinopsys Editora.

Sampaio, M. (2015). *Coaching Vocacional: Uma Nova Estratégia para Ajudar os Jovens e Suas Escolhas Profissionais*. São Paulo: Editora DSOP.

Santrock, Jonh W. (2014). *Adolescência*. Porto Alegre: Artmed.

Sardinha, A. & Nardi, A. E. (2014). Estratégias de Manejo do Estresse e da Ansiedade. In W. V. Melo (Org.), *Estratégias Psicoterápicas e a Terceira Onda em Terapia Cognitiva*. (pp 122-152). Porto Alegre: Sinopsys Editora.

Soares, A. B., & Martins, J. S. R. (2010). Ansiedade dos estudantes diante da expectativa do exame vestibular. *Paidéia, 20*(45), 57-62.

Soares, D. H. P., Krawulski, E., Dias, M. S. D. L., & D'Avila, G. T. (2007). Orientação profissional em contexto coletivo: uma experiência em pré-vestibular popular. *Psicologia: ciência e profissão, 27*(4), 746-759.

Villamarin, A. J. G. (2000). *O Estudo Eficaz*. Porto Alegre: AGE Editora.

Wrihgt, J. H., Basco, M. R., e Thase, M. E. (2008). A*prendendo a Terapia Cognitivo Comportamental: Um Guia Ilustrado*. Porta Alegre: Artmed.

A+B=C

CAPÍTULO 12

Treinamento Cognitivo Processual em Grupo (TCP-G) na escola

Érica Panzani Duran
Michella Lopes Velasquez
Irismar Reis de Oliveira

Este capítulo apresenta uma versão da Terapia Cognitiva Processual (DE OLIVEIRA, 2016) direcionada ao público jovem no contexto escolar. O Treinamento Cognitivo Processual em grupo (TCP-G) é aplicado nas escolas para crianças e adolescentes de 11 a 17 anos de idade (DE-OLIVEIRA *et. al.*, 2015), apresentando pressupostos teóricos da Terapia Cognitivo-Comportamental (TCC), da teoria da aprendizagem social (BANDURA, 1977) e do modelo cognitivo de processamento de informação (TEASDALE, 1997). Tem como objetivo o uso de importantes técnicas da TCC, muitas das quais baseadas em modelos de condicionamento operante e clássico (HART & MORGAN, 1993) e de outras modalidades de psicoterapias. Somam-se os benefícios das intervenções em grupos como oportunidade de desenvolver intervenções nas relações interpessoais, usando essas interações no grupo como veículo de mudança (YALOM & LESZCZ, 2006). O treinamento pode ser realizado por qualquer profissional treinado pela TCP-G. Sendo assim, psicólogos escolares e professores podem atuar como responsáveis pela execução do programa.

Para a TCC, as dificuldades psicológicas se sustentam em cinco elementos inter-relacionados: contexto interpessoal e/ou ambiental, cognição, reação emocional, comportamento e reações fisiológicas (BECK, 1985; BECK, 1995; PADESKY & GREENBERGER, 1995). Esses elementos interagem mutuamente, criando um sistema dinâmico e complexo (BECK, 1995; PADESKY & GREENBERGER, 1995). De modo geral, o modelo incorpora explicitamente as questões sistêmicas, interpessoais e culturais de contextos que são fundamentais para as intervenções psicológicas com adolescentes.Com base nesses princípios, surge o Treinamento Cognitivo Processual em Grupo (TCP-G), uma nova abordagem de manejo clínico e preventivo, com a possibilidade de atuação nas escolas.

1. Impacto das escolas no desenvolvimento

Entender o impacto das escolas no desenvolvimento do adolescente exige uma estrutura conceitual para pensar simultaneamente sobre escolas como contextos do desenvolvimento humano e sobre a evolução das necessidades de cada aluno (Lewis, 2002). As escolas são consideradas o cenário ideal para a implementação de intervenções preventivas e de tratamento em saúde mental (Cossu *et al.*, 2015).

A competência social é um aspecto importante no desenvolvimento das crianças e adolescentes e pode ser definida como a capacidade de formar e manter relações positivas e estilos pró-sociais de interação, além da capacidade de ler situações sociais e interpretá-las corretamente. A ausência de estratégias pró-sociais, muitas vezes leva à não aceitação pelos pares, gerando assim a exclusão social. Intervenções eficazes beneficiam a inclusão de estratégias que fortaleçam a competência social e estimulam a aceitação pelos pares no ambiente escolar e na comunidade (Cossu *et al.*, 2015). Assim, as intervenções em relação às competências cognitiva e emocional fazem parte dessa rede de habilidades e, consequentemente, motiva e engaja os alunos no processo de amadurecimento. Uma vez que os adolescentes apresentam novas necessidades, as escolas necessitam de se adequar ao novo contexto.

2. Importância do trabalho socioemocional com adolescentes

Nem adulto nem criança. Essa percepção que o adolescente traz de si mesmo e a forma como os adultos os percebem são questões cruciais no percurso do desenvolvimento humano. É nessa fase que começam a desenvolver o comportamento autorreflexivo, a autorregulação e o raciocínio, levando a uma maior consciência de si e dos outros (Miranda, Muszkat & Mello, 2013), consolidando assim a formação das crenças nucleares. Essas crenças são desenvolvidas desde o início da vida e reforçadas ao longo do tempo, como consequência de experiências de aprendizagem que se repetem e se fortalecem da adolescência ao início da vida adulta (Guidano & Liotti, 1983). Tais estruturas cognitivas formam os esquemas cognitivos que, com o objetivo de manter a homeostase (Friedberg & McClure, 2002), representam um fator de vulnerabilidade que predispõe crianças e adolescentes a conflitos (AT Beck *et al.*, 1979; Young, 1990).

Os conteúdos das crenças centrais são relativamente inacessíveis e muitas vezes estão latentes, até serem ativados por estressores (Hammen & Goodman-Brown, 1990). Como o cérebro dos adolescentes ainda está no processo de consolidação, as alterações de humor são frequentes, assim como os comportamentos reativos e conflituosos. Nessa fase, eles começam a olhar o mundo de forma mais ampla e atenta, embora o lado emocional não esteja totalmente amadurecido. Surgem então embates com os adultos e com a família. Os familiares percebem as incongruências, mas não sabem como lidar com elas. Se, por um lado, a maturidade emocional dos adolescentes oscila, é nessa fase que passam a contar com ferramentas que os preparam para a vida adulta. Surge nessa etapa a capacidade de julgar, planejar e tomar decisões (Miranda, Muszkat & Mello, 2013), reforçando assim a importância de serem acolhidos e orientados.

Os caminhos apontam para uma educação que considere relevante o desenvolvimento de habilidades socioemocionais efetivas para lidar com situações interpessoais potencialmente geradoras de conflitos (A Del Prette & ZAP Del Prette, 2014). As escolas apresentam um espaço privilegiado para a interação com os pares e o aperfeiçoamento de habilidades sociais (Rosin-Pinola e Del Prette, 2014). Consequentemente, estimulam competências que ajudam o aluno a lidar com estresse e pressão, ter iniciativa e levar uma vida mais equilibrada.

Abordagens que coloquem as crianças e adolescentes como protagonistas e que estimulem a socialização são as mais indicadas (Rice *et al.*, 2015). Para isso, nessas faixas etárias, as intervenções em TCC devem objetivar o desenvolvimento da regulação emocional, habilidades para resolver problemas, autoeficácia, habilidades sociais, bem como estratégias específicas que visem aos diferentes aspectos do processamento de informações, como as distorções cognitivas (Kendall, 2006). Assim, torna-se necessário flexibilizar os processos cognitivos disfuncionais como crenças nucleares negativas e os consequentes comportamentos considerados problemas para o adolescente.

O conceito de educação socioemocional refere-se à capacidade de articular sentimentos, pensamentos e comportamentos nas relações sociais. Seu objetivo principal é desenvolver fatores protetores contra agressividade, os valores e comportamentos pró-sociais, principalmente empatia, capacidade de solução de problemas interpessoais e controle da impulsividade e da raiva (A Del Prette & ZAP Del Prette, 2014).

Tendo em vista essas questões, a TCP-G objetiva principalmente a flexibilização das crenças nucleares negativas, juntamente com a construção e fortalecimento das crenças nucleares positivas.

A Terapia Cognitiva Processual (TCP), da qual deriva o TCP-G, é uma nova abordagem que se situa no amplo leque da Terapia Cognitivo-Comportamental. No entanto, apresenta conceituação de caso própria e novas técnicas adaptadas para flexibilização e reestruturação cognitivas. Utilizadas clinica e preventivamente na escola, tais técnicas são baseadas na experimentação prática dos alunos estimulados a desempenhar o papel de diferentes personagens. As principais técnicas da TCP e do TCP-G são estruturadas usando a Lei como metáfora. Ao utilizá-las, o facilitador engaja os adolescentes em simulações de processos judiciais na sala de aula.

Para Fridberg e McClure (2004), a TCC não pode ser aplicada da mesma forma que nos adultos, havendo necessidade de adaptação e modificação das técnicas tradicionais. Assim, é de extrema importância trazer o elemento lúdico para essa população, a fim de que eles próprios vivenciem as técnicas por intermédio de role-plays e representação de personagens imaginários, não omitindo o aspecto lúdico e de bom humor na aplicação das técnicas. O TCP-G preenche claramente essas exigências.

3. Fases do programa

O programa constitui-se em quatro fases implementadas em dezoito sessões: 1. Detetive da Mente; 2. Advogado da Mente; 3. O juiz da Mente e 4. Mestre da Mente. É introduzido por um facilitador e um cofacilitador, profissionais da área de saúde mental previamente treinados na TCP e no TCP-G (de-Oliveira *et al.*,2015).

3.1. Fase I: Detetive da Mente

Realizado em seis encontros, nessa fase, os alunos são informados sobre o modelo cognitivo, as distorções cognitivas e o registro de pensamentos denominado Lente do Detetive da Mente, com o objetivo de identificar e flexibilizar os pensamentos automáticos disfuncionais e iniciar a investigação da "acusação".

Os facilitadores informam aos alunos que o detetive da Mente investiga a mente, que é dividida conceitualmente em três níveis de pensamentos ou níveis cognitivos. O primeiro nível cognitivo engloba quatro elementos: acontecimento, pensamento, sentimento e comportamento, formando os 4 "mentos". Nessa fase, os adolescentes também são introduzidos nos principais erros cognitivos (distorções cognitivas), avaliados por meio do Questionário de Distorções Cognitivas (CD-Quest, de-Oliveira, 2015), na versão para adolescentes, como preparação para a utilização da Lente do Detetive da Mente (Figura 2). Essa lente é um registro de pensamentos simplificado do original para adultos, contendo o modelo cognitivo e projetado para ajudá-los a reestruturar pensamentos automáticos disfuncionais, emoções e comportamentos. Os alunos têm a oportunidade de praticar o uso desse registro de pensamentos em sala de aula com a ajuda do facilitador e do cofacilitador. O estudante desempenha o papel de um adolescente imaginário que esteja passando por alguma dificuldade e, em seguida, passa a usá-lo por conta própria em tarefas realizadas em classe ou tarefas de casa.

Ainda na fase 1, os alunos são introduzidos na técnica da seta descendente (Burns, 1980), aqui denominada escada descendente, a fim de adequar a linguagem e facilitar o entendimento. Como detetives da mente, e por meio da metáfora do vulcão (Figura 3), os alunos descobrem a autoacusação por meio de questões-chave (p. ex., "Supondo que seja verdade, o que isso significa para mim?" e "Supondo que isso seja verdade, o que diz sobre mim?"). Essa acusação (pensamento quente/crença nuclear) será levada a julgamento pelos advogados da mente, a próxima fase nessa abordagem.

3.2. Fase II: Advogados da Mente

Nesta fase, o objetivo essencial consiste no desenvolvimento do trabalho voltado para as crenças nucleares negativas (chamadas de autoacusações). Os advogados (promotoria e defesa), encenados pelos alunos em role-plays, têm como propósito avaliar e flexibilizar as crenças nucleares negativas por meio da técnica intitulada "Processo", no decorrer de seis encontros. Os alunos participam de dramatizações nas quais encenam os diferentes personagens e consolidam os progressos alcançados. Essa prática é orientada e reforçada pelo facilitador, pois é de extrema importância no manejo de dificuldades cognitivas, emocionais e comportamentais.

3.2.1. Registro de Pensamentos Baseado no Processo

Também conhecida apenas como "Processo", essa técnica tem como primeiro passo a investigação dos pensamentos ligados a uma situação desagradável. A primeira situação sugerida pelo facilitador representa um problema comum na escola (por exemplo, desempenho ruim ou bullying), facilitando, assim, a introdução da técnica. Um aluno desempenha o papel de um adolescente imaginário e o facilitador estimula os outros alunos a participarem ativamente, tomando notas e acompanhando o desenrolar da técnica por meio desse registro de pensamentos. Uma vez que os alunos aprendem a usar o Processo, têm a oportunidade de praticar com suas próprias crenças nucleares negativas, dentro e fora da sala de aula, por intermédio das tarefas de casa.

Os pensamentos automáticos são registrados na coluna 1 pelo cofacilitador, durante a realização de um role-play entre o facilitador e um aluno, nos moldes de um tribunal. Para descobrir a possível crença nuclear responsável pelos pensamentos negativos e a emoção correspondente, o facilitador utiliza a técnica de seta descendente (Burns, 1980). Na parte inferior da coluna 1 da Tabela 1, no espaço identificado como "inicial", registram-se as percentagens relativas a quanto o aluno acredita na crença nuclear disfuncional e a intensidade correspondente da emoção experimentada pelo adolescente.

Nas colunas 2 e 3 da Tabela 1, o aluno registra as evidências que apoiam (coluna 2) e aquelas que não apoiam (coluna 3) a crença nuclear negativa disfuncional. O desempenho do promotor (evidências que sustentam a crença nuclear negativa) é expresso e registrado na coluna 2. Por outro lado, a coluna 3 apresenta os argumentos do advogado de defesa. Nesse caso, o aluno é ativamente encorajado a identificar as evidências que não sustentam a crença nuclear negativa.

A coluna 4 traz a réplica do promotor à alegação da defesa. Envolve pensamentos do tipo "sim, mas ..." que os adolescentes usam para desqualificar ou descartar as evidências expressas pelo advogado de defesa, apresentadas anteriormente (coluna 3), fazendo com que seus argumentos tenham menos crédito. A técnica aqui envolvida chama-se reversão de

PROCESSO

Descreva sucintamente a situação desagradável ....

1. Investigação / Estabelecimento da Acusação	**2. Promotoria / Advogado de Acusação** Cite todas as evidências ou provas que apóiam a acusação ou a crença.	**3. Advogado de Defesa** Escreva as evidências ou provas que questionam a acusação ou crença.	**4. Promotoria / Advogado de Acusação (Réplica)** Escreva os argumentos ou evidências que questionam cada evidência da coluna 3, geralmente expressa com a conjunção *mas*.	**5. Advogado de Defesa (Tréplica)** Copie cada argumento ou evidência da coluna 4 primeiro e, então, cada evidência correspondente da coluna 3, conectando-os com a conjunção *mas*.	**6. Significado das evidências apresentadas pela defesa** Escreva o significado correspondente a cada argumento da defesa durante a tréplica: **Isto significa que...**	**7. Jurado / Veredito** Faça pequeno relatório, considerando: Quem foi mais convincente e consistente? Quem apresentou mais provas? Quem cometeu menos distorções cognitivas?
(Técnica da seta descendente) *Se os pensamentos acima forem verdade, isto significa que...* *Sou....................................*						 **Veredito** (circule a opção): a) culpado b) inocente
INÍCIO *Crença (%)* *Emoção (%)*	FINAL *Crença (%)* *Emoção (%)*	*Crença (%)* *Emoção (%)*	*Crença (%)* *Emoção (%)*		*Crença (%)* *Emoção (%)*	*Crença (%)* *Emoção (%)*

sentenças (DE-OLIVEIRA, 2012; DE-OLIVEIRA, 2016), tendo sido exaustivamente praticada em sala de aula previamente à utilização do Processo.

As colunas 5 e 6 da Tabela 1 são os aspectos cruciais do Processo. Na coluna 5 (resposta do advogado de defesa ao promotor), o aluno é orientado a inverter os argumentos da defesa e da promotoria situados nas colunas 3 e 4, conectando-os com a conjunção "mas". O facilitador lê cada sentença da segunda alegação do promotor (coluna 4), acrescenta a conjunção "mas", e pede ao aluno para repetir o que disse como advogado de defesa na coluna 3. O aluno é então convidado a dar o significado da frase invertida, registrando-o na coluna 6. Esse significado tem agora uma conotação positiva, na qual o facilitador estimula o aluno a ir mais longe, acrescentando a conjunção "portanto", completando assim o significado positivo atribuído quando da inversão de sentenças.

É, portanto, nas colunas 6 (significado trazido pelo advogado de defesa) e 7 (veredito dos jurados), que o aluno identifica ou ativa crenças nucleares positivas (DE-OLIVEIRA, 2011). Para compor o corpo de jurados, seis a doze alunos são convidados a encontrar erros cognitivos nas alegações do promotor e do advogado de defesa. A partir de então, os alunos identificam as distorções cognitivas feitas pelo promotor e observam que o advogado de defesa não fez distorções cognitivas. A principal questão a ser considerada é: "Qual deles (promotor ou advogado de defesa) fez menos distorções cognitivas?". Aqui, o veredito de inocente é declarado na grande maioria dos casos, quando o personagem é absolvido da acusação.

Finalmente, o facilitador completa a atividade com a pergunta que tem por finalidade a identificação da crença nuclear positiva: "Supondo que o advogado de defesa tenha razão e esteja certo. O que isso diz sobre você?". Nesse caso, o facilitador utiliza a técnica de seta ascendente (DE OLIVEIRA, 2007; DE OLIVEIRA, 2011), em contraposição à seta descendente (BURNS, 1980), usada na coluna 1.

Após a conclusão do role-play, com o preenchimento da coluna 7 (jurados) e identificação da crença nuclear positiva por meio da escada ascendente, retorna-se ao espaço da coluna 1 identificado como "Final", preenchendo-o com as percentagens finais equivalentes ao crédito atribuído à crença nuclear negativa e à intensidade da emoção (DE-OLIVEIRA, 2011).

A tarefa de casa é atribuída como preparação para o recurso. Os alunos são incentivados a observar e registrar diariamente pequenos acontecimentos ou fatos (evidências) que sustentam a nova crença nuclear positiva, assim como a percentagem correspondente ao quanto acredita na crença recém-descoberta.

3.4. Fase III: Juiz da Mente

Nessa fase, com três encontros, os alunos processam o promotor por incompetência, abuso de poder, assédio moral e bullying (vozes internas críticas), ganhando consciência dos processos metacognitivos. Metacognição é a ação de monitoramento ativo dos processos cognitivos, ou seja, é o conhecimento dos próprios pensamentos, o que gera autoconhecimento e, por conseguinte, melhor qualidade de vida (Flavel, 1999).

Depois de várias reuniões em sala de aula, durante as quais as crenças nucleares são levadas a julgamentos, o facilitador propõe que os adolescentes processem o promotor. Nessa fase os adolescentes desempenham papéis em simulações de julgamentos, nos quais o facilitador apresenta o promotor como réu, e as acusações são de incompetência (nunca ganhou um caso), abuso (faz falsas acusações) e assédio moral (faz acusações em qualquer lugar e a qualquer momento). Depois que o promotor é considerado culpado pelos jurados (o que ocorre na quase totalidade dos casos), os adolescentes são apresentados explicitamente ao conceito de consciência metacognitiva e de como a voz interna de um promotor crítico e desordenado pode paralisá-los. Dada a exposição dos estudantes ao desempenho do promotor em todas as reuniões anteriores, torna-se mais fácil para eles considerarem os efeitos nocivos das autoacusações em suas vidas cotidianas.

3.5. Fase IV: Mestre da Mente

Finalmente, na fase denominada Mestre da Mente, durante três sessões, os alunos são introduzidos a uma técnica de tomada de decisão, chamada de role-play consensual (de-Oliveira, 2011), com a qual aprendem a tomar decisões levando em conta comportamentos assertivos e éticos.

4. Considerações finais

Crianças e adolescentes passam mais tempo na escola do que em qualquer outro lugar. Assim, é necessário explorar formas por intermédio das quais as escolas possam auxiliar em seu desenvolvimento cognitivo, emocional, social e comportamental. Identificar os pensamentos e sentimentos é a pedra angular da terapia cognitiva com crianças e adolescentes (Friedberg, McClure & Garcia, 2011). Através do TCP-G, ensina-se essa população a observar os próprios pensamentos, sob a forma de diálogos internos, prestando atenção nesses e nos sentimentos, aprendendo assim a identificá-los e modificá-los. Neste capítulo, o leitor é convidado a experimentar esta nova abordagem, oferecendo intervenções divertidas, envolventes e lúdicas, que ajudam no processo colaborativo do desenvolvimento de habilidades socioemocionais dos adolescentes, aumentando assim a chance de continuarem a utilizar o aprendizado em momentos de dificuldades.

No contexto de grupos, os adolescentes apresentam possibilidades de mudanças e esperança para novas oportunidades de se expressarem; ganham assim o encorajamento e a habilidade de resolução de problemas (Cossu *et al.*, 2015), pois percebem que não estão sozinhos. Sendo um processo de reflexão, adquirem a habilidade necessária para encarar seu promotor (crítico interior), treinar seu advogado de defesa (autocompaixão) e melhorar sua autoestima.

No estudo piloto realizado em escolas municipais de Salvador (BA), o TCP-G mostrou que o uso de atividades de encenações (role-plays) pareceu ser particularmente atraente para os adolescentes. No entanto, os resultados dependem da qualidade da formação oferecida aos facilitadores, que participam de reuniões periódicas para compartilhar experiências e receber supervisão sobre eventuais dificuldades, ajustando progressivamente os procedimentos em sala de aula. O apoio escolar e engajamento dos professores desempenham um papel decisivo no resultado dessa intervenção (de Oliveira *et al.*, 2015).

Em conclusão, o TCP-G, em suas formas clínica e preventiva, tem como principal contribuição a possibilidade de dar aos alunos a capacidade de lidar diretamente com seus medos e desenvolver autoeficácia em seu processo de desenvolvimento, favorecendo assim a construção de resiliência. Além disso, auxilia os facilitadores em sala de aula na promoção de habilidades e uso de estratégias de intervenção mais acessíveis a essa população. Embora o TCP-G apresente limitações pela falta de dados empíricos até o momento, estudos estão em andamento para a verificação de sua eficácia como abordagem alternativa e preventiva para adolescentes no contexto escolar.

Referências

Bandura, A. (1977). *Social learning theory.* Englewood Cliffs, NJ: Prentice-Hall.

Beck, A. T. (1985). Cognitive therapy, behavior therapy, psychoanalysis, and pharmacotherapy: A cognitive continuum. In M. J. Mahoney & A. Freeman (Eds.), *Cognition and psychotherapy* (pp. 325–347). New York: Plenum Press.

Beck, A. T., Rush, A. J., Shaw, B. F., & Emery, G. (1979). *Cognitive therapy of depression.* New York: Guilford Press.

Beck, J. S. (1995). *Cognitive therapy: Basics and beyond.* New York: Guilford Press. Burns, DD. (2009). *Feeling good: the new mood therapy.* New York: Harper Collins.

Burns, D.D. (1980). *Feeling good: The new mood therapy.* New York: Signet.

Cossu, G., Cantone, E., Pintus, M., Cadoni, M., Pisano, A., Otten, R., … Carta, M. G. (2015). Integrating Children with Psychiatric Disorders in the Classroom: A Systematic Review. *Clinical Practice and Epidemiology in Mental Health : CP & EMH, 11*(Suppl 1 M3), 41–57.

de Oliveira, I. R. (2015). *Trial-based cognitive therapy: A manual for clinicians.* New York: Routledg.

de Oliveira, I. R. (2016). *Terapia cognitiva processual: manual para clínicos.*Porto Alegre: Artmed.

de Oliveira, I. R. (2011). Kafka's trial dilemma: proposal of a practical solution to Joseph K.' unknown accusation. *Med Hypotheses.* 77(1):5-6.

de Oliveira, I. R. (2012). Use of trial-based thougth record to change negative core beliefs. In: de Oliveira, I. R. *Standard and innovative strategies in cognitive behavior therapy* (pp.35-60) Rijeka: Intech.

de Oliveira, I. R. (2007). Sentence-reversion-based thought record (SR-BTR): a new strategy to deal with "yes, but..." dysfunctional thoughts in cognitive therapy. *Revue européenne de psychologie appliquée*, 57 (2007) 17–22.

de Oliveira, I. R., Matos, A. C., Ribeiro, M. G., Velasquez, M. L. (2015). Changing adolescent dysfunctional core beliefs with group trial-based cognitive training (G-TBCT): proposal of a preventative approach in schools.

Del Prette, A., Del Prette Z. A. P. (2014). *Habilidades sociais: desenvolvimento e aprendizagem questões conceituais, avaliação e intervenção.*Ed. Alínea.

Flavell, J. H. (1999). Cognitive development: children's knowledge about the mind. *Annual Review of Psychology*, v. 50, p. 21-45.

Friedberg, R. D., McClure, J. M. (2002). *Cognitive therapy with children and adolescents.* New York: Guilford Press.

Friedberg, R. D., & McClure, J. M. (2004). *A prática clínica de terapia cognitiva com crianças e adolescentes.* Artmed.

Friedberg, R. D., McClure, J. M. & Garcia, J. H. (2011). Técnicas de terapia cognitiva para crianças e adolescentes: Ferramentas para aprimorar a prática. Porto Alegre: Armed.

Guidano, V. F., & Liotti, G. (1983). *Cognitive processes and emotional disorders: A structural approach to psychotherapy.* New York: Guilford Press.

Hammen, C., & Goodman-Brown, T. (1990). Self-schemas and vulnerability to specific life stress in children at risk for depression. *Cognitive Therapy and Research, 14*, 215–227.

Hart, K. J., & Morgan, J. R. (1993). Cognitive-behavioral procedures with chil- dren: Historical context and current status. In A. J. Finch, W. M. Nelson, & E. S. Ott (Eds.), *Cognitive-behavioral procedures with children and adoles- cents* (pp. 1–24). Boston: Allyn & Bacon. Kendall, P. C. (2000). *Childhood Disorders.* London, Psychology Press.

Kendall, P. C. (2006). *Child and adolescent therapy: Cognitive-bahavioral procedures.* New York: The Guilford Press.

Lewis, M. (2002). *Child and adolescent psychiatry: a comprehensive textbook.* Lippincott Williams & Wilkins.

Miranda, M. C., Muszkat, M., & Mello, C. B. (2013). *Neuropsicologia do desenvolvimentos: transtorno do neurodesenvolvimento.* Ed. Rubio.

Padesky, C. A., & Greenberger, D. (1995). *Clinician's guide to mind over mood.* New York: Guilford Press.

Rice, F., Rawal, A., Riglin, L., Lewis, G., Lewis, G., & Dunsmuir, S. (2015). Examining reward-seeking, negative self-beliefs and over-general autobiographical memory as mechanisms of change in classroom prevention programs for adolescent depression. *Journal of Affective Disorders*, 320–327.

Rosin-Pinola, A. R., & Del Prette, Z. A. P. (2014). Inclusão escolar, formação de professores e a assessoria baseada em habilidades sociais educativas. *Rev. Bras. Esp.*, 20 (3), p.341-356.

Teasdale, J. D. (1997). The relationship between cognition and emotion: The mind-in-place in mood disorders. In D. M. Clark & C. G. Fairbum (Eds.), *Science and practice of cognitive behaviour therapy* (pp. 67-93). Oxford, England: Oxford University Press.

Yalom, I. D., & Leszcz, M. (2006). *Psicoterapia de grupo: teoria e prática.* Porto Alegre: Artmed.

Young, J. E. (1990). *Cognitive therapy for personality disorders: A schema-focused approach.* Sarasota, FL: Professional Resource Exchange.

CAPÍTULO 13

Programas de aprendizagem socioemocional no contexto escolar: revisão da literatura científica

Angela Helena Marin
Débora C. Fava

Atualmente, crianças e adolescentes têm passado mais tempo nas escolas, convivendo com uma diversidade de comportamentos e estabelecendo diferentes interações com pares e adultos (IBGE/PNAD, 2019). Nesse sentido, Agências da Organização das Nações Unidas (ONU) e a Organização para a Cooperação e Desenvolvimento Econômico (OCDE) têm dirigido esforços para a construção de um corpo de conhecimento sobre a Educação para o Século 21, a partir da identificação, desenvolvimento e avaliação de competências que combinem as dimensões cognitivas, emocionais e sociais do aprendizado. Como afirmam Polônia e Dessen (2005, p. 304), "a escola deve visar não apenas a apreensão de conteúdo, mas ir além, buscando a formação de um cidadão inserido, crítico e agente de transformação". Portanto, investir no desenvolvimento socioemocional dos alunos é uma das formas de alavancar a qualidade da educação, oferecendo subsídios consistentes que possam colaborar na necessária construção e reconstrução do espaço escolar (Abed, 2014).

O reconhecimento de que a educação eficaz inclui práticas que estimulam o desenvolvimento socioemocional dos alunos, em conjunto com os seus conhecimentos acadêmicos, tem sido endossado por diversos estudos (Berger, Alcalay, Torreti, & Milicic, 2011; Jones, Farrington, Jagers, Brackett, & Kahn, 2019; Panayiotou, Humphrey, & Wigelsworth, 2019). Não se trata de desconsiderar os aspectos cognitivos, a construção de conhecimento e a transmissão de informações, pois as habilidades emocionais estão intrinsecamente relacionadas a aprendizagem. Para tanto, é importante que programas de intervenção sejam implementados, porém não se pode pensar em ações que considerem apenas os alunos, pois se os demais participantes do processo de ensinar e aprender não se envolverem, as mudanças tenderão a ser pontuais (Weare & Nind, 2011).

Nesse sentido, faz-se necessário estimular a corresponsabilidade entre família e escola. Somente a partir de uma relação sistemática entre pais e professores, centrada na criança ou adolescente, que poderão ser desenvolvidas ações de prevenção e promoção da saúde que visem ao seu desenvolvimento integral. Entretanto, a literatura ainda está bastante pautada no desenvolvimento de programas que tenham o professor como foco. Para Vieira, Estanislau, Bressan e Bordin (2014), tal fato é reforçado pela atuação desse profissional, que já contempla aspectos emocionais, cognitivos e comportamentais de seus alunos. Contraditoriamente, um estudo que avaliou as atitudes diante de problemas de saúde mental na sala de aula mostrou que os professores não sabiam como lidar com tais situações, pois recebiam pouco treinamento, o que pode ser explicado pela preocupação em não sobrecarregar as escolas e os professores com atividades além das acadêmicas (Cid, Squassoni, Gasparini, & Fernandes, 2019; Soares, Estanislau, Brietzke, Lefèvre, & Bressan, 2014). Por outro lado, Abed (2014) ressalta que, como os professores enfrentam cotidianamente situações emocionais e sociais, muitas vezes difíceis de administrar em sala de aula, eles têm almejado obter informações e se instrumentalizar em relação à saúde mental. Dessa forma, o trabalho pedagógico com vistas à prevenção e promoção da saúde mental não deve ser considerado como mais uma tarefa do professor, segundo a autora, mas como uma estratégia para melhorar as relações interpessoais em sala e construir um clima favorável à aprendizagem.

Há várias evidências de que programas desenvolvidos em escolas podem ajudar a promover o bem-estar, além de prevenirem situações de risco para a saúde mental, o que representa uma abordagem promissora para aumentar o sucesso das crianças na escola e na vida (Durlak, Weissberg, Dymnicki, Taylor, & Schellinger, 2011; Yang, Datu, Lin, Lau, & Li, 2019). Uma das abordagens que têm sido utilizadas para fundamentar intervenções que visam promover o desenvolvimento socioemocional é a Social and Emotional Learning – SEL[5],

[5] Essa expressão foi definida em 1994 em uma conferência que reuniu especialistas em saúde e educação do Instituto Fetzer, em Michigan – EUA (Tacla *et al.*, 2014).

termo traduzido como aprendizagem socioemocional – ASE (Tacla, Norgren, Ferreira, Estanislau, & Fóz, 2014). A ASE consiste em um processo de desenvolvimento de competências para reconhecer e manejar emoções, ter cuidado e consideração com os outros, estabelecer relações positivas e tomar decisões frente a situações desafiadoras de forma eficaz (CASEL, 2017). As competências socioemocionais se referem a pensamentos, comportamentos, sentimentos e se agrupam em cinco aspectos centrais: autoconhecimento, consciência social (perceber a emoção do outro, preocupar-se com o outro, respeitar diferenças), tomada de decisão responsável (identificar problemas e refletir sobre a situação, habilidade de resolver problemas com ética), habilidade de relacionamento (ajudar e ser ajudado, estabelecer parcerias positivas) e autocontrole (controle de emoções e comportamentos visando a um objetivo, disciplina e persistência em desafios; podem-se utilizar, nesse caso, ferramentas como bom humor e criatividade). Em todos esses domínios, também está presente o chamado lócus de controle, que é a forma como o indivíduo atribui seu desempenho a si próprio ou a terceiros, incluindo seu autoconceito e motivação.

Pesquisadores têm demonstrado que a ASE contribui para o melhor desempenho na escola e na vida (Boncu, Costea, & Minulescu, 2017; Durlak et al., 2011; Yang et al., 2019). A metanálise realizada por Durlak et al. (2011) examinou os resultados de 213 programas fundamentados na ASE, envolvendo 270.034 alunos de mais de 270 escolas desde a educação infantil até o ensino médio. Os dados revelaram que os estudantes que participaram dos programas, quando comparados a controles, apresentaram melhor relação consigo próprios e na escola, melhores habilidades emocionais, sociais e comportamento em sala de aula; aumento de 11 pontos percentuais no desempenho escolar, diminuição do estresse, depressão e de problemas escolares como indisciplina, agressividade e *bullying*. Tais dados foram confirmados em metanálise realizada a partir de 82 intervenções realizadas em diferentes países, envolvendo mais de 97.000 alunos do jardim de infância ao ensino médio, com efeitos avaliados em pelo menos seis meses e até 18 anos após o término das mesmas. Constatou-se que a aprendizagem socioemocional continuou a impulsionar o bem-estar dos alunos, promovendo suas competências sociais e emocionais, bem como seus comportamentos e atitudes prossociais. Por outro lado, observou-se redução de problemas de conduta, estresse emocional e uso de drogas em comparação com controles (Taylor, Oberle, Durlak, & Weissberg, 2017). Nessa mesma direção, a metanálise realizada por Yang et al. 2019 examinou 29 estudos quase-experimentais e experimentais que envolveram crianças de baixa renda com idades entre três e cinco anos, sujeitas a maior risco de fracasso escolar e outras consequencias negativas. Em comparação com os controles, aquelas que tinham em seus currículos a ASE, com atividades dirigidas pelo professor sobre consciência social e emocional e maneiras de construir um ambiente social positivo, demonstraram melhor competência socioemocional.

Embora os programas de ASE já sejam bastante desenvolvidos nas escolas em contexto internacional, no Brasil, apenas uma iniciativa foi encontrada: o Projeto Cuca Legal. Tal projeto reúne uma equipe interdisciplinar que promove o conhecimento e o desenvolvimento de habilidades cognitivas e socioemocionais que favoreçam o bem-estar físico, mental e emocional, no âmbito individual e coletivo. Também se localizaram propostas de adptação de alguns programas como o Amigos do Zipp (Kovacs, 2005), e outras que integram diferentes abordagens, a exemplo da ASE e da cognitivo-comportamental, e que apresentam objetivos semelhantes, como o programa FRIENDS for Life (DeSousa et al., 2016), cujo objetivo é auxiliar crianças e adolescentes a reconhecerem e a lidarem com seus sentimentos. Além desses programas específicos, tem-se observado uma maior preocupação dos psicólogos em dar conta das questões relativas ao manejo de comportamento disfuncional em sala de aula. Por meio do treinamento e apoio ao professor, este é capacitado para lidar com as situações difíceis do dia a dia, promovendo o desenvolvimento socioemocional dos alunos (Fava & Martins, 2016/2020).

Recentemente foi validado um programa de formação a professores que integra as ferramentas da terapia cognitivo-comportamental, da aprendizagem socioemocional e das técnicas de modificação de comportamento. O FAcilitando o conVívio com Alunos: um programa integrativo para professores (FAvA) consiste de uma intervenção com os docentes tendo como foco principal o modelo cognitivo. A ideia central desse programa é que os professores sejam o instrumento de modificação de comportamento dos alunos, por meio das práticas mais assertivas de interação. Para isso, após serem capazes de monitorar e alterar ou aceitar os seus próprios pensamentos com relação as suas práticas e ao comportamento dos alunos, os docentes estarão aptos a ajudarem no desenvolvimento socioemocional e na melhora do comportamento infantil, uma vez que podem regular suas emoções e comportamentos de forma mais eficaz (Fava, Andretta, & Marin, submetido).

Frente ao exposto, é necessário que se concentrem esforços para difusão dos programas de ASE junto às escolas brasileiras, com vistas a sua adaptação para a realidade local ou desenvolvimento de novas propostas que se fundamentem no conhecimento já produzido. Um programa eficaz deve ser bem planejado e avaliado, assim como é especialmente importante considerar o perfil da escola, o tipo de programação, a qualidade das evidências científicas, além da tríade eficácia, segurança e custo-benefício (Kutcher, Wei, & Estanislau, 2014; Meyers, Durlak, & Wandersman, 2012). Considerar essas questões irá aumentar a probabilidade de que mais programas baseados em evidências sejam efetivamente implementados e mantidos nas escolas, as quais, por sua vez, apoiarão o desenvolvimento emocional, social e acadêmico de muitas crianças.

A seguir encontra-se uma relação de propostas de intervenções fundamentadas na ASE baseadas em CASEL (2013; 2020) e Santos e Primi (2014):

Nome	Desenho e implementação	Público-alvo	Avaliação
Intervenções na educação infantil			
Circle of Education	Programa de promoção de habilidades que usa práticas de ensino, integração acadêmica e aulas para apoiar o aprendizado social e emocional. Consiste em dezoito módulos temáticos, com 162 aulas, com instruções sequenciais e adequadas ao desenvolvimento, pautadas no aprendizado baseado em brincadeiras, incluindo fantoches, música, livros e atividades práticas.	Pré-escola	Aumento do comportamento prossocial (cooperação, interação e independência); redução dos problemas de conduta e dos problemas emocionais.
Second Step: Early Learning Curriculum	Programa que apoia o desenvolvimento de habilidades em quatro áreas principais: empatia e compaixão, gerenciamento de emoções, amizade e resolução de problemas e aprendizagem, as quais são ensinadas por meio de 28 temas semanais divididos em cinco unidades.	Pré-escola	Melhoria das habilidades de funcionamento executivo (controle inibitório, atenção e memória de trabalho).

Nome	Desenho e implementação	Público-alvo	Avaliação
High Scope Educational Approach for Preschool	Práticas de ensino e estruturas educacionais projetadas para melhorar o ambiente de aprendizagem e estimular o desenvolvimento infantil. O programa integra o aprendizado acadêmico, social e emocional, enfatizando o aprendizado participativo com interações entre adulto-criança e rotinas regulares de avaliação. A rotina estabelecida pelo programa incorpora o ciclo: "planejar, fazer e avaliar", que apoia a aprendizagem independente e a avaliação e inclui tanto as pequenas quanto as grandes atividades em grupos. O programa incentiva os professores a aprenderem sobre as famílias dos alunos, fazendo uma visita domiciliar antes do primeiro dia de aula, e considerando materiais e atividades domiciliares.	Pré-escola	Melhoria do desempenho acadêmico; aumento do comportamento prossocial; além da diminuição de atividades criminosas e maior estabilidade econômica na vida adulta.
Tools of the Mind	Programa que promove a aprendizagem da autorregulação. Projetado para ser incorporado dentro da sala de aula, com foco na alfabetização, matemática e outras competências cognitivas tais como a autorreflexão. Incentiva os professores a estimular os estudantes a usar "ferramentas" mentais por meio de atividades de autorregulação, faz-de-conta, e estruturação de um ambiente de sala de aula que os possibilite regular seus comportamentos sociais, emocionais e cognitivos. O programa possibilita o envolvimento da família.	Pré-escola e Jardim de infância	Melhoria dos comportamentos acadêmicos e do clima em sala de aula; e redução dos problemas de conduta.

Nome	Desenho e implementação	Público-alvo	Avaliação
Intervenções na educação básica			
Ready to Learn	Programa de promoção de habilidades para apoiar o desenvolvimento social e emocional. As práticas de ensino incluem: orientar os alunos por meio da contação de histórias; incentivar o aluno a contar histórias sobre suas experiências pessoais, usando iniciadores positivos que reforçam a aprendizagem socioemocional; reuniões semanais em sala de aula que fornecem oportunidades para os alunos fortalecerem as habilidades, comportamentos e atitudes socioemocionais; relato positivo de colegas, em que os alunos são ensinados a perceber os comportamentos positivos de seus colegas e a relata-los aos demais; e modelagem, treinamento e orientação do professor, em que ele reforça habilidades e comportamentos socioemocionais. As aulas são projetadas para serem implementadas uma vez por semana e são seguidas por três sessões de reforço, cada uma ministrada com um mês de intervalo.	Pré-escola – 1° ano	Melhoria do desempenho acadêmico; e redução dos problemas de conduta.
Changemakers: A Social Emotional Learning Curriculum	Programa que visa promover o aprendizado socioemocional. Inclui 35-52 lições semanais (dependendo do ano escolar) de 20 a 30 minutos, organizadas em subunidades relacionadas a cinco temas abrangentes: relacionamentos seguros, autorregulação, consciência de si, compreensão dos outros e agente de mudanças.	Pré-escola – 2° ano	Aumento da regulação emocional e desenvolvimento da habilidade de resolução de problemas sociais.

Nome	Desenho e implementação	Público-alvo	Avaliação
Peace Works: Peacemaking Skills for Little Kids	Projetado para promover as habilidades de resolução de conflitos. A estrutura de execução e número de atividades variam entre 30-85 atividades, que abrangem temas como a compreensão oral, cooperação, emoções e assumir responsabilidades. O programa é aplicado em sala de aula e também oferece componentes adicionais para implementação em toda a escola e para estabelecer parceria com as famílias.	Pré-escola – 2° ano	Aumento do comportamento prossocial (cooperação, interação e independência), reduzindo problemas internalizantes e externalizantes.
The Incredible Years Series	Programa que reúne uma proposta para crianças, outra para professores e uma última para pais. O treinamento infantil (*Dinosaur Curriculum*) concentra-se no desenvolvimento de habilidades para compreender e reconhecer sentimentos, resolver problemas, controlar a raiva e desenvolver e manter amizades. Ele é destinado a crianças de três a oito anos de idade e inclui aproximadamente 60 aulas, dependendo da implementação, já que fornece vários modelos para implementação em sala de aula. O conteúdo é apresentado por meio de fantoches ou vinhetas de vídeo, seguidas de discussão em grupo. Diversas atividades reforçam os conceitos aprendidos e oferecem oportunidades para a prática de habilidades. Cada lição termina com uma atividade de tema de casa que é concluída em casa com os pais ou responsáveis, e várias cartas também são remetidas para casa durante o curso do programa. O envolvimento dos pais é fortemente encorajado. O treinamento para professores se concentra no desenvolvimento de habilidades de gerenciamento de sala de aula e estratégias de ensino proativas. Ele enfatiza a importância de construir relacionamentos positivos com os alunos e ensinar habilidades sociais e solução de problemas em sala de aula.	Pré-escola – 2° ano	Aumento do comportamento prossocial; melhora do clima escolar e desenvolvimento de habilidades sociais e emocionais; redução de problemas de conduta.

Nome	Desenho e implementação	Público-alvo	Avaliação
Al's Pals	Programa que visa promover resiliência na infância com instrução explícita para desenvolver competência social, autonomia e resolução de problemas. Inclui 46 lições básicas e nove lições de reforço, com duração de aproximada de 10-15 minutos. As aulas ocorrem duas vezes por semana. Os professores aprendem maneiras de estabelecer um ambiente de sala de aula receptivo, atencioso e cooperativo, que estimula o crescimento e o desenvolvimento socioemocional positivo das crianças. Já as crianças aprendem a conviver com os outros, usar o autocontrole, aceitar as diferenças, resolver conflitos pacificamente, enfrentar e fazer escolhas saudáveis.	Pré-escola – 3° ano	Aumento do comportamento prossocial; e redução de problemas de conduta e do estresse emocional.
Conscious Discipline	Programa de abordagem organizacional para a implementação da aprendizagem socioemocional em toda a escola que também utiliza práticas de ensino para promover o desenvolvimento socioemocional, resiliência e autorregulação nos alunos. As escolas se comprometem com um cronograma de implementação de três anos, envolvendo aprendizagem profissional, planejamento, melhoria contínua, fortalecimento e promoção da aprendizagem socioemocional. O primeiro ano é inteiramente dedicado aos adultos, com os professores sendo incentivados a explorar o programa, incluindo os fundamentos teóricos e a base de evidências que sustentam o programa. O segundo e o terceiro anos apresentam suporte colaborativo para implementação em sala de aula, melhoria contínua com a equipe de implementação interna em toda a escola e facilitação por meio do desenvolvimento profissional. O programa visa alavancar e construir sobre os pontos fortes preexistentes de uma comunidade escolar, então a experiência no segundo e terceiro anos de implementação varia de acordo com as necessidades da escola.	Pré-escola – 5°ano	Aumento do comportamento prossocial dos alunos.

Nome	Desenho e implementação	Público-alvo	Avaliação
I Can Problem Solve	Programa que visa ensinar aos alunos a antecipar consequências e resolver problemas de forma eficaz. Ele é dividido em três conjuntos de aulas destinadas para a pré-escola (59 aulas), jardim de infância e anos iniciais (83 aulas) e intermediários do ensino fundamental (77 aulas), com lições que levam, aproximadamente, 20 minutos para serem implementadas. O diálogo é um componente central deste programa. Além da aula, os professores são incentivados a apoiar a interação positiva aluno-professor em sua rotina regular de sala de aula.	Pré-escola - 5º ano	Aumento do comportamento prossocial; desenvolvimento de habilidades sociais e emocionais; e redução dos problemas de conduta.
Competent Kids, Caring Communities	Projetado para promover importantes habilidades para a vida nos alunos por meio de uma média de 35 conjuntos de aulas para cada ano. Cada lição começa com um exercício de atenção plena e as perguntas iniciais são elaboradas para motivar os alunos e focar sua atenção. As atividades semanais em sala de aula são projetadas para envolver os alunos na aplicação e internalização das habilidades socioemocionais que estão aprendendo. Cada lição tem uma apresentação que oferece um auxílio visual para professores e alunos. Além disso, o programa promove a colaboração família-escola, incluindo sessões que fornecem informações sobre as competências sociais e emocionais que o programa visa promover.	Jardin de infância - 5º ano	Melhora do desempenho acadêmico.

Nome	Desenho e implementação	Público-alvo	Avaliação
Getting Along Together	Programa de promoção de habilidades que desenvolve uma cultura de cooperação, autorregulação e resolução de problemas. As aulas são ministradas por 30 minutos, todos os dias, durante as primeiras duas semanas, para introduzir rotinas e estratégias importantes, incluindo práticas de ensino que apoiam o desenvolvimento de habilidades socioemocionais. As aulas começam com instrução direta usando a literatura como uma ferramenta para ensinar conceitos da aprendizagem socioemocional. Em seguida, os alunos trabalham em grupos cooperativos para discutir e praticar novos aprendizados e habilidades. Cada lição inclui um comportamento para os alunos demonstrarem, a qualquer momento durante a semana, como parte de um desafio cooperativo. As equipes recebem incentivo e feedback para desenvolver habilidades ganhando pontos.	Jardin de infância - 5º ano	Desenvolvimento de habilidades e atitudes socioemocionais; e redução de problemas de conduda.
Open Circle	Programa projetado para capacitar professores com práticas para fomentar uma comunidade cooperativa e o estabelecimento de relações positivas para a resolução de problemas dentro da sala de aula. O programa tem, em média, 34 lições estruturadas que auxiliam na construção de relacionamentos e habilidades de comunicação, compreensão e gestão das próprias emoções e resolução de problemas. As aulas começam com uma revisão da aula anterior, introduzem novos conceitos, desenvolvem e colocam em prática novas habilidades, contemplam atividades de tema de casa, e sugerem conexões com a literatura. O programa também tem uma unidade separada sobre o *bullying*, bem como componentes específicos para apoiar a implementação na escola e o envolvimento da família.	Jardin de infância - 5º ano	Melhoria do comportamento prossocial; e redução de problemas de conduta.

Nome	Desenho e implementação	Público-alvo	Avaliação
Sanford Harmony	Programa de promoção do aprendizado social e emocional. Cada ano escolar contempla, aproximadamente, 20 aulas, que englobam cinco unidades ou temas focais: diversidade e inclusão, empatia e pensamento crítico, comunicação, resolução de problemas e relacionamento entre pares. Esses temas são apresentados de maneiras diferenciadas para cada ano, considerando os níveis de desenvolvimento dos alunos. O programa também integra duas práticas de ensino ao longo do currículo: "*Meet Up*" e "*Buddy Up*". Durante o *Meet Up*, alunos e professores se reúnem em um círculo para cumprimentarem uns aos outros, compartilharem ideias e experiências, monitorarem os objetivos da sala de aula, resolverem problemas e participarem de atividades de formação de equipes. Já o *Buddy Up* é um sistema que reuni diversos alunos em discussões ou atividades que, de outra forma, não poderiam interagir uns com os outros.	Pré-escola - 6º ano	Melhoria do desempenho acadêmico; desenvolvimento de habilidades e atitudes sociais e emocionais; e redução de problemas de conduta.
Raising Healthy Children	O programa possui um componente de sala de aula que se chama *Get-Alongs*, o qual inclui oito unidades compostas com atividades que abrangem um período de oito meses (aproximadamente uma unidade por mês). Também inclue estratégias de integração acadêmica e literatura. Há oficinas para os professores sobre gestão de sala de aula e estratégias de ensino e aprendizagem social e emocional que podem impactar suas práticas em sala e em toda a escola. O envolvimento da família ocorre por meio de tarefas de casa que fazem parte das unidades.	Pré-escola - 6º ano	Aumento do comportamento pró-social; melhoria do clima escolar, do desempenho acadêmico e dos comportamentos na escola; redução dos problemas de conduta; e prevenção ao abuso de substâncias psicoativas.

Nome	Desenho e implementação	Público-alvo	Avaliação
PATHS (*Promoting Alternative Thinking Strategies*)	O programa promove a resolução de conflito pacífica, regulação emocional, empatia e tomada de decisão responsável. Cada lição é programada para começar com uma introdução que determina os objetivos, instruções para implementação, sugestão para o envolvimento dos pais, uma lista de perguntas com respostas e atividades complementares e suplementares (algumas para os alunos). Cada lição termina com lembretes e sugestões para a generalização das habilidades aprendidas para além da sala de aula.	Pré-escola - 6º ano	Melhoria do desempenho acadêmico, do comportamento e do clima escolar; desenvolvimento das atitudes e habilidades sociais e emocionais; aumento do comportamento prossocial; e redução de problemas de conduta e do estresse emocional.
Caring School Community	Programa organizado em torno de quatro principais práticas: reuniões de classe (*class meetings* - 30-35 por ano), *Cross-Age Buddies*, atividades domésticas (*Homeside Activities*), e atividades de construção, que envolvem a comunidade escolar (*Schoolwide Community-Building Activities*). As reuniões de classe apresentam um cronograma de aulas e atividades a serem implementadas ao longo do ano letivo. As atividades do *Cross-Age Buddies* promovem o vínculo entre alunos mais velhos e mais jovens, ao mesmo tempo que apoiam a exploração de uma ampla gama de assuntos acadêmicos. As atividades domésticas são implementadas uma ou duas vezes por mês. Elas são introduzidas em aula e finalizadas em casa com os cuidadores, após, são discutidas e concluídas em aula. As atividades de construção da comunidade escolar são desenvolvidas durante o ano letivo e visam construir relacionamentos, compartilhar conhecimento e promover o orgulho no ambiente escolar.	Jardin de infância - 6º ano	Aumento do comportamento prossocial; melhora do clima escolar, do desempenho acadêmico e dos comportamentos na escola; além do desenvolvimento de habilidades sociais e emocionais. Redução dos problemas de conduta; e prevenção ao abuso de substâncias psicoativas.

Nome	Desenho e implementação	Público-alvo	Avaliação
Leader in Me	Programa que utiliza práticas de ensino para promover a aprendizagem social e emocional, amparado em cinco paradigmas principais: todos podem ser líderes, todos são geniais, a mudança começa comigo, os educadores capacitam os alunos a liderar seu próprio pensamento e desenvolver a pessoa como um todo. O programa oferece aos professores uma variedade de práticas que apoiam a liderança, a cultura e os acadêmicos. O programa tem como base "Os sete hábitos das pessoas altamente eficazes" e as quatro disciplinas de execução de Stephen Covey. Esses princípios e práticas prevalecem em todo o processo, incluindo os treinamentos profissionais da equipe e nas aulas com os alunos. Existem também cadernos de liderança para os alunos registrarem seu aprendizado. As aulas e práticas de ensino são projetadas para apoiar a consciência e estimular a competência interpessoal e intrapessoal, incluindo pensamento crítico, definição de metas, ouvir e falar, aprendizagem autodirigida e a capacidade de trabalhar em grupos.	Jardim de infância - 6º ano	Redução dos problemas de conduta.

Nome	Desenho e implementação	Público-alvo	Avaliação
Responsive Classroom	Programa que consiste em uma abordagem de aprendizagem social e emocional centrada no aluno para ensino e disciplina. Busca-se o desenvolvimento de uma sala de aula responsiva concentrando-se em criar condições de aprendizagem ideais para os alunos desenvolverem as habilidades acadêmicas, sociais e emocionais necessárias para o sucesso dentro e fora da escola. Além disso, visa construir uma escola e uma comunidade de sala de aula positivas, nas quais os alunos aprendem, se comportam, têm esperança e estabelecem e alcançam metas. A abordagem oferece um conjunto de estratégias práticas, incluindo reuniões, criação de regras, modelagem interativa, linguagem positiva do professor, consequências lógicas e descoberta guiada.	Jardim de infância - 6º ano	Melhoria do desempenho acadêmico e do comportamento na escola, além do clima escolar.
*Mind*UP	Estabelece práticas fundamentais de respiração profunda e escuta atenta, que são praticadas várias vezes ao dia durante todo o ano letivo. Essas práticas são projetadas para aumentar a autoconsciência dos alunos, o foco de atenção, promover a autorregulação, e reduzir o estresse. Há 15 lições estruturadas que abrangem quatro unidades. As aulas incluem também uma atividade com instruções detalhadas para o professor sobre como envolver os alunos e apoiar a sua exploração e reflexao sobre o tema. Durante o programa, trabalha-se para apoiar conexões com a instrução acadêmica e há sugestões de extensões de aulas para estimular o desenvolvimento social e emocional, matemática, educação física, saúde, ciências, literatura e redação de jornais.	Pré-escola – 8º ano	Aumento dos comportamentos prossociais; e redução de problemas de conduta e do estresse emocional.

Nome	Desenho e implementação	Público-alvo	Avaliação
Resolving Conflict Creatively Program (RCCP)	O programa inclui 16 aulas sequenciais para cada ano escolar, implementadas no formato de oficina, que enfatizam a construção de relacionamentos, compreensão de sentimentos, desenvolvimento de empatia, gerenciamento de emoções e desenvolvimento de responsabilidade social. Além das aulas em sala de aula, o programa inclui uma mediação de pares e um componente familiar.	Pré-escola - 8º ano	Desenvolvimento de habilidades socioemocionais; e redução de problemas de conduta e do estresse emocional.
Social Skills Improvement System (SSIS)	Programa projetado para ser usado por professores, auxiliares de professores, conselheiros escolares ou outros profissionais educacionais que trabalham em estreita colaboração com os alunos. Organizado em 10 unidades de habilidades com um total de 30 aulas por ano escolar, que são projetadas para serem implementadas em sala e ministradas três vezes por semana ao longo de dez semanas. Elas enfocam as habilidades interpessoais, incluindo ouvir os outros, pedir ajuda e manter a calma na interação com os demais. As unidades são ensinadas usando um processo de seis etapas que inclui modelagem e orientação do professor, dramatização do aluno, prática de habilidades, e monitoramento do progresso do aluno.	Pré-escola - 8º ano	Aumento dos comportamentos prossociais e desenvolvimento de habilidades socioemocionais; redução de estresse emocional.

Nome	Desenho e implementação	Público-alvo	Avaliação
The 4Rs Program (Reading, Writing, Respect, and Resolution)	O programa integra a aprendizagem social e emocional com linguagem e escrita. Dividido em sete unidades, cada ano escolar tem aproximadamente 35 aulas (uma por semana ao longo do ano), os professores envolvem os alunos na prática de leitura, escrita, discussão e habilidades destinadas a promover o comportamento de cuidado e responsabilidade, incluindo: compreensão e manipulação de sentimentos, escuta, assertividade, solução de problemas, lidar bem com adversidade e cooperação. O programa também inclui a participação dos pais e os vinculam nesse processo por meio de atividades que as crianças fazem com eles em casa.	Pré-escola - 8° ano	Melhoria do desempenho acadêmico dos estudantes com comportamentos de risco e do clima da sala de aula; desenvolvimento de habilidades sociais e emocionais; aumento dos comportamentos prossociais; e redução dos problemas de conduta, emocionais e de ansiedade.
Second Step	O programa visa a aprendizagem social e emocional com unidades sobre habilidades de aprendizagem, empatia, gerenciamento de emoções, habilidades de amizade e solução de problemas. Ele contém conjuntos separados de aulas implementadas em 22 a 28 semanas a cada ano escolar, utilizando quatro estratégias principais para reforçar o desenvolvimento de habilidades: jogos para desenvolver funções executivas, atividades temáticas semanais, atividades de reforço e vínculos domésticos. O programa fornece uma estrutura para cada dia da semana. O primeiro dia contém um roteiro e uma lição principal. O segundo dia inclui uma história e discussão. O terceiro e quarto dias envolvem atividades práticas em grupos pequenos e grandes. No quinto dia, os alunos leem um livro relacionado ao tema geral da unidade e os professores enviam para casa uma atividade "*home link*" que dá aos alunos a oportunidade de praticar novas habilidades com seus cuidadores.	Pré-escola - 8° ano	Aumento do comportamento prossocial; desenvolvimento de habilidades socioemocionais; e redução dos problemas de conduta e do estresse emocional.

Nome	Desenho e implementação	Público-alvo	Avaliação
Kindness in the Classroom	Programa que visa promover o aprendizado social e emocional. Cada ano escolar inclui dezesseis aulas semanais elaboradas para serem ministradas em sala por 30-45 minutos. Ele é estruturado em torno de 12 conceitos: assertividade, cuidado, compaixão, justiça, gratidão, integridade, ajuda, perseverança, respeito, responsabilidade, autocuidado e autodisciplina, os quais são apresentados de maneiras diferenciadas para cada ano, levando em consideração os níveis de desenvolvimento dos alunos. Todas as aulas seguem quatro etapas: inspirar, capacitar, agir, refletir, compartilhar. Elas apoiam a aprendizagem do aluno por meio de várias modalidades, incluindo: dramatizações, clipes visuais, discussões, jogos e atividades de aprendizagem cooperativa.	Jardim de infância - 8º ano	Aumento do comportamento prossocial.
Ruler	O programa envolve o desenvolvimento sistemático de adultos envolvidos na educação de crianças (líderes escolares, professores, equipe de apoio e familiares) para que as emoções se tornem centrais para o aprendizado, o ensino e a paternidade. Os professores aprendem e depois ensinam as "âncoras" da alfabetização emocional: habilidades de reconhecer, compreender, nomear, expressar e regular emoções, além da autoconsciência e consciência social, empatia e capacidade de assumir perspectivas com vistas a promover um clima emocional saudável. Posteriormente, os professores aprendem como integrar a abordagem no currículo padrão e experimentam o *The Feeling Words Curriculum*, um programa de alfabetização emocional baseado na linguagem para alunos. Além disso, tem um programa de treinamento interativo projetado para fornecer aos adultos da família estratégias para estimular e promover o desenvolvimento social e emocional em casa.	Jardim de infância - 8º ano	Aumento do comportamento prossocial; e melhoria do desempenho acadêmico, do comportamento e do clima escolar.

Nome	Desenho e implementação	Público-alvo	Avaliação
Too Good for Violence	Programa voltado a prevenção da violência e formação de um caráter positivo, que ensina habilidades ba- seadas no respeito, enfatizando a diversidade e compreensão dos sentimentos e ações. O currículo é composto de sete lições de 30-60 minutos cada. Também são recomendados vídeos, leituras e atividades domésticas para serem concluídas com os pais ou cuidadores.	Jardim da infância - 8º ano	Melhoria do comportamento prossocial.
Social Decision Making/ Problem Solving Program	Programa que cobre aproximadamente 30 temas por ano e foi projetado para desenvolver autocontrole, consciência social e habilidades de tomada de decisão eficazes. As sessões seguem uma estrutura que inclui uma introdução ao tema, a modelagem da habilidade, oportunidades para a prática, reflexão, discussão e sugestões para a prática para além da lição estruturada. Também estão incluídas dicas para professores para apoiar uma pedagogia eficaz e práticas de ensino para promover a aprendizagem social e emocional, bem como estratégias para a integração de novas competências nas disciplinas acadêmicas.	Jardim da infância - 8º ano	Melhoria do desempenho acadêmico e do comportamento escolar; aumento do comportamento prossocial; redução do estresse emocional e dos problemas de conduta.

Nome	Desenho e implementação	Público-alvo	Avaliação
Positive Action	Programa projetado para promover um autoconceito saudável e para estabelecer ações positivas para o corpo e a mente. Enfatiza autogerenciamento eficaz, habilidades sociais, caráter e saúde mental, bem como habilidades para estabelecer e alcançar metas. Contém conjuntos separados de aulas para uso a cada ano escolar, com, aproximadamente, 140 lições sequenciadas, todas incluindo um roteiro passo-a--passo organizado em torno de temas diferentes. Todo o conteúdo é baseado em uma única filosofia fundamental: Você se sente bem consigo mesmo quando faz ações positivas (autoconceito positivo) e existe uma maneira positiva (ações positivas) de fazer tudo. Componentes adicionais do programa apoiam o envolvimento de toda a sala de aula, da escola, da família e da comunidade. Há unidades separadas para a prevenção do *bullying*, educação sobre drogas, resolução de conflitos e promoção de um clima escolar positivo que pode ser adicionado ao programa principal.	Pré-escola ao ensino médio	Melhoria do desempenho acadêmico e do comportamento escolar; redução dos problemas de conduta, prevenção do abuso de substâncias psicoativas.

Nome	Desenho e implementação	Público-alvo	Avaliação
Michigan Model for Health	O programa fornece conjuntos separados de aulas com unidades para apoiar a saúde, temas de educação, incluindo nutrição e atividade física; segurança; uso de álcool, tabaco e outras drogas; saúde pessoal e bem-estar; e saúde social e emocional. A unidade de saúde social e emocional inclui de 8-14 lições estruturadas para cada ano escolar, nas quais os alunos aprendem sobre como fazer e manter amigos, identificar e compreender os sentimentos, tomar decisões e resolver problemas, ter respeito e estabelecer metas. Cada uma consiste em três partes: instrução, prática e encerramento. A prática continuada é encorajada e a maioria das lições fornece estratégias para difundir habilidades aprendidas. Há temas para levar para casa e avaliações do aluno.	Pré-escola ao ensino médio	Melhoria do comportamento pros-social; redução dos problemas de conduta; e prevenção do abuso de substâncias psicoativas.
Tribes Learning Communities	O programa inclui quatro estratégias comunitárias: escuta atenta, valorização/não humilhação, o direito de participar e respeito mútuo. As principais estruturas do programa incluem grupos de aprendizagem cooperativa (compostos de três a seis alunos) que trabalham juntos durante todo o ano letivo e círculos comunitários, que fornecem oportunidades para os alunos trabalharem juntos para resolver problemas de sala de aula e construirem relacionamentos. Ele visa envolver todos os membros da comunidade educacional (administradores distritais e escolares, professores, familiares e membros da comunidade) em colaboração contínua e orientada a objetivos, para criar um ambiente de cuidado e apoio que estabelece expectativas positivas e promove a participação ativa de todos os alunos.	Jardim da infância - ensino médio	Melhoria do desempenho acadêmico e do comportamento na escola.

Nome	Desenho e implementação	Público-alvo	Avaliação
Reading with Relevance	Programa que une receptividade cultural, instrução acadêmica e aprendizagem socioemocional. A coleção de planos de aula é baseada em textos diversificados e culturalmente relevantes por meio dos quais os alunos têm oportunidades de aprender e refletir sobre suas próprias vidas e a vida de outras pessoas. Isso promove consciência e respeito pela diversidade, juntamente com oportunidades para desenvolver a autoconsciência.	2° ano - ensino médio	Melhoria do desempenho acadêmico.
Intervenções no ensino fundamental e médio			
Hallway Heroes	Programa para promoção de habilidades que utiliza aulas para integração acadêmica e práticas do professor para promover o aprendizado socioemocional dos alunos. O currículo contém 12 lições a serem ministradas ao longo de um semestre ou ano letivo por um professor, conselheiro escolar ou outro educador. As lições usam a abordagem 7E (eliciar, envolver, explorar, explicar, elaborar, avaliar, estender/ampliar), que incentiva os alunos a tirar proveito de suas experiências vividas. Também oferece oportunidades para eles generalizarem seu aprendizado para cenários do mundo real.	1º – 5º anos	Aumento da autoconsciência, autogestão e tomada de decisão responsável.

Nome	Desenho e implementação	Público-alvo	Avaliação
Steps to Respect	Programa cuja implementação ocorre em três fases: os administradores da escola avaliam o ambiente escolar e as questões de *bullying*; em seguida, todos os professores da escola são treinados e, após, começam a aplicar as lições em sala de aula. O programa oferece 11 lições em sala de aula com duas unidades adicionais de literatura que abordam temas como: como fazer amigos, compreender e reconhecer sentimentos e lidar com o *bullying*. Apostilas familiares também são fornecidas para cada lição.	3º – 6º anos	Aumento do comportamento pró-social; melhora do clima escolar; desenvolvimento das habilidades socioemocionais; e redução dos problemas de conduta.
Student Success Skills	Programa projetado para ser implementado em classe regular, na qual o professor ou orientador escolar ministra cinco aulas que fornecem aos alunos estratégias para definir metas, monitorar o progresso e compartilhar o sucesso; construir um ambiente de cuidado, apoio e incentivo; desenvolver e praticar a memória e as habilidades cognitivas; acalmar a ansiedade e controlar as emoções; e desenvolver otimismo. Os alunos aprendem técnicas de redução do estresse que incluem estratégias de atenção plena, como relaxamento muscular. Compreende uma aula por semana, durante cinco semanas, com três sessões de reforço, uma para cada um dos meses seguintes. O programa também oferece aconselhamento em grupo para alunos que precisam de suporte adicional e inclui um *workshop* para pais de quatro sessões que fornece às famílias uma visão geral das habilidades e estratégias que os filhos estão aprendendo, bem como estratégias para promover uma comunicação eficaz, habilidades de resolução de problemas e uma educação positiva.	4º – 5º anos	Melhora do desempenho acadêmico.

Nome	Desenho e implementação	Público-alvo	Avaliação
Empresários pela Inclusão Social (EPIS)	Programa que tem como foco a promoção de atributos socioemocionais e são conduzidos pelos mediadores (profissionais especializados) em turmas pequenas ou mesmo individualmente. Dentre as atividades individuais, estão discussões motivacionais e aplicação de técnicas de autocontrole e resolução de problemas. Em grupo, os alunos aprendem a estudar e trabalhar em equipe, treinam suas competências sociais e praticam o controle da ansiedade e do excesso de críticas aos demais.	7º – 8º anos	Redução de 10 pontos percentuais na reprovação (com efeito cumulativo ao longo do ensino básico de até 30 pontos percentuais), as notas melhoraram e a relação custo-benefício foi favorável.
National Guard Youth Challenge	Programa que prevê atividades que enfatizam motivação e disciplina ao longo de 17 meses de aconselhamento. Na questão da disciplina, os procedimentos começam com duas semanas de encontros preparatórios, seguidos de 20 semanas de residência, e terminam com um ano de tutoria e aconselhamento por especialistas.	Focado em adolescentes que evadiram da escola	Em avaliação realizada após 9 meses, os participantes já exibiam maior probabilidade de ter completado o ensino médio, de estarem trabalhando em período integral e menor chance de estarem presos, além de possuírem níveis mais elevados em escala de autoeficácia.

Nome	Desenho e implementação	Público-alvo	Avaliação
EduGuide	Trata-se de uma plataforma online que dispõe de aulas para promover a competência socioemocional nos alunos. A cada ano, os alunos podem completar até 20 lições, que levam cerca de 15 minutos. Os professores podem estender as aulas usando guias de discussão opcionais de aprendizagem. Após a conclusão das aulas, os alunos usam novas habilidades para ajudar os colegas na prática semanal, desafios de mentoria, que os auxilia a criar uma "comunidade com propósitos" dentro das escolas. Além disso, um membro do corpo docente ou outro mentor ocasionalmente respondem às atividades do aluno com perguntas que os envolvem em reflexões adicionais, usando um aplicativo online. Embora as aulas não sejam diferenciadas entre os anos escolares, elas são sequenciadas para que todos os alunos desenvolvam habilidades básicas antes de passarem para habilidades mais avançadas.	4º ano – ensino médio	Melhoria do desempenho acadêmico.

Destaca-se que a maioria dos programas apresentados, que não esgotam todos os disponíveis na literatura científica, foram desenvolvidos e avaliados (total ou parcialmente) em contexto norte-americano, e não encontram tradução e validação em amostras brasileiras. Mesmo que muitos deles indiquem que são sensíveis as diversas culturas e etnias, não é possível a sua transposição para outros contextos. Nesse sentido, é necessário considerar a realidade de cada cultura escolar, mesmo dentro do mesmo país, contemplando as diversidades locais. No Brasil, por exemplo, de modo geral, as dificuldades inerentes aos aspectos econômicos e políticos das escolas são fatores que dificultam a inserção de tais programas, além da excessiva carga de trabalho em sala de aula e o não oferecimento de horas suficientes para apoio, supervisão e treinamento de professores. Além disso, muitos programas exigem horas semanais dedicadas às ações propostas, diminuindo o tempo planejado para o conteúdo acadêmico ou aumentando ainda mais o número de horas de trabalho do professor, o que pode gerar maior estresse (ver capítulo 10).

Frente ao exposto, ressalta-se a importância da promulgação da Lei nº 13.935, de 11 de dezembro de 2019, que dispõe sobre a prestação de serviços de Psicologia e Serviço Social nas redes públicas de Educação Básica, garantindo que ações para a melhoria da qualidade do processo de ensino-aprendizagem sejam realizadas. Esses profissionais devem estar capacitados ou buscarem capacitação para adapatarem e validarem ou desenvolverem, avaliarem e, quiçá, manualizarem propostas de intervenções na busca de práticas empiricamente validadas, ou seja, estruturadas metodologicamente, que considerem as evidências ou provas científicas (Sanchez-Meca, & Botella, 2010). Portanto, cabem às classes somar esforços para responder a essa demanda e o contexto escolar demonstra-se promissor para suas ações.

Referências

Abed, A. L. Z. (2014). *O desenvolvimento das habilidades socioemocionais como caminho para a aprendizagem e o sucesso escolar de alunos da educação básica.* São Paulo. Retrieved from http://portal.mec.gov.br/index.php?option=com_docman&view=download&alias=15891-habilidades-socioemocionais-produto-1-pdf&category_slug=junho-2014-pdf&Itemid=30192

Berger, C., Alcalay, L., Torretti, A., & Milicic, N. (2011). Socio-emotional well-being and academic achievement: Evidence from a multilevel approach. *Psicologia: Reflexão e Crítica, 24*(2), 1-8.

Brasil (2019). *Lei n. 13.935, de 11 de dezembro de 2019.* Dispõe sobre a prestação de serviços de psicologia e de serviço social nas redes públicas de educação básica. Diário Oficial da União, Brasília, Edição 240, Seção 1, p. 7, 12 dez. 2019.

Boncu, A., Costea, I., & Minulescu, M. (2017). A meta-analytic study investigating the efficiency of socio-emotional learning programs on the development of children and adolescents. *Romanian Journal of Applied Psychology, 19*(2), 35–41. https://doi-org.ez45.periodicos.capes.gov.br/10.24913/rjap.19.2.02

Collaborative for Academic, Social, and Emotional Learning (2013). *CASEL Guide: Effective social and emotional learning programs – preschool and elemen- tary school edition*. Chicago, IL. Retrieved from https://static1.squarespace.com/static/513f 79f9e4b05ce7b70e9673/t/526a220de4b00a-92c90436ba/1382687245993/2013-casel-guide.pdf

Collaborative for Academic, Social, and Emotional Learning (2017). *Social and Emotional Learning (SEL) competencies*. Retrieved from http://www.casel.org/what-is-sel

Collaborative for Academic, Social, and Emotional Learning (2020). *Ch. 5: Guidelines for selecting evidence-based SEL programs*. Retrieved from https://casel.org/guidelines/

DeSousa, D. A., Vilanova, F., Ecker, K., Koller, S., Salcides, A., & Petersen, C. (2016). Community trial of the FRIENDS for Life Prevention Program with children at risk for internalizing disorders. *Clínica & Cultura, 5*(1), 87-106.

Durlak, J. A., Weissberg, R. P., Dymnicki, A. B., Taylor, R. D., & Schellinger, K. B. (2011). The impact of enhancing students' social and emotional learning: A meta-analysis of school-based universal interventions. *Child Development, 82*(1), 405–432.

Fava, D. C. & Martins, R. (2016/2020). Contribuições da abordagem cognitivo-comportamental para a atuação do psicólogo e professor nas escolas. Em: Fava. D. C. (org). *A prática da psicologia na escola: introduzindo a abordagem cognitivo-comportamental* (pp 15-46). Belo Horizonte: Artesã.

Fava, D. C., Andretta, I., & Marin, A.H., (submetido). Programa transteórico para professores e o impacto no comportamento dos alunos e na autoeficácia docente: ensaio clínico randomizado. *Revista Psicologia Escolar e Educacional.*

Fleitlich-Bilyk, B., Cunha, G. R., Estanislau, G. M., & Rosário, M.C. (2014). Saúde e transtornos mentais. In G. M. Estanislau, & R. A. Bressan (Eds.) *Saúde mental na escola: O que os educadores devem saber* (pp. 25-36). Porto Alegre: Artmed.

Instituto Brasileiro de Geografia e Estatística (2019). Pesquisa Nacional por Amostra de Domicílios Contínua. *Educação 2019.* Retrieve from https://biblioteca.ibge.gov.br/visualizacao/livros/liv101736_informativo.pdf

Jones, S., Farrington, C. A., Jagers, R., Brackett, M., & Kahn, J. (2019). *Social, emotional, and academic development: A research agenda for the next generation.* National Commission on Social, Emotional, and Academic Development. Washington, DC: The Aspen Institute.

Yang, W., Datu, J. A. D., Lin, X., Lau, M. M., & Li, H. (2019). Can early childhood curriculum enhance social-emotionalcompetence in low-income children? A meta-analysis of the educational effects. *Early Education and Development, 30*(1), 36–59. https://doi-org.ez45.periodicos.capes.gov.br/10.1080/10409289.2018.1539557

Kovacs, M. J. (2005). *Avaliação do programa Amigos do Zippy*. Retrieved from: http://www.amigosdozippy.org.br/index/images/stories/Avaliacao_Laudo%20_Piloto_Brasil.pdf

Kutcher, S., Wei, Y. & Estanislau, G. M. (2014). Educação em saúde mental: Uma nova perspectiva. In G. M. Estanislau, & R. A. Bressan (Eds.), *Saúde mental na escola: O que os educadores devem saber* (pp. 63-70). Porto Alegre: Artmed.

Panayiotou, M., Humphrey, N., & Wigelsworth, M. (2019). An empirical basis for linking social and emotional learning to academic performance. *Contemporary Educational Psychology, 56*, 193–204. https://doi-org.ez45.periodicos.capes.gov.br/10.1016/j.cedpsych.2019.01.009

Pellegrino, J. W., & Hilton, M. L. (Eds.) (2012). *Education for life and work: Developing transferable knowledge and skills in the 21st century*. Committee on defining deeper learning and 21st century skills. Center for Education Board on Testing and Assessment. Division of Behavioral and Social Sciences and Education. National Research Council. Washington, D.C. Retrieved from http://www.hewlett.org/uploads/documents /Edu- cation_for_Life_and_Work.pdf

Meyers, D. C., Durlak, J. A., & Wandersman, A. (2012). The quality implementation framework: A synthesis of critical steps in the implementation process. *American Journal of Community Psychology, 50*(3-4), 462-480.

Polônia, A. da C., & Dessen, M. A. (2005). Em busca de uma compreensão das relações entre família escola. *Psicologia Escolar e Educacional, 9*(2), 303-312. Porto Alegre: Penso.

Sanchez-Meca, J. & Botella, J. (2010). Revisiones sistemáticas y metaanálisis: Herramientas para la práctica profesional. *Papeles del Psicólogo, 31*(1), 7-17.

Santos, D., & Primi, R. (2014). *Desenvolvimento socioemocional e aprendizado escolar: Uma proposta de mensuração para apoiar políticas públicas*. Relatório sobre resultados preliminares do projeto de medição de competências socioemocionais no Rio de Janeiro. São Paulo: OCDE, SEEDUC, Instituto Ayrton Senna.

Soares, A. G. S., Estanislau, G., Brietzke, E., Lefèvre, F., & Bressan, R. A. (2014). Percepção de professores de escola pública sobre saúde mental. *Revista de Saúde Pública, 48*(6), 940-948.

Tacla, C., Norgren, M. B. P., Ferreira, L. S. P., Estanislau G. M., Fóz, M. Aprendizagem socioemocional na escola. In G. M. Estanislau, & R. A. Bressan (Eds.) *Saúde mental na escola: O que os educadores devem saber* (pp. 49-62). Porto Alegre: Artmed.

Taylor, R. D., Oberle, E., Durlak, J. A., & Weissberg, R. P. (2017). Promoting positive youth development through school-based social and emotional learning interventions: A meta-analysis of follow-up effects. *Child Development, 88*(4), 1156-1171. https://doi.org/10.1111/cdev.12864

Vieira, M.A., Estanislau G. M., Bressan, R. A., & Bordin, I. A. (2014) Saúde mental na escola. In G. M. Estanislau, & R. A. Bressan (Eds.), *Saúde mental na escola: O que os educadores devem saber* (pp. 13-24). Porto Alegre: Artmed.

Weare, K., & Nind, M. (2011). Mental health promotion and problem prevention in schools: What does the evidence say? *Health Promotion International, 26*(s1), s29-s69.

Os próximos dois capítulos estão abordando mais diretamente a preocupação com o professor. Aquele que de quem exigimos muito, mas oferecemos pouca atenção e apoio. Espero que seja útil esta leitura e que de alguma forma, você possa auxiliar um educador!

Débora C. Fava

A+B=C

CAPÍTULO 14

O stress do professor frente ao mau comportamento do aluno

Marilda Emmanuel Novaes Lipp

Embora gratificante, a arte de ensinar pode também se constituir em uma fonte poderosa de stress, dependendo das condições presentes. É importante sensibilizar o professor para levá-lo a uma reflexão sobre como pode evitar ou amenizar o stress ocupacional ao qual está sujeito. O presente capítulo objetiva não só ajudar o professor a enfrentar o stress de modo positivo, mas também colaborar com o psicólogo escolar, o pedagogo e outros profissionais da área escolar, abordando noções dentro de um referencial cognitivo que os possibilitem a lidar de modo eficaz com os estressores da área educacional.

Afastamento por stress

O índice de afastamento por doenças relacionadas ao stress nos trabalhadores brasileiros cresceu 28% no primeiro semestre de 2011, comparado com o primeiro semestre de 2010. Foram 100 mil pessoas afastadas com esse diagnóstico, comparadas com 85 mil no primeiro semestre do ano anterior, de acordo com os dados do Boletim Estatístico da Previdência Social (Vol. 16 N° 07 julho/2011). No total, gastam-se mais de R$ 30 bilhões ao ano com acidentes e doenças ligadas ao trabalho.

No que se refere ao stress, de três a quatro brasileiros em cada dez têm sintomas significativos desse mal. Pesquisas indicam um aumento significativo em pessoas estressadas no decorrer dos anos. O índice de stress avaliado em 2014 por testes psicológicos validados é de 35% no

Brasil. Em uma pesquisa on-line, com 2.495 pessoas, o autodiagnóstico de stress elevou esse índice para 52%, bem maior do que o detectado, quando o teste psicológico – Inventário de Sintomas de Stress para Adultos – ISSL (Lipp, 2000) foi aplicado.

No ambiente escolar, as fontes de stress são variadas e as consequências podem ser muito graves. Por isso, a importância de se discutir e promover o conhecimento do que o professor pode fazer para se proteger, mesmo no meio dos desafios que a profissão oferece.

A dinâmica da sala de aula

A sala de aula não muda tanto de ano a ano. Em geral, o professor tem a sala lotada de alunos com pouco espaço para se movimentar, às vezes com recursos inadequados, outras vezes com recursos tão modernos, como, por exemplo, a tela digital, que ele não sabe usar corretamente. A matéria é sempre muita para os dias de aula do ano, descontando feriados e férias. As turmas multisseriadas podem se constituir em um grande desafio para o professor não treinado (Silveira, Enumo & Batista, 2014). Há a necessidade de entrosamento com os colegas que ensinam na mesma série e de ganhar o respeito do diretor da escola. Há ainda que motivar alunos, lidar com aqueles com dificuldades emocionais e problemas de aprendizagem. Tudo piora quando a turma é difícil e o professor precisa lidar com o *bullying* e com o comportamento desafiador de alguns.

Nova turma todo ano: problemas antigos com novas faces

Interessante é notar que os anos passam, as turmas novas surgem, mas os problemas mais básicos de uma sala de aula se repetem com roupagem e faces novas que aguardam o professor colocar em suas mentes tudo aquilo que não sabem. Tanto o professor como os alunos trazem seus sentimentos e necessidades pessoais para a sala de aula, pois não existe como separar totalmente o mundo pessoal do profissional. Os problemas de comportamento se repetem, a reação de um alimenta a do outro, e ambos, professor e aluno, ensinam a cada dia o que esperar do outro. Há uma influência recíproca entre eles e, no caso de ações disciplinares, a influência se generaliza para os demais na sala de aula.

Nesse contexto, o professor pode iniciar o ano com expectativas pessoais e, dependendo delas, o ano escolar será extremamente gratificante ou uma fonte inesgotável de stress. Para lidar adequadamente com o stress ocupacional, a primeira medida é saber o que é o stress e como identificar os primeiros sintomas que surgirem, sinalizando que a carga emotiva está ultrapassando o limite saudável naquele momento. Nesse sentido, apresenta-se a seguir uma breve revisão conceitual e prática.

Stress: conceitos e causas

Lipp (2000) conceituou stress como uma reação do organismo com componentes físicos, psicológicos, mentais e hormonais, gerada pela necessidade de lidar com algo que, naquele momento, ameace a estabilidade mental ou física da pessoa. Essa reação pode ser gerada por eventos diversos, de origem externa ao organismo ou de base interna, isto é, autoproduzida.

Os externos incluem perdas, discussões, acidentes, etc. Existe também o estressor interno, pois nem sempre é o evento presente o que gera stress, mas, sim, a interpretação a ele atribuída, de modo que cada pessoa reage diferentemente a ele.

Conforme proposto por Lipp (2015), o stress emocional, frequentemente, é atribuído a fatores observáveis, eventos específicos que ocorrem em nossa vida e que nos afetam. É, na realidade, bastante fácil identificar que a falta de dinheiro, de reconhecimento e as perdas nos levam ao stress. Muito mais difícil, no entanto, é identificar e até aceitar que o stress possa estar tendo sua origem em nosso íntimo. Pesquisas indicam que os maiores níveis de stress são autoproduzidos, tendo o pensamento e a ótica sob a qual o mundo é visto- papéis fundamentais na sua produção. Raramente, o evento por si só tem o poder de gerar stress com grande intensidade. Na maioria das vezes, sua presença é magnificada pela nossa interpretação de seu valor.

O que se passa dentro de cada ser humano representa um universo complexo e multifacetado, é um mosaico, constituído de inúmeras emoções, pensamentos, interpretações e valores. Nosso comportamento reflete esses estados subjetivos fundamentais. Agimos de acordo com o que pensamos e sentimos, portanto, pode-se dizer que somos nossos pensamentos e sentimentos.

Como o stress ocorre?

Em momentos de stress, uma parte do nosso cérebro que se chama hipotálamo se comunica com a hipófise e manda uma mensagem para as glândulas adrenais produzirem adrenalina e cortisol (Selye,1974). Essas substâncias são muito úteis para protegerem o organismo. A adrenalina fornece força para enfrentar o estressor, como é chamado tudo o que causa stress. O cortisol também ajuda no combate a danos causados ao corpo. Porém, esses hormônios passam a causar problemas quando são produzidos em excesso e é por isso que não podemos deixar a tensão passar do ponto certo. O ser humano fica apático, sem energia, se não tiver um pouquinho de desafios em sua vida, porém, se tiver desafios demais, a tensão fica excessiva e a pessoa enfraquece. Alguns desafios são importantes de se ter na vida. Mas temos de cuidar para não nos envolvermos com coisas demais ao mesmo tempo, com problemas em excesso.

O Agravamento do Stress: suas fases

O stress se desenvolve em quatro fases. Inicialmente, a pessoa entra no processo de stress pela fase de alerta que é a fase boa, quando produzimos adrenalina e ficamos com energia e vigor, prontos para lidar com emergências. Durante essa fase, podemos também sentir tensão ou dor muscular, azia, problemas de pele, irritabilidade sem causa aparente, nervosismo, sensibilidade excessiva, ansiedade e inquietação. Caso o que nos causa stress desapareça, saímos dessa situação sem sequelas, porém, se o estressor continua ou se algo mais acontece para nos desafiar, aí entramos na fase da resistência. Nessa fase, dois sintomas mais importantes surgem: dificuldades com a memória e muito cansaço. Se nosso esforço for suficiente para lidar com a situação, o stress é eliminado. Se isso não ocorre, se não conseguimos resistir ou nos adaptarmos, o organismo começa a sofrer um colapso gradual e entramos na fase de quase exaustão, que é caracterizada pelo enfraquecimento do organismo e início do processo da doença. Precisa-se, então, de ajuda tanto médica para tratar o problema físico que já surgiu, como psicológica para aprender a lidar com a causa do stress. Devido ao enfraquecimento do organismo, doenças que permaneciam latentes são desencadeadas. Caso o estressor permaneça presente e a pessoa não aprenda a lidar com ele, a última fase, a de exaustão, ocorrerá. Poucas pessoas chegam ao último estágio, em que o organismo já se encontra depauperado. Nessa fase, doenças graves ocorrem e a pessoa não consegue mais se recuperar sozinha, não consegue se concentrar, pensar direito, rir, ter gosto pela vida, entra em depressão e várias doenças físicas graves aparecem. Isso ocorre porque, quando o stress é prolongado, ele afeta diretamente o sistema imunológico, reduzindo a resistência da pessoa e tornando-a vulnerável ao desenvolvimento de infecções e doenças contagiosas.

Devido às consequências negativas do stress excessivo e prolongado, importante se torna reconhecer quando ele começa a se manifestar. O Quadro 1 possibilita identificar se o stress está começando a se manifestar e o Quadro 2 revela sintomas do stress já estabelecido. Logicamente, o diagnóstico deve ser feito por um psicólogo, mediante à avaliação com o teste psicológico Inventário de Sintomas de Stress para Adultos (Lipp, 2000).

O Quadro 1 possibilita ao professor verificar se o stress está se tornando excessivo.

Quadro 1 – Como saber se o stress está ficando excessivo

1. Preste atenção ao seu corpo
   - Dor na nuca
   - Hiperacidez estomacal
   - Tensão muscular
   - Maxilares pressionados
2. Preste atenção aos seus sentimentos
   - Quando o prazer e a paz são raros e as mudanças de humor ocorrem com frequência, o stress está demais
3. Preste atenção aos seus relacionamentos
   - Quando irritabilidade ocorre e você foge das pessoas, o stress está demais
4. Preste atenção ao seu mundo psicológico
   - Quando apatia, cinismo, falta de sentido na vida ocorrem, o stress está demais

Quando o stress está demais, a vida perde o brilho e surge a vontade de fugir de tudo.

Fonte: Lipp, 2001.

O stress do professor

O índice de stress entre professores é alto em vários países. Nos EUA, estima-se que um em cada cinco professores tenha sintomas de stress (National Union of Teachers – NUT, 2015). Na Inglaterra, a pesquisa realizada por Cary Cooper (2015), da Universidade de Manchester, indicou que entre as 80 profissões por ele avaliadas, a de professor estava entre as três mais estressantes (2015). No Brasil, um estudo conduzido por Goulart Jr e Lipp (2008) teve por objetivo identificar a presença do stress, a sintomatologia e as fases apresentadas pelos professores de 1ª à 4ª série do Ensino Fundamental, atuantes em escolas públicas estaduais de uma cidade do Interior de São Paulo. Participaram do estudo 175 professores, perfazendo, aproximadamente, 70% dos profissionais de Ensino Básico I (PEB-I) em atuação no município. A pesquisa revelou que 56,6% dos professores tinham o diagnóstico de stress, cujos principais sintomas presentes foram: sensação de desgaste físico constante, cansaço constante, tensão muscular, problemas com a memória, irritabilidade excessiva, cansaço excessivo, angústia/ansiedade diária, pensar constantemente em um só assunto e irritabilidade sem causa aparente. Os resultados do estudo de Goulart Jr e Lipp (2008) confirmam os de Rossa (2004), que, ao pesquisar 62 professores do Ensino Médio e Fundamental de uma cidade do Interior do Estado de São Paulo, constatou a presença de stress em 58,1% da população. Mais recentemente, Silveira, Enumo e Batista (2014) também encontraram um percentual de 57% de professores de turmas multisseriadas com stress.

Quadro 2 – Sintomas frequentes em pessoas estressadas

• Mãos frias
• Problemas com a memória
• Boca seca
• Dificuldade de trabalhar
• Pesadelos
• Desconforto estomacal
• Dúvida quanto a si próprio
• Enxaqueca

• Mudança de apetite
• Diarreia passageira
• Dificuldades sexuais
• Aumento súbito de motivação
• Entusiasmo súbito
• Vontade de fugir de tudo
• Problemas dermatológicos
• Apatia, depressão ou raiva prolongada
• Insônia
• Aumento de sudorese
• Náusea
• Tiques
• Picos de pressão alta
• Pensar continuamente num só assunto
• Tédio
• Irritabilidade excessiva
• Taquicardia
• Angústia ou ansiedade

Fonte: Lipp, Malagris & Novais.(2007)

A National Union of Teachers – NUT (2015) sugere que as causas de elevados índices no sistema educacional são:

- a *carga de trabalho excessiva, muitas vezes somada ao excesso de burocracia;*
- *comportamento inadequado de aluno, agravado por problemas do tamanho das turmas;*
- *pressão para cumprir metas que visam a avaliações e inspeções;*
- *gerenciamento de bullying;*
- *stress de avaliação de desempenho com referência a bônus e pagamentos;*
- *agressividade por parte de alunos ou pais*
- *ameaça ou instauração de processos;*

- *atritos com diretores ou com colegas;*
- *falta de oportunidades profissionais.*

Acrescente-se, ainda, os estressores mais frequentes encontrados por Silveira, Enumo e Batista (2014) que foram: pouco acompanhamento familiar, problemas motivacionais e comportamentais dos alunos e turmas multisseriadas. Meleiros (2002) aponta como possível fonte de stress o fato de que o professor do ensino fundamental é quem inicia a socialização das criança, o que pode ser desafiador, considerando-se a multiplicidade de ambientes familiares nos quais a criança está inserida. Essa atividade exige grande equilíbrio emocional e físico por parte de quem escolhe essa profissão. Como o professor exerce grande influência nos alunos e possibilita importantes trocas (valores, ideias e princípios), sendo um elo valioso entre o mundo externo e o mundo interno da criança e do adolescente, ele precisa estar bem consigo mesmo e com o mundo ao seu redor, para poder exercer essa função tão importante.

Adicionalmente, Nunes Sobrinho (2002) ressalta que, no "posto de trabalho" docente, os pesquisadores começam a observar indícios de incompatibilidade entre os limites pessoais do professor e as demandas da população infantil e do sistema educacional, destacando como exemplos o comportamento exibido pelos alunos em sala de aula e as particularidades do atual movimento inclusionista em educação. O autor denomina "posto de trabalho" do professor o sistema complexo compartilhado por ele: o ambiente físico e social da escola, o tipo de gestão (direção da escola), a organização do trabalho pedagógico, as operações de trabalho, a maneira como o professor administra seu tempo, o manejo do comportamento infantil e o controle do processo ensino-aprendizagem. Importante considerar, como ressaltado por Goulart e Lipp (2008) que o trabalho do professor ocupa grande parte, se não a maior parte de seu tempo, sendo que o ritmo desse trabalho, na maioria das vezes, costuma ser intenso, exigindo elevados índices de atenção e concentração para a realização das tarefas e cumprimento de metas pedagógicas e administrativas, principalmente em se considerando a atuação do professor de Ensino Fundamental. Esses autores mencionam também que os professores, pela complexidade e responsabilidade de sua atuação, estão expostos a inúmeros fatores, que, dependendo das suas características pessoais, podem ou não abalar seu equilíbrio interno. Nem sempre esses profissionais têm condições e recursos próprios para lidar adequadamente com essas situações e se o sistema educacional não proporcionar apoio, provavelmente a situação se agravará com o tempo, deixando o professor sozinho para lidar com o stress ocupacional e suas consequências.

A NUT (2015) sugere que ao avaliar se o trabalho está sendo fonte importante de stress, o professor deve considerar os seguintes seis fatores:

- *as demandas do seu trabalho;*
- *que nível de controle você tem do trabalho;*
- *o apoio que você recebe do diretor e dos colegas;*
- *a qualidade dos relacionamentos interpessoais que tem no trabalho;*
- *o papel que tem na instituição;*
- *como as mudanças no trabalho são gerenciadas.*

Os estressores ocupacionais no meio escolar podem ser classificados como:

- Questões institucionais, como a função generalista do professor e salários inadequados;
- Questões governamentais, como restrições orçamentárias para projetos especiais;
- Questões domésticas, como inexistência de barreira entre o pessoal e o profissional ou ter que trabalhar à noite e em domingos e feriados em trabalhos que exijam mais atenção;
- Questões físicas, como turmas muito numerosas, salas pequenas, calor ou frio excessivos;
- Questões culturais, como a desvalorização da profissão que tem ocorrido ultimamente;
- Drogas e violência nas escolas, que é um fenômeno muito difícil de ser enfrentado na sala de aula.

Os estressores que parecem ter carga emocional maior são os relacionados aos aspectos mais afetivos e pessoais, como a falta de reconhecimento por parte de colegas, a competição às vezes disfarçada, às vezes hostil, e a pressão psicológica para aprovação de alunos, que não possuem o conhecimento desejável.

O nível alto de stress detectado em professores não pode ser ignorado, pois não há dúvida de que ele afeta a qualidade de vida e a saúde física e mental desses profissionais. Não só o stress pode levar a doenças mentais e físicas, mas também pode agravar a situação na sala de aula. De acordo com Liza Nagel (2015), professora na área da saúde na Universidade do México, alunos percebem e respondem ao stress do professor se comportando mal, o que agrava o stress pré-existente. Além disso, um ser humano estressado não tem como desempenhar sua função adequadamente, uma vez que seu poder de concentração e de pensamento lógico fica prejudicado.

O professor está exposto a inúmeros estressores, mas, deve-se lembrar que há uma quantidade de stress necessária e útil para o desempenho da função que exerce. É fundamental que o professor mesmo diante de adversidades, aprenda a utilizar o stress de modo positivo.

É importante manter em mente que nem todo professor desenvolve stress, muitos cuidam de suas classes com calma e se sentem gratificados com sua profissão. Desejando saber por que alguns desenvolvem stress, depressão e ansiedade e outros não, DeShong (1981, *apud* MALAGRIS, 2014) conduziu uma pesquisa que mostrou alguns aspectos típicos de professores que têm maior dificuldade em seu trabalho. Foi verificado que eles têm pensamentos muito específicos que os prejudicam no seu dia a dia, pensamentos estes que funcionam como verdadeira fábrica interna de stress. A força das cognições, como geradora de estados emocionais positivos ou negativos, é amplamente reconhecida na teoria cognitivo-comportamental que fornece embasamento teórico para uma modalidade de terapia, conhecida como cognitivo-comportamental (TCC). A TCC hipotetiza o pensamento como a força motriz entre o evento e a ação. A TCC abriga várias correntes que diferem em alguns aspectos, mas que têm como referencial a noção fundamental da influência de fatores cognitivos nas emoções e no comportamento do ser humano. O pré-requisito para que uma modalidade psicoterapêutica possa ser incluída na categoria de TCC, é que postule a noção de uma variável interveniente entre o evento que ocorre e o comportamento que se segue, variável esta que medeia, atenua, ou agrava como a pessoa se sente frente ao estimulo presentes.

Dentre as possíveis abordagens nessa linha de atendimento psicológico inclui-se a teoria racional emotiva comportamental (TREC) de Alberto Ellis; a cognitiva de Aaron T. Beck (1976), Judith S. Beck (1995), Freeman e Dattillo (1998); a cognitiva focada nos esquemas de Jeffrrey E.Young (2003); a do construtivismo pessoal de George

Kelly; o construtivismo terapêutico (Abreu & Shinohara, 1998) e a comportamental dialética proposta por Marsha M. Linehan (2001), dentre outras. Todas elas enfocam a importância de se construir e manter cognições positivas que possam levar a pessoa a ver o mundo e os eventos a seu redor de modo mais lógico, racional e inspirador da felicidade. Aliás, essa maneira de perceber e interpretar as ações humanas não é nova. O filósofo estoico Epíteto, em sua obra *The Enchiridion* (135 A.C.), lançou a semente da TCC, afirmando enfaticamente que o ser humano não é afetado pelas coisas em si, mas sim pelo modo que ele as percebe. Dizia ele:"Os mais severos e frequentes males são aqueles que a imaginação nos faz alimentar".

Considerando-se que a visão da TCC é a mais adequada para lidar com o stress, é fundamental entender que existem saídas práticas para modificar-se o padrão de pensamentos disfuncionais, desenvolver mais o autocontrole, diminuir as fontes internas de stress e alcançar o bem-estar físico e emocional.

O pensamento como fonte inesgotável de stress e como lidar com ele

O modo de o professor perceber e interpretar os eventos que ocorrem em sua profissão, é fator determinante das emoções e, consequentemente, de seu comportamento. Assim, é importante que ele aprenda métodos de reestruturar os pensamentos disfuncionais e que possa ter colocado em seu lugar cognições que sejam mais positivas. Para tal, ele precisa aprender a reconhecer a disfuncionalidade desses pensamentos.

A seguir, listamos os pensamentos típicos de professores que desenvolvem stress, de acordo com DeShong (1981, *apud* Malagris, 2014) e as crenças correlatas oriundas de cada modo de pensar:

1. Pensamento (cognição): "Trabalhar com educação é uma luta"

Crenças correlatas oriundas dessa cognição:

1.a Trabalho é um suposto sofrimento;

1.b Fazer e ter são mais importantes do que ser;

2. Pensamento: "Não existe tempo suficiente para fazer tudo".

Crenças correlatas oriunda dessa cognição:

2.a Quantidade é mais importante do que qualidade;

2.b Pessoas apressadas são pessoas importantes;

2.c O único caminho para ter sucesso em meu trabalho é estar em constante estado de pressa.

3. Pensamento: "Por mais rapidez que seja exigida no trabalho, eu dou conta, pois sou mais rápido que outras pessoas."

Crenças correlatas oriunda dessa cognição:

3.a Produzir a mim mesmo é mais importante que descobrir a mim mesmo;

3.b É mais importante manter-se em movimento do que ter uma clara ideia para onde você está indo.

4. Pensamento: "Outras pessoas não são confiáveis."

Crenças correlatas oriundas dessa cognição:

4.a Se quero fazer certo, tenho que fazer eu mesmo.

Esses são alguns dos pensamentos que geram stress. Existem muitos outros como, por exemplo, esperar que reconhecimento seja sempre dado, achar que precisa ser amado, admirado por todos, achar que é horrível quando as coisas não são do jeito que se deseja, sentir que deve ser competente o tempo todo, ou se deve ter controle sobre tudo ao redor, entre outros. Esses padrões de pensamento, quando não são levados ao extremo, podem ser úteis, porém, para algumas pessoas eles se tornam tão rígidos que parecem verdadeiras crenças. Albert Ellis (1973) chamou essas cognições exageradas de *crenças irracionais*. Crenças, por serem padrões cognitivos muito sedimentados e rígidos e, irracionais, por não ser viável ao ser humano viver dentro dessa rigidez toda.

Compreendendo a importância das cognições, ou seja, do modo de perceber e interpretar os eventos do dia a dia, chega-se a uma noção mais clara de como o professor pode evitar se estressar frente a alguns eventos que surgem em seu trabalho. A seguir, damos alguns exemplos de situações potencialmente estressantes para um professor e, a seguir, mostramos como ele pode se sentir diferente mudando o seu pensamento em cada caso.

Cena 1. Ricardo e seu esquecimento

Exemplo das consequências do pensamento negativo:

A professora do ano anterior considerava Ricardo um problema, pela dificuldade que teve com ele durante as aulas. Agora, no quarto ano, a professora Célia chega perto de Ricardo, na aula de matemática, e vê que ele não está fazendo o trabalho como deveria.

Ela pensa negativamente, com base no que ouviu sobre o aluno *"esse menino já começa a dar problema"* e pergunta: *"Ricardo, por que não está fazendo a lição?" Ele responde "não tenho lápis e não tenho papel, não dá para fazer".*

A professora não gosta do tom do aluno e pensa ainda negativamente *"ele está me desafiando, é mesmo displicente, não liga para a escola"* e diz: *"Você sabe perfeitamente que tem que trazer lápis e caderno para a escola." Todos os seus colegas trazem, por que você não faz como eles?"*

Ricardo: *"Não trouxe, porque esqueci. Todo mundo esquece, o que eu vou fazer?"*

A professora se sentindo desafiada, pensa "não tem jeito mesmo, ele não obedece e ainda é mal educado" e diz: *"então pode ir para a diretoria, pois sem lápis e sem caderno não adianta ficar na sala."*

Ricardo sai de modo petulante da sala e toda a turma para, olhando o que está acontecendo. Uma colega diz: *"coitado!"*. A professora se estressa e a turma também e Ricardo sente-se pior do que os colegas que "não esquecem". Todos perdem.

Mesma cena, mudando o pensamento da professora

A professora Célia chega perto de Ricardo, na aula de matemática, e vê que ele não está fazendo o trabalho como deveria.

Ela pensa positivamente: *"esse menino está precisando de orientação, quero ajudá-lo"* e pergunta: *"Ricardo, vejo que você não está fazendo a lição, posso ajudar em algo?"*

Ele responde *"não tenho lápis e não tenho papel, não dá para fazer".*

A professora nota o tom agressivo de Ricardo e pensa construtivamente *"ele está falando assim, porque está com vergonha dos colegas por não ter trazido o material"* e diz:

"Tem lápis e papel em cima da minha mesa, pega lá. Você pode devolver o lápis após a aula. Amanhã, você deve lembra-se de trazer o seu, está bem?"

Ricardo levanta e pega o lápis e a folha de papel. A professora indica qual a lição a fazer e diz *"daqui a pouco volto para ver se você tem alguma dúvida."*

A professora pensa *"quem sabe consigo 'ganhar' esse menino? É uma criança e precisa de ajuda"*. Célia se sente bem, pois resolveu o problema do momento.

Ricardo se sente bem, pois percebeu que a professora quer ajudá-lo. Como a cena se desenvolveu tranquilamente, os outros alunos não pararam o seu trabalho e nem criaram uma imagem negativa de Ricardo ou da professora. Todos ganharam.

Procedimentos usados: cognição positiva, empatia, colaboração por parte da professora. e reforço positivo do comportamento do aluno de ir buscar lápis e papel, administrado quando Célia ficou perto dele e indicou a lição calmamente dizendo que voltaria para ver se ele tinha alguma dúvida. O importante é dar aos alunos a percepção de autocontrole e calma.

Cena 2. Marcos, o desafiador

Exemplo das consequências do pensamento negativo:

Marcos entra na sala de aula bem atrasado, interrompendo a explicação da professora do 9ª ano, vestindo uma camisa que não é do uniforme. Senta ruidosamente, e cumprimenta os colegas **"oi galera!"** Vários colegas respondem, os alunos começam a conversar e a aula fica interrompida.

A professora Sônia pensa: *"que absurdo, esse menino está me desafiando, assim não dá para dar aula e não veio com uniforme. Que falta de consideração comigo e com a turma. Se deixo ele se safar com isso, todos vão querer fazer a mesma coisa."* E diz:

"Marcos, pare de atrapalhar os colegas. Você não pode chegar atrasado na aula e chegar assim fazendo todo esse escarcéu. Além disso, como sabe muito bem, tem que vir de uniforme!

Marcos olhando de modo desafiador: "Ah, professora...para que usar uniforme? Acho isso uma bobagem. Roupa é roupa. E só estou um pouco atrasado. Não faz diferença nenhuma. Nenhum outro professor se incomoda com um pouquinho de atraso e com uniforme! Eles são bem legais!"

Professora, já estressada e nervosa, pensa: *"não posso deixar ele ganhar este argumento!"* Diz: *"Não dou a mínima se outros professores aceitam isso, eu não! Você está interrompendo minha explicação e atrapalhando os seus colegas que querem estudar!"*

Marcos: *"Ninguém estava prestando atenção mesmo! Para que estudar geografia? Essa matéria é muito chata!"*

Há burburinho na classe com vários alunos dizendo *"essa matéria é chata mesmo!"*

A professora pensa : "*não estou conseguindo ensinar de modo motivador, os alunos não gostam de mim*" e diz magoada e com raiva: "*Esta disciplina é parte do currículo e é essencial! Faço tudo o que posso pra vocês gostarem do assunto e é isso o que vocês pensam?" Olha vá para a secretaria e resolva com a diretora o problema do uniforme*".

Marcos sai empurrando a carteira ruidosamente. Os colegas começam a comentar entre si o que ocorreu. Ele se sente gratificado, pois conseguiu a atenção da audiência dos colegas, tumultuou a turma, interrompeu a aula e ainda saiu como líder da classe. Sônia fica estressada, se sentindo uma péssima professora que não sabe lidar com a turma e com raiva de Marcos e de outros alunos, pensa assim "*o trabalho de professora é um sofrimento*".

Mesma cena, mudando o pensamento da professora

Marcos entra na sala de aula bem atrasado, interrompendo a explicação da professora do 9º. ano, vestindo uma camisa que não é do uniforme. Senta ruidosamente, e cumprimenta os colegas "*oi galera!*" Vários colegas respondem, os alunos começam a conversar e a aula fica interrompida.

A professora Sônia pensa inicialmente: "*que absurdo, esse menino está me desafiando, assim não dá para dar aula e não veio de uniforme. Que falta de consideração comigo e com a turma. Se deixo ele se safar, todos vão querer fazer a mesma coisa." Depois ela lembra da técnica antistress de restruturação cognitiva e muda seu pensamento para "esse menino já está entrando na adolescência e, como todo adolescente, quer marcar seu espaço, precisa aprender um modo positivo de fazer isto" Ela decide não mencionar a camisa do uniforme naquele momento, deixando para falar sobre isso sem a presença dos colegas dele e diz " Ok, Marcos, estamos discutindo o assunto X, por favor, sente-se e vamos dar continuidade ao que eu estava explicando.*" Imediatamente, Sônia desvia a atenção que já estava começando a se focar no Marcos, se dirige à turma e diz calmamente: "*Quem pode me lembrar o que eu estava falando?*"

Marcos tenta ganhar a atenção de novo dizendo: "Nossa, geografia de novo!

Ninguém estava prestando atenção mesmo! Para que estudar geografia? Essa matéria é muito chata!"

Há burburinho na classe com vários alunos dizendo "*essa matéria é chata mesmo!*"

A professora pensa: "*Marcos só quer chamar a atenção. Nem sempre os alunos sabem a importância das matérias, isso não tem nada a ver com minha capacidade, de ser ou não uma boa professora. De todo modo, vou procurar um modo mais motivador de dar esta aula".* Ela não cai na armadilha de discutir com Marcos, evita o jogo verbal de pingue-pongue, e simplesmente diz dirigindo-se à turma: *"Vamos fazer uma pesquisa aqui na sala e verificar que matéria vocês gostam mais? Marcos, você pode me ajudar anotando no quadro o que todos dizem? Vamos passar 15 minutos nessa pesquisa e depois voltamos a minha aula, tudo bem?"*

Marcos: *Ok, vamos lá.*

A turma se une e todos participam. Marcos recebe atenção que ele queria, mas de modo positivo, a professora evitou o conflito e ganhou a participação do aluno desafiador. Todos ganharam.

Procedimentos usados:

- reestruturação cognitiva, quando fez a mudança de pensamento
- assertividade, quando disse **" Ok, Marcos, estamos discutindo o assunto X, por favor, sente-se e vamos dar continuidade ao que eu estava explicando";**
- distração, quando Sônia perguntou para a turma "**Quem pode me lembrar o que eu estava falando?";**
- extinção, quando ela ignorou o comportamento desafiador de Marcos;
- aceitação de não ser perfeita, quando pensou "o que posso fazer para dar uma aula mais motivadora?";
- reforço positivo por comportamento adequado, quando pediu para Marcos fazer as anotações, o que propiciou a ele receber atenção por comportamento adequado;
- resolução de conflito, quando propôs a pesquisa.

Todas as decisões tomadas por Sônia nesse segundo cenário positivo foram baseadas na TCC, com técnicas e procedimentos que reduzem o conflito e promovem uma maior integração emocional e evitam o stress ocupacional do professor. Obviamente, haverá momentos em que o professor precisará administrar alguma consequência para certos comportamentos inaceitáveis, ele tem que manter sua autoridade e liderança. Mas quando isso acontecer, é importante que a punição seja direcionada somente para o comportamento problema, e nunca para a pessoa do aluno.

É importante lembrar que para ter alunos interessados nas aulas é necessário ter professores também motivados e interessados. A aula não pode ser uma mera formalidade a ser cumprida em nome de um planejamento. O sentido deve permear a identidade da instituição, do docente e do aluno, como sugere Reinhold (2010) em seu trabalho intitulado "Educação com sentido: Orientação para professores". Presente em qualquer situação, o sentido é o centro de qualquer ação educativa. Há que se considerar a dimensão na ética do ser humano, isto é, a espiritualidade que permite o distanciamento de aspectos não importantes e se oncentra na liberdade de aprender com sentido. A liberdade da vontade precisa ser enfatizada para que o aluno possa fazer uso dela. A educação deve desenvolver a sensibilidade para novos valores e atitudes. Como diz Dienelt (1984, *apud* Reinhold, 2010) a educação não deve se limitar a transmitir os saberes, deve também aperfeiçoar a consciência. A educação com sentido é a educação para a liberdade com responsabilidade. Quando o professor entende e pratica a educação com sentido, seu trabalho passa a ser mais profícuo, leve e gratificante.

Mas mesmo o excelente professor, aquele que pratica a educação com sentido, que policia seus pensamentos disfuncionais e os transforma em cognições positivas, mesmo ele, pode se confrontar com turmas difíceis, alunos sofridos, que trazem sua angústia para a sala de aula, instituições estressantes e situações conflitivas. Por isso, além da atitude direta na sala de aula, outras medidas são, muitas vezes, necessárias para se manter o equilíbrio e a tranquilidade. O Quadro 3 lista algumas sugestões de estratégias que professores podem utilizar para um manejo eficaz do stress ocupacional ou pessoal.

Quadro 3 – Sugestões de medidas antistress

1. Faça uma lista das cinco coisas que mais a preocupam no seu trabalho em ordem de Importância, enumere a mais grave ou importante primeiro. Escreva do lado "elimine", "mude" ou "aceite",conforme achar que deve. Pense qual o primeiro passo para fazer o que escreveu, seja eliminar, mudar ou aceitar. Comece a dar o primeiro passo;
2. Faça uma lista das piores coisas que podem acontecer na sala de aula. Como você lidaria com isso? Agora tente melhorar o seu modo de agir na situação;

3. Faça de conta que você é uma amiga lendo o que está se passando em sua mente. O que ela identificaria? Encontraria negativismo? Esse negativismo está ajudando a resolver a situação? Tente ver se é possível dar uma interpretação diferente ao evento que está gerando angustia ou stress. Mude seu pensamento;
4. Faça uma lista de cinco coisas boas que aconteceram ao seu redor na semana;
5. Faça uma lista das coisas que lhe dão prazer na função de professora. Faça pelo menos uma dessas coisas por dia;
6. Durma o número suficiente de horas, beba bastante água durante o dia;
7. Cultive um passatempo durante todo o ano, não espere só pelas férias;
8. Movimente-se frequentemente na sala de aula,
9. Cultive a espiritualidade;
10. Cultive amizades;
11. Sorria para as pessoas;
12. Passe 20 minutos do seu dia sem interrupções, fazendo o que gosta ou simplesmente não fazendo nada, sem sentir culpa (self time).
13. Quebre cada atividade maior em pequenas partes;
14. Tente não levar para o nível pessoal tudo o que acontece no trabalho. Não participe de fuxico e nem dê ouvidos ao que dizem;
15. Dê uma pequena caminhada durante o intervalo de almoço e tente entrar em contato com a natureza, observe o céu, uma árvore, alguma flor ou planta;
16. Aprenda a dizer não e não aceite tarefas excessivas, acima do seu limite.

Muitas vezes, o stress é advindo de preocupações que permanecem presentes na mente das pessoas, criando um estado constante de angústia. Nesses casos, o uso de imagens racional-emotivas é aconselhável. Os passos para uso das imagens racional-emotivas são incluídos no Quadro 4.

Quadro 4 – Passos para uso de imagens racional-emotivas

- Imagine uma das piores coisas que podem acontecer e que o preocupam. Tente fazer com que a imagem seja muito nítida em sua mente. Pense em todos os problemas que a situação pode causar em sua vida;
- Experimente intensamente as emoções que o perturbam e o impedem de ser feliz; deixe que os sentimentos aflorem tão real quanto possível;

- Uma vez que consiga sentir totalmente o que sentiria nessa situação (pode ser se sentir fracassado, ansioso, humilhado, depressivo, raivoso, etc., mantenha essa sensação por um ou dois minutos;
- Agora tente manter a mesma intensidade do que está sentindo, mas substitua o sentimento por outro menos negativo. Por exemplo, se se sentia com raiva pela injustiça sofrida, substitua essa emoção por "um profundo desagrado". Se sente depressão, tente mudar o sentimento para "tristeza", etc;
- Ao mudar um sentimento extremamente negativo por outro não tanto, tome cuidado para não mudar o estimulo eliciador do primeiro. O que precisa mudar é o tipo de emoção e não o estímulo ou a intensidade do sentimento. A técnica envolve trabalhar para mudar uma emoção negativo-inapropriada por outra que seja negativo-funcional. Se a pessoa não conseguir ter êxito na primeira tentativa, deve continuar a tentar, pois eventualmente conseguirá

O stress é uma realidade em várias profissões, inclusive a do professor. Cabe a cada um de nós a responsabilidade pela própria vida e com isso se torna necessário aprender técnicas ou estratégias de manejo dos desafios que a profissão envolve. O stress do professor não só acarreta consequências para sua saúde física e mental, mas também se reflete no comportamento dos alunos. Em certo sentido, pode-se dizer que o stress é contagiante. Quando o professor está estressado, a turma fica barulhenta, hiperativa, bagunceira e o aprendizado fica prejudicado.

O poder de raciocínio, a habilidade de tomar decisões rápidas, a atenção concentrada, tudo isso é frequentemente afetado pelo nível de stress que a pessoa esteja experimentando. Desse modo, pode-se dizer que o ato de ensinar é, em si, afetado dramaticamente pelo stress. Mesmo professores que utilizam o pensamento positivo, que usam educação com sentido, são às vezes confrontados com estressores de grande monta, como turmas especialmente difíceis, alunos com problemas emocionais ou comportamentos disruptivos, diretores punitivos, colegas que não dão apoio ou que dificultam o trabalho, pais agressivos casos de bullying. Nesses casos, mais ainda, precisa o profissional manter a calma e o autocontrole de modo a procurar soluções criativas para lidar com esses estressores. Como diretriz básica para lidar com estressores importantes, deve-se primeiro tentar mudar a situação e, caso isso seja impossível, a solução é mudar o próprio modo de perceber e interpretar os eventos. Acima de tudo, deve-se lembrar que nenhuma outra profissão tem tanto impacto na vida futura de uma criança como a do professor. Ele é o modelo de ser humano, contribui para a formação de valores, do autoconceito do aluno e pode criar expectativas de vida positivas ou negativas para cada um. Sua importância é imensurável e por isso ele precisa aprender a lidar com os desafios que essa profissão, tão importante, traz em seu bojo.

Embora a ênfase deste capítulo tenha sido dada à conscientização da força de trabalho do docente quanto à sua responsabilidade pela sua saúde e bem-estar, não se deve ignorar o fato de que o altíssimo nivel de stress detectado entre professores clama por medidas organizacionais que promovam a saúde mental e fisica da sua força de trabalho.

Os órgaos, responsáveis pelas diretrizes educacionais, têm o dever de assegurar, tanto quanto seja razoavelmente possível, a saúde dos professores no trabalho. Isso inclui adotar medidas para garantir que não sofram de doenças relacionadas ao stress como resultado do trabalho em si. Têm também a obrigação, dentro do referencial da gestão de saúde e segurança no trabalho, de conduzir avaliações que visem identificar, eliminar ou reduzir os riscos para a saúde, segurança e bem-estar de seus docentes. Stress é um dos riscos para a saúde, segurança e bem-estar que deve ser avaliado.

As Secretarias de Educação devem:

- considerar o risco de stress entre sua força de trabalho;
- tomar medidas para eliminar esse risco; ou
- quando isso não for possível, fornecer tratamento e apoio aos seus colaboradores.

Os estabelecimentos de ensino têm o dever de fazer os ajustes necessários nas condições de trabalho dos professores que venham a sofrer de doenças relacionadas ao stress (depressão, ansiedade ou outras). Tais ajustes podem incluir flexibilidade de função e remanejamento de tarefas para professores que estejam passando por uma das doenças relacionadas ao stress.

Há que se ressaltar que os órgãos governamentais, federais, estaduais e municipais, responsaveis pela educação, não podem fugir de sua responsabildiade não somente de fiscalizar, mas também de cuidar de professores, alunos e do espaço físico que ocupam, fornecendo não o mínimo, mas o máximo para se assegurar o pleno desenvolvimento daqueles que serão os cidadãos do amanhã. Juntos, o sistema educacional e o corpo docente, formando um todo direcionado para o bem-estar da força de trabalho, devem trabalhar para reduzir o problema atual do alto nível de stress ocupacional do professor brasileiro.

Referências

Abreu, C.N. & Shinohara, H. (1998). Cognitivismo e Construtivismo: uma Fértil Interface, In: R.F. Ferreira. & C.N. Abreu (Orgs.). *Psicoterapia e Construtivismo.* Porto Alegre: Artes Médicas.

Amorim, C.; Manzotti Júnior, O. & Guimarães, S. (2007). O Stress do Professor. *Psicologia Argumento,* 25 (48). 103-107.

Beck, A.T. (1976). *Cognitive therapy and emotional disorders.* NY: International Universities Press.

Beck, J. S. (1995). *Cognitive therapy: Basic and beyond.* NY.: Guilford Press.

Cooper, C.& Worrall, L. (2015). The changing nature of professional and managerial work In: *Perspectives on contemporary professionals work.* Cheltenham : Edward Elgar.

Ellis, A. (1962). *Reason and Emotion inPsychoterapy.* New York, Stuant.

Ellis, A. (1973). *Humanistic psychology: the rational-emotive approach.* New York: Julian.

Freeman, A. & Dattilio, F. (Orgs.).(1998) *Compreendendo a TCC.* Campinas: Editorial. Psy.

Goulart Junior, E & Lipp, M.E.N. (2008). Estresse entre professoras do ensino fundamental de escolas públicas estaduais. *Psicol. estud.* 13 (4) 847-857.

Lega, L., Caballo, V. & Ellis, A. (1997). *Teoría e Práctica de la Terapia Racional Emotiva Conductual.* Madrid: Siglo Veintiuno de España Editores.

Lemes, S. O. *et al.* (2003). Stress Infantil e Desempenho Escolar: avaliação de crianças de 1ª a 4ª série de uma escola pública do município de São Paulo. *Estud. psicol. (*Campinas). 20(1). pp 5-14.

Linehan, M. M. & Dimeff, L. (2001). *Dialectical Behavior Therapy in a nutshell, The California Psychologist, 34,* 10-13.

Lipp, M.E.N. (2000). *Inventário de Sintomas de Stress para Adultos de Lipp.* São Paulo: Casa do Psicólogo.

Lipp, M.E.N. (2001). *O Stress e a Beleza da Mulher.* São Paulo: Connection Books.

Lipp, M.E.N. (2012). *O Stress do Professor.* Campinas: Papirus. 7ª.ed.

Lipp, M.E.N. (2014). O diagnóstico do stress em crianças. In Marilda N. Lipp (Org) *Stress em Crianças e Adolescentes.* Campinas: Papirus. pp 17-40.

Lipp. M.E.N. (Org.) (2015). *Sentimentos que Causam Stress.* Campinas: Papirus. 4ª.ed.

Malagris, L.E.N.(2014). O professor, o aluno com distúrbios de conduta e o stress. In Marilda N. Lipp(Org.) *O Stress do Professor.* Campinas: Papirus, 4ª.ed. pp 41-54.

Meleiro, A. M. S. (2002). O stress do professor. In Marilda E. N. Lipp (Org.). *O Stress do Professor.* Campinas, SP: Papirus. pp11-27.

Nagel, L. *From Chaos to Coherence: Managing Stress While Teaching.* http://www.educationworld.com/a_admin/admin/admin413.shtml#sthash.hSfO4W7j.dpuf. Acessado em 20 de dezembro de 2015.

National Union of Teachers. *Teacher Stress: NUT Guidance to Divisions and Associations.* https://www.teachers.org.uk/stress. Acessado em 15 de dezembro, 2015.

Nunes Sobrinho, F. C. (2002). O stress do professor do ensino fundamental: o enfoque da ergonomia. In M. E. N. Lipp (Org.). *O stress do professor.* Campinas, SP: Papirus. pp. 81-94.

Previdência Social (2011). *Boletim Estatístico da Previdência Social* (Vol. 16 Nº 07 julho/2011).

Reinhold, H. (2010). Educação com sentido: Orientação para professores. In Marilda N. Lipp (Org.) *O Adolescente e seus dilemas: Orientação para pais e professores.* Campinas: Papirus. pp 27-42.

Rogers, B. (2015). *Classroom behaviour:A practical guide to effective teaching, behaviour management and colleague support.* Los Angeles: Sage.

Rossa, E. G. O. (2004). Relação entre stress e burnout em professores de ensino fundamental e médio. In Marilda E. N. Lipp (Org.). *O stress no Brasil: Pesquisas avançadas.* Campinas: Papirus. pp 131-138.

Selye, H. (1974) *Stress without distress.* Philadelphia: Lipincott.

Silveira, K. A., Enumo, S. R. F. & Batista, E. P. (2014). Indicadores de estresse e estratégias de enfrentamento em professores de ensino multisseriado. *Psicol. Esc. Educ.* 18, 3, 457-465.

Siu, O.L.(1995).Occupational Stress among School teachers: A Review of Research Findings Relevant to Policy Formation. *Education Journal.* 23(2), 3-10.

The School Fundign Center. *From Chaos to Coherence: Managing Stress While Teaching* -http://www.educationworld.com/a_admin/admin/admin413.shtml. Acessado em 15 de dezembro, 2015.

Young, J. (2003). *Schema Therapy: A Practitioner's Guide.* New York: Gilford Press

CAPÍTULO 15

Saúde do educador: os esquemas mentais do professor e o apoio ao profissional

Eliane Mary de Oliveira Falcone
Monique Gomes Plácido
Stèphanie Krieger
Patrícia Barros.

A docência tem sido considerada como uma das profissões mais estressantes associadas ao trabalho. Em níveis elevados, as emoções negativas do professor frente às demandas do ensino podem gerar sofrimento psicológico e somatizações, sendo estas as principais razões de afastamento desses profissionais (FERREIRA & AZZI, 2010; GASPARINI, BARRETO, & ASSUNÇÃO, 2005; MC CORMICK, 1997; PICADO, 2007).

Além do alto envolvimento com a preparação das aulas e das avaliações, o professor ainda tem que lidar com toda a comunidade escolar (colegas, alunos e pais), com as limitações das condições da escola, com baixos salários e pouco reconhecimento de seu trabalho, além de ter flexibilidade para lidar com alunos que apresentam dificuldades de aprendizagem e/ou relacionamento (PATRÃO, PINTO & RITA, 2012; FERREIRA & AZZI, 2010).

No Brasil, diversos fatores parecem contribuir para o abandono, afastamento e instabilidade da profissão docente, quais sejam: os baixos salários; as condições adversas estruturais ou organizacionais no contexto de trabalho (elevado número de alunos por turmas, ambiente físico inadequado, falta de trabalhos pedagógicos em equipe); a inexistência de projetos de capacitação profissional e a desvalorização profissional (GASPARINI, BARRETO & ASSUNÇÃO, 2005).

Diante do elevado nível de dedicação para o qual não existe remuneração adequada e nem reconhecimento profissional, aliado à ausência percebida dos resultados do trabalho realizado, o educador passa a experimentar grande sofrimento (FERREIRA & AZZI, 2010), referido na literatura como mal-estar docente (Picado, 2007). Para lidar com as pressões do trabalho, o professor utiliza estratégias de enfrentamento tais como o retraimento e o absenteísmo laboral. Embora exercendo impacto negativo sobre a qualidade da educação, tais estratégias servem para aliviar temporariamente a tensão do docente (Picado, 2007). Por outro lado, por serem disfuncionais, essas estratégias contribuem em longo prazo para a elevação da ansiedade e de outros sentimentos negativos, gerando esgotamento físico e emocional, aumentando a vulnerabilidade para o desenvolvimento de problemas de saúde (Picado, Pinto & Silva, 2014; Picado, 2007).

Dos atestados médicos que justificavam o afastamento dos profissionais da educação pública de um município de Minas Gerais, os transtornos psiquiátricos estavam em primeiro lugar dentre os diagnósticos que provocaram o absenteísmo (Gasparini *et al.*, 2005). Tais resultados são congruentes com a literatura, a qual sugere que os professores apresentam uma percentagem de casos psiquiátricos mais elevados do que a de outros profissionais (Picado, 2007).

Se por um lado o sistema educacional pode sobrecarregar o docente a ponto de afetar a sua saúde, por outro lado, diante das mesmas condições de trabalho, os professores reagem de maneiras diferentes e tomam decisões diferentes. Portanto, devemos considerar que os valores e significados individuais contribuem para uma melhor compreensão do processo de tomada de decisão e consequência relacionadas ao ensino (Hong, 2010). Em outras palavras, enquanto as demandas da profissão podem gerar mal-estar docente em alguns, essas mesmas demandas podem constituir um desafio a ser vencido por outros profissionais.

Pretende-se, neste capítulo, abordar as dificuldades emocionais do professor que o tornam vulnerável ao sistema de ensino e, posteriormente, apontar os esquemas disfuncionais associados a essas dificuldades. Algumas sugestões sobre apoio ao profissional serão apresentadas.

Condições de trabalho e dificuldades emocionais do professor

A atividade docente é vista historicamente como predominantemente cognitiva, na qual o profissional se utiliza dos seus conhecimentos e habilidades pedagógicas para ensinar. Assim, por um longo período, as pesquisas buscaram compreender essa profissão por meio da avaliação das habilidades didáticas e dos conhecimentos dos professores, em detrimento dos aspectos emocionais e características de personalidade deles (Hagenauer, Hascher, & Volet, 2015).

Entretanto, mesmo com pouco suporte empírico, as emoções dos professores têm recebido destaque para o exercício da profissão e, principalmente, sobre os seus alunos e a aprendizagem, não devendo ser desconsideradas nas atividades diárias do ensino (Becker, Goetz, Morger, & Ranellucci, 2014; Schutz, 2014). Em outras palavras, as emoções dos professores exercem impacto sobre o seu bem-estar e a qualidade do ensino.

Em estudo que avaliou o impacto das emoções dos docentes sobre as dos seus alunos (Becker *et al.*, 2014), verificou-se que a primeira prediz a segunda. Além disso, as taxas elevadas de transtornos mentais frequentemente relacionadas à profissão docente reafirmam a importância de se considerar a dimensão emocional envolvida no ensino. Tais evidências sugerem que os professores precisam valorizar as suas emoções, não só pelo bem-estar de seus alunos, mas também pelo seu próprio (Becker *et al.*, 2014; Gasparini *et al.*, 2005).

Várias são as más condições, psicológicas e sociais, que atingem negativamente o professor, contribuindo para o mal-estar docente. Dentre essas se incluem (Picado, 2007): a) discrepância entre a realidade e a imagem idealizada da profissão e da falta de reconhecimento; b) estratégias de inibição e de retraimento para minimizar a implicação pessoal com o trabalho; c) tentativas de fugir das situações conflituosas ou difíceis por meio de pedidos de transferência; d) desejos de abandonar a docência; e) absenteísmo como mecanismo para reduzir a tensão acumulada; f) esgotamento, cansaço físico e mental permanente; g) suscetibilidade à ansiedade, associada a diversos diagnósticos de transtornos mentais (ansiosos e depressivos); h) baixa autoestima, desvalorização das próprias capacidades e sentimentos de culpa frente à incapacidade de melhorar a educação; i) rigidez e distanciamento com o ensino, restringindo-o aos conteúdos programáticos e evitando o diálogo e a crítica.

Pesquisas apontam que os professores do ensino básico apresentam níveis mais elevados de preocupação profissional, mais exaustão emocional, maior falta de reconhecimento profissional e maiores níveis de estresse relacionado com o papel, quando comparados a professores do ensino secundário (Patrão *et al.*, 2012; Picado, 2007). Uma hipótese explicativa é de que esses professores fazem toda a gestão da sala de aula e assumem o papel central na aprendizagem dos alunos. Além disso, a interação diária constante com os mesmos alunos e uma forte interação com os pais podem fazer com que sintam maior dificuldade na gestão dos conflitos com pais/escola (Patrão *et al.*, 2012).

Relacionamento professor-aluno e emoções do docente

As relações estabelecidas entre o professor e o estudante têm sido apontadas como um poderoso motivador para o trabalho de ambos. Uma vez que os alunos do ensino básico passam uma boa parte do seu tempo diário interagindo com um único professor, as habilidades sociais dos docentes são essenciais para o desenvolvimento de uma relação positiva entre professor e aluno, contribuindo para o ambiente de trabalho (Del Prette, & Del Prette, 2008).

Um clima positivo na sala de aula é relacionado ao aumento dos resultados acadêmicos dos estudantes, redução na internalização de transtornos comportamentais, competências social e emocional dos alunos aumentadas, maior comprometimento e motivação para aprender, menor vitimização e maior assistência dos professores, enquanto um clima negativo tem sido relacionado à agressão e dificuldades emocionais (Harvey, Bimler, Evans, Kirkland, & Pechtel, 2012).

Segundo Hagenauer, Hascher e Volet (2015), ensinar é um esforço emocional e as emoções dos professores se relacionam com seu bem-estar e a qualidade de seu ensino. Portanto, identificar fatores que influenciam as emoções dos professores na escola pode contribuir para determinar como dar suporte ao bem-estar do professor na qualidade do ensino. O comportamento dos alunos no contexto das interações entre professor e aluno pode ser crucial para as emoções do professor. Uma vez que a resposta emocional depende da avaliação da situação, os objetivos para a sala de aula e seu alcance ou não parece ser particularmente importante na avaliação feita pelo professor. Assim, os professores têm diferentes objetivos de ensino, observam o comportamento do aluno relacionado a seus objetivos e avaliam esse comportamento, que contribui para suas respectivas emoções. As emoções dos docentes são fortemente conectadas às interações positivas com seus alunos, evocando respostas como alegria e satisfação e, inversamente, emoções negativas são frequentemente relacionadas ao mau comportamento dos alunos ou falta de disciplina em sala, que aumenta o risco de *burnout* (Hagenauer *et al.*, 2015).

Baseadas na proposição de que relacionamentos positivos e seguros são de fundamental importância para o funcionamento humano, a qualidade do relacionamento entre aluno e professor deve contribuir para as emoções do segundo e sua satisfação no trabalho. O relacionamento entre aluno e professor apresenta duas dimensões: a de suporte, que representa o relacionamento profissional, e a afetiva, que incorpora a conexão afetiva e interpessoal formada entre a díade.

Hagenauer *et al.* (2015) realizaram um estudo com o objetivo de examinar o quanto o comportamento percebido do aluno e o relacionamento interpessoal entre professor e aluno predizem as emoções dos professores durante suas instruções. Para isso, professores do ensino médio de diferentes escolas austríacas responderam questionários que avaliavam suas emoções durante suas instruções em aula, seu desempenho e sua percepção do comportamento do aluno. Os resultados demonstraram que a qualidade do relacionamento professor-aluno era significativamente relacionada às experiências emocionais dos professores enquanto davam instruções. Professores que se sentiam conectados a seus alunos eram mais propensos a relatar alegria e, menos frequentemente, ansiedade e raiva. Assim, relações interpessoais positivas refletiam segurança e, não só tinham papel importante para os alunos, mas parecem funcionar como um antecedente do bem-estar emocional dos professores. O comprometimento e disciplina dos alunos também apareceram como preditores significativos da alegria dos professores e, inversamente relacionados à ansiedade e raiva deles. De acordo com esses achados, a habilidade de manejar a sala de aula e de formar relacionamentos interpessoais positivos com os alunos podem ser considerados como fatores importantes do bem-estar emocional do professor em seu trabalho e afetam também o bem-estar dos estudantes e o aprendizado em sala de aula (Hagenauer *et al.*, 2015).

O exercício docente também exige habilidades específicas dos professores para lidarem com diversas situações sociais envolvendo não somente os alunos como também outros docentes e pais. Situações desafiadoras para a realização do trabalho demandam habilidades empáticas e assertivas para prevenir ou solucionar problemas interpessoais envolvendo essa população (Benevides Soares, Gomes, & Rodrigues Prata, 2011). Entretanto, o sistema educacional parte da presunção de que os professores já possuem essas habilidades socioemocionais, sendo, portanto, capazes de prover relacionamentos de apoio e colaboração com os pais dos seus alunos, além de manejar com as próprias emoções como a raiva, tristeza, ansiedade, etc. (Hagenauer, Hascher, & Volet, 2015). Quando o docente não possui essas habilidades ou quando o profissional é ainda iniciante, tensões e dilemas serão acompanhados por várias emoções negativas, gerando insegurança e conflitos interpessoais (Hagenauer *et al.*, 2015).

Em síntese, a quantidade de experiências desafiadoras, aliadas à ausência de treinamento adequado para lidar com a realidade do sistema educacional, contribui fortemente para o surgimento do mal-estar docente, o qual pode gerar uma variedade considerável de transtornos mentais no profissional. Crenças de autoeficácia (crença na própria capacidade para realizar com sucesso uma determinada tarefa) do professor de ser capaz de gerenciar a situação e as próprias emoções podem gerar consequências positivas no enfrentamento desses desafios. Quando um professor julga uma dificuldade como capaz de ser resolvida e gerenciável, é provável que este se sinta motivado a seguir em frente com o seu trabalho (Becker *et al.*, 2014; Hagenauer *et al.*, 2015). Por outro lado, percepções de baixa autoeficácia geram comportamentos de evitação e ansiedade (Ferreira, & Azzi, 2010).

Esquemas Iniciais Desadaptativos e mal-estar docente

Como discutido anteriormente, as emoções positivas ou negativas experimentadas pelo docente são fortemente influenciadas pelos significados que este atribui a suas experiências e às suas capacidades para lidar com as demandas da profissão. Diante de situações altamente desafiadoras, a dimensão subjetiva envolvida na interpretação da experiência constitui um elo importante na explicação das condições que envolvem o afastamento de docentes, seja temporário ou definitivo (Ferreira, & Azzi, 2010).

Os profissionais podem se julgar incapazes de responder eficazmente às dificuldades com que se deparam em suas práticas e por isso podem se sentir ansiosos ou desmotivados com sua profissão. O mal-estar gerado pode estar associado aos Esquemas Iniciais Desadaptativos (EIDs), desenvolvidos pelos professores, que os impede de lidar de maneira eficaz com as situações problemáticas (Picado, 2007).

O conceito de EIDs foi apresentado por Young (Young, Klosko, & Weishaar, 2008) na terapia do esquema. De acordo com esse modelo, os EIDs se desenvolvem em idade precoce como resultado de uma combinação de fatores tais como o temperamento da criança, os padrões parentais e as experiências negativas repetidas ao longo da vida. Diante de estímulos semelhantes àqueles reminiscentes da infância, o indivíduo irá experimentar emoções e sensações corporais associadas às experiências infantis (Young *et al.*, 2008).

Os EIDs são construídos na infância, objetivando a adaptação a situações interpessoais negativas com os cuidadores. Por exemplo, uma criança pode desenvolver um esquema de Subjugação para obter amor e evitar a punição de seus pais, o que seria adaptativo, caso seus cuidadores sejam hostis e punitivos. No entanto, é na vida adulta que esse padrão irá se revelar como desadaptativo, uma vez que o comportamento subjugado poderá levar o indivíduo a frequente frustração de suas necessidades (Falcone, 2014). Assim, os EIDs quando ativados produzem emoções intensas, além de somatizações e comportamentos autodestrutivos e impedem que o indivíduo atinja as suas necessidades básicas de autodeterminação, independência, relação interpessoal, validação, espontaneidade e limites realistas (Falcone, 2014). Young *et al.* (2008) encontraram 18 Esquemas (EIDs), os quais são apresentados no Quadro 1, com seus temas subjacentes.

Quadro 1 – Os EDRs, suas necessidades emocionais centrais não atendidas e seus temas subjacentes (Young *et al.*, 2008)

EDR	Temas subjacentes
Abandono/Instabilidade	Expectativas de ser abandonado por significantes. Os outros são imprevisíveis e não disponíveis
Privação Emocional	Expectativas de jamais atingir necessidades de apoio, cuidado, empatia e proteção

Desconfiança/Abuso	Expectativas de ser humilhado, prejudicado ou abusado
Defectividade/Vergonha	Crença de ser defeituoso, mau e indigno/inferior
Isolamento social/Alienação	Crenças de estar de fora do grupo
Dependência/Incompetência	Incapacidade de funcionar de forma autônoma como tomar decisões
Fracasso	Senso de ser incapaz de desempenhar bem em relação aos pares
Vulnerabilidade a danos/doenças	Expectativas de ser devastado por catástrofes, bem como os parentes e de ser incapaz de prevenir
Emaranhamento/Self subdesenvolvido	Envolvimento e proximidade excessivos com significantes; incapacidade para desenvolver a própria identidade
Merecimento/arrogo	Crença de ser superior e de ter mais direitos do que os outros
Autocontrole/Autodisciplina insuficientes	Intolerância à frustração e incapacidade para controlar impulsos
Subjugação	Submissão aos outros por medo de conflito e punição
Autossacrifício	Foco excessivo nas necessidades dos outros para evitar a culpa
Busca de aprovação/reconhecimento	Busca excessiva de atenção, reconhecimento e aprovação
Negativismo/pessimismo	Foco excessivo nos aspectos negativos da vida, ignorando os positivos

Inibição emocional	Expectativa de que a expressão de sentimentos e a espontaneidade levam ao embaraço e retaliação
Padrões inflexíveis/ crítica exagerada	Busca excessiva de perfeição, hipercrítico com os outros e consigo, abandono do lazer em prol das obrigações
Postura punitiva	Expectativas de que os erros devem ser punidos. Agressividade, intolerância, impaciência

Por exemplo, um professor com esquemas de padrões inflexíveis poderá apresentar uma exigência excessiva aos alunos, não conseguindo manter seu bom desempenho e relação com eles, devido a se sentir demasiado sobrecarregado com as exigências que ele mesmo se impõe. O professor que tenha o esquema de subjugação bastante ativado, poderá ser caracterizado por aquele que se submete à vontade dos alunos ou da instituição escolar e não consegue confrontar os pais, na busca frenética de agradar e de não sofrer retaliação em tudo que faça, levando as dificuldades interpessoais por se sentir magoado ou esgotado. Outro exemplo, o professor que tem seu esquema de emaranhamento muito ativado, pode ser aquele que não estabelece limites e fronteiras na relação hierárquica entre professor e aluno. Acaba por não conseguir respeito dos seus aprendizes e pode não conseguir reverter essa situação com facilidade, levando-o a instabilidade emocional e exaustão.

A decisão de um professor em parar de lecionar não é, geralmente, uma escolha imediata, resultante de um único evento, mas parece estar fortemente vinculada com o seu senso de *self* e com sua identidade como docente, a qual é construída, desafiada e modificada durante toda a sua experiência no ensino para ser professor e na experiência como profissional (Hong, 2010).

Altos níveis de EIDs pressupõem disfuncionalidade. Assim, reações caracterizadas por um estado de vigor, dedicação e eficácia frente ao estresse profissional, indicam capacidades de autorregulação emocional que impedem a ativação dos EIDs. Por outro lado, níveis elevados de EIDs parecem estar associados a níveis disfuncionais de estresse laboral. Dificuldades de adaptação às características de trabalho podem se constituir em vivências de estresse que ativam EIDs, contribuindo para o mal-estar crônico, tornando os professores que os possuem mais vulneráveis e predispostos ao estresse laboral (Picado, 2007; Picado *et al.*, 2014).

Em estudos realizados por Picado *et al.* (2014) para identificação dos EIDs em 400 professores, os autores encontraram que o estresse apareceu como preditor significativo dos Esquemas de Dependência/Incompetência e Padrões Inflexíveis/Crítica Exagerada. Esses esquemas também apareceram como preditores de duas dimensões do *burnout*: exaustão emocional e despersonalização, ou seja, quanto mais elevado o nível de estresse, maiores os valores de exaustão emocional e despersonalização.

O estudo de Picado *et al.* (2014) indica que quando os indivíduos estão em estresse, ativam-se esquemas que os fazem se sentir incapazes de lidar com suas responsabilidades cotidianas de forma competente e independente (Dependência/Incompetência) ou que os levam a se esforçar de maneira permanente para atingir expectativas elevadas criadas para si mesmos (Padrões Inflexíveis/Crítica Exagerada), sendo que essa ativação leva à exaustão emocional e à despersonalização. Por outro lado, em sujeitos com baixa pontuação em Dependência/Incompetência, quanto mais baixos os níveis de estresse, maiores são os valores do vigor e da dedicação, duas dimensões do enfrentamento ou *engagement* (Picado *et al.*, 2014).

Em outro estudo, Picado (2007) avaliou a incidência e os preditores da ansiedade e do *burnout* em professores do primeiro ciclo básico de Escolas de Lisboa. Os professores demonstraram elevados níveis de ansiedade e elevado risco de *burnout*. Os esquemas mais apontados pelos professores foram: Dependência/Incompetência, Autossacrifício e Padrões Inflexíveis/Crítica Exagerada. Novamente os EIDs revelaram-se fortes preditores de *burnout*, em especial da dimensão exaustão emocional. Os esquemas preditores significativos da exaustão emocional foram Dependência/Incompetência, Padrões Inflexíveis/Crítica Exagerada, Autossacrifício, Inibição Emocional e Postura Punitiva. Na despersonalização, os principais esquemas preditores foram: Padrões Inflexíveis/Crítica Exagerada, Dependência/Incompetência, Abandono/Instabilidade, Autossacrifício, Isolamento Social/Alienação e Fracasso. Finalmente, na perda de realização pessoal, os preditores significativos foram os esquemas de Dependência/Incompetência, Padrões Inflexíveis/Crítica Exagerada, Autossacrifício e Fracasso (Picado, 2007).

O estudo de Picado (2007) sugere que a ansiedade parece estar associada aos EIDs desenvolvidos precocemente pelos professores em relação à prática profissional, a si mesmos e aos outros. Assim, quando os professores não são capazes de lidar com as responsabilidades do dia a dia de forma competente ou independente (Dependência/Incompetência) ou quando se esforçam permanentemente para realizar expectativas elevadas para si (Padrões Inflexíveis/Crítica Exagerada), podem desenvolver estados de ansiedade associados à exaustão emocional e à despersonalização. Por outro lado, quando os sujeitos acreditam serem capazes de lidar de forma competente e independente com as responsabilidades diárias, menores são suas expressões de ansiedade e maiores os seus níveis de dedicação e vigor (Picado, 2007).

Com base em seus estudos, Picado (2007) formula uma conceituação baseada em esquemas das situações potencialmente problemáticas da atividade docente. Segundo o autor, tais situações elevam os níveis de ansiedade, contribuindo para a ativação dos EIDs. Surgem então pensamentos automáticos negativos relacionados ao conteúdo do Esquema: crença de ser incapaz de lidar de forma competente e independente frente às responsabilidades diárias e a crença de que é necessário se esforçar para realizar as expectativas elevadas criadas para si à custa da própria felicidade, prazer e relações satisfatórias. Uma vez que essas crenças são ativadas, o indivíduo age de maneira a confirmar seu esquema e, quando as experiências não permitem essa confirmação, aumentam os níveis de ansiedade e, com eles, os sintomas do *burnout* (Picado, 2007).

Uma vez que os sujeitos distorcem cognitivamente as experiências, a fim de manter a confirmação do conteúdo esquemático, o processamento distorcido da informação impede a desconfirmação do esquema, mesmo quando a experiência não é congruente com ele. Esse mecanismo é o que mantém o Esquema inalterado. Por exemplo, um professor que possui o Esquema de Dependência/Incompetência pode prestar mais atenção aos seus erros e lapsos cometidos, menosprezando ou ignorando atuações positivas e dignas de reconhecimento. A escolha de uma profissão potencialmente ansiogênica como a docência pode conduzir à manutenção do esquema. Já uma pessoa com esquema de Padrões Inflexíveis/Crítica Exagerada, pode escolher uma profissão que, por causar ansiedade, ativa sua necessidade de atuar em alerta permanente, exigindo de si e dos outros uma atuação que não admite falhas ou erros (Picado, 2007).

Sistema de apoio ao professor

No contexto atual, a formação docente não prepara o professor para os desafios da profissão, conduzindo-os a viverem repetidamente situações para as quais não foram preparados (Picado, 2007). Os docentes precisam aprender competências para enfrentar fontes previsíveis de pressão e mal estar. Além disso, devem desenvolver habilidades de interação, de modo a conduzir um relacionamento agradável com seus alunos, colegas e pais (Del Prette, & Del Prette, 2008).

Fora do contexto acadêmico, o professor também precisa manter uma qualidade de vida que permita o equilíbrio entre a atividade profissional e o lazer. A participação de programas de prevenção ao estresse deve ser considerada (Picado, 2007). Programas de formação de professores orientados para a prevenção do *burnout* e promoção do enfrentamento funcional deve incluir: a) avaliação dos EIDs construídos pelos professores; b) educação dos docentes sobre os Esquemas e sua ativação; c) confronto com o Esquema; d) identificação de comportamentos condutores de esquemas; e) conceituação dos Esquemas do professor; f) desenvolvimento de processos de mudança esquemática. Seria desejável também que os professores adquirissem e desenvolvessem habilidades de identificação e manejo de cognições (Picado, 2007).

Chang (2013) propõe que, uma vez que o mau comportamento em sala de aula continuará a ser um desafio para muitos professores, formadores de professores e administradores escolares devem ajudar os docentes a aumentar sua competência em lidar com comportamentos disruptivos em sala de aula e encorajá-los a refletir sobre seus objetivos e julgamentos sobre esse tipo de comportamento. Além disso, os docentes devem estar mais preparados para compreender como os alunos se comportam e quais as razões destes, em vez de apenas julgá-los como desrespeitosos.

Finalmente, o psicólogo escolar pode contribuir com o bem-estar do professor, ajudando-o a compreender melhor os seus padrões de funcionamento esquemático, bem como as suas distorções cognitivas que mantém os seus esquemas. Intervenções em grupo podem ser construtivas no sentido de ajudar os docentes a desenvolver crenças e padrões mais funcionais.

Conclusões

Objetivou-se neste trabalho apresentar as contribuições contextuais do sistema de ensino e as dificuldades pessoais do docente para o que é conhecido como mal-estar docente. Verificou-se a necessidade de treinar o profissional para além dos conhecimentos pedagógicos, o que implica em desenvolver as suas capacidades interpessoais e de regulação emocional. O autocuidado também constitui uma estratégia necessária para preservação da saúde e da qualidade de vida docente.

Finalmente, aprender a reconhecer as próprias emoções, assim como expressá-las, além de identificar esquemas e padrões disfuncionais de enfrentamento, pode aumentar a autoconsciência do docente, tornando-o mais apto a cuidar de si mesmo.

Referências

Becker, E. S., Goetz, T., Morger, V., & Ranellucci, J. (2014). The importance of teachers' emotions and instructional behavior for their students' emotions– An experience sampling analysis. *Teaching and Teacher Education, 43*, 15-26.

Benevides Soares, A., Gomes, G., & Rodrigues Prata, M. A. (2011).Habilidades sociais de professores e não professores: comparando áreas de atuação. *Revista Colombiana de Psicología, 20*(2), 233-248.

Chang, M. (2013). Toward a theoretical model to understand teacher emotions and teacher burnout in the contexto of student misbehavior: Appraisal, regulation and coping. *Motivation & Emotion, 37*(4), 799-817.

Del Prette, Z. A. P., & Del Prette, A. (2008). Um sistema de categorias de habilidades sociais educativas. *Paidéia, 18*(41), 517-530.

Falcone, E.M.O. (2014). Terapia do esquema. In W.V.Melo (Org.). Estratégias psicoterápicas e a terceira onda em terapia cognitiva. Porto Alegre: Sinopsys (pp. 264-288).

Ferreira, L. C. M., & Azzi, R. G. (2010) Docência, burnout e considerações da teoria da auto-eficácia. *Psicologia: Ensino e Formação, 1*(2), 23-34.

Gasparini, S. M., Barreto, S. M., &Assunção, A. A. (2005).O professor, as condições de trabalho e os efeitos sobre sua saúde. *Educação e Pesquisa, 31*(2), 189-199.

Hagenauer, G., Hascher, T., & Volet, S. E. (2015). Teacher emotions in the classroom: Associations with student's engagement, classroom discipline and the interpersonal teacher-student relationship. European Journal of Psychology of Education, 30(4), 385-403.

Harvey, S. T., Bimler, D., Evans, I. M., Kirkland, J., & Pechtel, P. (2012). Mapping the classroom emotional environment. *and Teacher Education, 28*(4), 628-640.

Hong, J. Y. (2010) Pre-service and beggining teacher's professional identity and its relation to dropping out the profession. *Teaching and Teacher Education, 26*(8), 1530-1543.

McCormick, J. (1997). Occupational stress of teachers: biographical differences in a large school system. *Journal of Educational Administration,35*(1), 18-38.

Patrão, I. A. M., Pinto, C., & Rita, J. S. (2012). Bem-estar e estratégias de gestão das exigências em professores portugueses dos diferentes níveis de ensino. *12. º Colóquio Internacional de Psicologia e Educação: Educação, aprendizagem e desenvolvimento: Olhares contemporâneos através da investigação e da prática*, 575-585.

Picado, L. (2007). *Ansiedade, burnout e engagement nos professores portugueses do ensino básico: Papel dos esquemas precoces mal adaptativos no mal-estar e no bem-estar docente.* (Tese de Doutorado). Universidade de Lisboa, Lisboa.

Picado, L., Pinto, A. M., & Silva, A. L. (2014) O papel dos esquemas precoces mal adaptativos na explicação do burnout e do engagement. *Boletim de Psicologia, 74*(139), 147-158.

Schutz, P. A. (2014). Inquiry on teachers' emotion. *Educational Psychologist, 49*(1), 1-12.

Young, J. E., Klosko, J. S., & Weishaar, M. E. (2008). *Terapia do esquema: guia de técnicas cognitivo-comportamentais inovadoras.* Porto Alegre, RS: Artmed.

MINICASOS

A+B=C
A+B=C
A+B=C
A+B=C

Agressividade e problemas de comportamento da criança e família: um desafio para a escola

Caroline da Cruz Pavan-Cândido

Pedro, 11 anos, único filho do casal, foi encaminhado pela escola para atendimento psicológico como condição para sua permanência como aluno na instituição. O garoto tinha um histórico de problemas de comportamento nas duas outras escolas onde estudou, incluindo agressão física, destruição do patrimônio, além de desrespeito às normas. Na reunião com os pais, a equipe escolar relatou que mesmo depois da primeira conversa e do encaminhamento para psicoterapia, ele seguia apresentando sérios problemas: desrespeitava a professora, brigava e importunava os colegas e, de forma geral, não obedecia às regras da escola. O garoto não apresentava dificuldades acadêmicas e, nas ocasiões em que se propunha a fazer as atividades ou provas, apresentava excelente desempenho. A equipe pedagógica já havia realizado diversas tentativas de conversar com o garoto, com os pais e com a família toda, mas nada disso havia surtido efeito. Nessa última conversa, a equipe tomou conhecimento de que o encaminhamento à psicoterapia nunca havia sido efetivado pela família, e pelo contrário, os pais estavam se queixando da escola, apontando que, assim como as anteriores, eles não tinham competência para educar o filho deles, culpando-a por não conseguir atender às necessidades do filho, que é uma criança com uma inteligência acima do normal.

Nessa conversa, percebeu-se que os pais também sofriam com as agressões verbais e comportamento desafiador do menino, bem como, não eram respeitados em suas opiniões no manejo direto com o filho durante a reunião. Além disso, eles reforçavam o comportamento pedindo que o menino ficasse calmo e que resolveriam os seus problemas.

A equipe, ao perceber que não estava havendo flexibilidade suficiente para mudança por parte dos pais, orientada pelo psicólogo, buscou mais uma tentativa de resolução do problema.

Iniciou-se um trabalho de grupo, no qual os alunos da turma do Pedro participavam. O objetivo do grupo foi desenvolver habilidades de vida, abordando questões como empatia, assertividade, emoções, e resolução de problemas. Esse tipo de grupo tem um foco na promoção de saúde e beneficiaria não apenas Pedro, mas também as demais crianças, prevenindo problemas futuros de comportamento.

Além disso, os professores passaram a ser constantemente acolhidos e orientados sobre como manejar o comportamento de Pedro em sala de aula, de maneira mais assertiva e voltada para o apoio emocional e melhores estratégias de solução de problemas sociais, visando modificar o clima da relação escola-aluno para um foco mais positivo.

Aos poucos, o aluno foi apresentando melhora e com a observação dos pais de que o filho estava mais calmo ao retornar da aula, bem como mais positivo e otimista com relação às questões acadêmicas e sociais, eles decidiram cumprir com o encaminhamento à psicoterapia. Nesse momento, iniciou-se o contato entre o clínico e a escola, reforçando e aumentando as chances de novas aprendizagens para que Pedro pudesse se desenvolver melhor e, por consequência, ter mais relacionamentos saudáveis.

Importante:

- Os comportamentos inadequados que não apresentarem danos às pessoas e ao patrimônio da escola, devem ser colocados em extinção.
- Todo comportamento adequado deve receber atenção e elogios.
- Professores devem evitar as situações disparadoras do comportamento-problema e criar situações para que ele apresente comportamentos adequados.
- Os comportamentos agressivos devem ser punidos sem agressividade.
- Com relação aos pais, a escola deve ser firme, porém não confrontadora.
- As situações-problema e as mudanças devem ser sempre informadas aos pais, em caráter de acompanhamento e não de queixa, focando nas mudanças positivas apresentadas pela criança e no papel dos pais na manutenção delas.

A Escola no Enfrentamento da Violência Sexual Contra Crianças e Adolescentes

Jean Von Hohendorff

A violência contra crianças e adolescentes, dentre elas a sexual, é um problema de saúde pública mundial. Idealmente, crianças e adolescentes devem crescer livres de quaisquer formas de violência. Infelizmente, a realidade não é esta. Diante disso, é importante que professores estejam preparados para o enfrentamento de casos de violência. Professores tendem a ser as pessoas com as quais crianças e adolescentes mais interagem fora de casa. Considerando que a maioria dos casos de violência ocorre no ambiente familiar, é comum que professores recebam, direta ou indiretamente, pedidos de socorro.

O Brasil conta com importantes leis que devem ser de conhecimento de professores para o adequado enfrentamento de casos de violência. A Lei n. 8069, de 1990, conhecida como Estatuto da Criança e do Adolescente (ECA), indica todos os direitos de crianças e adolescentes, dentre eles o de viverem livres de violência. Diante de casos de suspeita ou confirmação de qualquer forma de violência, é obrigação dos professores notificar, conforme consta no artigo 13. Além do ECA, professores também devem ter conhecimento da Lei 13.010, de 2014, que ficou conhecida como Lei Menino Bernardo. Esta lei reafirma o direito de crianças e de adolescentes de serem "educados e cuidados sem o uso de castigo físico ou de tratamento cruel ou degradante, como formas de correção, disciplina, educação ou qualquer outro pretexto, pelos pais, pelos integrantes da família ampliada, pelos responsáveis, pelos agentes públicos executores de medidas socioeducativas ou por qualquer pessoa encarregada de cuidar deles, tratá-los, educá-los ou protegê-los." Por fim, na Lei 13.431, de 2017, é possível encontrar a definição de todos os tipos de violência contra crianças e adolescentes. É necessário que os professores tenham conhecimento do que caracteriza cada forma de violência, pois este é o primeiro passo para o seu enfrentamento.

Embora crianças e adolescentes possam ser vítimas de diferentes formas de violência, talvez a sexual seja a que cause maior espanto e dúvidas quanto ao modo de enfrentamento. Devido a isso, a seguir, se buscou abordar aspectos centrais para o adequado manejo de um caso de suspeita de violência sexual.

Jorge, 8 anos, foi encaminhado ao Centro Especializado de Referência em Assistência Social (CREAS) pela escola devido a uma suspeita de ser vítima de violência sexual perpetrada pelo tio paterno de 32 anos. Ao receber o encaminhamento de Jorge, o psicólogo do CREAS fez contato telefônico com a escola. O psicólogo e a professora do menino conseguiram se reunir no mesmo dia a fim de melhor conversar a respeito do caso. A professora relatou que Jorge era um bom aluno, tinha boas notas e se relacionava bem com os colegas. No entanto, desde dois meses atrás, o comportamento do menino havia mudado. O rendimento escolar de Jorge havia decaído, estava triste e quieto. Diante disso, a professora passou a prestar maior atenção ao menino e mostrar-se disponível para ajudar. A professora relatou que disse ao menino: "Jorge, notei que você está diferente, parece triste e não brinca mais com os seus colegas. Quero que você saiba que estou aqui para lhe ajudar". Jorge apenas disse que não podia falar. O psicólogo do CREAS elogiou o comportamento da professora de Jorge ao se mostrar disponível. Explicou ser comum que as crianças não revelem prontamente o que está acontecendo com elas, pois têm vergonha e medo das possíveis consequências de uma revelação. Em seguida, a professora relatou que a suspeita de que Jorge estava sendo vítima de violência sexual surgiu quando, durante a ida da turma à pracinha, o menino convidou um colega para irem até uma cabana e lá ficaram durante alguns minutos. Quando a professora foi até a cabana, presenciou a seguinte cena: Jorge estava sentado em uma cadeira, com as calças e cueca na altura dos joelhos, enquanto seu colega, ainda vestido, estava sentado no colo de Jorge. Embora aflita, a professora lembrou que deveria manter a calma e não esboçar reação de surpresa, pois isso poderia assustar Jorge e o colega, fazendo com que não falassem a respeito do ocorrido. A professora disse oi para os meninos e perguntou, calmamente, o que eles estavam fazendo. Jorge respondeu que eles estavam brincando. Em seguida, a professora disse que já era hora de voltar para a sala, mas antes queria conversar com Jorge. A professora deixou a sua turma aos cuidados de uma professora substituta e levou Jorge para uma sala reservada, onde solicitou que o menino contasse mais sobre a brincadeira. Jorge disse que era uma brincadeira que aprendeu com o tio. Relatou como era essa "brincadeira", mas pediu que a professora não contasse para ninguém, pois era uma "brincadeira secreta", conforme o tio havia dito, e que se alguém soubesse Jorge nunca mais veria o tio. A professora prometeu não contar para ninguém, mesmo sabendo que não cumpriria tal promessa. Ainda no mesmo dia, encaminhou o caso ao CREAS. O psicólogo do CREAS explicou à professora que não é adequado prometer sigilo para a criança, pois esse não será mantido devido a obrigatoriedade da notificação de uma suspeita ou confirmação de ocorrência de violência sexual (ver artigo 13 do Estatuto da Criança e do Adolescente [ECA]). Inicialmente, deve-se questionar a criança se ela possui um(a) cuidador(a) para quem ela pode contar o que está acontecendo e receber apoio. Em seguida, orienta-se tal cuidador(a) para que esse(a) realize a notificação junto ao Conselho Tutelar do município, que é o serviço encarregado de zelar pelos direitos de crianças e adolescentes. Caso o(a) cuidador(a) não realize a notificação, cabe a escola realizá-la. O psicólogo explicou, ainda, que o encaminhamento ao CREAS somente deve ser feito após a notificação. A professora mostrou certa resistência em realizar a notificação. O psicólogo abordou o artigo 245 do ECA. A professora disse temer um "escândalo" em sua escola devido à notificação. O psicólogo argumentou que um "escândalo" ocorreria caso a escola não realizasse a notificação, contribuindo para o menino permanecesse em situação de risco. A escola, ao invés de proteger o menino, estaria o colocando em risco para novos episódios de violência sexual ao saber do ocorrido e não realizar a notificação.

Lembre-se:

- Esteja sempre atento(a)
- Mantenha a calma diante da revelação
- Diga que acredita no que foi relatado
- Não prometa sigilo
- Explique sobre a necessidade de realizar a notificação
- Tente incluir um(a) cuidador(a) não abusivo(a) no processo de notificação
- A notificação é obrigatória em casos de suspeita ou confirmação (Art. 13 ECA)
- Esteja disponível para ajudar a criança sempre que necessário

Identificando sinais do Transtorno do Espectro Autista na escola

Simone Steyer

Ao ingressar na escola de Educação Infantil, Camila, 3 anos, chamou a atenção dos professores desde o seu primeiro dia. Ao se despedir dos pais, ela não demonstrava insegurança ou choro, ao contrário, parecia indiferente. No período de adaptação, ao enxergar a professora na porta da sala, Camila ia até ela e ficava ao seu lado, mas sempre em silêncio. Durante a tarde, a professora costumava fazer comentários e perguntas dirigidas a ela, mas reparou que quase nunca Camila respondia; além disso, raramente atendia quando a professora chamava seu nome. Quando respondia, Camila dizia apenas palavras soltas e ainda não formava frases. A professora também passou a perceber que Camila preferia brincar sozinha, e quando algum colega se aproximava e tentava interagir, Camila parecia perder o interesse no brinquedo e se afastava. Na rodinha, a menina demonstrava pouco interesse por ouvir os colegas ou responder as perguntas da professora, mas quando cantavam músicas, Camila parecia ficar muito feliz, gargalhava e ficava muito agitada sacudindo os bracinhos sem parar. A professora já havia percebido que Camila era diferente da maioria, até que após um mês do ingresso da menina na escola, foi necessário fazer uma troca de sala em função do número de alunos. Então, ao chegar à escola, Camila foi surpreendida por essa novidade. Ao perceber a mudança de sala, ela ficou paralisada na porta, negava-se a entrar e gritava muito sacudindo os bracinhos. Essa reação foi muito intensa, e só acalmou quando a professora a levou para a sala anterior. Depois desse episódio, a professora procurou a psicóloga escolar porque passou a suspeitar de que Camila estivesse apresentando sinais de Transtorno do Espectro Autista. A psicóloga observou a menina por alguns dias, ouviu os relatos da professora e agendou reunião com a coordenadora pedagógica e com a professora. Nessa reunião, a psicóloga destacou os comportamentos que a levaram a corroborar com a suspeita da professora. Destacou que Camila apresentava dificuldades nas áreas da comunicação e interação, além da presença de comportamentos repetitivos, e pouca tolerância às mudanças. Em consenso, a equipe decidiu que seria hora de conversar com a família. A reunião aconteceu quase dois meses após o ingresso de Camila na escola. Estavam pressentes os pais, a psicóloga e a professora. A psicóloga iniciou a reunião perguntando aos pais sobre a sua opinião a respeito do comportamento de Camila na escola. Em seguida, a psicóloga perguntou a cada um dos pais se tinham alguma preocupação com Camila. Foi quando a mãe conseguiu dizer que se preocupava com o atraso na fala. A partir dessa informação, a psicóloga afirmou que essa também era uma das preocupações da escola e da professora. Nesse momento, a família foi informada sobre os comportamentos comunicativos esperados para a faixa etária de Camila. A professora ilustrou as dificuldades de Camila nessa área com relatos do seu diário de sala, no qual anotou episódios em que Camila teve dificuldade em se comunicar, ou situações nas quais os comportamentos que deviam estar presentes não estavam, como por exemplo, responder perguntas, reagir com expressões faciais a uma situação engraçada, demonstrar interesse pela fala do outro. Em um primeiro momento, os pais atribuíram essas diferenças de comportamento ao pouco tempo de Camila na escola e à sua personalidade, pois eles acreditavam que ela tinha uma personalidade forte e marcada por mais independência, o que sempre pareceu cômodo, pois não precisam ficar distraindo-a com brincadeiras nem precisavam dar tanta atenção. A equipe da escola não desqualificou essas explicações, mas deixou claro que o que os preocupava a essa altura eram os atrasos ou ausências de comportamentos esperados para a idade, independentemente das causas. Em seguida, a psicóloga explicou que, devido à pouca idade de Camila, seria interessante que ela pudesse receber estímulos para reverter esses atrasos e, dessa forma, não enfrentasse problemas nas outras etapas escolares. Por isso, solicitava que a família buscasse uma avaliação clínica. Ao mesmo tempo, a psicóloga esclareceu que a escola seria parceira da família e dos profissionais clínicos na construção de estratégias para que Camila superasse esses atrasos. Para concluir, a professora apontou os potenciais da menina, como o gosto por música, o interesse por observar e imitar a professora e os indícios de brincadeira de faz de conta quando a professora a estimulava a brincar com as panelinhas.

LEMBRE-SE

Pode ser difícil para a família ouvir que seu filho tem algum problema, por isso, potencialize os aspectos positivos da criança e gere soluções.

No momento em que a equipe escolar realiza o encaminhamento ao psicoterapeuta, recomenda-se que também ressalte a parceria entre escola e clínico, dando apoio à família e ao atendimento do aluno.

Autores

Débora C. Fava (org.) é psicóloga certificada pela Federação brasileira de Terapias Cognitivas, especialista em psicoterapia cognitivo-comportamental (WP), Mestre em cognição humana (PUCRS). Tem formação em manejo de comportamento infantil (PVCC-USA). Trabalha como terapeuta clínica e supervisora. Professora de cursos de pós-graduação a nível de especialização e coordenadora do curso de formação em TCC infância e adolescência da ELO – Psicologia e Desenvolvimento em Porto Alegre/RS. Presta assessoria a escolas atuando principalmente no treinamento de professores e na orientação de pais.

Angela Donato Oliva é Doutora pela USP em Psicologia Escolar e do Desenvolvimento Humano. É professora do Programa de Pós-Graduação de Psicologia da Universidade do Estado do Rio de Janeiro (UERJ) e do Instituto de Psicologia da Universidade Federal do Rio de Janeiro (UFRJ). Supervisiona estágio em Terapia Cognitivo-Comportamental (TCC) e orienta teses e dissertações nas áreas de Psicologia do Desenvolvimento Humano, Cuidados Parentais e temas afins. Integrou a diretoria da Associação Brasileira de Psicologia do Desenvolvimento (ABPD) biênio 2014-2016. Foi Presidente da Associação de Terapias Cognitivas do Estado do Rio de Janeiro (ATC-Rio) triênio 2011-2014. Coordenou o GT (Grupo de Trabalho) de Psicologia Evolucionista na ANPEPP (Associação Nacional de Pesquisa e Pós-Graduação em Psicologia) de 2012 a 2014. Tem realizado pesquisas relacionadas ao comportamento pró-social e outras características envolvidas nas interações sociais. É Terapeuta Cognitiva certificada pela Federação Brasileira de Terapias Cognitivas (FBTC). É Editora Chefe da Revista Brasileira de Terapias Cognitivas (RBTC) desde 2017.

Ângela Helena Marin é psicóloga pela Universidade Federal de Santa Maria (UFSM), licenciada em psicologia, Mestre e Doutora em psicologia pela Universidade Federal do Rio Grande do Sul (UFRGS), professora do curso de psicologia e do Programa de Pós-Graduação em psicologia da Universidade do Vale do Rio dos Sinos (UNISINOS). Pesquisadora do Núcleo de Estudos sobre Famílias e Instituições Educacionais e Sociais – NEFIES/UNISINOS e do Núcleo de Infância e Família – NUDIF/UFRGS.

Carmem Beatriz Neufeld é Pós-Doutoranda em Psicologia pela UFRJ. Doutora e Mestre em Psicologia pela PUCRS. Coordenadora do Laboratório de Pesquisa e Intervenção Cognitivo-Comportamental da Universidade de São Paulo – LaPICC-USP. Docente orientadora do Programa de Pós-Graduação em Psicologia do Departamento de Psicologia da Faculdade de Filosofia, Ciências e Letras de Ribeirão Preto da Universidade de São Paulo. Vice Presidente da Associação Latino-Americana de Psicoterapias Cognitivas – ALAPCO (2015-2018). Terapeuta Cognitiva certificada pela FBTC. Bolsista Produtividade do CNPq.

Carolina Saraiva de Macedo Lisboa é psicóloga, Mestre em Psicologia e Doutora pela Universidade Federal do Rio Grande do Sul, com estágio no exterior na Universidade do Minho em Portugal. É bolsista Produtividade Nível 2/CNPq. Professora do Programa de Pós-Graduação em Psicologia e da Faculdade de Psicologia da PUCRS, Editora Associada da Revista PSICO – PUCRS, coordenadora do Grupo de Pesquisa: Relações Interpessoais e Violência - Contextos Clínicos, Sociais, Educativos e Virtuais e da Especialização em Psicoterapia Cognitivo-Comportamental e Membro da Comissão Científica da Faculdade de Psicologia. Terapeuta Cognitiva Certificada pela Federação Brasileira de Terapias Cognitivas. Experiência na área de Psicologia Clínica, Psicologia do Desenvolvimento e Psicologia Escolar e Educacional.

Charlotte Beard é Doutoranda pela Palo Alto University, (CA/USA) em Criança e Família Estudante pesquisadora em Relações interpessoais e metodologias aplicadas (Laboratório de Pesqusia IRAM).

Courtney Chappell é Doutoranda pela Palo Alto University, (CA/USA) em Criança e Família com ênfase em e psicologia pediátrica. Estudante pesquisadora em Psicologia infantil.

Edna Maria Marturano é psicóloga, professora sênior na Faculdade de Medicina de Ribeirão Preto-USP. Orienta estudos de Mestrado e Doutorado no Programa de Pós-Graduação em Psicologia da Faculdade de Filosofia, Ciências e Letras de Ribeirão Preto-USP. Realiza pesquisas sobre condições de risco e proteção ao desenvolvimento e conduz estudos visando à formulação e avaliação de programas de prevenção de dificuldades adaptativas na escola.

Eduardo Bunge é Professor associado da Palo Alto University. (CA/USA) Diretor do Grupo de Pesquisa em Psicoterapia e tecnologia na infância e adolescência. Diretor da Fundação de Terapia Cognitiva para Crianças e Adolescentes e diretor associado do Instituto Internacional de Intervenções em Internet para a Saúde na Palo Alto University.

Elder Cerqueira-Santos é Doutor em Psicologia pela UFRGS/University of Nebraska (USA); Pós-Doutorado em Sexualidade pela University of Toronto (Canadá). Atualmente professor do Programa de Pós-Graduação em Psicologia da UFS, coordenador do SexUs (Grupo de Estudos e Pesquisas em Sexualidade Humana), pesquisador produtividade do CNPq, diretor da ANPEPP entre 2012 a 2016.

Eliane Mary de Oliveira Falcone é professora Associada do Instituto de Psicologia da Universidade do Estado do Rio de Janeiro (UERJ). Docente do Programa de Pós-Graduação em Psicologia Social da UERJ (PPGPS-UERJ). Formada em Terapia Comportamental pelo Midlesex (Universidade de Londres - 1989) e em Terapia Cognitiva pelo Beck Institute, em convênio com a FBTC (1999). Atua em clínica privada e ministra cursos de formação em TCC no Rio de Janeiro desde 1999. Foi presidente da FBTC no período de 2003 a 2005, quando fundou a Revista Brasileira de Terapias Cognitivas (FBTC), atuando como editora responsável até 2009.

Érica Panzani Duran é Psicóloga. Especialista em Terapia Cognitiva (FACAT), Especialista em Terapia Comportamental Cognitiva em Saúde Mental pelo Programa de Ansiedade (AMBAN - IPq HCFMUSP). Mestre em Ciências (IPq-HCFMUSP). Professora no Programa de Ansiedade (AMBAN) do Instituto de Psiquiatria (HCFMUSP). Coordenadora do Núcleo Conscientia - Estudo de Comportamento e Saúde Mental.

Guilherme Luís Menegon: é médico Psiquiatra. Especialista em Psiquiatra da Infância e da Adolescência.

Irismar Reis de Oliveira é professor Titular de Psiquiatria do Departamento de Neurociências e Saúde Mental da Universidade Federal da Bahia. Membro Fundador da Academy of Cognitive Therapy.

Isabela Maria Freitas Ferreira é Mestranda em Psicologia da Faculdade de Filosofia, Ciências e Letras de Ribeirão Preto da Universidade de São Paulo. Psicóloga pela Universidade Federal do Triangulo Mineiro.

Janaína Pacheco é psicóloga. Mestre e Doutora em Psicologia pela UFRGS. Estágio de Pós-Doutorado no Programa de Pós-Graduação em Psicologia da Faculdade de Psicologia da PUCRS. Pesquisadora. Professora adjunta do Curso de Psicologia da Universidade Federal de Ciências da Saúde de Porto Alegre. Pesquisadora em avaliação psicológica de crianças e adolescentes e em terapias cognitivo e comportamentais.

Jaqueline Pereira Dias-Corrêa é psicóloga, formada pela Universidade Federal de Juiz de Fora/MG. Mestre em Psicologia pela Faculdade de Filosofia, Ciências e Letras de Ribeirão Preto da Universidade de São Paulo. Professora da Faculdade Anhanguera – São José dos Campos / SP. Responsável Técnica da Clínica Escola de Psicologia da Faculdade Anhanguera - São José dos Campos /SP.

Juliana Maltoni é Mestranda em Psicologia da Faculdade de Filosofia, Ciências e Letras de Ribeirão Preto da Universidade de São Paulo. Psicóloga pela Faculdade de Filosofia, Ciências e Letras de Ribeirão Preto da Universidade de São Paulo.

Kimberly Kauana Ecker é graduanda do Curso de Psicologia da Universidade Federal de Ciências da Saúde de Porto Alegre (UFCSPA). Aluna de iniciação científica do Programa de Transtornos de Ansiedade na Infância e Adolescência (PROTAIA - HCPA)

Leonardo Naves Maia é psicólogo clínico especialista em TCC (IWP), Formação Em Esquemas pela Wainer Psicologia, formado em Terapia comportamental Dialética pelo Instituto BehaviorTech. É Coach personal life e Positive pela SBC, e Pós-graduando em TCC para infância e adolescência pela CTC Veda. Coordenador de cursos de pós-graduação em Maceió (AL).

Luciana Carla dos Santos Elias é docente do Departamento de Psicologia da FFCLRP-USP, orientadora no Programa de Pós-Graduação em Psicologia da FFCLR-USP, coordenadora do Laboratório de Psicologia da Educação e Escolar- LAPEES. Desenvolve projetos relacionados a habilidades sociais, inclusão escolar, desempenho acadêmico, problemas de comportamento e consultoria escolar.

Luciana Rizo é Mestre em Psicologia – UFRJ, Diretora Clínica e de Ensino da Psineuroclínica Cognitiva do Rio de Janeiro. Coordenadora do Programa Bem Estar nas Escolas e do Curso A Prática Clinica em TCC: Psicoterapia Infanto Juvenil. É pós-graduada em Terapias Cognitivo Comportamentais – Coimbra / Portugal, em Neuropsicologia – UFRJ e em Terapia Cognitivo Comportamental – UFRJ. Professora Convidada de diversas pós-graduações.

Luísa F. Habigzang é psicóloga (Unisinos), Mestre e Doutora em Psicologia (UFRGS), Pós-Doutorado em Psicologia (UFRGS), Professora do Programa de Pós-Graduação em Psicologia da PUCRS, Coordenadora do Grupo de Pesquisa Violência, Vulnerabilidade e Intervenções Clínicas (GPeVVIC), Coordenadora do Núcleo de Atendimento em Psicologia Jurídica (NAPSIJUR/PUCRS), Coordenadora do Grupo de Trabalho da ANPEPP Tecnologia Social e Inovação: Intervenções Psicológicas e Práticas Forenses contra a Violência, Professora do Curso de Especialização Cognitivo-Comportamental da PUCRS, Terapeuta certificada pela FBTC, Editora Associada das Revistas Temas em Psicologia e Psico.

Marilda Emmanuel Novaes Lipp é Psicóloga pela American University. Mestre e PhD. pela George Washington University. Pós-Doutorado com bolsa da FAPESP em stress social realizado no National Institute of Health dos EUA. Presidente Emérita da Associação Brasileira de Stress, Membro do Conselho Cientifico da ABQV. Diretora presidente do Instituto de Psicologia e Controle do Stress (IPCS). Membro da Academia Paulista de Psicologia onde ocupa a cadeira numero 7 - Oscar Freire. Presidente da Federação Brasileira de Terapias Cognitivas (2015-2017). Membro do Conselho da Associação Latino-Americana de Psicoterapias Cognitivas –

ALAPCO. Tem vasta experiência na área de stress e qualidade de vida no Brasil, Estados Unidos, China e Europa. É autora/coautora de 25 livros sobre stress e mais de 100 artigos científicos.

Michella Lopes Velasquez é psicóloga. Especialista em Terapia Cognitiva pelo Instituto de Terapia Cognitiva (ITC). Mestre em Saúde Coletiva pela Universidade Federal do Mato Grosso (UFMT). Doutoranda em Processos Interativos dos Órgãos e Sistemas pela UFBA. Professora e supervisora clínica no Centro de Terapia Cognitiva Veda.

Monique Gomes Plácido é psicóloga e psicoterapeuta cognitivo-comportamental. Mestre e Doutoranda em Psicologia Social - Bolsista CAPES/ PPGPS-UERJ.

Patrícia Barros é Pós-Doutoranda em Psicologia Clínica – USP. Coordenadora do Curso de Extensão em Terapia Cognitivo Comportamental com crianças e Adolescentes - Santa Casa Misericórdia (RJ) Coordenadora Clínica e Supervisora do Espaço Infância e Adolescência (RJ).

Priscila Lawrenz possui graduação em Psicologia pela Universidade do Vale do Rio dos Sinos - Unisinos (2014). Atualmente realiza Mestrado no Programa de Pós-Graduação em Psicologia da Pontifícia Universidade Católica do Rio Grande do Sul - PUCRS (2015-2016). Está vinculada ao Grupo de Pesquisa Violência, Vulnerabilidade e Intervenções Clínicas (GPeVVIC/PPG Psicologia/PUCRS) e atua principalmente nos seguintes temas: violência contra mulheres, violência contra idosos, violência contra minorias sexuais, desenvolvimento humano em situação de vulnerabilidade psicossocial, desenvolvimento e avaliação de programas de intervenção psicológica.

Renata Martins é psicóloga clínica com experiência em Psicologia Escolar, Pós-graduada em Saúde Mental da Infância e Adolescência pela Faculdade de Ciências Médicas de Minas Gerais e especialista em Terapia Cognitivo-Comportamental pelo Instituto WP.

Shweta Ghosh é Doutoranda pela Palo Alto University, (CA/USA) em Criança e Família com ênfase em trauma e psicologia infantil. Estudante pesquisadora em psicoterapia e tecnologia na infância e adolescência (Laboratório de Pesqusia CAPT).

Stèphanie Krieger é psicóloga - Universidade do Estado do Rio de Janeiro (UERJ). Mestre e Doutoranda em Psicologia Social - Bolsista CAPES / PPGPS-UERJ e tem formação em Terapia Cognitivo-Comportamental.

Este livro foi composto com tipografia Bembo e impresso
em papel Lux Cream 70g. na Formato Artes Gráficas.